JOE SEILER

DER ZIPPVERSCHLUSS MANN

EIN BIOGRAFISCHER ROMAN

novum pro

Dieses Buch ist auch als
e-book
erhältlich.

www.novumverlag.com

Bibliografische Information
der Deutschen Nationalbibliothek:

Die Deutsche Nationalbibliothek
verzeichnet diese Publikation in
der Deutschen Nationalbibliografie.
Detaillierte bibliografische Daten
sind im Internet über
http://www.d-nb.de abrufbar.

Gedruckt in der Europäischen Union
auf umweltfreundlichem, chlor- und
säurefrei gebleichtem Papier.

© 2023 novum Verlag

ISBN 978-3-99131-962-7
Lektorat: Eva Schirnhofer
Umschlagfotos: Ronstik,
Tuk69tuk | Dreamstime.com;
Julia Pfannhauser
Umschlaggestaltung, Layout & Satz:
novum Verlag

www.novumverlag.com

Climate neutral
Print product
ClimatePartner.com/16547-2201-1002

... der Teufel flüsterte;
„Diesen Sturm wirst du nicht überstehen!"
Der Krieger antwortete; –
„Ich bin der Sturm!"

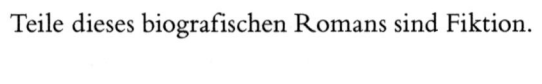

Teile dieses biografischen Romans sind Fiktion.

Inhaltsverzeichnis

KAPITEL 1

Großvatervaterbruderfreund

Meine Reise in und durch diese Welt begann im Jahr 1966, und so bin ich in die unterste soziale Schicht geboren worden. Mit wenigen Monaten im Leben wurde ich von der Schwester meines leiblichen Vaters adoptiert. Ich durfte mich meiner Erinnerung nach über eine sorglose Zeit freuen. Alles drehte sich um mich, ich hatte ein von Liebe geprägtes Leben vor mir, ich war der Mittelpunkt und die Sonne für meine neuen Eltern.

Meine leiblichen Eltern befanden sich wohl in einer echten Krise und sie konnten ihre Probleme kaum bewältigen, zumindest stelle ich mir das so vor. Außer mir hatten meine leiblichen Eltern noch zwei Mädchen zu versorgen. Karin, meine älteste Schwester, sie war damals 5 Jahre alt und Susi, sie war zum Zeitpunkt meiner Geburt erst 3 Jahre alt. Später erfuhr ich, dass es Susi nicht so gut wie ich getroffen hatte, denn sie kam vorübergehend in ein Kinderheim.

Kaum auf der Welt und schon hatte ich Glück – das hatte ich wirklich. All meine Erinnerungen an diese Zeit erzeugen heute noch Wohlfühlen und noch immer kann ich die Wärme und die Liebe der beiden spüren. Es war mit Sicherheit eine unbekümmerte und sorglose Zeit für mich und meine neuen Eltern gaben ihr Bestes. Sie waren kein junges, dynamisches Paar und auch nicht so, wie man sich Großeltern vorstellen würde, sie waren eine Mischung aus beiden. Eine absolut geniale Mischung für mich.

Ich kann mir das Schmunzeln kaum verkneifen, denn aus heutiger Sicht war diese Zeit für mich der Jackpot, den jedes Kinderherz begehren würde. Meine Mutter *(Johanna – „Hansi")* war damals 41 Jahre alt und mein Vater, *(Franz, auch mein leiblicher Vater trug den Namen Franz)* war damals 61 Jahre alt, also gut 20 Jahre älter als seine angetraute Ehefrau. Für mich machte das alles freilich keinen Unterschied, ich kannte ja nichts anderes und somit war es natürlich völlig normal für mich.

Oh, … ich brachte die beiden gehörig ins Schwitzen und nutzte, wie Kinder ebenso sind, alles nach Strich und Faden aus und dies gelang mir, soweit ich mich erinnern kann, auf's Beste. Es war eine sorglose und unbekümmerte Zeit, ich habe die schönsten Erinnerungen daran und schon trage ich ein breites Grinsen in meinem Gesicht, denn der alte Mann hatte oft so seine Mühe und Not mit seinen „Buben".

Ich glaube, ich war ein schlimmes, verwöhntes Kind, denn soweit ich mich erinnern kann, bekam ich immer alles, was mein Kinderherz begehrte, auch wenn es manchmal ein wenig gedauert hatte, bis ich den alten Mann mit allen Tricks von der Wichtigkeit meiner Wünsche überzeugen konnte. An Dramatik fehlte es mir nie. Mein alter Herr war regelmäßig überfordert, sobald ich sprechen und laufen konnte.

So bestand ich, so weiß ich noch, viel öfter als ihm lieb war auf meine Cowboyspiele, die mit dem Geschenk eines Cowboykostüms mit Revolver ihren Anfang nahmen. Das Steckenpferd interessierte mich herzlich wenig, ich bestand darauf, auf Vaters Rücken zu reiten. Ich wusste natürlich nicht, wie schwer es für ihn gewesen sein musste, auf Knien, in Manier eines Pferdes durch die Wohnung zu traben, und manchmal verlor er dabei auch seine Beinprothese. Für mich war das ein Riesenspaß, für ihn war es sicher eine Qual, doch er ließ sich das nie anmerken und machte wirklich alles mit.

Für mich war er, um es in einem Wort zu benennen, mein „Großvatervaterbruderfreund", und genau so bleibt er auch in meiner Erinnerung.

Als ich dann schon an die sechs Jahre alt war, wurde ich des Öfteren von anderen Jungen in meinem Alter gehänselt, weil einige dachten, ich lebe bei meinem Großvater und sie benannten ihn auch so. Ich fühlte natürlich anders und so kam es ab und an zu Kinderkram, der dann auch mal in Gehässigkeiten enden konnte, aber das war mir egal. Wir wohnten damals in der Nähe des Böhmischen Praters, wie auch in der Nähe des Buchsbaumparks.

In diesen Park gingen wir oft bei schönem Wetter, ich spielte mit anderen Kindern und mein alter Herr traf sich mit Gleichgesinnten zum Tarockieren. An Wochenenden war Böhmischer Prater angesagt, eine herrliche Zeit für mich.

Ich denke, ich war schon an die sieben Jahre alt, da bekamen meine Eltern eine ganz neue Wohnung, in einer ganz neuen Wohnsiedlung am Wienerberg, ich war nicht besonders glücklich, obwohl diese neue Wohnung alle Stückeln spielte, viel größer war und mit einem eigenen Badezimmer und einem Balkon ausgestattet war. Ich vermisste meine Schulfreunde von meiner alten Gegend und meine Kumpels von unserem Hof in den Altbauten der Erlach Gasse.

Ich querulierte, was das Zeug hielt, und verärgerte meine Eltern sehr. Das alles legte sich langsam mit dem, dass ich neue Freunde fand und auch in der Schule ganz gut zurechtkam. Ganz klar, das musste belohnt werden und so war es auch: Ich bekam den Schaufelbagger meiner Träume, ein Wunderwerk der damaligen Technik. Alles funktionierte wie in Echt, alles mechanisch – ein Wahnsinn.

Sehr lange hatte ich allerdings keine Freude daran. Stolz und mit geschwellter Brust betrat ich mit meinem Bagger den Spielplatz und suchte mir einen geeigneten Platz, um mit meiner kindlichen Arroganz ans Werk zu gehen. Schnell begeisterten sich auch andere Kinder für meinen brandneuen Bagger und sie wollten mitspielen, was ich aber keinesfalls wollte und auch nicht zuließ. Sympathiepunkte konnte ich damit wahrlich nicht verbuchen, und so verwandelte ich die Situation in das genaue Gegenteil. Blöd war jetzt nur, dass ich meinen „Bodyguard", meinen „Großvatervaterbruderfreund", nicht dabeihatte und eine Auseinandersetzung mit anderen Jungen, die ich vor allem auch nicht kannte, hatte ich ebenfalls noch nie davor gehabt.

Eigentlich wäre genau jetzt der Zeitpunkt gewesen, um mit meinem super Bagger abzuhauen und das Weite zu suchen, was mir natürlich, naiv wie ich war, nicht in den Sinn kam, stattdessen verhielt ich mich nach „Art des Hauses": Genauso, wie ich mit meinen gutmütigen und immer nachgebenden Eltern herumgesprungen bin.

Man muss jetzt kein Hellseher sein, um zu ahnen, was folgte. Mein erster „Kampf" bahnte sich an. Heute kann ich darüber lachen, er hatte nicht lange gedauert, einer schnappte sich meinen Bagger, ein anderer schlug mir auf mein jungfräuliches Großstadt-Goscherl und schon rannte ich wie von der Tarantel gestochen weinend nach Hause. Und wie ich rannte!

Zu Hause angekommen wurde ich schon im Stiegenhaus erwartet, da mein Geschrei schon von Weitem zu hören war. Das blanke Entsetzen meiner Eltern bestärkte mich noch in meinem Schmerz und es dauerte einige Zeit, bis ich überhaupt das entstandene Unrecht erzählen konnte, ich bekam ja vor Aufregung kaum Luft. Diese Zeit wurde natürlich von meinen Eltern genützt, um mögliche Verletzungen an meinem zarten Körper, der stets und täglich in einem Kaiser Borax Bad gebadet und anschließend mit Cremen und Vitaminen gesalbt, gepflegt und versorgt wurde, zu entdecken.

Und da war sie auch schon, meine erste Wunde, ich konnte den Ernst der Lage von den Gesichtern meiner Eltern ablesen, die sofort sämtliche Register zogen und Notmaßnahmen wurden eingeleitet.

Bei uns zu Hause sah es aus wie auf einer Notaufnahme. Mein Milky-Way-Kampf hatte doch tatsächlich eine durch sämtliche Cremeschichten durchschimmernde Schwellung in meinem Gesicht verursacht. Ich dachte, ich müsste sterben, ergab mich sogleich meiner Verletzung und wurde ganz ruhig. Alle umliegenden Nachbarn waren nun sicherlich für die wiederkehrende Ruhe dankbar, doch die hielt nur kurz, denn nun war mein „Großvatervaterbruderfreund" auf Betriebstemperatur.

Ich war gleichermaßen erschrocken wie auch erstaunt, mein alter Herr war damals doch schon weit über 60 Jahre alt und leicht aus der Ruhe zu bringen war der wahrlich nicht mehr, doch nun war Achterbahn angesagt. Er humpelte erzürnt mit seinen Krücken durch die Wohnung und legte sich seine Beinprothese an, so schnell wie noch nie zuvor war er fix und fertig angezogen. Dann schnappte er sich seinen Gehstock, nahm mich an die andere Hand und wir machten uns auf den Weg zum Spielplatz.

Als dieser dann in Sichtweite war, donnerte es aus Vater heraus, dass mir die Spucke wegblieb, er verwendete Worte, die ich von ihm noch nie hörte, „Hunds'gfrasta es elendigen" war noch das Harmloseste aus seinem Vokabular. Dann fing der doch noch tatsächlich wie ein unkontrollierbarer Roboter zu laufen an, um einen der Burschen, der gerade mit meinem Bagger spielte, zu erwischen. Ich war richtig geschockt, die anderen Kinder auch. Mit seinem Gehstock, den er mittlerweile für Drohgebärden einsetzte, hatte er dann auch tatsächlich übertrieben. Die Stabilität seiner Beinprothese war dahin und aus seinem kurzen Robotersprint wurde ein schauriges Gehumpel, das den Kindern offenbar noch mehr Angst machte als der umfunktionierte Gehstock, und so ließen sie meinen Bagger, wo er war, und begaben sich kreischend in sichere Entfernung. Meinen Bagger wieder in den Händen gingen wir nach Hause.

Schon Tage später wurden am Spielplatz Freundschaften geschlossen und aus mein und dein wurde ein Unser. Bald schon waren wir eine eingeschworene „Bande", es war eine tolle Zeit für mich und für die anderen Jungs und Mädels auch. Wir tobten herum und brachten so richtig Leben in unsere Wohnsiedlung und in die anliegenden Gärten des Wienerbergs. Wir klauten Kirschen aus Nachbars Garten und machten, wie Kinder eben damals so waren, allerlei Blödsinn. Wir hatten aber immer den nötigen Respekt, auch wenn wir nach diversen Standpauken mit einem riesigen Grinsen im Gesicht das Weite suchten. Mein „Großvatervaterbruderfreund" hatte alle Hände voll zu tun, denn mittlerweile hatte er die ganze Bande ins Herz geschlossen, und wenn er nicht gerade mit Entschuldigungen und Erklärungen die Nachbarschaft und Kleingärtenbesitzer beruhigte, so jagte er uns wegen irgendeines Unfugs.

Und so wurde mein alter Herr nicht nur überall bekannt, sondern auch allseits beliebt. Meiner Mutter war das nicht so recht, denn es kam dann schon mal vor, dass wir beide die Zeit vergaßen, und so wurden wir beide von Mutter „gejagt" und mit Schimpf und Schande nach Hause zitiert. Für die ganze Hofgemeinschaft war das ein willkommenes Amüsement. Diese schöne Zeit verging wie im Flug.

Ich kann mich nicht mehr genau erinnern, wie jener Tag im Oktober 1974 begann und was ich zu jener Stunde machte, aber ich war mit meiner Mutter zu Hause und mein Vater hatte sich schon auf den Weg gemacht. Urplötzlich läutete es an unserer Tür, es hörte gar nicht auf zu klingeln. Nur Minuten später war meine Mutter außer sich, eine Bekannte aus der umliegenden Nachbarschaft kam in heller Aufregung zu uns nach Hause und berichtete meiner Mutter etwas, das sie sogleich auch in helle Aufregung versetzte. Sie weinte und sie brach in sich zusammen, ich war schockiert, so habe ich meine Mutter noch nie gesehen.

Sie war kreidebleich und packte hektisch einige Sachen in ihre Tasche und machte uns beide fertig, um nach draußen zu gehen.

Ich war so erschrocken, dass ich kein Wort herausbrachte. Kaum aus dem Haus geeilt, rannte meine Mutter mit mir an ihrer Hand und mit der Bekannten aus unserer Nachbarschaft in Richtung der Busstation, die einige Hundert Meter entfernt war. Ich war komplett überfordert, meine Mutter rannte ja sonst nie.

An dieser Busstation angekommen, standen einige Leute herum, ich konnte zuerst gar nichts erkennen oder sehen. Meine Mutter drängte sich durch die dumm gaffenden Menschen. Und dann sah ich meinen Vater am Boden liegen, ganz alleine lag er da und alle schauten auf Abstand stehend auf ihm nieder. Meine Mutter stürzte sich auf ihn und wollte ihn aufrichten. Sie weinte und schimpfte auf die umherstehenden Menschen. Ich war starr vor Angst und Schreck und blickte in die Augen der Leute, die nur herumstanden und offenbar keinen einzigen Versuch unternommen hatten, meinem alten Herren zu helfen.

Ich dachte nur, warum schläft der da? Und ich dürfte wohl meine Mama danach gefragt haben, die mich zu ihr zog und bitterlich weinte. Ich verstand noch immer nicht, was geschehen war.

Ein Mann – ich werde seine Worte niemals vergessen – sagte in Richtung meiner Mutter: „Wenn er nix vertrogt, dann deaf er hoid nix saufen."

Unsere mitgeilte Bekannte schimpfte den Mann weg und auch gleich alle anderen, die nur blöd herumstanden, und so löste sich diese kleine Ansammlung auf. Ich dachte noch immer, dass mein Papa jetzt gleich aufstehen würde, und wir alle wieder nach Hause gehen würden, aber er stand nicht auf. Ich weiß noch, dass kurz darauf die Rettung eintraf, viel zu spät, denn mein Papa war schon tot. Er hatte einen Herzinfarkt, und da es damals noch keine Mobiltelefone gab und es an diesem Tag und an diesem Ort auch keine couragierten Menschen gab, die zugegen waren, hatte mein „Großvatervaterbruderfreund" keine Chance, denn mittlerweile war sicher schon eine knappe Stunde vergangen.

Die Rettung nahm meinen Vater gar nicht mehr mit und meine Mutter bat unsere Bekannte, dass sie mich von diesem Ort wegbrachte.

Es war Herbst 1974 und mein Adoptivvater wurde 69 Jahre alt, er verlor im Zweiten Weltkrieg ein Bein und arbeitete Zeit seines Lebens schwer. Er war diszipliniert und zugleich gutmütig und verständnisvoll. Er war ein Mann, der unsagbares Leid erfahren hatte, und er war einer jener, der alles für dieses Land gab und doch so wenig dafür bekam. Und ganz am Ende war niemand da, der ihm zumindest die Hand reichte.

Ruhe in Frieden, „mein Großvatervaterbruderfreund"!

Ich konnte das Geschehene nicht erfassen, nicht verarbeiten und vor allem überhaupt nicht verstehen, ich sah immer meinen alten Herren vor meinem geistigen Auge. Ich hatte Alpträume und konnte meine arme Mutter in keiner Weise unterstützen, ganz im Gegenteil, meine Probleme machten es Mutter noch um einiges schwerer, als es ohnehin schon für sie war.

Sie kümmerte sich aufopfernd um mich, ich war Wochen wie gelähmt. Ich kannte den Tod und sein Gefolge ja noch nicht, ich kannte keine schlechten oder wahrlich bösen Menschen, ich kannte keinen Neid, keinen Hass und ich kannte vor allem keine Trauer.

Meine Erinnerungen an die nächsten Monate sind sehr schemenhaft, ich kann in dieser Nebelwand zwar Abläufe und Geschehnisse erkennen und ich könnte Hunderte Seiten damit füllen, mir fehlt allein jegliches Gefühl zu all dem, was ich in dieser Zeit erlebt habe und wie ich empfunden hatte. Es fühlt sich so kalt an, als ob ich über etwas berichten würde, das mich nur indirekt oder gar nicht betroffen hätte, als ob ich verbotenes Terrain betrete.

Meine Mutter (Adoptivmutter) war mit dem Tod meines Vaters (Adoptivvater) eine andere geworden, sie litt Höllenqualen. Sie gab mir all ihre Liebe, die ich auch heute noch in mir trage und doch habe ich diese damals nicht mehr spüren oder wahrnehmen können. Ich machte es ihr nicht leichter, dass weiß ich und dafür hasse ich mich. Ich denke, sie war schon zu schwach, um mich zu erreichen, und ich war nicht im Stande, sie zu verstehen oder zu unterstützen oder was auch immer nötig gewesen wäre, um sie aufzufangen. Ich war zu klein, zu jung und zu schwach, um ihr zu helfen. Mama, es tut mir so leid!

Ich merkte es nicht, aber meine Mutter wurde sehr krank, ich weiß nicht, ob sie eine schlimme Vorahnung hatte, ich weiß auch nicht, ob sie davor schon erkrankt war, ich weiß nur mehr, dass sie sehr bemüht um meine Betreuung war, da sie immer öfter „Wege" hatte, die ich nicht verstehen konnte, denn ihr war jedes Mittel recht, um mich in Unwissenheit zu belassen. Sie wollte mich auf keinen Fall belasten oder beunruhigen, zumindest denke ich heute so, denn damals fühlte ich mich verlassen, allein und unverstanden. Ich weiß nicht, was ich noch alles dachte, es war eine schwere Zeit für uns beide.

Meine nächste Verwandte war meine Tante Grete, eine Schwester meiner Adoptivmutter und auch eine Schwester meines leiblichen Vaters, sie war nahezu täglich nach ihrer Arbeit bei uns zu Hause und unterstützte meine Mutter in jeder freien Minute.

Die Krankheit meiner Mutter schritt schnell voran und aus einigen Stunden im Spital wurden mehrere und immer mehr. Für mich, waren es immer noch „Wege", die sie erledigen musste.

Ich verschloss mich immer mehr und verstand das alles nicht. Ich dachte, dass mich meine Mama nicht mehr liebhätte. Ich kannte mich gar nicht mehr aus, auch heute ist es für mich so, als wäre da ein Schleier vor meinen Augen. Ich kann manches nur mehr ahnen und nach und nach den Schleier lüften. Meiner Mutter ging es nach wenigen Monaten schon so schlecht, dass operative Eingriffe nötig wurden, und so kam es, dass ich in die bevorstehende Situation in einer Art Light-Version eingeweiht wurde.

An diesem Tage lernte ich, noch unwissend, meine leibliche Mutter als Tante Hermi kennen, wir waren zu Besuch bei ihr und ihren Kindern. Ich weiß noch, wie ich mich freute, dass ich verwandte Cousins und Cousinen hatte. Ich war so sehr mit meinen neuen Verwandten beschäftigt, die sich ihrerseits auch um mich sehr bemühten, dass ich Mutters schweren Gang und ihre Überwindung zu diesem Schritt weder spürte noch sonst in irgendeiner Form wahrnehmen konnte. Für mich war es einfach schön, so viele Verwandte zu haben. Auch meine Tante Grete war dabei und mein leiblicher Vater. Ich blühte richtig auf, aber meiner Adoptivmutter, ihr brach an diesem Tage, so denke ich, ihr so großes und so gutes Herz.

Ich merkte es damals nicht, doch heute bin ich mir sicher!

Meiner Adoptivmutter spielte mir Glückseligkeit vor und alle Erwachsenen taten es ihr wohl gleich und so wurde es beschlossen.

Ich sollte während ihres Spitalaufenthaltes bei meiner „Tante", bei meinen Cousins und Cousinen, ihren Kindern, vorübergehend bleiben, und ich freute mich noch darüber. Aus ein paar Tagen wurden Wochen und aus Wochen wurden Monate.

Ich besuchte anfangs noch die Schule am Wienerberg im 10. Bezirk, die ich in fünf Minuten von zu Hause aus erreichen konnte. Von der Wohnung meiner „Tante Hermi", die im 14. Bezirk lag, brauchte ich weit über eine Stunde und musste dreimal umsteigen.

Das erste Mal wurde ich auf meinem Weg in die Schule begleitet und meine „Tante" schrieb mir auf einen Zettel alles ganz genau auf. Mit der Linie 52 bis Westbahnhof, dann mit der Linie 6 bis zum Reumannplatz, ein Stück zu Fuß bis zum Bus der Linie 66A und vor meiner Schule stieg ich dann aus. Zur Sicherheit wurden noch einige Telefonnummern und meine neue Adresse auf den Zettel geschrieben, dann bekam ich noch fünf einzelne Schillinge, die ich nur im Notfall zum Telefonieren verwenden durfte, und schon ging es los.

Die ersten Male allein hatte ich ordentlich Angst, den richtigen Weg zu finden und vor lauter Aufregung bin ich gleich einmal falsch umgestiegen. Zum Glück wurde mir von einem

Schaffner geholfen und ich hatte mich nur um wenige Minuten verspätet. Mit jeder Fahrt wurde ich sicherer und ich fand so richtig Gefallen an diesen langen Fahrten, bei denen ich ganz für mich allein sein konnte.

Meiner Adoptivmutter ging es fortschreitend schlechter, sie war mittlerweile nicht mehr in der Lage, das Spital zu verlassen, sie war von Operationsnarben übersät und hing immer an irgendwelchen Geräten und Schläuchen. Und so sehr sie sich auch um ihr Lächeln bemühte und ihren Schmerz unterdrückte, so gab es doch auch keinen Abschied mehr, der nicht unter Tränen stattgefunden hätte. Jede Trennung war für meine Adoptivmutter ein wahres Martyrium und mich musste man jedes Mal von ihrer Hand loslösen.

Ich wollte immer noch bleiben und das machte es meiner „Mama" doppelt schwer. Nur Gott selbst weiß, wie sehr sie leiden musste, schon der Gedanke daran macht mich schwermütig und traurig.

Einige Tage nach meinem 10. Geburtstag im März 1976 – ich war gerade in der Schule – kam die Direktorin in meine Klasse und bat mich, sie zu begleiten. Sie war sehr nett und sagte zu mir, dass ich in Kürze von meiner „Tante Hermi" abgeholt werde. Kaum aus der Klasse gegangen, war meine „Tante" auch schon da und ohne viele Worte eilten wir eilig nach draußen, wo auch schon ein Auto bereitstand, das von einem Onkel, den ich kaum kannte, gelenkt wurde. Meine Tante Grete, wie auch mein „Onkel Franz" (mein leiblicher Vater) saßen in diesem Wagen.

Kaum eingestiegen, rasten wir quer durch Wien, ich war begeistert und freute mich, in einem Auto mitfahren zu dürfen. Es brauchte einige Zeit, bis ich nach dem Grund meiner Abholung fragte und warum wir es so eilig hätten, und wieso das Auto und warum ist Tante Grete auch da?

„Musst du heute nicht arbeiten?"

„Johann", sagte meine Tante Grete mit leiser und gebrochener Stimme, „du musst jetzt stark sein, wir fahren zu ‚Mutter' ins Spital, ihr geht es sehr schlecht und sie möchte dich gerne sehen." Und dann war es still, niemand sagte auch nur ein Wort.

Ich war auch still, starrte aus dem Fenster und dachte an nichts, ich war wie in Trance, alles ging an mir vorbei, als würde ich einen Film sehen, ohne Ton und ganz allein.

Meine nächste Erinnerung, die wiederkehrt, ist ein langer Gang im Alten AKH, von Weitem schon konnte ich ein Bett am Gang erkennen und ich wusste, in diesem Bett liegt meine Mama. Ich löste mich von der Hand meiner Tante und rannte zu diesem Bett. Dort angekommen sah ich meine „Mama", die in dem Moment ihre Augen öffnete, als ich ihre Hand berührte. Sie war so kalt und ihr Gesicht war dunkelgelb, sogleich musste ich bitterlich weinen. Und ich hielt ihre Hand ganz fest und sie lächelte mich nur milde an, sie konnte nichts mehr sagen, auch ich brachte kein Wort mehr heraus. Und dann schloss sie ihre Augen und schlief ein.

Sie schlief ganz ruhig ein, in mir brach innerlich ein Vulkan aus, ich schüttelte sie, zerrte an ihr und rief: „Mama, Mama, Mama, so sag doch was!"

Sie hörte mich nicht mehr, sie hatte mit letzter Kraft auf mich gewartet, sie wollte mich noch einmal sehen und ich konnte nichts tun, ich konnte gar nichts tun. Ich konnte ihr nicht mehr sagen, wie lieb ich sie hatte, wie ich sie die ganze Zeit schon unendlich vermisst hatte und wie leid mir alles tat, was ich jemals angestellt hatte und wie sehr ich sie liebte.

„Mama", ich liebe dich! Ich vermisse dich immer noch! Jeden Tag.

Ruhe in Frieden, meine liebe „Mama".

Meine Mutter (Adoptivmutter) starb mit nur 51 Jahren, knapp eineinhalb Jahre nach meinem Adoptivvater, an einer schweren Nierenerkrankung.

Ich veränderte mich, war still und unnahbar geworden und ich konnte nach diesem Tag nicht mehr weinen. Ich war traurig und betroffen, aber ich konnte nicht mehr weinen. Ich glaube, damals wurde in mir eine Angst geboren, die mich noch sehr lange begleiten sollte. Alle, die ich liebe, gehen von mir weg und alle, die zu mir gut sind, sterben, und ich kann nicht einmal mehr sagen, wie lieb ich sie habe und wie leid mir alles tut – es war immer zu spät.

In meinen Gedanken spielte ich jede kleinste Verfehlung, die ich je begangen hatte, durch und ich suchte verbissen nach dem Grund, warum mich Vater und Mutter allein gelassen hatten. Ich fühlte mich schuldig und voller Scham, und von dem schlechten Gewissen, das ich nährte, erzählte ich niemanden.

KAPITEL 2

Familie

Ich war sicher der Einzige, für den der Tod meiner Adoptivmutter überraschend kam. Ich war auch sicher der Einzige, abgesehen von meinen nun mehr kleinen Brüdern, Zwillingsbrüdern, der nichts über die wahren Verhältnisse meiner Verwandtschaft wusste.

Mutter, Vater, Adoption, Brüder und Schwestern, die davor Cousins waren, eine Tante, die ich gar nicht mochte, und die ist jetzt auch noch meine richtige Mutter. In meinem Kopf ging es zu wie auf dem Bahnhof der Orientierungslosen, ich fühlte mich in einem bösen Traum gefangen und der wollte einfach nicht aufhören. Ich glaubte niemandem, war verwirrt und verzweifelt, es war nur schrecklich und ich war inmitten von so vielen Verwandten, Bekannten, Brüdern und Schwestern, Onkeln und Tanten, einsam und fühlte mich zurückgelassen.

Dass nun Tante Hermi meine Mutter ist und meine Mutter meine Tante war – alles Lüge und Betrug, dachte ich. Ich war zornig und unbeugsam, ich war widerspenstig und ungläubig, es war sehr schwer für mich, in diese reale Welt einzutauchen und mit Sicherheit war es für alle um mich herum auch nicht leichter oder einfacher.

Meine leibliche Mutter hatte zwei Jahre nach der Freigabe zu meiner Adoption noch zwei Buben geboren, Andreas und Thomas, die beiden, die nun meine Brüder anstatt Cousins waren, belastete dieser ganze Wahnsinn am wenigsten, und ich denke, sie kamen auch am besten mit ihrem nun mehr großen Bruder zurecht. Ganz anders wird es wohl meinen älteren Schwestern ergangen sein. Ich habe zwar das Bild vor meinen Augen und kann durch alle Zimmer der damaligen Wohnung gehen, die nun mein neues zu Hause sein sollte, aber so sehr ich mich auch anstrenge, Karin, meine älteste Schwester, kann ich nirgendwo finden, ich wüsste auch gar nicht wo sie geschlafen hätte. Hm…

Mir fällt das erst jetzt richtig auf, über vierzig Jahre ist das nun her, und es ist das erste Mal, dass ich so weit zurück in die Vergangenheit blicke.

Es war eine Wohnung im ersten Stock auf der Linzer Straße, gleich rechts vom Eingang war ein circa zwei Meter langer und schmaler Gang, wo Schuhe und Kleidung abgelegt waren. Auf einem kleinen Wandregal stand ein „Vierteltelefon". So etwas kennt heutzutage keiner mehr, es war stets abgesperrt. Der Gang mündete in ein Badezimmer, auf der anderen Seite, also beim Eingang links war das Zimmer meiner Schwester Susi. Dieses Zimmer war wie ein L angelegt, dort wurde ich untergebracht. Für einen allein wäre das Zimmer ja recht groß und gemütlich, aber zu zweit wurde es schon ziemlich eng. Zwei Betten, Kleiderschrank und Schreibplatz und jede Menge Krimskrams brauchten eben Platz. Meine drei Jahre ältere Schwester war wenig begeistert und auch meine Freude darüber hielt sich in Grenzen. Wieder zurück zum Eingang, keine zwei Meter gerade und rechts war die Toilette, noch ein Stück weiter und wieder rechts war die Küche, in der auch ein kleiner Tisch am Ende beim Fenster stand. Vom Eingang aus, geradeaus, bei Toilette und Küche vorbei, war das elterliche Schlafzimmer. Vom Eingang geradeaus und bei der Küche links gelegen, waren es noch circa vier oder fünf Meter und man stand in einem recht großen Wohnzimmer. Davor zur linken Seite war das Zimmer meiner beiden jüngeren Zwillingsbrüder, das, so wie ich meine, eine Spur größer war als das Zimmer, das ich mit meiner Schwester Susi teilte, es war auch wie ein L angelegt. Gegenüber dem Zimmer meiner Brüder war noch ein recht passabler Abstellraum. Und schon waren wir in allen Zimmern, und zu jedem habe ich die passenden Gesichter und viele Geschichten, nur Karin fehlt mir. Ich weiß es nicht mehr, war sie schon ausgezogen? Hm... mit 15 Jahren? ... Ich weiß es nicht, seltsam.

In den nächsten Wochen ging es drunter drüber, endlose und unangenehme Wege standen bevor. Die Psychologengespräche, in denen ich mir vorkam wie ein Idiot, werde ich wohl nie vergessen. Ich fragte mich mit meinen zehn Jahren, woher die wohl den ganzen Schwachsinn herhatten, den sie mir erzählten, es machte mir mehr Angst und brachte Unverständnis, als dass es mir von Hilfe gewesen wäre.

An den Wochenenden besuchte ich meine Tante Grete, sie lebte allein und hatte immer für mich Zeit, bei ihr konnte ich Kind sein.

Ich weiß noch, bei jedem Besuch empfing sie mich mit Freude und Liebe, und ich konnte ein wenig vergessen und mit ihr lachen. Wir gingen mal ins Kino oder auch auf die Donauinsel Boot fahren, wir unternahmen immer etwas. Zu ihr hatte ich Vertrauen und sie gab mir Kraft, sie hatte immer eine Antwort auf die vielen Fragen, die ich ihr stellte. Sie half mir sehr, einige Dinge besser zu verstehen und das für mich unvorstellbare Szenario Stück für Stück aufzuarbeiten, obwohl ich so vieles trotzdem nicht glauben konnte.

Die Zeit verging, die Schule besuchte ich schon seit Wochen nicht mehr und das Schuljahr neigte sich dem Ende zu. In der Wohnung meiner verstorbenen Adoptiveltern war ich seit „Mutters" Tod nicht mehr gewesen, und so kam ein weiterer schwerer Gang auf mich zu. Vorsichtig und doch psychologisch völlig wertlos wurde mir lang und breit erklärt, welches nun die nächsten Schritte sein müssten, und die gefielen mir so gar nicht. Ich war außer mir vor Entsetzten und wollte es nicht wahrhaben oder verstehen, ich glaube, das wäre auch gar nicht möglich gewesen. Selbst mit den besten Schönrednern der Welt hätten sich meine Gedanken nicht ins Gute lenken lassen.

„Wir müssen nun die Wohnung deiner Adoptiveltern räumen", sprach meine Mutter. „Komm, Johann, du packst dann alle deine Sachen aus deinem Zimmer zusammen und vergiss bitte die Schulsachen nicht. Dann gehen wir zusammen in deine alte Schule und du kannst dich bei deinen Lehrern, Mitschülern und auch von deinen Freunden verabschieden. Du gehst ab dem nächsten Schuljahr ganz nahe von deinem neuen Zuhause in die Schule und du wirst neue Freunde finden und alles wird gut, du wirst schon sehen."

„Bla, bla, bla", dachte ich, „was soll da gut werden? Von was reden die alle, da kann nichts gut werden."

Was ich dann als Nächstes sah, habe ich noch ganz genau vor Augen. Ich glaube, es war das erste Mal, dass ich völlig emotionslos beobachtete und kein Wort sagen konnte – ich wollte auch gar nichts dazu sagen. Bekannte und Verwandte warteten schon mit einem Lkw vor dem Haus, in dem ich mit meinen Adoptiveltern lebte, und sie alle erschienen mir bestens gelaunt und manch einer wollte mir gar gute Laune impfen.

Als wir dann die Wohnung betraten, ging ich durch die Räume und träumte von damals, als alles noch gut und schön war, hinter mir wurde sogleich eifrig angepackt und eingepackt, was das Zeug hielt. In dieser Wohnung war alles brandneu, jedes Möbel gepflegt und alles pikobello und aufgeräumt. Küchengeräte, Waschmaschine, Fernseher, HiFi-Anlage, alles vom Feinsten.

Für manch einen wurde, so schien es mir, ein Traum wahr, ich sah das empfundene Glück in ihren Augen, es wurde eifrig aufgeteilt und abtransportiert, bis nichts mehr da war. Ich dachte schon, ich wäre auch gestorben, denn ich fühlte und empfand gar nichts. Mir war alles egal, und wortlos ging ich dann mit meiner Mutter zur nahe gelegen Schule und nahm Abschied.

Meine leibliche Mutter führte ein tristes und einfaches Leben, sie hatte es wahrlich nicht leicht, und mein leiblicher Vater war dem Wein mehr zugetan als seinen Verpflichtungen. Natürlich war mir das alles noch verborgen, ich musste ja meine neuen, richtigen Eltern, meine Brüder und Schwestern erst kennenlernen, erst nach und nach eröffnete sich mir mein neues Umfeld, meine Familie.

Der Sommer verging dann wie im Flug, wir waren sehr oft im Schwimmbad und ich hatte viel Freude mit meinen jüngeren Brüdern, die Mittelpunkt der Familie waren. Und mit Susi, meiner älteren Schwester, verband mich ein ganz besonderes Band, das nach und nach zu einer tiefen Freundschaft führen sollte. Sie konnte ich alles fragen, mit ihr konnte ich über alles reden und nur ihr vertraute ich mich an.

Im Schwimmbad, wie auch im Hof unseres Gemeindebaus, knüpfte ich erste Freundschaften und tatsächlich, alles wurde ein wenig besser, das hätte ich vor einigen Monaten nicht für möglich gehalten.

Ich war aufgeregt, der erste Schultag in meiner neuen Schule war gekommen. Ich musste die vierte Klasse der Volksschule wiederholen, da ich zu viel Lernstoff versäumt hatte. Meine zwei jüngeren Brüder besuchten dieselbe Schule, eine Klasse unter mir. Die beiden waren begeistert, hatten sie doch von nun an ihren großen Bruder dabei. Als ich meine zugewiesene Klasse betrat, war ich ganz schön verdutzt, ich wollte gleich wieder rausgehen. „Das sind ja alles Zwerge", dachte ich mir, „das kann nicht stimmen." Aber es stimmte.

Ich war todunglücklich und fantasierte im Unterricht vor mich hin, weil ich ja alles schon gelernt hatte, und so machte ich mir bei der Lehrerschaft keine Freunde, denn die bestanden auf Disziplin und forderten meine Aufmerksamkeit.

Ganz logisch, das konnte kein ganzes Schuljahr gutgehen, und so war es dann auch, mehr schlecht als recht ging dieses Jahr vorüber und ich war heilfroh, als es dann endlich geschafft war. Dieses ganze Schuljahr war genauso wertvoll wie das entgegengebrachte Mitleid, das dann doch dem Unverständnis und jeder Menge Strafen wich.

Ich freute mich schon wahnsinnig auf die Ferien, die nun anstanden, ich hatte große Pläne mit meinen Freunden geschmiedet und ich malte mir die schönsten Geschichten aus. Doch hatte ich an Mutters Pläne nicht gedacht, und die waren erstmal ein herber Rückschlag. Da ich die ersten zwei Drittel des vergangenen Schuljahres so gut wie nichts gelernt hatte, da ich den Stoff schon kannte und den Rest des Schuljahres auch nicht wirklich mit Fleiß und Ernst bei der Sache war, wurde mir ein wenig berauschendes Zeugnis ausgestellt und nur mit Nachsicht und Glück bekam ich ein Genügend als Betragensnote. Die schlechteste Note, die je vergeben wurde – so wurde mir zumindest erzählt und vorgeworfen.

Mit dem hatte ich natürlich nicht gerechnet und so lösten sich meine großen Ferienpläne erstmal in Luft auf. Ein Besuch am Jugendamt wurde meiner Mutter und mir vorgeschrieben, da ich nun zwar bei meinen leiblichen Eltern lebte, aber als Vollwaise geführt wurde, erklärte mir Mutter. Sie zitterte diesem Besuch entgegen, mir aber war das völlig egal. Ich versprach ihr dennoch, mein bestes Benehmen, weil ihr das so wichtig war.

Wir wurden von einer überaus freundlichen Psychotante empfangen, dann musste ich wieder rausgehen und warten. Ich dachte schon, die kommt da gar nicht mehr raus und wollte schon vorsichtig anklopfen und nachfragen, da öffnete die freundliche Dame die Tür und bat mich herein.

Meine Mutter saß mit ernster Miene vor dem Schreibtisch dieser Dame und ich nahm neben Mutter Platz, dann wurde ich allerlei gefragt – und dies und das und wieso und warum.

Mir gingen schon langsam die freundlichen Antworten aus.

„Nun denn", sagte die um mein Wohl besorgte Beamtin, „am besten wird es sein, wir machen das, was wir eben besprochen haben. Das wird auch für Sie eine erhebliche Erleichterung sein und den beiden Jüngeren wird es auch guttun."

Nun war ich gespannt wie Winnetous Pfeil, ich hatte mir fast in die Hose gemacht. Beide schauten mich mit so ernster Miene an, dass ich Schlimmstes befürchtete. „Na", sagte die Dame zu mir, „du kannst ja doch sehr aufmerksam sein." Und beide schmunzelten vor sich hin. Jetzt kannte ich mich gar nicht mehr aus, war ich in eine Psychofalle getappt, was ist mit den beiden los?

Die gute Frau wie auch meine Mutter spielten ihr blödes Spiel weiter und mir wurde kein weiteres Wort gesagt. Wir wurden freundlich verabschiedet und gleich vor dem Amtshaus löcherte ich meine Mutter, die so zufrieden aussah, dass mir angst und bange wurde. Meine Mutter sagte nur: „Zu Hause wirst du alles erfahren, du Hosenscheißer."

„Boah, hatte die jetzt wirklich Hosenscheißer zu mir gesagt? Eine Frechheit!", dachte ich mir. Völlig verunsichert und wortlos mit tausend Gedanken im Kopf ging ich brav mit Mutter nach Hause.

Am selben Abend wurden wir alle in unser Wohnzimmer zitiert, Susi, ich und meine Zwillingsbrüder, mein Vater war wie üblich nicht zu Hause, und dann wurde das Geheimnis gelüftet.

Die Ruhe, die unsere Mutter seit dem Besuch am Jugendamt innehatte und ausstrahlte wurde auch von meinen Geschwistern bemerkt. Doch die fanden das eher lustig und nahmen es freudig zu Kenntnis, ich hingegen war seit 10:35 Uhr ein Hosenscheißer und alle merkten es, zumindest empfand ich es so. „Scheiße", dachte ich, „das geht nicht gut aus." Noch gar nicht fertig gedacht und Mutter sagte:

„Na, du Hosenscheißer", sie lachte, plötzlich lachten wir alle. Es war das erste Mal, dass wir alle zusammen so richtig frei und herzlich lachten. „Nun, Johann", sagte sie, „es wird Zeit, dass du Verantwortung übernimmst und dein Benehmen in der Schule, du weißt ja, so kann es nicht weitergehen, du kommst ja nach den Ferien in die Hauptschule und du musst dich anstrengen. Wir alle müssen uns anstrengen. Du kannst leider nicht die Hauptschule besuchen, die wir besprochen hatten. Ich weiß, du wolltest unbedingt in dieselbe Schule gehen, die deine Schwester Susi auch schon besucht. Das geht leider nicht, aber du hast großes Glück, du darfst eine ganz neue Ganztagsschule besuchen, die nur drei Straßenbahnstationen von hier entfernt ist und du hast an jeden Samstag frei. Und überhaupt ist in dieser neuen Schule alles viel besser."

„Na bumm", dachte ich, „mit dem kann ich leben." Und schon wurden meine Ferienpläne wieder zum Leben erweckt.

„Super", sagte ich, „das ist alles? … Und wegen dem machst du so ein Tamtam und mich noch dazu zum Hosenscheißer, vor allen?"

Die Angst, die ich den ganzen Tag überhatte, wich dem Selbstvertrauen von Bruce Lee und ich grinste schelmisch und siegessicher.

„Eine Kleinigkeit wäre dann noch, mein lieber Junge", und sie konnte sich ihr rachlüsternes Grinsen nicht verkneifen. Mit diesem Grinsen fielen meine super Ferienpläne wieder ins Wasser, das wusste ich sofort.

„Was denn noch?", fragte ich genervt.

„Verantwortung", sagte sie ernst und streng, „Verantwortung, mein Lieber! Du hast sicher eine schlimme Zeit hinter dir und alles tut mir sehr, auch sehr leid für dich, aber es wird Zeit, dass du mir jetzt hilfst und mich unterstützt und dass du dein Betragen änderst, zumindest Lehrern und anderen Erwachsenen gegenüber."

Na, das hatte gesessen, meine überhebliche Selbstsicherheit wandelte sich schlagartig in Reue. Was bitte, was soll ich denn tun? Niemand versteht mich und Lehrer schon gar nicht.

Bevor ich weiterreden konnte, ergriff meine Mutter wieder das Wort: „Weißt du, Johann, der Besuch im Jugendamt heute, das war eine sehr ernste Sache. Es wurde seitens der Jugendfürsorge überlegt, ob es nicht besser wäre, dich in einem Jugendheim unterzubringen. Weißt du, wie sehr ich um dich kämpfen musste und das auch getan habe, weil ich dich sehr liebhabe, auch wenn du mir nicht glauben willst. Wir alle haben dich lieb und wir alle wollen dich hier bei uns haben."

Mir fehlten die Worte, meine noch vor Sekunden empfundene Reue wich einer tief empfundenen, unverstanden Wut.

Am liebsten hätte ich meine Wut rausgeschrien, doch ich war starr und gefasst, ich konnte und wollte gar nichts mehr sagen. Alle schauten mich fragend an, und bevor Mutter weitersprechen konnte, sagte ich nur: „Gut, okay, dann geh ich eben in ein Heim,… mir doch egal." Ich drehte mich um und ging in mein Zimmer. Sofort verkroch ich mich in mein Bett, zog mir die Decke über meinen Kopf und dachte an die wildesten Szenarien, irgendwann schlief ich ein.

Am nächsten Morgen, es war ein Samstag, wurde ich von dem Duft eines heißen Kakaos geweckt. Ich dachte, ich träume noch, da stand eine große Tasse Kakao auf meinen Nachttisch neben meinem Bett.

„Na, auch schon wach?" Susi war schon fix und fertig angezogen.

„Ja", murmelte ich noch ganz verschlafen, „warum bist du denn schon auf, du hast ja heute keine Schule, und von wem ist der Kakao?"

„Von mir", sagte Susi bestens gelaunt, „von mir, Ho-Joe." Und sie lächelte mir von unserem Schreibtisch aus entgegen, die Sonne schien durch das Fenster hinter ihr, sie sah wie ein Engel aus.

„Wer ist Ho-Joe? … Warum der Kakao und wieso bist du so gut drauf?"

Ich hatte jede Menge Fragezeichen in meinen Kopf. „Aber was is'n Ho-Joe?", fragte ich noch einmal.

„Na, Hosenscheißer-Joe", sagte sie und lachte herzlich.

Mit einem Satz sprang ich aus dem Bett und mit ernster Stimme böllerte ich in ihre Richtung: „Das ist nicht witzig, hörst du, überhaupt nicht witzig!" Dann lachten wir gemeinsam und so wie immer: Wenn mich niemand mehr erreichen konnte, ich nach einem Streit mit Mutter zumachte, mich trotzig und unbeugsam zurückzog, sie öffnete mich wie ein Buch. Und so wie ein Buch konnte sie mich auch lesen, es war immer wie Magie und alles war gut. Den ganzen Vormittag verbrachten wir in unserem Zimmer und Susi erzählte und erklärte mir alles und ich hörte ihr aufmerksam zu. Meine Mutter hatte meinen Geschwistern gestern Abend noch, nach meinem grandiosen Abgang, alles zu den bevorstehenden Ferien erklärt und mit ihnen besprochen.

Oje, scheiße, jetzt war mir das alles sehr peinlich, hätte ich doch bloß gestern Abend zugehört und meinen Mund gehalten.

Es musste zwölf Uhr sein, wir hörten die Glocken der nahe gelegen Kirche läuten und mit dem letzten Glockenschlag stürmten die Zwillinge in unser Zimmer und schrien ganz aufgeregt: „Essen gibt's, Essen ist fertig, kommt schnell!" Und ihre fragenden Blicke huschten zwischen Susi und mir umher.

„Weiß er's schon, weißt du's schon, was is' jetzt, weißt du's schon?"

Die beiden waren richtig aufgedreht und jubelten. „Wir fahren alle in ein Feriencamp, juhu! … Weißt du's? … Du auch? Hurra!" Und schon flitzten die beiden wieder raus.

Mit einem etwas mulmigen Gefühl im Bauch und gesenkten Haupt schlich ich dann in die Küche zu unserer Mutter, die das Essen fertig machte und ich setzte mich wortlos an den kleinen Tisch, an dem wir für gewöhnlich auch aßen.

„Heute nicht", sagte Mutter, „heute essen wir fünf gemeinsam im Wohnzimmer. Und, Johann", sagte Mutter, „hast du dich wieder eingekriegt? Hat dir deine Schwester alles erklären können?"

„Ja", sagte ich mit leiser Stimme, „ja,... es tut mir leid, ich werde mich bessern."

„Gut", sagte Mutter, „das ist gut so."

Drei Wochen später standen die Zwillinge und ich mit Sack und Pack am Busbahnhof, wie viele andere Kinder auch. Dann wurden wir mit Namen aufgerufen, von Mutter, Susi und Tante Grete, die auch gekommen war, verabschiedet und schon ging es los.

Ich hatte keine Ahnung, wo Tribuswinkel ist, ich wusste nur, dass wir die nächsten drei Wochen in einem Schloss verbringen würden, das von einem Wald umgeben sein sollte und dass dort alles so toll sein soll. Ich dachte, wir würden stundenlang unterwegs sein und grübelte so vor mich hin, wie und was da wohl alles sein wird, und schon waren wir angekommen. „Na, das war ja wohl nicht besonders weit", dachte ich und war ein wenig enttäuscht von der kurzen Anreise.

Wir wurden in Gruppen aufgeteilt und in unsere Zimmer gebracht. Ich teilte mit fünf anderen Buben ein Zimmer, meine Brüder wurden in einem anderen Trakt des riesigen Schlosses untergebracht.

Wie die anderen auch, richtete ich mich in aller Eile ein und schon waren wir gemeinsam im Schloss unterwegs, um alles zu erkunden. Einer von den Jungs war schon einmal hier gewesen und er kannte sich im Schloss bestens aus. Wir folgen ihm mit großen Augen durch die Gänge und Stockwerke, jeder Trakt wurde von einem Betreuer beaufsichtigt. Im Trakt der Mädchen angekommen wurde unserem jähen Treiben ein abruptes Ende gesetzt. Die wenigen Blicke, die wir erhaschten, reichten aber völlig aus, um uns mit jeder Menge Gesprächsstoff zu versorgen. Mann, war das aufregend! Wieder zurück, wurden wir schon von unserem Betreuer erwartet und dieser erklärte uns gleich so ziemlich alle Regeln und Strafen, die bei Nichteinhalten der Hausordnung zur Anwendung kommen.

Na super, dachte ich, keine zehn Minuten da und schon Strafandrohungen und Sanktionen. In jeden Trakt wurden um die zwanzig Kinder oder Jugendliche in annähernd gleichem Alter untergebracht, außer bei den Mädchen, da waren alle Altersgruppen vertreten. Wenig später wurden wir dann über den genauen Tagesablauf informiert. Zuerst dachte ich, ich hätte mich verhört, da gab es auch Nachhilfeunterricht, sogar Sport- und Musik-Unterricht mit einem richtigen Stundenplan.

Nervös fragte ich sofort nach, ich wusste ja von all dem nichts. Meine Erleichterung war groß, als mir gesagt wurde, dass das nicht alle betreffen würde, die jeweiligen Gruppen würden erst später bekanntgegeben. Nun fand ich das ganze lustig und ich witzelte mit meinen neuen Freunden herum. Die waren gar nicht so begeistert, denn alle in meinem Zimmer wussten, dass sie in eine Lerngruppe kommen würden, das gab mir natürlich zu denken. „Nun hatten alle anderen ihren Spaß mit mir, na toll", dachte ich und war so richtig wütend auf meine hinterlistige Mutter.

Zum Abendessen wurden wir in einen riesigen Speisesaal gebracht, in dem alle Gruppen des Hauses vereint waren, die Jüngsten waren so um die acht Jahre alt und die ältesten um die vierzehn Jahre. Ich suchte gleich nach meinen zwei jüngeren Brüdern und als ich sie endlich erblickte, huschte ich zu ihnen rüber, um sie zu fragen, wie es bei ihnen so war und ob alles okay war. Sie berichteten mir aufgeregt und durcheinander und waren sichtlich tief beeindruck und überaus zufrieden. Die beiden waren natürlich, eh klar, in keiner Lerngruppe. Sie fanden es natürlich sehr lustig, dass ich nun lernen musste und sie nicht, ihrem Gelächter schlossen sich gleich alle anderen Kinder in Hörweite an.

Am Weg zurück zu meiner Gruppe wurde ich natürlich wieder von meinem Betreuer abgefangen und schon führte ich in Rekordzeit die Liste der Ermahnungen an. „Echt toll", dachte ich, „das fängt ja gut an."

Der nächste Morgen begann, wir hatten nicht besonders viel geschlafen, wir mussten uns ja gegenseitig die wildesten Geschichten erzählen und natürlich war der Mädchentrakt ein heißes Thema für uns „wilden Kerle". Es war Samstag kurz vor 7:00 Uhr, da donnerte unser Betreuer schon durch die Gänge und wir wurden mit militärischer Freundlichkeit geweckt oder besser gesagt, aus dem Schlaf gerissen, sodass ich Sekunden später neben meinem Bett stand und überrascht war, dass ich nicht mehr im Bett liege.

„Na, junger Mann! ... Ausgeschlafen? ... Raus aus den Federn, meine Herrschaften! ... Waschen, Sportsachen anziehen und in fünfzehn Minuten treffen wir uns alle beim Sammelpunkt im Schlosshof, und dass mir keiner zu spät kommt!"

Was will der denn, fragten wir uns alle, es ist noch nicht einmal 7:00 Uhr und Frühstück ist doch erst um 8:30 Uhr... und Sportsachen?

Mürrisch und widerwillig folgten wir den „Befehlen" des „Meisters" und ich dachte laut: „Super Sommercamp! ...Ich hasse meine Mutter, alles nur scheiße!"

Noch immer nicht ganz wach folgten wir unserem Betreuer auf die große Wiese im Schlosspark, die links und rechts von einer Art schmalem Wald umgeben war, das Ende der Wiese konnten wir gar nicht sehen, so groß war dieser Schlosspark.

„Nun, meine Herrschaften, ein wenig Sport am Morgen tut uns allen gut. Und jetzt schauen wir mal, wie fit meine Mannschaft ist. Im Sprücheklopfen seid ihr ja schon ganz ordentlich, oder was meinst du, Johann?"

„Ich? ... Ich meine nichts, Herr Jürgen."

Na, das war ja wieder einmal richtig peinlich, genau mich muss der mit Namen fragen, ich spürte förmlich mein errötetes Gesicht.

Wir machten leichte Aufwärmübungen und dehnten und streckten uns in alle Richtungen. Auf einmal ging für uns die Sonne auf, denn die Mädchengruppe betrat soeben den Rasen und die wärmten sich auch auf.

Mit einem Schlag waren wir alle wie ausgewechselt, der Ehrgeiz packte uns derart unauffällig, dass sich Herr Jürgen sein blödes Gequatsche wieder nicht ersparen konnte.

„Da schau her, Johann, Klaus und Michael ... Sehr gut, endlich wach!"

Er lachte. Uns war das vor all den Mädchen sehr unangenehm, doch unser schelmisches Grinsen konnten wir auch nicht verbergen.

„So, meine Herrschaften, jetzt laufen wir eine kleine Runde um den Park, langsam, aber nicht trödeln. Los geht's, Burschen!"

Die Mädchen mit ihrer Betreuerin schlossen sich uns an und so wurde der Morgensport zu einer richtigen Herausforderung. Alle wollten wir glänzen, ha, ha, ha. Der Tag verging wie im Flug und alles war viel besser als morgens noch gedacht. Ich war richtig erschöpft von den ganzen Aktivitäten, Besichtigungen und Erklärungen, dass ich die Stunde vor dem Abendessen am liebsten in meinem Bett verbracht hätte. Ich wollte mich gerade hinlegen, da stand Herr Jürgen auch schon in unserem Zimmer und fragte: „Na, Johann, du wirst doch nicht etwa müde sein?"

„Nein, nein", antwortete ich, am liebsten wäre ich aber tot umgefallen.

„Das ist gut so, denn wir haben heute noch einiges vor. Und jetzt auf mit dir, ab unter die Dusche und dass ihr dann alle pünktlich beim Abendessen auf eueren Plätzen seid, heute gibt es noch eine schöne Überraschung!"

Na, der weiß, wie man einen wach hält. Fluchend schleppte ich mich unter die Dusche.

Im Speisesaal angekommen, warteten schon meine Brüder auf mich und erzählten mir aufgeregt von ihren Tag. Ich begleitete sie zu ihrem Tisch, der unmittelbar neben einem Tisch der Mädchen war. Ich lugte so durch die Reihen, als mich ein Mädchen direkt anlachte. „Boah", dachte ich und fühlte mich sogleich erwischt, mein Gesicht wurde so heiß, dass ich dachte, ich platze gleich. Ich riskierte keinen zweiten Blick und beeilte mich zurück zu den Jungs.

„He, Joe, was is'n mit dir passiert", fragte mich Michael, „hat dir wer eine gescheuert, wie siehst du denn aus?" … Allseitiges Gelächter brach aus.

„Sei still und ihr alle, lacht nicht so blöd, nichts ist, was soll schon sein, ich war nur bei meinen Brüdern, ihr Schwachköpfe."

Mein Gesicht wird wohl die Farbe meiner gefühlten Hitze widergespiegelt haben und alle witzelten eifrig darüber, letztlich musste ich mitlachen, obwohl es mir peinlich war.

Nach dem Essen hielt der Heimleiter seine Ansprache, ein paar Erklärungen und Anweisungen folgten noch und dann kündigte er zur Begrüßung ein großes Lagerfeuer an.

„Wer von euch Gitarre spielt und sein Instrument mitnehmen möchte, der kann das gerne tun." Es meldeten sich einige Kinder und das Mädchen, das meinen verstohlenen Blick kurz zuvor erwidert hatte, war auch dabei.

Nun war ich begeistert und konnte das Lagerfeuer und egal, was noch kommen möge, gar nicht mehr erwarten. Einige von den Älteren durften eine Fackel tragen, der umgrenzende Wald war mit Laternen ausgeleuchtet, es war wie im Märchen, so etwas hatte ich noch nie gesehen.

Nach gut 200 Metern erreichten wir den Feuerplatz, alle waren gekommen, auch meine jüngeren Brüder, wir sammelten uns im Kreis um die Feuerstelle, die mit größeren Steinen umrandet war und gut zehn Meter Durchmesser hatte. Alle, die ein Instrument dabeihatten, wurden ganz vorne bei den Steinen in regelmäßigen Abständen platziert, alle anderen dahinter. In der Mitte der Feuerstelle war jede Menge Holz aufgelegt, wie ein Indianerzelt sah das aus, gut drei Meter im Durchmesser und an die zwei Meter hoch. Dann wurde es hell und die Flamme brannte hoch in den sterneklaren Himmel, eine mystische Wärme umarmte uns alle, der Geruch und das Knistern von Holz, die Funken, die sich wie Sterne in der Dunkelheit tummelten. Es war mucksmäuschenstill geworden und dann wurden Lieder angestimmt – ich fühlte mich noch nie so befreit. Es wurde gesungen und gespielt, herumgetanzt und gelacht und ich hatte mich, noch ohne es zu wissen, in das Mädchen mit der Gitarre von heute Morgen verliebt. Es war unglaublich, als sich unsere Blicke wieder und wieder trafen, und nun konnte und wollte ich mich diesen Blicken nicht mehr entziehen.

Ich lächelte ihr mein kleines Herz entgegen, Mannomann, dieses Gefühl von tausend Schmetterlingen im Bauch. Ich schwebte, ohne mich zu bewegen, es war ein aufregendes Gefühl. Ich konnte ganz sicher mit Handauflegen einen Eisberg zum Schmelzen bringen. …Ha, ha.

Der Abend ging viel zu schnell zu Ende und meine „Schmetterlinge" hatten die ganze Nacht Kirtag, ich konnte vor Liebe gar nicht einschlafen.

Am Montag nach dem Morgensport und dem Frühstück begann für mich und rund 60 andere Kindern der Unterricht, wobei die jeweiligen Schwächen gefördert und unterstützt wurden. Wir waren in drei Klassen unterteilt und dann gab es noch eine Musikklasse, in der auch so um die 20 Talente an ihren Künsten feilten.

Ich sah meine noch namenlose Liebe mit ihrer Gitarre auf dem langen Gang vor ihrer Musikklasse. Ich hätte ohne weiteres zu ihr gehen können, jedoch verließ mich der Mut, und so blieb es bei Blicken und diesen verdammten Schmetterlingen, die mich schon wieder in diesen blöden Ho-Joe verwandelten. Wir lächelten uns nur an – Mann, wie blöd war ich eigentlich.

Der Unterricht begann, unsere Plätze wurden uns zugewiesen und ich nahm neben einem Mädchen Platz. Wir bekamen alle ein Blatt mit Aufgaben, die unsere Stärken oder Schwächen aufzeigen sollten. Bei mir waren es eher nur Schwächen, meine Sitznachbarin war da schon um einiges besser unterwegs. Sie unterstützte mich aber gleich zu Beginn, was zu meiner Verwunderung ganz im Sinne der Lehrkraft war.

„Toll", dachte ich, „endlich versteh ich das alles besser", und ich geizte nicht mit Lob und Anerkennung für meine neue Freundin, wir beide hatten so richtig Spaß beim Lernen und freundeten uns an. Auch das war nicht verboten, sondern ganz offenbar Plan der Pädagogen, und der gefiel uns allen.

Gleich in der ersten Pause kam ich nicht umhin, meine neue „Schulfreundin" Brigitte um Auskunft über meine „Angebetete" zu löchern, wobei ich mich ziemlich dilettantisch anstellte.

Brigitte erkannte sofort, dass ich schüchtern und verliebt war und sie versuchte mir schonend beizubringen, dass es ohnehin schon alle mitbekommen hätten. Am liebsten wäre ich im Erdboden versunken. „Die wissen das alle, na, sehr peinlich", dachte ich und mir wurde ganz mulmig im Magen. Brigitte fand das äußerst amüsant und grinste.

„Das Mädchen heißt Angela", sagte sie, „und sie ist mit mir im selben Zimmer. Selbst Frau Ursula hat es mitbekommen, schon beim ersten Morgensport konntest du deine Blicke nicht von ihr lassen." Sie lachte …

„Sie findet dich süß und lustig", sagte sie.

„Na toll", dachte ich, „süß und lustig" … Unwiderstehlich und stark wäre mir lieber gewesen, ich hatte ja null Ahnung, wie Mädchen ticken und meine Erfahrungen waren auch noch sehr dürftig.

In mir brannte das Feuer, dass wohl bei allen entfacht, die sich das erste Mal verliebten, und es brannte hell und verwirrte mir die Sinne. Verlegen fragte ich Brigitte: „Weiß sie meinen Namen? … Weiß sie ihn?"

„Ich weiß es nicht, Joe." … Sie lachte wieder.

Ich kam mir vor wie ein Idiot. „Jetzt sag schon, weiß sie ihn?"

„Ich denke nicht, ich weiß es nicht, finde es doch heraus."

Oh ja, das tat ich dann auch, was blieb mir denn auch anderes übrig. Nach zwei oder drei Anläufen traute ich mich dann doch noch. … Möglicherweise hatte ich aber Hilfe, ich Weichei. Von nun an hatte meine erste große Liebe einen Namen, Angela … Was für ein schöner Name!

Wir konnten uns in unserer Freizeit überall frei bewegen, einige Sportarten ausüben, Musikinstrumente spielen oder lernen, wir hatten eine Bibliothek, einen Tischtennisraum, ein Spielzimmer und einen Theaterraum mit einer kleinen Bühne, wo immer kleine Stücke einstudiert und dann vorgeführt wurden. Es war für uns alle ein Heidenspaß, ganz gleich, ob man aktiv als Akteur auf der Bühne stand oder passiv als Zuseher dabei war.

Ich war in diesen Tagen und Wochen wieder einmal so richtig glücklich, ich konnte vergessen und Kind sein, ein sehr verliebtes Kind, ja, fast schon ein ganzer Mann.

Ich verbrachte jeden Nachmittag mit Angela und unserer kleinen Clique, wir nahmen an Theaterstücken teil oder sahen zu.

Ich war oft im Musikzimmer, um Angela zuzuhören, und ich lernte sogar einen Teil der „Ballade Pour Adeline" von Richard Clayderman am Flügel.

Ein Junge, der gerade mal zehn Jahre alt war, der für sein Alter viel zu klein war und der wegen seines Aussehens spöttisch „Quasimodo" genannt wurde. Er spielte dieses Stück, das gerade erst Premiere hatte, in Perfektion. Selbst dem Musikprofessor stand der Mund offen, wenn der Junge spielte. Ich war fasziniert von diesem Stück und konnte es nicht oft genug hören. Quasimodo, der außerhalb des Musikzimmers oft gehänselt wurde, lies all die dummen und gemeinen Bemerkungen stets über sich ergehen, meist waren es die älteren Jungen, für die das offenbar ein lustiger Spaß war. Mir gefiel das gar nicht, und doch fehlte mir der Mut, um meine Stimme zu erheben.

Die letzte Woche unserer Lernferien begann und die Theatergruppe arbeitete eifrig an einem kleinen Theaterstück, Angela, „Quasimodo" und andere studierten ihren musikalischen Beitrag ein. Klaus, Michael und ich besuchten die Proben, so oft es uns möglich war.

Am Dienstag nach der zweiten Probe von Angela traf ich sie, wie fast jeden Tag, nach dem Abendessen im Schlosspark, in dem wir durch das Waldstück schlenderten oder uns mit Freunden getroffen hatten. An diesem Tag hatte Angela Quasimodo dabei.

„Diese blöden Idioten, sie haben ‚Quasi' schon wieder bedrängt und geschimpft, lauter Arschlöcher", sagte sie. „Es macht dir doch nichts aus, wenn er mit uns mitgeht? … Wo sind eigentlich Klaus und Michael?"

„Sicher oben beim Feuerkreis, bei den Bänken oder beim Fußballplatz. Komm, ‚Quasi', lass die Idioten, weißt ja eh, die sind nicht ganz dicht in der Birne."

Wir munterten unseren ‚Quasi' ordentlich auf und suchten nach Klaus und Michael, die wir nirgends finden konnten, wir unterhielten uns über Musik und über das Stück, das die beiden zum Abschluss spielen werden und über dies und das.

Langsam wurde es Zeit, den Sammelpunkt vor dem Schloss aufzusuchen, wer beim Durchzählen nicht da war, der durfte ja am nächsten Tag nicht rausgehen, und das galt es auf jeden Fall zu vermeiden.

Am Rückweg durch das gegenüberliegende Waldstück bemerkten wir von Weitem Rauch hinter einem kleinen Holzverschlag. Ich dachte gleich an Klaus und Michael und sagte zu Angela und ‚Quasi': „Seid leise, die werde ich jetzt ordentlich erschrecken, die rauchen sicher eine Zigarette."

Ich schlich mich leise an den Verschlag heran, Angela und ‚Quasi' hielten Abstand und gingen auf leisen Sohlen. Den Verschlag zum Greifen nahe, schrie ich so laut ich konnte: „Kontrolle!" Sofort lachte ich, was das Zeug hielt, ich hatte ja schon die Bilder der beiden Erwischten in meinem Kopf. Das Krachen und Knicken der Äste bestätigte mir einen erfolgreichen Überraschungsangriff, auch Angela und „Quasi" krümmten sich vor Lachen, wir konnten es gar nicht erwarten, ihre Gesichter zu sehen.

Die „Überraschten" hatten sich so erschrocken, dass sie derart überstürzt die Flucht ergriffen und sich dabei gegenseitig im Wege standen und stürzten, was wir wohl hören konnten, aber noch nicht sehen. Als ich dann endlich bei den Holzblanken vorbei war und in drei sehr böse und verdutzte Gesichter blickte, blieb mir mein überschwänglicher Humor im Halse stecken, nun war ich aber so was von überrascht.

Wie versteinert stand ich da und suchte vergebens nach Worten, nach einer passenden Erklärung. Da waren weder Klaus noch Michael, die ich heimlich rauchend erwischen und erschrecken wollte, ich hatte genau die zwei Burschen so heimtückisch erschreckt und aufgescheucht, denen wir alle, so gut es möglich war, aus dem Weg gingen. Und als wäre das nicht genug, hatten die auch noch ihre Freundinnen dabei. Ein Foto von dem Bild unserer gegenseitigen Blicke, es wäre der Wahnsinn gewesen.

Zwei Arschlöcher im Dreck liegend mit samt ihren Freundinnen, ich denke, ich fühlte zumindest für den Bruchteil einer Sekunde wie sich Sieg, Genugtuung und Gerechtigkeit in einem anfühlten.

Einige Sekunden später fühlte ich die Schläge von zwei Helden, die über Wochen alle Kleineren und Schwächeren terrorisierten, auch ich kam zu Fall und konnte dem nichts entgegensetzen. Die Freundin der beiden heizten den ungleichen Kampf noch ordentlich an. Die drei hatten Angela und ,Quasi' noch gar nicht bemerkt, da stürzte sich der kleine ,Quasi' todesmutig von hinten auf die beiden Schläger, und zwar mit einem Geschrei und einem Gesichtsausdruck und einer solchen Entschlossenheit, wie es mir ewig in Erinnerung bleiben wird.

Die zwei Helden samt ihrer Freundin ließen von mir ab und suchten das Weite, als dann auch noch Angela schreiend und weinend angerannt kam.

Ich konnte es nicht fassen, da hatte der kleine „Quasi" die Größten und Stärksten, fast im Alleingang, in die Flucht geschlagen.

Quasi konnte sich gar nicht mehr beruhigen, er weinte und bedankte sich unentwegt bei mir, während Angela auch weinend mich von all dem Gestrüpp befreite und mich, so gut es ging, saubermachte.

Ich sagte: „He, he, … ,Quasi', wofür bedankst du dich? … DU hast sie besiegt, du und Angela, ich habe nur Schläge bekommen, aber das war es wert und wie es das war. ,Quasi', DU hast sie in die Flucht geschrien, ich kann es gar nicht glauben!"

Wir mussten lachen, herzlich und befreiend lachen. „Quasi" sagte dann noch: „Du, Joe, du hast sie zu Tode erschreckt und alle beide sind im Dreck gelegen, du hast gekämpft wie ein Löwe und ich auch… Hast du das gesehen? … Ich auch! … Oh ja, ich danke dir, Joe."

Wir machten uns dann auf dem Weg zum Schloss, mit einem breiten Grinsen im Gesicht gingen wir alle drei ohne Eile unseren Weg. Bevor wir noch das Schloss erreichen konnten, kamen uns schon Betreuer und der Hausmeister entgegen. „Oh, Scheiße", sagte ich, „wir sind zu spät, viel zu spät."

Uns wurden ordentlich die Leviten gelesen, ich wurde anschließend medizinisch versorgt, weil ich einige Schnittwunden vom Unterholz oder von was auch immer da herumgelegen ist, hatte, dann wurden wir einzeln nach dem Grund unserer Verspätung und der Entstehung meiner Verletzung gefragt und natürlich hatten wir drei eine gänzlich andere Geschichte zu erzählen. Dann war fürs Erste alles überstanden.

Am nächsten Morgen verbreiteten sich die wildesten Gerüchte im ganzen Schloss, selbst meine beiden jüngeren Brüder hatten schon von dem Vorfall gehört und rannten beim Frühstück zu mir rüber, um zu erfahren, wie ich denn die beiden „Großen" geschlagen hätte.

Ich verstand gar nichts von dem, was die da erzählten und sagte noch, ich wurde verprügelt, nicht die. „Was redet ihr da für einen Blödsinn?

Woher wisst ihr überhaupt von gestern?!"

Die beiden wurden, bevor sie noch antworten konnten, zu ihren Plätzen zitiert und einige Minuten später wurde ich zum Heimleiter beordert.

„Na toll", dachte ich und ging im Beisein einer Betreuerin zum Büro der Heimleitung. Schon von weitem sah ich meine beiden Widersacher vor dem Büro des Heimleiters in der Schranz Hocke verweilen, die immer wieder strafweise zur Anwendung kam. Ich müsste lügen, wenn ich sagen würde, dass mich beim Anblick der beiden nicht höchste Glücksgefühle überkamen. Diesen Gefühlen setzte der Heimleiter jedoch ein schnelles Ende, indem ich mir eine Predigt über Erschrecken und seine möglichen Folgen anhören musste.

„Der weiß alles", dachte ich, „woher weiß der das?" … Ich hatte gestern eine ganz andere Geschichte erzählt, wobei weder Schläge noch Kampf noch Zigarettenrauchen vorkamen.

Die beiden Größten und Stärksten waren nicht so hell in ihren Köpfen, wie sie wohl dachten, und außerdem sorgten sie selber dafür, dass ich später wie ein Held gefeiert werden sollte, was ich aber noch nicht wissen konnte.

Die zwei Idioten erzählten doch glatt, dass Angela, Roland (= „Quasi") und ich, sie und ihre Freundinnen grundlos angegriffen und geschlagen hätten. Natürlich lag ihre Glaubwürdigkeit bei allen Betreuern und auch beim Heimleiter gleich Null, außerdem wurde beim Holzverschlag eine kleine Tasche mit Zigaretten gefunden, die einem der Mädchen der beiden Freunde gehörten. Die Erzählung von Angela und „Quasi" war da schon wesentlich glaubwürdiger, meine Angaben hingegen waren nicht sehr gut durchdacht, was mir einen weiteren Vortrag des Heimleiters über Wahrheit und Pflicht einbrachte.

Letztlich blieb die unglaubwürdige Geschichte der beiden „Überfallenen" in den Köpfen aller Kinder und ich glaube, dass ihnen dieses Bild auch viel besser gefiel als die wahre Geschichte. Mir war's recht und so wurde ich noch vor der großen Abschiedsfeier zum Helden Widerwillen, die beiden Großen und Starken wurden aufgrund meiner Verletzungen bestraft und beschränkt und sie durften bis zur Abreise so gut wie nichts ohne Aufsicht unternehmen. Ich hingegen trug mit stolzgeschwellter Brust mein blaues Auge, dass im Laufe dieser Woche noch in allen Farben zu sehen war.

Am Freitag, dem Tag der großen Abschiedsfeier, waren alle eifrig mit den Vorbereitungen für das Fest beschäftigt und gleich nach dem Mittagessen wurde der große Saal für das Fest umgestaltet. Um 16:00 Uhr begann das Fest mit den üblichen Abschiedsreden, danach folgte ein überaus lustiges Theaterstück und dann spielten Angela, „Quasi" und ihre Musikfreunde einige Musikstücke, bevor „Quasi" am Flügel seinen Soloauftritt hinlegte, die „Ballade Pour Adeline" von Richard Clayderman. Es folgte ein unglaublicher Applaus und die Menge tobte, es war fantastisch, wie der kleine „Quasi" spielen konnte.

Nach dem Abendessen war Disco und Tanz angesagt, gleich beim ersten Tanz passierte es dann. Ich hatte wahrscheinlich Hunderte von Gelegenheiten in den letzten Wochen verpasst, meine Angela zu küssen und wahrscheinlich hätte ich mich an diesen Abend auch nicht getraut, aber das spielte nun keine Rolle mehr, denn ich wurde geküsst – und wie ich geküsst wurde. Ich hatte noch nie vorher mit Zunge geküsst und das Gefühl war Hochspannung pur, ich war völlig entfesselt und konnte gar nicht genug davon bekommen und ich hatte große Mühe meinen kleinen Joe im Zaume zu halten, was nicht unbemerkt blieb. Möglicherweise war Angela ein wenig reifer als ich, denn sie half mir den „kleine Joe" verdeckt zu halten, indem sie mich ganz eng umschlungen hatte. Was soll ich sagen, ich hatte einige Premiere-Erfahrungen, die ich nie vergessen werde, aber zum Äußersten kam es dann doch nicht, obgleich ich an diesem Abend unwiderruflich infiziert war.

Am nächsten Morgen ging es zurück nach Hause, wir versprachen uns ein Wiedersehen und sahen uns doch nie wieder. Als Junge fuhr ich in ein Lern- Ferien-Camp und als ganzer Kerl kam ich zu Hause wieder an. Ich fühlte mich wie ein Atomreaktor unberechenbar, stark und heiß und genauso benahm ich mich auch, als ich daheim von dem Erlebten erzählte.

Mein heißes Sex-Abenteuer erzählte ich nur meiner Schwester Susi, in einer, sagen wir, leichten Abänderung. Die wiederum krümmte sich vor Lachen und wusste genau, dass ich bin, was ich eigentlich war. – Der „Ho-Joe"! (Hosenscheißer-Joe)

KAPITEL 3

Dramatische Ereignisse

Die Sommerferien waren Geschichte und die Schule begann. Ich lebte mich in der neuen Ganztagsschule schnell ein und kam ganz gut voran.

Zu Hause lief es dagegen nicht so toll, es gab immer öfter Streit zwischen meinen Eltern. Mein Vater kam mit seinen Alkoholproblemen nicht zurecht und meine Mutter quälte sich mit Teilzeitjobs durch den Tag, die schlecht bezahlt wurden. Susi und ich suchten so oft wie möglich das Weite und so verbrachte ich meine Freizeit oft bei Freunden, im Park oder in unserem Hof.

Einer der Zwillinge, Andreas, das Lieb-Kind aller Verwandten und Bekannten verbrachte die meisten Wochenenden bei Onkel Ernst und Tante Rikki, die ein sehr seltsames Paar waren und die von äußerst glücklichen Umständen getragen wurden, die ich erst sehr viel später verstehen sollte. Thomas, der jüngere meiner ungleichen Zwillingsbrüder, war der Liebling meiner Mutter und ich denke, wenn auch unbewusst, er bekam vieles mit, was uns anderen erspart wurde.

Mein neues Familienleben brachte vor allem mir selbst einige Probleme, die mir selbst nicht auffielen, aber nach und nach zu einer echten Belastung wurden. Zum einen schwitzte ich über alle Maße, weil ich dieselbe Kleidung an mehreren Tagen tragen musste und zum anderen durften wir nur jeden zweiten Tag duschen. Meine Kleidung war überwiegend aus billiger Synthetik und so ergab sich ein sehr ungepflegtes Erscheinungs- und Geruchsbild, manchmal mehr, manchmal weniger. Irgendwann nimmt man es selbst gar nicht mehr so wahr, aber andere sehr wohl.

Meiner Mutter will ich keinen Vorwurf machen, sie hatte es wirklich schwer in dieser Zeit, mein Vater war ein lieber und gutmütiger Mensch, aber verantwortungslos, er verfiel immer mehr dem Alkohol und leistete überhaupt keinen Beitrag zum

Familieneinkommen. Er kam seinen Alimente Zahlungen nie nach und kümmerte sich auch sonst um nichts. Mutters Probleme wirkten sich natürlich auf uns alle aus und letztlich reichte meine Mutter die Scheidung ein, die auch später vollzogen wurde.

Ich weiß nicht, ob es Zufall oder Plan gewesen war oder ob andere Umstände eine Rolle spielten, ich war damals zwölf Jahre alt und mein erstes Hauptschuljahr neigte sich dem Ende zu, da fragte mich Tante Rikki, ob ich meinen Onkel Ernst bei seiner Arbeit helfen möchte. Ich stimmte sofort freudig zu und schon am folgenden Wochenende ging es los.

Ich war am Samstag schon sehr zeitig aufgestanden und konnte meinen allerersten Arbeitseinsatz kaum erwarten, meine Mutter machte mir extra und nur für mich Frühstück. Um sieben Uhr war es dann so weit, ich konnte den Motorklang von Onkels Opel Commodore GS/E schon ausmachen, bevor ich das Auto sehen konnte. Es war ein tolles Auto, grün, mit schwarzem Dach. Mein Onkel fuhr immer sehr sportlich, was mir unheimlich imponierte, ich durfte vorne sitzen und war sogleich in meinem Element, als wir so durch die leeren Straßen fetzten, bis wir unser Ziel in der Bäckerstraße im ersten Bezirk erreicht hatten.

Wir betraten dort eine sehr große und leere Altbauwohnung, die mit einer zweiten Wohnung zusammengelegt war und sicher über 200 Quadratmeter groß war. Meine erste Aufgabe war es, die Wände von der alten Farbe und von dem Schmutz zu befreien, etwas später kamen auch noch mein anderer Onkel Lui und ein Helfer dazu. Beim Mittagessen erfuhr ich, dass wir hier für einen Kunsthändler ein großes Atelier errichten. Dieser Kunsthändler KK war irgendwie mit meiner Tante Rikki verwandt, zumindest hörte sich das für mich so an.

Ich arbeitete hart und war den ganzen Tag über fleißig, sodass ich am Abend mit viel Lob zu Hause abgesetzt wurde und so sah ich auch aus. Ich durfte ein heißes Bad nehmen und überhaupt, Mutter war bestens gelaunt, was auch mir guttat. Sonntags ging's von Neuem an die Arbeit, am Abend war ich total geschafft, ich hatte mich sehr verausgabt und es zahlte sich auch richtig aus. Mein Onkel gab mir ganze 300 Schillinge als Lohn für die beiden Tage und großes Lob gab es extra. Ich war begeistert und freute mich sehr.

Daheim zeigte ich voller Stolz meinen ersten erhaltenen Lohn. Ich gab meiner Mutter davon ganze 100 Schilling ab und später meiner Schwester 50 Schilling, im Geheimen. Ich fühlte mich großartig.

Die Wochen zogen nur so dahin und ich verdiente an nahezu jedem Wochenende 200 bis 300 Schillinge, und doch hatte ich so gut wie nichts gespart. Diesen schon damals lockeren Umgang mit Geld und Gütern werde ich mir Zeit meines Lebens nicht mehr abgewöhnen, ich wurde zwar immer zum Sparen ermutigt, ja, sogar gedrängt, doch genützt hatte es nichts.

Mein kleiner Bruder Andreas war da schon gewiefter als ich, eigentlich als wir alle. Wir nannten ihn manchmal spöttisch „Androsch" *(Hannes Androsch war von 1970 – 1981 österreichischer Finanzminister),* er schlug aus allem Kapital und räumte überall wie von Zauberhand ab, sein Zwillingsbruder Thomas hingegen ging meistens leer aus, er hatte es wahrlich niemals leicht gehabt.

Das Schuljahr war zu Ende und ich durfte nahezu die ganzen Ferien mit meinem Onkel arbeiten, dabei lernte ich die wichtigsten Grundlagen im Innenausbau, vor allem aber vom Fliesenlegen. Meine Onkel, Ernst wie auch Lui, beide waren keine Kinder von Traurigkeit und der so bekannte „Wiener Schmäh" war fixer Bestandteil bei jeder Arbeit, so wie auch einige Streiche, die so manches Mal zu weit gingen und die mir hin und wieder auch ordentlich Ärger einbrachten.

Meine Tante Rikki war öfter als uns lieb war auf der Baustelle, sie war eine arglistige Frau, die einzig ihre Vorteile zum Ziel hatte, wie es sich auch immer wieder zeigte. Mein Onkel Lui mochte sie gar nicht, aber es beruhte auf Gegenseitigkeit.

Onkel Ernst war ein fleißiger, in jedem Handwerk geübter und ein starker Mann, der mit seinen 55 Jahren in der Blüte seines Lebens stand, sein Bruder Lui war fünf Jahre älter und hatte es richtig schwer. Er hatte als junger Bursche in Hamburg einen schweren Unfall erlitten und war seitdem durch implantierte Schienen und Platten ordentlich eingeschränkt.

Niemand konnte Onkel Ernst das Wasser reichen, er war gutmütig und immer lustig und er hatte stets einen Spruch parat, der alle zum Lachen brachte. Wenn er böse wurde, war allerdings Achterbahn und wir alle suchten das Weite, um nicht in direkte Konfrontation zu geraten. Sobald sich sein erster Ärger legte, wurden wir tagelang verarscht, was das Zeug hielt. Irgendwie entwickelte sich das dann immer wieder in ein Kabarett der besonderen Art. Also zum Lachen hatten wir wahrlich genug.

Tante Rikki hatte einen überaus großen Einfluss auf meinen Onkel, wie auch auf den Kunsthändler KK. Ich konnte mir diese Zusammenhänge überhaupt nicht erklären, doch es schien mir, als würde Tante Rikki über eine Art, „verbindenden Zauber" verfügen, denn alles, was sie sagte oder wollte, wurde früher oder später auch gemacht. Ihre Wünsche, Ansichten und Meinungen führten meistens in ein Chaos und auch zu heftigen Streitigkeiten, mal mit Ernst und des Öfteren auch mit KK oder einer seiner Angestellten. Ich blickte da nie richtig durch.

Mit dem Ende meiner Ferien waren auch die Arbeiten im Atelier zur Gänze abgeschlossen.

Mein zweites Schuljahr in der GTS begann ich dann schon mit etwas mehr Selbstvertrauen, ich durfte nun zu Hause täglich duschen, hatte tolle Klamotten und immer etwas Geld von meinen Ersparten dabei, ich war nun auch wesentlich gepflegter unterwegs. Andererseits hatte ich nun eher das Benehmen eines Bauarbeiters als jenes eines braven Schülers der zweiten Klasse. Ich fühlte mich allen anderen überlegen, was ich physisch auch war und natürlich war ich kräftiger als meine Mitschüler, das kam vom schweren Arbeiten, doch geistig konnte ich nur schwerlich mithalten. Ich war altklug und arrogant, spielte meine Stärke aus und war am Lernen so gar nicht interessiert, warum denn auch, ich wusste ja schon alles. Und so dachte ich wirklich, ich war da irgendwie in meiner eigenen Welt.

Auch in meinem dritten Schuljahr änderte sich so gut wie nichts, alles ging seinen gewohnten Gang, … mehr oder weniger.

Das vierte und letzte Schuljahr begann da schon ganz anders, wir bekamen einen neuen Schüler in unsere Klasse. Willi war sein Name und ihm wurde der Platz neben mir zugewiesen. Wir freundeten uns schnell an. Dieser Typ war komplett aus der Spur und unberechenbar, ich war begeistert und fasziniert von ihn.

Gleich am zweiten Tag lud er mich zu sich nach Hause ein. Nach der Schule wollte ich in Richtung der Straßenbahnstation gehen und Willi lachte sich fast um seinen Verstand. Ich fand das nicht so komisch wie er, musste aber auch lachen, weil er ein derart irres Lachen hatte, dass man gar nicht anders konnte. Er sagte: „He, Joe, wo willst du denn hin?"

„Zur Straßenbahn, du Spaßvogel, oder willst du den ganzen Weg laufen?!"

„He, Joe, Männer wie wir laufen nicht und sie fahren auch nicht mit dem ‚Bügel' *(ugs: Straßenbahn)*, komm, wir fahren mit meiner Zapp."

Ich staunte nicht schlecht, da stand eine violette Zündapp TT, das Moped meiner Träume, ganz neu.

„Aber nicht deine, Willi?!"

„Sicher meine, wieso? … Hast du denn keine?"

Er lachte wieder wie ein Geisteskranker. Natürlich hatte ich kein Moped, ich durfte ja noch gar keine fahren und Willi natürlich auch nicht. „Steig auf, du Spaßbremse", sagte er und schon waren wir unterwegs. Er fuhr genauso, wie er lachte, es konnte alles passieren und mir war ordentlich schlecht von dem seiner Fahrerei – ein irrer Typ.

Meine Freundschaft zu ihm brachte mir jede Menge Ärger ein, er kam aus einer Unternehmer-Familie, befehligte seine Eltern wie Angestellte und bekam, was immer er von ihnen wollte. Ich konnte es kaum fassen, gegen ihn war ich ein Klosterschüler mit Vorzug gewesen. Ganz klar, er brachte mich in Gesellschaften und in Situationen, von denen dich deine Eltern stets warnen oder fernhalten würden.

Er kiffte schon damals Cannabis, rauchte Zigaretten und trank Alkohol, er war oft die ganze Nacht unterwegs und schwänzte den Unterricht, wann immer ihm danach war.

In der Schule waren wir ein Herz und eine Seele und ich genoss die Zeit mit ihm, weil es immer lustig war. Ich begleitete ihn auch öfter in diverse Lokale und ich rauchte die eine oder andere Zigarette, ich trank auch gerne mal ein Cola Rot, aber mit Rauschgift wollte ich nichts zu tun haben.

Auch im Park gegenüber unserer Schule wurde abends gekifft, was das Zeug hielt. Ich wurde oft ausgelacht, weil ich mich so dagegen verwehrte.

Zu meinem Glück setzte mich mein Onkel wieder öfter an Wochenenden zum Arbeiten ein, was den Kontakt zu Willi und meine Lokalbesuche erheblich einschränkte.

Es war ein Freitag Mitte Juni 1980, ich hatte wie jeden Freitag um 15:45 Uhr von der Schule aus, meine beiden jüngeren Brüder warteten schon vor der Schule auf mich und sie winkten mich sehr aufgeregt zu sich.

„Onkel Ernst ist mit dem Auto da, er holt uns ab", rief mir Andreas von weitem zu. … „Na komm endlich, … wir warten schon."

„Komisch", dachte ich mir, wir schafften es zu Fuß in fünfzehn Minuten nach Hause und mit dem ‚Bügel' in nicht einmal zehn Minuten.

Wir stiegen ins Auto ein und mein Onkel frage mich gleich, ob ich es schaffen würde bis spät in die Nacht zu arbeiten.

„Sicher schaffe ich das, aber wieso? … Wo willst du denn so lange arbeiten?"

„Das erzähle ich dir dann, wenn du umgezogen bist, komm, beeile dich jetzt."

Wieder im Auto, fuhren wir in die Wiener Innenstadt.

„Haben wir bei KK in der Galerie Scheiße gebaut, oder was ist so dringend, Onkel? Jetzt sag schon, was los ist."

„Nein, nein, alles ist bestens bei KK, ganz im Gegenteil, wir bauen keine 100 Meter weiter ein Lokal in ein Restaurant um, das KK gekauft hat. Was aber noch wichtiger ist, wir müssen heute bei Udo eine dringende Arbeit erledigen, … es wird spät werden. Wirst schon sehen, Kleiner, wichtig ist, dass du niemanden davon erzählst … Hörst du! …niemanden! KK möchte das nicht und Udo will das auch nicht!"

„Ok, kein Problem, aber wer ist Udo?"

„Ist kompliziert, wirst ja eh alles sehen."

Wir betraten am Kohlmarkt eine sehr alte und bekannte Zuckerbäckerei über den Nebeneingang. Die Backstube war riesig und mit unzähligen Geräten ausgestattet, wir wurden sogleich freundlich von einem Mann begrüßt.

„Udo kommt gleich, schaut euch ruhig um."

Gut zwanzig Minuten später hörte ich ein ziemlich lautes, sich wiederholendes Klacken, das durch den Raum hallte, ich schaute meinen Onkel fragend an. Der lachte nur und sagte, das wird Udo sein, und dann sah ich ihn das erste Mal.

Es war ein Auftritt wie in einem James Bond Film, ein bestens gekleideter Mann, von dessen Schuhe das Klacken kam, näherte sich uns gut gelaunt mit einigen Männern im Schlepptau, die wohl Angestellte waren. Udo trug sein Sakko offen und man konnte zweifelsfrei eine ziemlich große Waffe am rechten Hosenbund erkennen, er begrüßte uns wie alte Bekannte.

„Grüß euch, gut, dass es so schnell geklappt hat. Komm, Ernstl, wir haben da ein kleines Problem in der Küche, es muss so schnell wie möglich behoben werden, es ist wirklich sehr wichtig, ich verlasse mich auf dich und deinen Jungen."

Udo gab den Männern, die ihn begleiteten, in heroischer Art Anweisung, uns Hilfe zu sein und uns mit Essen und Trinken zu versorgen.

„So", sagte er, „wenn ihr was braucht, sagt es einfach, ich muss los." Und schon war er wieder weg.

Ich holte gleich unser Werkzeug und konnte es gar nicht erwarten mit meinem Onkel allein zu sein.

„Hast du das gesehen?", fragte ich aufgeregt. „Hast du diese Wahnsinns- Waffe gesehen, … wer ist das?!"

„Pass gut auf, Joe, kein Wort zu niemanden, wir machen unsere Arbeit, wir hören nichts und wir sehen nichts und jetzt Schluss mit der Fragerei.

Sicher habe ich sie gesehen, … die war ja wohl kaum zu übersehen, aber das vergisst du schnell wieder, wir sind nur hier, weil man unsere Diskretion schätzt und wünscht. Deshalb bist du mit mir da, weil ich mich auf dich verlassen kann. Ich kann mich doch auf dich verlassen?"

„Ja, sicher, Onkel, sicher kannst du das."

Es war die erste Arbeit, die wir für Udo erledigten.

Ich kannte mich mit all den Geschäften und Aufträgen meines Onkels überhaupt nicht aus und verschwendete auch keine Gedanken daran, ich arbeitete immer öfter für ihn und vernachlässigte meinen Unterricht an meiner Schule immer mehr. Mittlerweile schwänzte ich sehr oft die Schule und meine Mutter wusste das, sie förderte es mehr oder weniger, denn meine liebe Tante Rikki manipulierte sie massiv und mir selbst gefiel es, „gebraucht" zu werden.

Meine Lehrer merkten schnell, meinen Leistungsabfall, sie bemühten sich vergebens um meine Anteilnahme, selbst Mitschüler und Freunde versuchten mir die „richtige Richtung" zu geben. Sogar manche Eltern von Schulfreunden versuchten mir den Sinn und Zweck, die Wichtigkeit des Lernens in der Schule zu vermitteln.

Mit dem Ergebnis, dass ich die ohnehin seltenen Besuche bei diesen guten Menschen und Freunden gar nicht mehr wahrgenommen hatte. Meine Mutter hingegen beugte sich dem Willen meiner Tante Rikki, die meine Mutter stets von der Wichtigkeit meiner Mitarbeit überzeugte. Egal, ob Schule war oder nicht.

Die wenige Zeit, die mir blieb, verbrachte ich dann nur mehr mit Willi, von dem ich mir ab und an das Moped auslieh oder mit ihm durch Lokale zechte.

Meine Mutter hatte es schwer mit mir, sie war allein, ohne Job, ohne Ehemann und ohne Einkommen und sie musste uns alle versorgen. In kindlicher Arroganz und Überheblichkeit steckte ich ihr immer Geld zu, wenn ich bezahlt wurde. Ich hatte nie einen Gedanken daran verloren, wie schwer es für sie in ihrer Not gewesen sein musste.

Meine Tante toppte das noch, sie nutzte die Hilflosigkeit meiner Mutter am meisten aus. Tantchen war eine Giftschlange, sie war überfreundlich und sorgenvoll, solange sie etwas wollte, sie wurde böse und machte einen das Leben zur Hölle, wenn man dem nicht nachgekommen ist. Ich kannte ihre böse Seite noch nicht, denn unbewusst erfüllte ich offenbar ihren Plan.

In der Vorweihnachtszeit 1980 besuchte uns immer öfter ein schüchterner netter Mann, der unserer Mutter den Hof machte. Er brachte ab und an Geschenke für die Zwillinge mit. Die beiden kannten sich offenbar schon aus früheren Zeiten, er hieß Josef, wir nannten ihn aber alle „Joschi".

Auch mein Onkel kannte diesen Mann, er hielt diese Verbindung für gut. „Joschi arbeitet brav, die beiden mögen sich, es ist doch alles bestens für deine Mutter und für euch auch", sagte mein Onkel Ernst, wenn ich mich über dessen seltsame, schüchterne Art lustig machte. „Gebt ihm doch eine Chance", sagte er und im gleichen Atemzug machte auch er sich über so manche Eigenart von Joschi lustig. Wir lachten dann gemeinsam in schelmischer Art.

Meine Schwester Susi war mittlerweile jedes Wochenende bei ihrem neuen Freund und unter der Woche lernte sie wie besessen, sie war so richtig verliebt in Hans. Unsere Gespräche handelten meist über ihn, ihrer großen Liebe und was sie so alles zusammen erlebten.

Meine Schwester war gar nicht wiederzuerkennen, es tat ihr aber allem Anschein nach auch wirklich gut. Ich freute mich sehr über ihr Glück, denn glücklich war sie, das sah man ihr an.

Anfang April kam meine Schwester ganz aufgeregt nach Hause und erzählte mir, dass sie zu Ostern, über die Feiertage mit Hans, dessen Freund und seiner Freundin nach Italien fahren würden. Sie war ganz außer sich vor Freude, vor allem weil unsere Mutter diesen Trip schon zugesagt hatte.

Von nun an hatten unsere Gespräche nur mehr ein Thema, ich konnte mir dieses überschwängliche Freudengeschwafel schon gar nicht mehr anhören und hänselte sie, sobald sie wieder damit anfing.

Diese kleinen Sticheleien und unser gegenseitiges Verarschen endeten letztlich immer in Wohlgefallen, wir beide konnten gar nicht anders, es war irgendwie unser Ding. Herrlich, wenn ich daran denke.

Dann war es endlich so weit, Susi wartete Donnerstagabend mit gepacktem Koffer auf ihren Hans. Am Freitag wollte sie schon mit ihren Freunden am Strand liegen, sie konnte es kaum mehr erwarten. Sie stieg zu Hans ins Auto, wir verabschiedeten uns.

„Mach's gut, kleiner Bruder, das nächste Mal fährst du mit!"

Mein Onkel Ernst wollte die Osterfeiertage nutzen, um einen kleinen Anbau in dem kleinen Siedlungshaus, in dem er und Rikki wohnten, fertigzustellen.

Freitagabend war ich richtig geschafft, wir arbeiteten den ganzen Tag durch. Am Abend fragte ich gleich meine Mutter nach Susi, ob sie sich schon gemeldet hätte.

„Nein, hat sie nicht, sie hat immer noch nicht angerufen. Nichts weiß ich, ich habe ihr doch ausdrücklich gesagt, sie muss gleich anrufen, wenn sie da sind."

„Na, vielleicht hat sie ja angerufen und du warst nicht zu Hause?"

„Nein", sagte Mutter, „ich habe den ganzen Tag gewartet, da hat niemand angerufen, nicht ein Anruf, den ganzen Tag nicht."

„Mutter", sagte ich, „du weißt ja, wie das mit dem blöden Telefon ist, du hättest einen ganzen Anschluss nehmen sollen. Wenn die blöde Nachbarin telefoniert und wir rufen zu Hause an, ist immer besetzt oder wir können nicht wegrufen, das weißt du ja. Diese blöde Kuh hängt ja pausenlos am Telefon. Susi hat sicher angerufen, die wird nicht durchgekommen sein. Beruhig dich wieder, sie wird es morgen sicher wieder versuchen. Gute Nacht, ich geh jetzt schlafen."

„Gute Nacht, Joe, du wirst wohl recht haben."

Den ganzen nächsten Tag schuftete ich bei meinem Onkel, ich trug den Schutt nach draußen und füllte die Mulde vor dem Haus, es war so gegen 15:00 Uhr, mein Onkel stand auf einmal wie ein Geist in der Eingangstür und starrte mich wortlos an. Ich dachte sofort an einen blöden Streich, den er mir spielen wollte, denn zum Erschrecken oder Täuschen war mein Onkel immer zu haben.

Irgendwas war aber anders und augenblicklich überfiel mich ein kalter Schauder, ich fragte, was los ist?! Er war kreidebleich und sagte ganz leise: „… Susi ist tot."

Ich ließ augenblicklich den Schuttsack fallen und brüllte ihn zornig an: „Mit so was macht man keine Witze!! …Hörst du!! … Das ist nicht lustig, so ein Scheißdreck … Sag so etwas nicht!"

Er reagierte gar nicht auf meine Worte, er drehte sich nur um und ging wieder rein. Mir lief es eiskalt den Rücken runter, in mir brach ein Erdbeben aus, ich hatte tausend Gedanken im Kopf und brüllte meinen Schmerz und meinen Ärger über dieses beschissene Wort „tot", mit aller Kraft heraus, tausend Bilder rasten durch meinen Kopf. Ich stürmte ins Haus und schrie sinnloses Zeug herum und gebärdete mich wie ein Irrer, bis mich mein Onkel packte und mich mit Tränen in seinen Augen beruhigte.

„Komm, Johann, … Joe, … reiß dich zusammen, du musst jetzt stark sein, wir müssen alle stark sein … Ich muss nachdenken."

„Wer sagt so etwas überhaupt? … Von woher weißt du das?!"

„Deine Mutter hatte Besuch von der Polizei, Karin hat mich angerufen. Die vier hatten gestern in Italien einen schweren Verkehrsunfall, mehr weiß ich auch noch nicht."

Ich flehte meinen Onkel an: „… Mach doch bitte was, bitte!! … Vielleicht stimmt es ja gar nicht, vielleicht ist alles nur ein Irrtum, vielleicht haben die Scheiß-Itaker einen Scheiß-Fehler gemacht! … Onkel, hörst du, das kann nicht stimmen!"

„Komm", sagte er, „lass alles liegen und stehen, wir müssen zu deiner Mutter fahren, vielleicht hat sie etwas falsch verstanden, das kann ja wirklich alles nicht wahr sein."

Wir rasten zu meiner Mutter nach Hause, meine kleinen Brüder weinten, Karin, meine ältere Schwester war da und kümmerte sich um die Kleinen. Joschi saß wie ein Stein in der Küche und meine Mutter erstickte fast an ihren Tränen. Ein Sanitäter der Rettung war auch noch da, meine Mutter hatte einen Nervenzusammenbruch und wurde gerade ruhiggestellt.

Karin erzählte uns dann alles, was sie wusste.

Die vier, Hans, sein Freund Manfred, dessen Freundin und Susi sind Freitag gegen 6:00 Uhr früh irgendwo bei Udine, viel zu schnell aus einem Tunnel gerast und man vermutet, dass der Fahrer von einem starken Seitenwind überrascht wurde und die Herrschaft über seinen Opel Manta verloren hat und sich in der Folge mehrmals überschlug. Der Fahrer soll unverletzt sein und der Beifahrer soll einige Knochenbrüche abbekommen haben, die Freundin von Manfred hat angeblich schwerste Verletzungen.

Ausgerechnet Susi wurde aus dem sich überschlagenen Auto gegen eine Leitplanke geschleudert und überlebte den Unfall nicht … Das gibt's doch alles nicht.

In mir kamen Erinnerungen hoch und ich tauchte in eine Art apathischen Zustand ab, in dem ich meine verstorbenen Adoptiveltern sah und ihr Sterben wie ein Film vor mir ablief, immer und immer wieder und dann sah ich Susi, wie sie lachte, wie sie mich hänselte und mich immer wieder mit „Ho-Joe" ärgerte. Alles Schöne mit ihr, alles, was ich mit ihr erlebt hatte, es lief alles vor mir wie ein Film ab. Für mich stand die Zeit still, ich merkte nichts von alldem, was um mich herum geschah, ich war in einem beschissenen Alptraum gefangen und kam da nicht mehr raus.

Am Sonntagmorgen, als ich langsam wach wurde, fühlte ich mich, als hätte mich ein Pferd getreten. Ich konnte meine Augen kaum öffnen und sah alles verschwommen, aber ich spürte, dass ich zart gestreichelt wurde. Ich konnte oder wollte nicht sprechen, ich genoss das „Gestreicheltwerden" so sehr und schloss meine Augen wieder ganz fest.

„Alles nur ein böser Traum", dachte ich, „Susi ist da, alles nur ein Scheiß-Traum."

„Weißt du, was ich geträumt habe", sagte ich leise, „… ich bin so froh, dass du da bist." Bevor ich weiterreden konnte, hörte ich nur: „Alles wird gut, Joe, schlaf weiter."

In dem Moment war ich hellwach, das war nicht Susi, unsere ältere Schwester Karin bemühte sich vergebens um mich und um meinen Schmerz. Und diese beschissenen Bilder waren schon wieder in meinem Kopf.

Es folgten Tage der Unsicherheit, ich wollte und konnte den Tod meiner Schwester Susi nicht akzeptieren und jedes Mal, wenn das Telefon läutete oder jemand an der Tür klopfte, rannte ich, wie vom Teufel gejagt zum Telefon oder zu der Tür mit dem festen Glauben, dass es Susi sein würde. Sie kam aber nicht wieder, ganz egal, wie fest ich auch daran glaubte, die Realität holte mich jedes Mal auf schmerzhafte Weise ein und ich fragte mich: „Wo ist Gott? … Wieso nimmst du mir alles, was ich liebe, warum?!"

Eine Woche nach dem Unfall meiner Schwester war ich nahe meiner Schule in einem Lokal mit Kegelbahn und einen Extraraum mit DJ und Discomusik. Ich war oft dort, wie auch andere von unserer Schule. An diesem Abend waren einige Burschen da, die ich zum Teil noch von der Schule her kannte. Sie feierten einen Geburtstag, die meisten waren um einige Jahre älter als ich.

Ich saß an der Bar und trank mit dem Kellner, der auch der Sohn des Besitzers war. Er kannte meine Schwester Susi und war auch ein wenig älter als ich. Ich schüttete ihm mein Herz aus und er tröstete mich und irgendwann hatten wir beide Tränen in den Augen.

Den Burschen im Extraraum war es nach Nachschub mit Getränken, unglücklicherweise ging ihnen das nicht schnell genug und sie beschlossen, an der Bar einen Shot zu trinken. Das Gelächter war groß, als sie „zwei Heulsusen" sahen und es wurde sogleich nicht mit Witzeleien gespart und ganz klar, steigerten sich die Dinge in Beleidigungen und was es ebenso alles gibt. Ich war sehr eingeschüchtert und beschämt, ich wollte im Erdboden versinken und das war auch ganz klar zu sehen. Mein Freund Hannes, der Kellner, redete auf die Typen ein und drohte diesen Idioten mit dem Rausschmiss. Ob nun wer in Kenntnis über das Unglück meiner Schwester war, ich weiß es nicht.

Als Hannes zur Entschärfung der nun entstandenen Situation von dem tragischen Unglück meiner Schwester erzählte, entspannte sich die Lage. Aber nur kurz, ein paar Sekunden nur und dann meinte einer der Jungs: „Scheiß auf seine Schwester" …

Den weiteren Wortlaut weiß ich nicht mehr, denn in diesem Augenblick wurde das Böse in mir erschaffen. Was dann genau geschehen ist, ist mir bis heute verborgen, der Einzige, der es beobachten konnte, war Hannes.

Vier von den Burschen schlug ich halb tot, ich spürte nichts, nicht den Aschenbecher, der ein tiefes Cut in meinen Hinterkopf schlug, nicht die Schläge von hinten und auch nicht das Gezerre und die Schläge von allen Seiten. Erst der Vater von Hannes, der oberhalb von diesem Kellerlokal ein Restaurant betrieb, er hatte so an die 130 Kilo, er war mittlerweile in den Keller gestürmt und konnte mich Gott sei Dank lösen und uns alle vor noch Schlimmeren bewahren.

Denn diese vier, auf die ich mich verbissen hatte, hatten schwerste Verletzungen. Ich wusste nicht, wie mir geschah, ich war entsetzt von mir selbst und verstand gar nichts mehr und vor allem ahnte ich nicht, was nun geschaffen war. Ich hatte das Tor zur Hölle geöffnet, eine unsichtbare Grenze überschritten und ich hatte nicht die geringste Ahnung, wie das passieren konnte. Ich hatte richtig Angst vor mir selbst, ich war noch nie so derart gewalttätig gewesen. An diesem Tag schwor ich mir, nie wieder meine Hand gegen andere zu erheben.

Schon Tage später war mein bisheriges Leben ein völlig anderes. Es gab damals noch keine Mobiltelefone oder Internet zur Verbreitung von Nachrichten. Als ich das nächste Mal zur Schule ging, war ich fassungslos. Alle und jeder hatten von diesem Vorfall gehört.

Der bislang unscheinbare Niemand, der ich war, wurde respektvoll begrüßt und umgarnt, natürlich zuerst von jenen, die mich kannten und die um Sorge um mich waren, die es gut mit mir meinten, aber vor allem schlichen sich neue „Freunde" ein, die nichts Gutes im Sinne führten, nur Vorteile oder Schutz suchten oder andere niedere Absichten im Schilde führten. Mein Wesen veränderte sich schnell, es dauerte nicht lange und ich Geistesgröße badete in einem Meer von falschen Freunden.

Ich müsste nun lügen, wenn ich behaupten würde, es gefiel mir nicht, der Chef im Ring zu sein. Halb Wien kannte mich und dieser eine Kampf wurde in Hunderten verschiedenen Facetten erzählt. Man musste dadurch den Eindruck gewinnen, dass ich extrem gewalttätig und unbesiegbar war. Meinem Spatzenhirn gefiel es, für stark und unbesiegbar gehalten zu werden und ich tat alles, um diesen Eindruck am Leben zu erhalten.

Diesen Weg mal eingeschlagen, entwickelte ich mich zum selbst ernannten Beschützer von jedem, den ich mochte. Es ist schon beeindruckend, was eine Geschichte bewirken kann, die mitunter gar nicht wahr ist oder so verfälscht wurde, dass man förmlich pure

Angst in den Gesichtern anderer erkennen konnte. Ich war nun derart gefürchtet, dass allein mein Auftritt für Ruhe sorgte, wenn ich kam. Ich war voller Selbstvertrauen und war nun mit einer ganz persönlichen Form von Wahrheit und Gerechtigkeit beseelt.

Es war Ende Mai und es war Kirtag im Westen von Wien, ideal für ein Bad in der Menge und für jede Menge Alkohol. Ich kannte hier nahezu alle, die da waren, ich wohnte ja nicht weit von hier und unsere Schule war auch ganz in der Nähe. Sogar meine Mutter und meine jüngeren Brüder waren auch da. Ich unterhielt mich prächtig mit meinen Freunden und war in Geberlaune, „Drinks für alle" war mein heutiges Motto!

So böse ich auch sein konnte, so gutherzig und großzügig war meine andere Seite. Hatte ich Geld, so gab ich es freizügig mit Freuden aus, ich lud alle gerne ein, bis nichts mehr übrig war. An diesem Tag wollte ich meinen Kummer und meine Trauer hinter mir lassen oder im Alkohol ertränken, ich weiß nicht, was ich mir dabei dachte.

Von meinem Tisch aus sah ich, wie ein Freund in eine heftige Diskussion mit einem mir Unbekannten verstrickt war. Mein Freund war gut einen Kopf größer als ich und machte mächtig was her, aber ein Kämpfer war er nicht, er war eher ein kiffender Spaßvogel, der gerne mal um des Kaisers Bart diskutierte. Dieses Mal sah es von weitem nach einem handfesten Streit aus, der immer heftiger wurde. Sein Kontrahent war in meiner Größe, älter und mit Tätowierungen bis in sein Gesicht gezeichnet. Ich beobachtete das Geschehen und war sozusagen in Alarmbereitschaft.

Wie mir später berichtet wurde, entstand für alle, die in meiner Nähe waren eine beängstigende Stille, die eine unangenehme Spannung mit sich brachte.

Ich sah wie dieser Mann meinen Freund am Hals packte, und das ging ja wohl gar nicht. Alle versuchten, mich von meinem Einschreiten abzuhalten, doch genau das entfesselte mich und heizte mich erst richtig an und im nächsten Augenblick war ich auch schon mitten drinnen anstatt nur dabei.

Der Mann war gut 15 Jahre älter als ich, er staunte nicht schlecht, als ich ihn mit einem Griff sein Handgelenk von meines

Freundes Hals drehte und ihn mit einem schweren linken Haken ausknockte. Das Blut spritzte in alle Richtungen, ich setzte noch einmal nach und mein Gegner, der am Boden liegend schwer angeschlagen war, versuchte, sich aufzurichten. Blacky, mein Freund, zerrte an mir und hielt mich zurück, ich beschimpfte und demütigte meinen Gegner mit einem Wortschwall aus der letzten Schublade und gebärdete mich wild gestikulierend in seine Richtung. Er war nicht im Stande aufzustehen, halbsitzend am Boden, auf seine Ellbogen abgestützt und mit weit aufgerissenen Augen schaute er mich ungläubig an. Ich sah die pure Angst in seinem Gesicht, er war sichtlich über den Ausgang seines Angriffes überrascht. Ratlos rutschte er am Hosenboden rückwärts von mir weg, wobei er auch schon von anderen Besuchern des Bierzeltes wüst beschimpft wurde, was mich wiederum überraschte. Später erst wird sich herausstellen, dass er ein bezirksbekannter Störenfried und offensichtlich äußerst unbeliebt war, was dem Ereignis hier und jetzt eine ungeahnte Richtung gab. Mir wurde die Gunst der um mich Stehenden zuteil und ich wurde von Freunden und Fremden umringt, die mich feierten wie einen Erlöser.

Dieser Teil gefiel mir gut, ich genoss die Zustimmung des Volkes und ließ von meinem Opfer ab, dieser flüchtete fluchend. Ich stand mit dem Rücken zum Ein- bzw. Ausgang des Bierzeltes und blickte in die Menge, die mein Handeln ganz offenbar in Ordnung hielten und mir zujubelten. Ich genoss die Schulterklopfer und fühlte mich wie ein Held, wie ein großer Sieger, ein unbeschreibliches Gefühl, zumindest für die nächsten Minuten.

Eigentlich, so erzählte man, ging dann alles richtig schnell.

Für mich allerdings war es genau umgekehrt, als würde die Zeit stillstehen, es fühlte sich alles wie in Zeitlupe an, ich konnte jede Regung der Augen und der Gesichter sehen, das Entsetzen derer, die sich in meinen Fokus rückten.

Mein geschlagener Gegner suchte nicht das Weite, wie ich und wie alle angenommen hatten, ganz im Gegenteil, er wollte „Gerechtigkeit" und suchte nach seiner „unfairen Behandlung" die vor Ort befindlichen Einsatzkräfte auf.

Sechs uniformierte Polizisten, die ersten beiden mit bereits gezogenen Schlagstöcken, stürmten in das Bierzelt und näherten sich mir sehr rasch von hinten, ich konnte sie nicht sehen. Was ich aber sah waren die Gesichter und Augen, die auf mich gerichtet waren. Leute vor mir erhoben sich von ihren Bänken und gestikulierten wild durcheinander. Mir war augenblicklich klar, dass sich Gefahr von hinten annähert.

Ich drehte mich blitzschnell um und ging sofort in einen Angriff über. Den ersten Polizisten traf ich mit voller Wucht, mit einer rechten Geraden, so dass dieser sofort bewusstlos zu Boden ging, den zweiten Polizisten mit Schlagstock blockte ich und stieß ihn mit voller Wucht auf einen besetzten Tisch, sodass zwei ganze Reihen mit allem, was sich auf den Tischen befand, umkippte und das Bier in den Gläsern in alle Richtungen spritzte. …

Ich sah die Hilflosigkeit im Gesicht des nächsten Polizisten, der starr vor Schrecken und abrupt abbremste und gar nichts machen konnte. Ihm schlug ich, meine Aufmerksamkeit schon auf mein nächstes Ziel gerichtet, mit meinem linken Ellbogen ins Gesicht, sodass dessen Brille meterweit flog und zerbrach.

Der Abstand zu meinem nächsten Ziel war nur mehr einige Meter entfernt, die beiden Beamten dahinter suchten das Weite, um Verstärkung anzufordern. Zwischen den flüchtenden Polizisten und dem kurz vor mir bildete sich eine Menschentraube, die mich bremsen und vor Weiteren abhalten wollten. Die Menschen zerrten an mir und hielten derart an mir fest, dass ich mich kaum bewegen konnte. Kein einziger schlug auf mich ein, alle versuchten, mich zu beruhigen.

Ich war außer mir vor Wut, in einer Art Blutrausch, ich konnte keinen klaren Gedanken fassen. Ich konnte nicht glauben, was ich gerade getan hatte, alles war so unwirklich, wie in einem Alptraum.

Das Festzelt war gerammelt voll, die Menge tobte, es war Ausnahmezustand. Die Beamten, die Schaden genommen hatten, wurden von Kellnern und anderen Helfern erstversorgt und aus dem Bierzelt gebracht oder entschieden sich, das Bierzelt zu verlassen, natürlich unter Schimpf und Schande. Die Menschenmenge jubelte mir zu und heizte mich erneut ordentlich an, alle waren außer Rand und Band, unfassbar, was da abging, die wollten alle Blut sehen und ich gebärdete mich wie ein Wahnsinniger und kippte förmlich in diesen suggerierten Auftrag.

Immer mehr Leute drängten sich dicht um mich herum und versuchten mich in Schach zu halten, mich zu beruhigen, was Gott Lob ganz gut funktionierte.

Es war ein unvorstellbares Chaos entstanden, von weitem sah ich meine Mutter weinend und meinen Onkel Lui, der versuchte, zu mir vorzudringen, es aber nicht schaffte. Alles und jeder war in Bewegung, ich wurde fast erdrückt. Endlos schien mir die Zeit, bis es augenblicklich ruhiger wurde.

Eine Heerschar von Sondereinsatzkräften besetzten beide Ein- und Ausgänge. Mich überkam eine unvorstellbare und beängstigende Ruhe, mein Puls war von 200 auf 50 gesunken, ich war wie in Trance.

Die erste Gruppe der Sondereinheit betrat nun gemächlich, aber bestimmt das Bierzelt und bewegte sich in meine Richtung, bis hinter ihnen genug Raum entstanden war, um das Zelt über die Seite mit Nachdruck zu räumen, die andere Gruppe am zweiten Ein- bzw. Ausgang taten es ihnen gleich.

Ich geriet in Panik und mein Wahnsinn packte mich erneut, ich schlug wild um mich, ich wollte mich nur lösen, mich befreien und traf zwischen Freund und Feind keinen Unterschied mehr. Völlig apathisch griff ich eine Einsatzgruppe frontal an. Diese „Polizisten" waren anders als erstere, sie brachten Gelassenheit und einen Plan mit, sie waren vorbereitet.

So kompromisslos mein Angriff auch war, so kompromisslos wurde mir entgegengesetzt, ich war chancenlos, und doch hatten diese Kampfexperten große Mühe, mich zu fixieren.

Mittlerweile hatte sich mein Wahnsinn auch auf ein paar andere übertragen, und so musste sich der Großteil der Einsatztruppe auch mit diesen Verrückten auseinandersetzen.

Erneut entstand Chaos und ich nutzte diese Gelegenheit, um mich aus meiner Fixierung zu befreien. Ich konnte in eine kleine Gruppe flüchten, die sich inmitten des Bierzeltes gebildet hatte und auch auf Teufel komm raus Widerstand leistete. Auch die nach außen Gedrängten wollten nun wieder in das Zelt eindringen, dass Szenario erinnerte an bürgerkriegsähnliche Zustände. Es bildeten sich Sprechchöre, alles und jeder war gegen die Exekutive, gegen meine Festnahme, laut wurde mein Name gerufen, wurde ich ermutigt, Widerstand zu leisten und nicht aufzugeben, es war unfassbar.

Nun betrat der Einsatzleiter in Begleitung von Major V. das Zelt, ich erkannte ihn sofort, er war der Polizeichef im Bezirk und er genoss höchsten Respekt und Ansehen.

Die Rufe verstummten und auch ich wurde ruhiger, er kam direkt auf mich zu und sprach mich mit meinem Namen an. Er löste mit einigen Worten die Gruppe auf, die um mich stand und wies die Einsatzkräfte an, von mir Abstand zu nehmen. Ich war richtig beeindruckt, dieser Typ war die Ruhe in Person.

„Joe" sagte er, „was ist mit dir los, ich dachte du bist einer von den Guten?"

„Was ist gut an heute, … was willst du?"

„Die Frage ist, was du willst? … Willst du die Welt besiegen, alle schlagen und in dein Verderben gehen? … Ganz allein?! … Wie geht's jetzt weiter, Joe?? … Jetzt lass es gut sein, jetzt sofort! … Dann kann ich dir noch helfen, aus diesem Schlamassel, … sagen wir mal, mit einem blauen Auge davon zu kommen. Niemand wird dich angreifen, niemand wird dir schaden, du hast mein Wort, nur jetzt ist Ende mit dieser Scheiße, die du hier angerichtet hast. Reden wir, wie schon einmal. … Du weißt, dass ich dir nicht schaden will?! … Du solltest es wissen!"

Es wurde still im Bierzelt und alle warteten, wie ich denn nun darauf reagieren würde. Meine Mutter war nun weinend zu diesem Major V. vorgedrungen, in diesem Moment wollte ich am liebsten im Erdboden versinken.

„Herr Major V., ich gebe auf, ich wollte das alles nicht."

„Na, siehst du, geht ja. … Alles gut, Johann, wir gehen jetzt raus und dann reden wir." Major V. legte seinen Arm um meine Schultern und redete auf mich ein, während wir in Begleitung von einigen Einsatzkräften in Richtung seines zivilen Einsatzwagens gingen. Dort angekommen machte ich mir richtig Sorgen, wie es nun wohl weitergehen würde. Denn eines war klar, ich hatte Polizisten verprügelt und um es vorsichtig auszudrücken, ich rechnete jeden Moment mit einer ordentlichen Abreibung, die zu dieser Zeit und für diese Tat völlig normal war, doch meine Überraschung war groß.

„Am Montag", sagte der Major streng, „am Montag kommst du pünktlich um 18:00 Uhr mit deiner Mutter zu mir aufs Kommissariat. Und jetzt hau ab und wehe, ich sehe dich bis dahin, egal wo, oder ich höre auch nur den kleinsten Mucks von dir... Ist das angekommen, Joe?!"

„Ja, Herr Major V. aber ..."

„Nichts aber!! ... Jetzt schau, dass du Land gewinnst, oder willst du dich mit den Kollegen unterhalten?"

Ich war irgendwie sicher, dass das eine Falle war und die nun gleich über mich herfallen würden, denn Leute waren hier so gut wie keine. Ich sah die Wega-Burschen noch einmal fragend an und dann legte ich einen Start hin wie noch nie zuvor. Ich rannte, so schnell ich konnte, ohne mich auch nur einmal umzudrehen, rechnete aber damit, jede Sekunde eingeholt zu werden, doch es passierte nicht.

Zu Hause angekommen verkroch ich mich in meinem Zimmer und durchlebte die wildesten Szenarien, ich hatte eine Wahnsinnsangst und bei jeden kleinsten Laut, dachte ich, jetzt sind sie da und sie holen mich.

Als ich meine Mutter und andere Stimmen im Vorzimmer hörte, machte ich mich auf das Schlimmste gefasst, doch es passierte wieder nichts, niemand öffnete die Tür zu meinem Zimmer, auch am nächsten Tag redete niemand mit mir oder kam in mein Zimmer, auch nicht meine Mutter.

Meine ältere Schwester Karin brachte mir Essen, ich wusste gar nicht, dass Karin gestern auch am Kirtag war, sie hatte alles mitbekommen, doch sie klagte mich nicht an, sie versuchte, mich irgendwie zu verstehen, was ihr freilich nicht gelang, ich konnte es ja selber nicht verstehen.

Zwischen den Hosenscheißer-Joe (Ho-Joe) und dem Irren mit null Hemmschwelle lagen Welten, viele Welten, und manche davon verstehe ich bis heute nicht. Wie konnte ich nur so derartig ausrasten? Auf keinen Fall wollte ich Polizisten oder Unschuldigen Schaden zufügen oder diese verletzen. Die Erzählung meiner Schwester machte mir dann erst so richtig Sorgen, ich konnte nicht glauben, was die da alles erzählte, dabei wollte ich doch nur „gerecht" sein und meinem Freund helfen, doch das hörte sich alles ganz anders an, jetzt, wo sie es erzählte.

Am Montag war ich bis 17:30 Uhr in der Schule, mit meiner Mutter hatte ich vereinbart, dass wir uns direkt beim Kommissariat treffen. Widerwillig und mit einem mulmigen Gefühl im Magen betrat ich die Polizeistation und schlich mich so unauffällig wie möglich zum Amtszimmer des Majors.

Die Tür stand offen und ich konnte die Stimme meiner Mutter von weitem hören, was mich erst mal beruhigte, doch beim Betreten des Zimmers war ich wie vom Blitz getroffen und brachte kein Wort heraus, ich konnte nicht einmal ordentlich grüßen.

„Na, Johann, hat es dir die Sprache verschlagen?"

„Entschuldigung, Herr Major", sagte ich mit kleinlaut Stimme und starrte meine Mutter hilfesuchend an, weil mich die Anwesenheit der drei Polizisten, die außer meiner Mutter und meiner Schwester Karin auch noch da waren, derart eingeschüchtert hatten, dass ich am liebsten davongelaufen wäre.

Die Türe hinter mir schloss sich und unter Tränen, von Scham und Reue gepackt, brach ich innerlich zusammen. Auch diese Seite an mir kannte ich noch nicht. Ich bereute und beteuerte meine Tat aus tiefstem Herzen und erklärte mich mit meiner unverfälschten Wahrheit, die meine Mutter offenbar sehr traurig machte, ich sah es in ihrem Gesicht.

Der Angriff auf dieses tätowierte Arschloch, der tat mir nicht leid, zu dem stand ich eisern. Dann wurde ich rausgeschickt, ich musste am Gang warten. Nach und nach kam einer nach dem anderen aus dem Amtszimmer und nach gut einer Stunde kamen dann auch meine Mutter und meine Schwester Karin heraus und schickten mich wieder rein.

„Du weißt ja gar nicht, wie viel Glück du hast, mein Freund. Weißt du, das tätowierte Arschloch ist mehr als nur das, doch mehr kann und will ich dir dazu nicht sagen. Nur so viel, es liegt keine Anzeige gegen dich vor, das ist vom Tisch."

„Was aber die Kollegen betrifft, die du geschlagen hast, das ist eine ganz andere Sache, und dann ist da noch die Geschichte von der Kegelbahn.

Wie soll das weiter gehen, Joe? … Wo glaubst du, führt das hin? Ich weiß, du hast es schwer, ich kenn deine ganze Geschichte und ich kenne auch die unglückliche Geschichte um deine Schwester Susi. Weißt du, es wird nicht besser, wenn du deinen Kummer in Gewalt, Hass und Alkohol ertränkst. Du bist gerade einmal 15 Jahre alt, zerstöre doch nicht deine Zukunft, reiß dich zusammen und wach auf, so kann es doch nicht weiter gehen.

So, und jetzt komm mit, mein Freund."

Ich stand auf und folgte dem Major wortlos, im Erdgeschoß angekommen wunderte ich mich, dass weder meine Mutter noch meine Schwester Karin zu sehen war.

„Was suchst du denn?"

„Meine Mutter, Herr Major, wo sind die denn?"

„Die sind schon heimgefahren, komm nur, wir gehen noch einen Stock tiefer … Na, komm endlich."

Ich folgte ihm und ahnte Schlimmstes, der sperrt mich jetzt ein, dachte ich und ich hatte mächtig Schiss. Im Keller, im Arresttrakt sperrte der Major eine Zelle auf, ging rein und sagte zu mir: „Schau dir das gut an und merke dir, das nächste Mal bin es nicht ich, der mit dir zu den Zellen geht, das nächste Mal sind es Kollegen und es wird mir scheißegal sein, was dann passiert! … Kapierst du das?"

„Ja, Herr Major V., ich kapiere es ja. Bitte sperren Sie mich nicht ein!" „Nicht? … Wieso denn nicht, verdient hättest du es allemal! Aber du hast recht, heut noch nicht, mein Freund, heute noch nicht. Komm jetzt, wir fahren, ich setze dich zu Hause ab."

Kaum saßen wir in seinem Auto, redete er über Susi und ihren schrecklichen Unfall, der nun schon an die sieben Wochen her war. Schon bei dem Wort Susi konnte ich meine Gefühle kaum mehr im Zaume halten, der Schmerz erdrückte mein Herz, sodass mir das Atmen schwer fiel, ich schaute den Major nur über meine Augenwinkel an. Ein Meer von Tränen lief mir über mein Gesicht, ich war wie versteinert, ich konnte mir meine Tränen gar nicht aus dem Gesicht wischen, ich schämte mich ihrer auch nicht, ganz im Gegenteil, ich empfand ein Gefühl des Stolzes und es tat mir unheimlich gut.

Als ich mich so halbwegs beruhigt hatte, hielt er an und sagte zu mir: „Es scheint mir, du hast dein Herz am rechten Fleck und das ist gut so, aber du musst wohl oder übel einen besseren Umgang mit deinem Leiden lernen. Glaub mir bitte, Gewalt löst keine Probleme, ganz im Gegenteil, jemand, der so aus sich herausbricht wie du, der hat es wahrlich schwer und es wird nicht leichter werden.

So, mein Freund, jetzt kommt der schwere Teil, komm steig aus … Gehen wir ein Stück."

„An diesem Freitag wird deine Schwester Susi endlich von Italien nach Wien überführt und am Dienstag darauf findet ihr Begräbnis statt. Du musst dich in diesen Tagen zusammenreißen und deine Mutter so gut wie möglich unterstützen, du musst dich auch um deine jüngeren Brüder kümmern und ein Vorbild sein, das alles ist sehr, sehr wichtig … Hörst du!?"

„Sicher, Herr Major, … klar, das weiß ich eh, … aber wieso erzählen Sie mir das alles, wieso hat mir meine Mutter nichts gesagt?"

In meinen Kopf waren so viele Fragezeichen, ich wusste nicht, was ich denken sollte, ich traute diesem gütigen Ausgang überhaupt nicht und ich suchte verzweifelt nach Antworten.

Ich bin nie dahintergekommen, was sich tatsächlich hinter verschlossenen Türen zugetragen hatte, in jeden Fall hatten meine bisherigen Taten keine Rechtsfolgen, nur die Brillen eines Beamten mussten bezahlt werden. Ich hatte unentwegt über diese wundersame Gnade der Gesetzeshüter nachgedacht und auch über die nun mehr acht zum Teil Schwerstverletzten, die keine Ansprüche an mich oder meine Mutter stellten. Alle hatten ihre Strafanzeige zurückgezogen … „So viel Glück gibt es doch gar nicht", dachte ich. Auch zu Hause gab es nahezu keine Konsequenzen, aber auch keinerlei Antworten.

Meine Mutter war seit dem Tod von Susi eine andere geworden, sie hatte noch schwerer als wir alle unter dem Verlust ihrer Tochter zu leiden.

Mein Verhältnis zu meiner Mutter wurde zunehmend schlechter und wir redeten nur mehr das Notwendigste, ich fühlte mich wie das Reserverad eines Autos, das im Kofferraum vergessen wurde, ich war eben nur da und gehörte nicht wirklich dazu, nicht mehr und nicht weniger.

Mir war das alles egal, denn seit Susi nicht mehr da war, hatte ich keine Familie mehr, zumindest empfand ich es so.

Meine eigene Veränderung hatte ich damals nicht so wahrgenommen oder so erlebt, wie es mir später erzählt wurde, ich war unnahbar geworden, verschlossen, jähzornig und aggressiv, das war wohl die Seite und der Joe, den man in mir sah. Doch im Inneren war ich zerrissen und von Alpträumen geplagt, ich gab mir die Schuld an Susis Tod, meiner geliebten Schwester.

Ich hätte doch irgendetwas tun müssen … Mich quälte diese innere Stimme und ich fühlte mich schwach und nutzlos, hätte ich ihr doch noch so viel zu sagen gehabt …

Mit dem Tod meiner Adoptiveltern wurde die Idee in meinen Kopf geboren, dass alle, die ich liebe, sterben, als ich jetzt auch noch meine Schwester so tragisch verlor, wurde dieser Gedanke wieder real für mich und ich ging jeder gutgemeinten Nähe schon prophylaktisch aus dem Wege, ich wollte nie wieder jemanden in mein Herz schließen.

Innen drinnen war ich Johann, ein kleiner Junge, der Angst hatte und jede Nacht weinte ich mich in den Schlaf, doch das sah und merkte niemand. Ich träumte oft von Susi und von meinen Adoptiveltern und immer, wenn es an der Tür läutete oder das Telefon klingelte, dachte ich, Susi kommt zurück. Es war ein Alptraum, der lange kein Ende nahm.

KAPITEL 4

Haschisch & die Wiener Unterwelt

Die Schule war zu Ende, meine Ausbildung und mein Wissenstand waren so ausgeprägt wie die Liebe und Zuwendung innerhalb meiner Familie. Ich hatte nicht die geringste Ahnung, welchen Beruf ich erlernen sollte, es war mir auch so ziemlich egal gewesen. Eine Lehrstelle zu finden, gestaltete sich daher auch äußerst schwierig. Letztlich musste ich eine Lehre als Hafner und Fliesenleger annehmen, es war die einzige freie Stelle, die meine Mutter für mich finden konnte.

Es war eine kleine Hafnerei mit einem großen Innenhof, in dem auch eine Werkstatt zur Vorfertigung von Kachelöfen war, direkt neben diesem Betrieb war ein „Branntweiner" (Lokal, Gastro, in dem vorwiegend alkoholische Getränke konsumiert werden), der schon um fünf Uhr früh öffnete.

Als ich am ersten Tag zur Arbeit kam, staunte ich nicht schlecht, ich hörte schon von weitem Musik und jede Menge Stimmen, offenbar waren hier alle in bester Stimmung. Ich war eine gute halbe Stunde zu früh dran, es war so gegen sieben Uhr, das Büro meiner Lehrstelle war noch geschlossen und so stand ich vor dem Geschäft herum, was der illustren Gesellschaft nebenan nicht unbemerkt blieb.

Wie hätte es denn auch anders sein können, der offenbar Lustigste von allen Besoffenen in diesem Lokal, er war sicher der Jüngste dieser Übriggebliebenen, die ganz eindeutig die letzte Nacht durchgezecht hatten, er torkelte aus dem Lokal und machte sich über mich lustig.

„Nau, Flocki", sagte er, „hat dich wer bestellt und nicht abgeholt?!" ... Er lachte laut und überschwänglich.

Ich ignorierte ihn, wendete meinen Blick ab und drehte mich weg.

Logisch, dieses Arschloch, das nicht viel älter als ich war, wollte besonders witzig sein oder den Älteren mit seinen blöden

Sprüchen imponieren. Was weiß ich, was er sich dachte, aber er hörte mit dieser Scheiße nicht auf.

„Na komm, ‚Flocki‘, der Onkel Harry kauft dir einen Kakao, na komm rein zu uns, brauchst keine Angst haben."

Ich gab mir alle Mühe, ruhig zu bleiben und dachte mir nur: „Bitte nicht, bitte nicht heute und vor allem nicht jetzt."

Ein viel älterer Mann trat dann auch noch vor das Lokal, um nach „Flocki" zu sehen, und er sagte zu dem jungen Arschloch, das offenbar Harry hieß: „Harry, komm wieder rein und lasse den ‚Hosenscheißer‘ in Ruhe", und dann lachten mich beide aus.

Am liebsten hätte ich den beiden wortlos in ihre lachenden Fressen geschlagen und viel fehlte mir für diesen Schritt nicht mehr, aber taten- und wortlos konnte ich den „Hosenscheißer-Sager" auf keinen Fall durchgehen lassen, mein Herz fühlte sich wie Lava an und ich sagte: „wer ist bei euch Wichsern ein ‚Hosenscheißer‘ oder ein ‚Flocki‘? … Komm und spiel mit Flocki, du arrogantes Arschloch!"

Dieser Harry wollte mich sogleich angreifen, doch im gleichen Atemzug hielten ihn der Ältere und ein anderer zurück, ich war auf Tausend und wir schimpften und bedrohten uns gegenseitig.

In diesem denkbar ungünstigsten Moment parkten zwei Autos ein, in dem einen saß mein zukünftiger Chef mit seiner Frau und in dem anderen mein zukünftiger Ausbildner und Geselle Heinz. Während Heinz, der ein Bär von einem Mann war, mich lächelnd und mit den Worten: „Den ersten Tag da und schon hast du Freunde bei unserer ‚Maria‘ gefunden", begrüßte, fiel die Begrüßung meines Chefs wenig erfreut aus.

Mir war das alles überaus peinlich und ich dachte schon, dass ich nun wieder heimfahren könnte, doch dem war zum Glück nicht so. Ich wurde von meinem Chef sicher eine Stunde lang über alles Mögliche belehrt und dies und das und ich soll und darf in dieses Lokal, wo sich nur Unterweltler und Gesindel herumtreiben gar nicht reingehen und bla, bla, bla … Ich kam die ganze Zeit über gar nicht zu Wort.

Als ich dann endlich sprechen durfte und den Hergang erklärte, beruhigte sich mein Chef ein wenig und schickte mich mit Heinz auf Arbeit.

Heinz wusste nicht, dass ich schon Vorkenntnisse durch die Arbeiten mit meinem Onkel hatte, doch das merkte er schon in den ersten Minuten und er war sichtlich beeindruckt. Ich schuftete wie ein Büffel und schon nach wenigen Tagen machte mir Heinz das Angebot, auch privat mit ihm zu arbeiten, was ich freudig annahm.

Meine erste Arbeitswoche als Hafner und Fliesenleger war geschafft, am Freitag nach der Arbeit wurde ich in die Firma zitiert, um die Formalitäten mit Bank, Berufsschule und so weiter zu besprechen. Ich bekam meinen ersten Wochenlohn bar auf die Hand, es waren 446.- Schilling, das wären heute knapp € 33.-. Ich sagte nichts, war aber richtig enttäuscht und fuhr heim, mein Wochenlohn war selbst für damalige Verhältnisse ein Hungerlohn. Jetzt wusste ich, warum ich diese Lehrstelle nur als Doppellehre (Hafner und Fliesenleger) bekam und nicht nur als Fliesenleger, der Unterschied waren an die 200.- Schilling, die ich wöchentlich weniger bekam.

Am Sonntagabend, ich hatte mit Heinz ein ganzes Badezimmer in den letzten zwei Tagen verfliest, war mein Grinsen breiter denn je. Heinz gab mir dafür 2.000.- Schilling in bar auf die Hand, viel mehr, als ich jemals für Vergleichbares von meiner Tante oder von meinem Onkel bekommen hatte und mehr als mir mein Chef für das ganze Monat bezahlen wird.

Das Arbeiten mit Heinz war genial, er hielt nicht viel von großen Pausen und festen Arbeitszeiten, wir fingen, wann immer es möglich war, schon um sechs Uhr morgens an und arbeiteten durch, bis unser erklärtes Tagesziel erreicht war. An Wochenenden schafften wir in der Regel ein ganzes Badezimmer, am Freitag nach der Firmenarbeit bereitete ich unsere privaten Arbeiten vor und erledigte dann den Rest, Montag oder Dienstag nach Arbeitsschluss der Firma, wobei mich Heinz so zeitig wie möglich freispielte.

Bis in den Herbst lief alles wie am Schnürchen und ich hatte ganz gut was auf die Seite legen können, meiner Mutter gab ich auch immer etwas von meinem Lohn ab, wie viel ich aber wirklich verdiente, verschwieg ich ihr.

Mitte Oktober wurde ich kurzerhand dem Hafnergesellen Robert zugeteilt, er war das genaue Gegenteil von Heinz und noch dazu ein Schulfreund von meinem Chef. Genaue Arbeits- und Pausenzeiten und auf keinen Fall auch nur eine Minute vor 16:30 Uhr nach Hause gehen. Im direkten Vergleich zu dem Arbeitstempo mit Heinz schafften wir nicht einmal die Hälfte an einem Tag. Für mich waren diese ständigen Pausen und diese lahme Arbeitsweise wie eine Folter und die Tage schienen mir endlos. Als wäre das nicht genug, wurde Heinz ein neuer Lehrling zugeteilt und der ergriff seine Chance, so wie ich vor ihm. Heinz arbeitete fortan auch an den Wochenenden mit ihm.

Ich trieb mich wieder mehr mit Freunden herum und traf Willi, meinen Schulfreund, der mittlerweile zum Haschischdealer avancierte, was ich aber noch nicht wissen konnte. Willi war ein schlauer, abgebrühter und hinterhältiger Bursche geworden, ich merkte ihm nichts an.

„Komm", sagte Willi, als er mich Dienstagabend zu Hause anrief, „treffen wir uns doch Freitagabend und machen einen drauf, du fährst mit dem Moped und ich sitz hinten … Aber nur, wenn du nichts Besseres vorhast und du dich auch fahren traust."

Er wusste genau, dass er mich mit dem Fahren seiner Zündapp hatte, ich stimmte natürlich zu und freute mich darauf. Willi wollte mich am Freitag gegen 20:00 Uhr von zu Hause abholen.

Seitdem meine Schwester Susi nicht mehr da war, fühlte ich mich daheim nicht wirklich zu Hause, mir fehlte, was ich bei vielen meiner Freunde sah, wenn ich diese besuchte, oder ich auch bei völlig Fremden, in ihrem Umgang miteinander beobachten konnte: Wärme, Liebe, Nähe, Umarmungen, selbst die sorgenvollen Blicke ohne Worte der Begrüßung, die trotz Verfehlungen vom ersten Zorn der Eltern mit einem Tadeln begann, und oft genug konnte ich es erkennen, sehen oder spüren, in eine innere Erleichterung und in einem herzöffnenden Lächeln mündeten.

Alles das, was ich früher einmal hatte und das mir damals so unangenehm gewesen war, jetzt vermisste ich das alles sehr.

Bis 20:00 Uhr zu Hause warten, das ging gar nicht, ich vereinbarte gleich ein Treffen im Café Elisabeth, das in der Nähe der Stadthalle war. Da war Freitag ohnehin schon zeitig was los.

Gut eine gute Stunde früher betrat ich das Café Elisabeth, Willi war noch nicht da, Platz war auch keiner frei, selbst hinten bei den Billardtischen waren alle Plätze belegt, nur bei dem Geldspielautomaten stand ein Hochsessel, der frei war. Ich setzte mich kurzerhand auf diesen Sessel, nahm 50 Schillinge aus meiner Tasche und warf sie in den Slot, bestellte mir ein Cola Rot und drückte die Tasten.

Als ich gerade mein zweites Getränk bestellte, kam auch schon Willi. Man konnte meinen, ein Star betritt die Bühne, den kannte jeder hier. Wir begrüßten uns herzlich in Willi-Manier, also mit einen ziemlich lauten Lachen seinerseits und seiner dazugehörigen Körpergestik, sodass man gar nicht anders konnte, als auch mitzulachen. Der Stimmung tat es gut und Willi stellte mich seinen Freunden und einigen Mädchen vor.

Fast hätte ich auf meine paar Schillinge in dem Geldspielautomaten vergessen, ich erhöhte hastig meinen Einsatz, um schnell wieder zu den mir gerade vorgestellten Mädchen zu kommen.

Pääääng … da heulte die Maschine auf und es klingelte wie verrückt, ich hatte viermal die Sieben auf den Walzen. Das Gerät blinkte und ich kannte mich erst gar nicht aus. Willi und die anderen eilten zu mir und alle gratulierten mir freudig.

„He, Joe! … Du alter Glückspilz, du hast den Jackpot geknackt, na, wie geil ist das denn!!" … Willi schüttelte mich durch wie einen Sack Konfetti, ich hatte mit 10.- Schilling auf den letzten Drücker 6.000.- Schilling gewonnen. Ich brauchte ein wenig, um zu begreifen, was geschehen war.

„Wahnsinn", schrie ich, „ihr seid alle eingeladen!" Ich war sofort in Feierstimmung und alle anderen auch. Außer Willi, er wurde gegen sein Naturell immer stiller und drängte mich zum Aufbruch, so kannte ich Willi gar nicht, das war nicht er. Dass da irgendetwas im Busch sein musste, war sonnenklar.

„Was ist los mit dir, Willi? Da ist doch alles super, besser geht's ja gar nicht, du bist eingeladen, was willst du noch, du Spaßbremse?" Ich lachte und freute mich wie verrückt.

„Du wolltest doch mit meiner Zündapp fahren, komm jetzt, fahren wir, Joe."

„Sag Willi, hast du einen Knall, was soll der Scheiß, ich habe gerade ein tolles Mädchen kennengelernt und überhaupt, alles ist gut da, wo wir sind, wozu woanders hinfahren? Ich habe 6.000.- Schilling im Sack, ich will feiern, du bist eingeladen, also komm, hör auf mit deinem Gesudere, komm, feiern wir!"

Willi bohrte weiter und wurde richtig unruhig, so kannte ich ihn gar nicht, ich nahm kurzerhand seinen Schlüssel vom Moped und versprach ihm, nach der nächsten Runde zu fahren. Ich bestellte zum Jubel aller eine Flasche Bacardi und alberte mit allen anderen herum, wir verarschten unseren Willi, der dann doch nicht anders konnte, als zu erwidern.

Im Handumdrehen war eine tolle Stimmung entstanden, doch keine Viertelstunde später drängte mich Willi erneut zum raschen Aufbruch.

Da stimmt doch irgendwas nicht, als ob er von irgendetwas Angst hätte, sehr seltsam. Nun wollte ich wissen, was denn so eilig war, warum wir partout nicht bleiben konnten, langsam macht mir das richtig schlechte Laune. Ich zog Willi von den anderen weg und stellte ihn zur Rede.

„Alter, was ist los, da stimmt ja was nicht. Jetzt rede schon, so kenn ich dich gar nicht, jetzt sag, was ist los, warum müssen wir unbedingt hier weg?!"

Eine ziemlich klare Antwort kam dann in Form von zwei dunklen Gestalten bei der Tür herein. Willi schwitzte, war unruhig und brachte kein Wort heraus. Worte kamen dann von anderer Seite. Einer der beiden sah aus wie ein Bodybuilder und beide waren ausländischer Herkunft.

„Naaa, ... Arschloch! ... Jetzt schaust du scheiße ..."

Ich stellte mich vor Willi und wollte die Spannung aus der Situation nehmen, indem ich die beiden zu einem Drink einlud, doch das kam eher nicht so gut an. Mit den Worten „gehst du weg" schob mich der Größere der beiden sachte aber bestimmend zur Seite und stand nun Nase an Nase vor Willi.

Jetzt war mir klar, warum es Willi so eilig hatte, hier wegzukommen, aber was hatte er mit diesen Leuten am Hut? Der hatte richtig Angst, so kannte ich Willi nicht.

Willi bat die beiden, die Sache draußen zu regeln. Klar, ihm war das hier vor allen Leuten total peinlich, aber beide lehnten unmissverständlich ab. Die Emotionen gingen hoch, Willi versuchte, die beiden zu beschwichtigen, doch das machte die beiden noch wütender und es wurde richtig laut und unangenehm. Dann packte einer den kleinen Willi und schüttelte ihn so richtig durch.

„Ich hätte den Scheiß-Bacardi nicht saufen sollen", dachte ich laut und mir wurde so richtig heiß.

Einer der beiden unsympathischen Mutanten richtete seinen Blick auf mich und sagte: „Halt du deine fresse Kaffa oder willst du Opfer …", oder so ähnlich. Willi schwulte daraufhin die beiden an, mir nichts zu tun.

Langsam ging mir das ganze Hin und Her richtig auf den Sack und ich forderte Willi auf, Tacheles zu reden. Der bat mich aber nur, mich nicht einzumischen, er meinte, er habe Scheiße gebaut und klar, nun sah mich auch die zweite „Eiweißmutation" streng an und er faselte irgendetwas in seiner Sprache, was ich ohnehin nicht verstanden habe. Aber freundlich gemeint war es auch nicht und auch klar, ein Griff in meine Richtung, der durfte zur weiteren Einschüchterung auch nicht fehlen.

Seltsam war das bei mir, vor zwei Minuten noch zitterte ich innerlich, hatte größte Sorge und richtig Angst und nun, zwei zehntel Sekunden, bevor mich dieses blöde Arschloch packen konnte, hatte ich nur mehr zwei Ziele vor Augen und keine Angst mehr. Ich hörte nichts mehr und ich dachte nichts … gar nichts mehr.

Ich wich kurz zurück, wischte des Arschlochs Hand zur Seite und versetzte ihm in einer raschen Vorwärtsbewegung einen mächtigen Kopfstoß gegen seine Nase, sein Blut spritzte in alle Richtungen, dann griff ich mir den großen, gläsernen Aschenbecher und schlug dem anderen damit mit voller Wucht gegen dessen Kopf. Ich tobte wie ein Berserker und setzte nach, bis beide keine Chance auf Widerwehr hatten.

Alle schauten mich wie einen Geist an, überall war Blut. Bevor ich mich wieder besinnen konnte, hatte mich Willi schon nach draußen gedrängt, im Lokal brach nun Panik aus, die auch mich packte, ich wollte nur noch weg von hier.

Willi und ich rannten zum Moped und fuhren erstmal weit genug weg, um nicht geschnappt oder verfolgt zu werden. Wir redeten gar nichts, ich war genauso geschockt wie Willi.

„Scheiße, was habe ich da bloß getan?", sagte ich. „Glaubst du, die sind schwer verletzt?"

„Du bist ja nicht ganz dicht Joe! ... Schwer verletzt?! ... Du hast Glück, wenn der Große nicht abkratzt, da war ja ein richtiger Riss in dem seinen Schädel, du bist ja wahnsinnig! ... Echt jetzt, du Vollidiot, warum!!

Warum hast du das getan?!"

„Ich ... ich wollte ..."

„Was wolltest du? ... Das ging alles so schnell, ich hab's gar nicht wirklich mitbekommen. Schau, wie ich ausschaue, ich bin voll mit dem seinen Blut und dein T-Shirt ist auch voll mit Blut, selbst dein Gesicht ist voll mit Blut und es ist nicht deines. Ein Horror ist das ... du bist ja nicht normal!! Und ich dachte, ich bin ein krasser Typ, ich habe so etwas noch nicht einmal im Kino gesehen."

In mir kam ein unbeschreibliches Gefühl der Reue hoch, mit Tränen in den Augen sagte ich zu Willi: „... He, ich wollte das nicht ... ich wollte dir helfen. Scheiße, hoffentlich ist der nicht tot ... Zum Teufel, was habe ich bloß getan?"

„Jetzt beruhige dich, Joe, das wird schon nicht so schlimm sein, jetzt brauchen wir mal frische Kleidung, so können wir nirgends hingehen."

„Es ist 22:00 Uhr, ich kann nicht heim und wieder weggehen ... Wenn mich meine Mutter so sieht, ist alles aus."

„Beruhige dich, Joe, komm runter, dann fahren wir eben zu mir, bei mir ist eh niemand zu Hause und dann werden wir uns was einfallen lassen."

„Sag, Willi, was wollten die beiden eigentlich von dir?"

„Joe, … lass uns bitte erst einmal zu mir fahren und reden wir bei mir… BITTE!"

„Ok, ok … fahren wir erstmal zu dir."

Bei Willi zu Hause angekommen machten wir uns sauber und wechselten unsere Kleidung. Ich bekam Sachen von Willis Vater, die mir genau passten. Die Wohnung seiner Eltern war riesig, sie ging über zwei Etagen. Willis Zimmer war auch sehr groß und hatte eine eigene Terrasse nur für ihn allein. Ich hätte fast meine Frage vergessen, so fasziniert war ich von diesem ganzen Klimbim.

„Also, Willi, jetzt rede endlich, was wollten die beiden von dir?"

„Pass auf Joe, ich bringe das alles wieder in Ordnung, du musst mir nur vertrauen… hörst du!? Du musst mir versprechen, jetzt nicht wieder auszurasten… Versprich es mir."

„Ja, ja, schon gut, ich verspreche es dir, aber jetzt rede endlich."

„Du musst mir glauben, wären wir gleich gefahren, wie ich gesagt habe, dann wäre genau nichts passiert, das muss dir klar sein."

„Sicher, Willi, weil dann wären wir ja auch nicht da gewesen, als die kamen. Langsam machst du mir Angst, du bist ja auch nicht ganz dicht, mein Freund, was soll dieser Blödsinn? Also noch einmal Willi, warum?!"

„Ich schulde denen Geld."

„Geld? … Du schuldest denen Geld? … Was für ein Schwachsinn, das ist jetzt nicht dein Ernst!? … Und warum hast du es ihnen nicht einfach gegeben? Schaust du mich für blöd an, oder was?! Schau dich hier mal um, du hast ja Geld?!"

„Joe, es ist schwierig, mit dir zu reden …"

„Sag mal, Willi, langsam verlier ich den Scheiß-Faden, jetzt rede endlich, es kommt ja sowieso raus, ich werde dich schon nicht umbringen. Was soll der Scheiß jetzt? Ich habe gerade ganz andere Probleme, also rede endlich."

„Ich habe von denen ‚Shit' auf Kommission genommen und noch nicht bezahlt. So, jetzt weißt du es."

„Langsam, langsam… Was ist Kommission und warum nicht bezahlt?!" „Kommission, ich habe den ‚Shit' auf Schulden genommen und nicht rechtzeitig bezahlt."

„Das versteh ich nicht, da kommen zwei Schläger, weil du deinen Shit nicht bezahlt hast, das ist doch Schwachsinn! Jetzt rede oder ich schwöre, ich hau dir so lange in die Fresse, bis du es tust, rede schon!"

„Ich habe dir ja gesagt, es ist kompliziert, jetzt beruhige dich, Joe, ich will dir, ja, ich muss dir ohnehin alles erzählen und ich schwöre, ich bringe das alles wieder in Ordnung, du musst mir nur zuhören und mir vertrauen."

„Dir vertrauen, du Arschloch, ich kann das alles nicht glauben, jetzt rede schon weiter."

„Also, vor ein paar Monaten …"

„Was!! … Schon vor ein paar Monaten!!"

„Bitte, Joe, lass mich doch einmal ausreden, dann verstehst du es auch… Bitte!"

„Ja, ja, schon gut … Vor ein paar Monaten … Ich glaubt's ja nicht. Also ok … jetzt rede, ich hör dir zu."

„Also, vor ein paar Monaten lernte ich den Felix kennen …"

„Wer ist Felix?"

„Joe, bitte!"

„Ok, entschuldige…"

„Also, der Felix hat ein paar Nutten, da auf der Hütteldorferstraße und in der Märzstraße stehen, und der macht auch mit Drogen. Ich hab mir von ihm immer eine Platte Shit auf Kommission geben lassen und grammweise verkauft, alles war gut und alle waren zufrieden. Dann vor circa einem Monat lernte ich diesen ‚Jusuf' kennen, den, den du dem Aschenbecher auf den Schädel geschlagen hast, der gab mir so zwei oder drei Gramm Shit zur Probe. ‚Ein Geschenk', sagte er und das Zeug war echt gut. Als ich ihm zwei Tage später wieder getroffen habe, schlug er mir ein Geschäft vor, das ich Idiot angenommen habe."

„Was für ein Geschäft, Willi? Jetzt rede schon!"

„Er gab mir eine ganze Platte, auch auf Kommission, für 5.000.- Schilling, das waren ganze 1.000.- Schilling weniger als bei Felix, und ich dachte, was soll's, probieren kann ich es ja."

„Ja, und … was war dann? … Jetzt rede weiter!"

„Ja, ein totaler Scheißdreck war's, ich habe die ganze Platte in Gramm und Deka zerteilt und verpackt, dann größtenteils auch auf Kommission weitergegeben und seither habe ich nur Probleme. Die wenigen, die bezahlt haben, wollen ihr Geld zurück und sind stocksauer auf mich, die anderen bezahlen mich nicht und dieser ‚Jusuf‘ will seit drei Wochen sein Geld von mir, weil er meint, es wäre die gleiche gute Qualität wie bei der Probe, die er mir gab. Aber das stimmt überhaupt nicht, es ist der totale Scheißdreck. Vier Deka habe ich noch immer, das will und kauft niemand. Ja, und seit drei Wochen gehe ich diesem ‚Jusuf‘ aus dem Weg, weil ich ihn nicht bezahlen kann und auch nicht wollte. Vorige Woche hat er mein Moped auch schon vor einem anderen Lokal stehen sehen und überraschte mich. Ich bot ihm als Vergleich 2.000.- Schilling plus die vier Deka, die ich noch immer habe, an, doch der wollte nichts von einem Vergleich wissen und kündigte an, Felix von meinen Nebengeschäften zu erzählen, was auch gar nicht gut wäre."

„Na bumm, du kleines, mieses Arschloch bist also Drogendealer, ich gratuliere dir. Und was kommt als nächstes, Heroin, oder was?

Vor nicht einmal fünf Monaten ist der Hutfleis Hansi von unserer Schule, auf Heroin verreckt, der Horstl vom Park hängt auch auf dieser Scheiß-Nadel und schaut wie der Tod selber aus und jetzt macht mein Freund auf Dealer. Du Arschloch!"

„Joe! … Joe, … he, he, … BITTE, … ich mach nur mit Shit, du musst mir glauben, das Scheiß-Heroin oder das Koks, ich würde das niemals angreifen, nie! Joe, es ist nur Shit, du weißt doch, dass ich schon in der Schule geraucht habe, oder?"

„Ja, weiß ich, du Arschloch, ich weiß eh, jetzt lass mich das mal verarbeiten, du miese Ratte.

Ich weiß zwar nicht, was dein Plan ist, und glaube mir, auf den bin ich wirklich gespannt, was mich jetzt aber noch mehr interessiert: Was hast du heute eigentlich mit mir vorgehabt, wenn du schon von Schlägern und Drogendealern gesucht wirst? Jetzt bin ich echt gespannt und ich schwör dir, wenn das vorbei ist, hau ich dich durch Sonne und Mond, das verspreche ich dir!"

„Joe, ich schwöre dir, ich wollte dir alles erzählen und dich um Rat fragen."

„Na genau, … mich um Rat fragen, … bei Drogengeschichten, … sag, schau ich wirklich so saublöd aus oder was glaubst du Vollidiot? Sei froh, dass wir bei deinen Eltern in der Wohnung sind und dass es schon so spät ist, sonst… boah …"

„Ich weiß eh, Joe, bitte glaub mir, ich wollte dich da nicht reinreiten, glaub mir das bitte!"

„Ja und jetzt? … Was mach ICH jetzt, wie komm ich da jemals gut raus, die werden dich sicher suchen, und früher oder später auch finden, und dann?

Dann habe ich diese gesamte Drogenscheißbande am Hals und die Polizei und … Oida, was bin ich nur für ein Idiot! Ich misch mich nie mehr wo drein! … Ich Vollidiot, wir sind gerade mal 15 Jahre alt und inmitten einer Mafiageschichte und ich Idiot habe dem noch den Aschenbecher über den Schädel gezogen. Wer weiß, was der hat, ich hoff, der lebt noch.

Was ist jetzt mit dem Plan, der alles gut macht? … Alter, es ist jetzt schon fast 01:00 Uhr, was machen wir jetzt?"

„Vertrau mir, Joe, wir gehen jetzt in die Schickeria runter, da ist sicher der Felix, dort treffen sich alle beim ,Spiel', die was zu sagen haben."

„Willi, jetzt ist es nach 01:00 Uhr, wer hat da was zu sagen und wer spielt um diese Zeit?"

„Joe, vertraue mir, wir müssen da runter gehen, da treffen sich alle Zuhälter und Stoßspieler und der Felix ist sicher auch da. und da kommen auf keinen Fall Ausländer rein, da sind nur ,unsere Leute'. Und wenn dir jetzt wer helfen kann, dann Felix."

„Na sicher, … ich geh jetzt noch selbst zu den Mafiosi, bist du komplett verrückt geworden? Dann weiß doch heute schon jeder, dass ich das war."

„Joe, das wissen sicher schon alle, deshalb gehen wir ja auch da hin, oder ist dir Gefängnis und Polizei lieber?"

„Ob das eine gute Idee ist? … Dieser Felix wird dich sicher durch die Mangel drehen, für deine Treu und den Megascheiß, den du und ich da abgezogen haben. Ich geh da auf keinen Fall rein, das ist fix. Ich kenne da ja auch niemanden und ich will auch niemanden mehr kennenlernen und auf keinen Fall Zuhälter, Dealer und Stoßspieler, was immer das auch für ein Spiel sein mag. Ich geh besser heim!"

„Joe, willst du nicht wissen, was mit den beiden im Café Elisabeth passiert ist? … Wolltest du nicht wissen, was mit denen ist? Also komm jetzt mit, es geht ja ohnehin nicht anders."

Wir machten uns zu Fuß auf den Weg und waren kurz vor 02:00 Uhr vor dem Lokal, gegenüber war ein kleiner Park.

„Willi, ich geh da auf keinen Fall mit rein, ich geh in den Park und warte auf dich. Wenn du nicht alleine rauskommst, hau ich ab, verstehst du! Du hast mich da reingeritten, jetzt mach du es wieder gut, so wie du es gesagt hast… Hörst du? … Oder …"

„Ja, ja, aber warte in jedem Fall."

„Ok, Willi, ich warte, habe ich ja gesagt … drüben im Park."

Es war schon ziemlich kalt um diese Jahreszeit und ich fror mir den Arsch ab, ich wartete schon über eine Stunde. Jede Menge Leute gingen rein und wieder raus, aber von Willi war nichts zu sehen. „Dieser Idiot", dachte ich mir, „was hat der geglaubt?" Die scheren sich sicher einen Scheiß um ihn und um mich sicher noch weniger, am liebsten wäre ich gegangen, aber das konnte ich auch nicht.

Auf einmal ging die Tür auf und Willi kam lachend, fast überschwänglich in meine Richtung, allein – wie ausgemacht. „Ja, gibt's denn so was?", dachte ich. Wie ist der da heil rausgekommen? Ich konnte es nicht fassen, es war mittlerweile 3:30 Uhr, eilig ging ich ihm entgegen … „Los komm, Joe, geh mit rein!", rief er mir von weitem zu. „Na komm, es ist saukalt, mach dir keine Sorgen, alles ist gut."

„Sicher nicht Willi, ich habe dir gesagt, ich gehe da auf keinen Fall mit rein, ich kenne da genau niemanden und ich will auch wirklich niemanden mehr kennenlernen, ich scheiß auf deinen blöden Plan."

„Joe, jetzt komm mal wieder runter und beruhige dich, die wissen doch schon lange, wer du bist, die haben das schon gewusst, bevor ich gekommen bin. Halb Wien weiß Bescheid, jetzt komm, Felix will mit dir reden!"

„Felix?? … Na genau das wollte ich auf keinen Fall, du Idiot!"

„Jetzt komm, Joe, es ist wirklich kalt und was soll denn jetzt groß passieren, denk doch mal nach!"

„Ja, denken! Denken hätte ich vorher sollen, ich hätte dich nicht treffen sollen, ich Idiot … Scheiße! Was soll's, ist jetzt auch schon egal, gehen wir halt rein."

Ich kann mich nicht erinnern, jemals so viel Angst mit einem derart beschissenen Gefühl gehabt zu haben, ich rechnete mit dem Schlimmsten, und als ich dann durch die Tür ging, wurde ich freundlich begrüßt.

„Das ist also unser junger Joe."

Ich wusste gar nicht, wo ich zuerst hinsehen sollte. Das Lokal war ganz gut besucht, zwei oder drei wunderschöne Nutten standen am Tresen, ganz am letzten Tisch saßen gut zehn Männer, in der Mitte des Tisches waren Karten aufgelegt und vor einigen Karten war unheimlich viel Geld platziert. Und noch viel mehr Geld hielten die meisten der Männer in ihren Händen oder hatten es ganz offen vor sich liegen. Irgendwie dürfte mein Blick einige Male bei den so knapp gekleideten Nutten hängen geblieben sein, so schöne Mädchen und vor allem so eine Bekleidung hatte ich bisher noch nie gesehen. Einer der Männer hatte das sehr genau beobachtet, er stand am Ende des Tresens und ich hatte ihn noch gar nicht bemerkt, er lachte und sagte zu mir: „Das ist also unser Joe, den Frauen mehr zugetan als dem Geld, wie es scheint." Nun lachten alle, auch dieser blöde Willi, und ich kam mir vor wie ein Vollidiot.

„Komm, mein Freund", sagte dieser Mann, „Felix wartet, komm mit."

Hinter diesem letzten Tisch war noch ein kleiner Raum, der nur durch einen Vorhang getrennt war. Der lange Franz hielt den Vorhang zur Seite und bat mich mit einer Geste in diesen Raum. Mit einem unvorstellbar unguten Gefühl und einen blutroten Kopf ging ich bei den Mädchen vorbei, die mich mit ihren Blicken verfolgten, auch alle anderen blickten mir nach. Ich versuchte, niemanden direkt anzusehen, was äußerst schwierig war. Nun, endlich in diesem Extraraum angekommen, war ich mit Willi und diesem Felix allein, der sich sehr höflich bei mir vorstellte.

„Nun, mein neuer junger Freund ..."

Am liebsten hätte ich gesagt: „Ich bin nicht Ihr neuer Freund", doch ich hielt es für besser, einfach mal meine Fresse zu halten.

„... Du bist also der Joe, der schon beim Kirtag vor dem Stadion wie der Teufel selbst gewütet hat." Er schmunzelte vor sich hin. „Beeindruckend, mein Freund, aber das Ding heute war ja wohl eine Nummer zu groß für dich."

Ich wollte darauf antworten, doch Felix fiel mir ins Wort.

„Alles gut, mein Freund, mach dir keine Sorgen, wir sind ja nicht die Polizei."

Er lachte wieder, mir ging diese blöde Rederei mächtig auf den Sack, ich war müde und fix und fertig. Ich schaute ihm wortlos in die Augen und sagte: „Was ist jetzt... Warum bin ich da?"

Willi wollte etwas sagen, doch der ernste Blick von Felix reichte völlig, was mir wiederum ein inneres Lächeln abgerungen hatte.

„Gut, Joe ... und du, Willi, hältst jetzt mal die Füße still, von dir will ich nichts mehr hören, du hast ja genug Scheiße gebaut!"

„Also Joe, nun zu dir ... Du hast mir ... ja, du hast uns allen einen großen Gefallen getan." Er lachte wieder, ich verstand gar nichts mehr ... „Was für einen Gefallen?"

„Ja, weißt du, dein Freund Willi macht Sachen, die er nicht tun sollte und natürlich hatte ich davon gewusst. Ich rede von der Loyalität meines treuen Freundes, doch dazu später. Dieser ,Jusuf' macht ... oder besser gesagt, machte Sachen, die auch er nicht tun sollte… Doch jetzt zu dir Joe, du hast uns einen guten Dienst erwiesen, ja, besser hätte es gar nicht laufen können, und du hast wirklich sehr gute Arbeit geleistet … sehr gute Arbeit!"

Er lachte schon wieder, mir ging diese blöde Lacherei mitsamt der ganzen Inszenierung mächtig auf die Nerven. „Was für eine Arbeit? … Was ist mit dem Typen, wegen dem ich hier bin? … Willi meinte, du wirst mir helfen? Was ist jetzt, kannst du?"

„Ich habe dir doch schon geholfen, die Bullen wissen nichts von dir und so bleibt es auch, dafür sorge ich, das verspreche ich dir, darauf hast du mein Wort. Was die beiden Arschlöcher vom Café Elisabeth betrifft, die halte ich dir auch vom Leib unter zwei Bedingungen!"

„Und welche, sag schon… welche Bedingungen, was muss ich tun?"

„Genau das Gegenteil von dem, was du sonst so tust!"

„Und das wäre?"

„Mache einfach nichts, gar nichts und ich will dich für sehr, sehr lange Zeit nicht wiedersehen, verstehst du? Nicht hier, nicht im Bezirk und vor allem nicht im Café Elisabeth, ist das angekommen?"

„Ja, ist angekommen. … Danke … Wirklich, das ist alles? … Danke Felix, danke sehr!"

Ich wollte nur mehr raus hier. „Komm, Willi, gehen wir."

„Nicht so schnell Joe, eine Kleinigkeit noch, setz dich wieder hin. Wie man hört, hast du, bevor du dein privates Massaker angerichtet hast, einen Haufen Geld am Automaten gewonnen? … Stimmt das?"

„Ja, stimmt… Wieso?"

„Zum einen hast du deine Rechnung nicht bezahlt und zum anderen müssen ein paar Leute für ihr Schweigen belohnt werden, verstehst du? Oder willst du die beiden, ich schätze in zwei, drei Wochen sind die wieder richtig fit, wiedersehen? Oder willst du lieber mit den Bullen darüber reden?"

„Nein, auf keinen Fall, nein, will ich nicht, Felix… Ich verstehe schon, was willst du dafür?"

„Na, rate mal, du Schwachkopf, was will ich wohl?"

„War ja klar", dachte ich, obwohl ich zwischenzeitlich das viele Geld in meiner Hosentasche ganz vergessen hatte.

„Und wie viel, Felix?"

„Na, was glaubst du, Joe, wie viel ist es dir denn wert, nicht im Gefängnis oder bei den Bullen oder bei deinen neuen besten Freunden zu landen?"

Er sah mich sehr ernst und verschlagen an.

„Ja, ja, schon verstanden." Mit gesenktem Haupt räumte ich meine Hosentasche leer und legte alles, was ich hatte, vor ihm auf den Tisch. Er zählte mein Geld, es waren knapp 6.100.- Schilling.

„Schau", sagte er zu mir, „ich will kein Unmensch sein, du hast uns allen, wenn auch ungewollt, einen Dienst erwiesen, das wird von mir honoriert, verstehst du? Wir sind keine Gauner, keine Abzocker wie die bei den ‚Tschibettos', aber alles muss seine Richtigkeit haben. Hier hast du 1.000.- Schilling und die Sache ist für dich erledigt. Und jetzt mein Freund, es war nett, mit dir Geschäfte zu machen. Adios! ... Willi bleibt noch hier!... Du kannst jetzt gehen."

Eilig verließ ich das Lokal, an Willi verschwendete ich keinen Gedanken mehr, auch das viele Geld war mir völlig egal, ich wollte nur mehr nach Hause, nur mehr weg von hier. Ich ging zu Fuß und schwor mir wieder einmal, nie wieder meine Hand gegen andere zu erheben oder so derart auszurasten. Dieses Ausrasten machte mir langsam echte Sorgen, das Entsetzen, die Blicke und die augenblickliche Stille, die sich dieses Mal so richtig in mein Hirn einbrannte, machte mir Angst und ich konnte mir das alles überhaupt nicht erklären. Noch vor ein paar Monaten wäre so etwas undenkbar gewesen. Das Schreckliche daran war, das mich dieser Übergang von gut gelaunt, ohne auch nur im Geringsten böse Absichten zu hegen, bis hin zum Entfesseln derartiger Kräfte, diese Brutalität und diese Wut schlechthin, auch selber völlig überraschte. Zum ersten Mal wurde mir bewusst, dass ich ab einen gewissen Punkt nur mehr Passagier war, es schien mir, als hätte ich weder Einfluss noch Kontrolle darüber.

Danach stand ich vor vollendeten Tatsachen, die mich selbst über alle Maße schockierten und ich verwandelte mich wieder in „Ho-Joe", den Schisser.

Das konnte doch in keinen Fall normal sein...

Willi rief die Woche darauf ein paar Mal bei mir zu Hause an, wie mir meine Brüder und meine Mutter berichteten, ich meldete mich nicht mehr bei ihm und ich hielt mich eisern an die Anweisung von Felix.

Mit meiner Ausbildung zum Hafner war ich total unglücklich, dieser Beruf interessierte mich überhaupt nicht, doch mein Chef beharrte auf meine Zusammenarbeit mit Robert. Eigentlich lag es auf der Hand, Robert war schon weit über 50 Jahre alt, ein kleiner Mann, der nicht mehr so richtig in die Gänge kam oder wollte und ich war jung, groß und bärenstark. Hier ging es gar nicht großartig um meine Ausbildung, sondern vielmehr um eine billige Arbeitskraft, die den ganzen schweren Part übernehmen durfte. Doch daran dachte ich damals nicht, ich wollte ja nur etwas tun, was mich interessiert, wobei ich Spaß hatte oder zumindest einen Arbeitskollegen, mit dem ich mich gut verstehen würde. So einen wie den Heinz eben, aber wie mein Chef immer zu sagen pflegte: „Lehrjahre sind keine Herrenjahre."

Die Arbeitszeit schien mir jeden Tag ewig zu dauern und zum Ausgehen hatte ich auch wenig Lust, die Freunde, die ich hatte und die Lokale, die ich schon kannte, waren alle in dem Bereich, den Felix mir verboten hatte und auf keinen Fall wollte ich den „Jusuf" oder irgendeinem von diesen Mafiosi begegnen.

Mein Onkel Ernst wohnte nicht weit von meiner Lehrstelle entfernt, eines Tages beschloss ich ihn nach meiner Arbeit zu Hause zu besuchen. Ich fragte ihn nach Arbeit und was es Neues gibt und warum er mich schon so lange nicht mehr gebraucht hatte und dies und das.

Er freute sich sehr über meinen Besuch, was mich ein wenig überraschte, meiner Tante Rikki hingegen war das überhaupt nicht recht, das konnte ich förmlich spüren. Doch sie war überfreundlich mit ihrer gespielten Führsorge, die ich so hasste. Ich bin sicher, mein Onkel hatte ihre seltsamen Psychospielchen nie wirklich mitbekommen, er stand, so kam es mir schon damals vor, unter einen mir unerklärbaren Bann, mit mächtigen Scheuklappen.

Die beiden dürften erst vor kurzem nach Hause gekommen sein, es war an der Zeit, mit ihrem Hund „Rolfi" Gassi zu gehen. Meine Tante wollte mich so schnell wie möglich von meinem Onkel trennen oder unsere Unterhaltung unterbrechen und so fragte sie mich, ob ich denn so lieb wäre und mit „Rolfi" eine Runde machen würde.

„Sicher", sagte ich, „klar, mach ich gerne, Tante." Mein Onkel stand auf und sagte: „Gute Idee, gehen wir doch zusammen."

Innerlich musste ich lachen und ich freute mich sehr über die Spontanität meines Onkels, vor allem deshalb, weil ich so gerne mit ihm allein war. Da war er immer lustig und frei, um keinen Scherz verlegen und er gab mir ein Gefühl… es ist schwer zu beschreiben. Ich schaute auf ihn auf, ich verehrte ihn sehr.

Wir machten einen langen Spaziergang mit „Rolfi", der sich noch mehr freute, als ich es tat. Mein Onkel fragte mich, wie es denn mit meiner Lehre voranging und dass er dachte, ich hätte keine Zeit, was ja teilweise stimmte, aber auch Gründe und Vorgeschichten hatte. Meine Tante war da nicht ganz unbeteiligt, sie hatte geschickt ihre Fäden gezogen, nur warum tat sie das, ich konnte es nicht verstehen… Noch nicht.

Ich erzählte ihm, dass alles gut vorangeht und fragte ihn nach KK dem Kunsthändler und nach Udo, den Mann hinter dieser Wahnsinnsbäckerei in der Stadt und was denn nun als nächstes bei ihm anstehen würde.

Ich staunte nicht schlecht, mein Onkel hatte ordentlich zu tun, und das ausschließlich bei der absoluten A-Prominenz von Wien, da sind Namen gefallen, die sogar mir ein Begriff waren, die ich teilweise vom TV oder von den Boulevardblättern kannte. Ich horchte gespannt den Erzählungen meines Onkels und war fasziniert.

Die meiste Zeit arbeitete mein Onkel nun unter der Woche und weniger am Wochenende, wie früher, so sagte er, aber demnächst müsste er bei einer Dame, die mit Udo liiert ist, eine große

Küche im amerikanischen Stil fertigen und ganz mit Kaiserziegel verlegen. Allein der Name dieser Dame und ihr Aussehen brachten mich ins Träumen, ich wollte unbedingt dabei sein. Mein Onkel lachte und sagte: „Ok, Joe, du bist dabei, aber du weißt... Nichts an die große Glocke hängen, alles, was ich dir erzähle, das braucht niemand zu wissen, diese Leute mögen das nicht und ich will es auch nicht, wie du weißt. Versprich es!"

„Sicher, Onkel, ich verspreche es dir! ... Wann geht's los?"

„In zwei oder drei Wochen."

Ich freute mich sehr darauf und war mehr als zufrieden, ich hatte gar keine Fragen mehr, da sagte mein Onkel: „Pass auf, Joe, ich verrate dir noch etwas, aber behalte es für dich. Auch deine Tante muss nicht immer alles wissen, was wir beide so reden ... ok?"

„Eh klar, Onkel ... Und was? ... Jetzt sag schon, was ist es?"

„Du kennst doch das kleine Caféhaus auf der Speisinger Straße?"

„Meinst du diesen kleinen Branntweiner neben meiner Lehrstelle?"

„Nein, nicht die ‚Maria', weiter oben, wo der Zweiundsechziger zum Spital abbiegt, kennst du doch? ... Oder?"

„Du meinst das Café Silvia?"

„Ja, sicher, dass meine ich, warst du noch nie dort drinnen?"

„Nein, noch nie, ... warum?"

„Ich dachte nur... Ist nicht so wichtig."

„Und was ist mit diesem Lokal, bauen wir das um?"

„Das auch Joe ... ha, ha, ... da brauch ich dich dann auf jeden Fall.

KK wird es aller Voraussicht nach kaufen, wenn alles gut geht und deine Tante hartnäckig bleibt." ... Er lachte wieder, so richtig herzhaft.

„Wieso lachst du?"

„Nicht so wichtig, Joe, aber KK hatte zuletzt den totalen Durchbruch im Kunstgeschäft. Es ist nicht zu glauben, was da los ist. Beide Galerien sind so erfolgreich, der Mann hat goldene Hände. Ich muss nun schon jede Woche Bilder im Millionenwert von München nach Wien bringen oder umgekehrt, ein Wahnsinn! Schade, dass du noch keinen Führerschein hast."

„Und was hat das Caféhaus mit KK zu tun, Onkel?"

„Wenn alles gut geht und der jetzige Besitzer wirklich verkauft, finanziert KK den Kauf und deine Tante hat dann ein Caféhaus."

„Na bumm, und wieso macht der das? ... Und du, du kennst dich da aus, oder?"

„Ja, ich hatte schon einmal ein Caféhaus, ... ist aber schon lange her, mit meiner ersten Frau. Aber daran wird deine Tante auch nicht gerne erinnert." Er schmunzelte so vor sich hin und war so richtig gut gelaunt, ich freute mich für ihn, fragte aber nicht weiter nach und beließ es dabei.

KAPITEL 5

Herzblut-Wut

„Joschi", der Freund meiner Mutter, war ein seltsamer kleiner Mann um die vierzig Jahre alt. Meine Mutter kannte ihn schon von früher, mittlerweile war sie von meinem leiblichen Vater geschieden und „Joschi" war mit meiner Mutter fest liiert. Zumindest sah alles danach aus, er war ja fast täglich bei Mutter zu Hause. Bislang war er immer ruhig und eher schüchtern, er war auch sicher nicht Mutters große Liebe und mich verband mit ihm eigentlich gar nichts, er war weder witzig noch hatte er eine gewinnbringende Art, die mich anzog, er war eben „Joschi".

Mein jüngerer Bruder Andreas hatte da schon mehr Informationen und Erfahrungen als ich und natürlich fragte ich meinen Bruder, was es eben mit Mutters Freund auf sich hat.

„Joschi hat den Führerschein gemacht", sagte er, „und ein Auto hat er auch gekauft."

„Aha, der hat noch gar keinen Führerschein? ... Deshalb fährt der immer mit seiner Vespa. Und was weißt du noch so über ihm?"

„Ich durfte mit ihm mit dem Roller mitfahren und da waren wir in dem Haus seiner Eltern, ganz oben, fast schon im Hörndlwald."

„Jetzt sag bloß, der kommt aus reichem Hause, das ist ja nicht zu glauben!"

„Ich glaub nicht, Joe, Mama sagte, er kommt aus Ungarn und ist als Kind zu uns her geflüchtet und die Alten in dem Haus haben ihn adoptiert, weil sie keine Kinder haben konnten, genau wie du, Joe, oder fast so."

„Bei mir war das ganz anders, ich bin ja nicht geflüchtet, aber egal, erzähl weiter."

„Da gibt's nicht mehr viel zu erzählen, die Alten sind komisch und das Haus auch."

„Wie, komisch? … Jetzt lass dir nicht alles aus der Nase ziehen, du Zwerg."

„Na, komisch eben, wenn's dich interessiert, schau dir's selber an, und jetzt lass mich in Ruh mit deiner blöden Fragerei!"

„Jetzt mach nicht auf kleines Mädchen, du bist ja auch komisch!"

„Na und, selber komisch!", rief er noch frech zurück und weg war er.

Und tatsächlich, nur Tage später hatte unser „Joschi" einen brandneuen Audi 80 GLE. Mit diesem Auto wuchs auch sein bislang nicht vorhandenes Selbstvertrauen, er war wie ausgewechselt und das empfand ich als gar nicht so schlecht.

Ich fuhr das eine oder andere Mal mit Joschi ins Kino oder begleitete ihn zum Wochenmarkt, ich denke, er wollte sich mir annähern, was aber nicht so richtig funktionierte. Irgendetwas stimmte mit diesem Mann nicht, er fuhr unsicher und war sehr wenig unterhaltsam, außer er trank Alkohol, dann kippte das Ganze in die andere Richtung, aber auch diese Seite an ihm gefiel mir nicht.

Weihnachten stand vor der Tür und Joschi, der nun mit einem Auto bewaffnet war, tat es meinem Vater gleich und verbrachte immer mehr Zeit in Kneipen als bei Mutter zu Hause, was für den Hausfrieden nicht gerade förderlich war. Mutter trank dann allein zu Hause und wartete auf ihren Joschi, der wiederum war mit seinen spärlichen Freunden lieber im Wirtshaus. Meine Mutter war sozusagen vom Regen in die Traufe gekommen und wir Kinder irgendwie auch.

Am Heiligen Abend kam Joschi spät nach Hause, er hatte einiges über den Durst getrunken, war aber wenigstens gut gelaunt. Mutters Freude hielt sich in Grenzen, dafür freuten wir uns umso mehr, es gab Geschenke, die nicht wie die Jahre davor aus Socken oder Pullover bestanden, nein, da war er zum ersten Mal so richtig großzügig und er wurde von uns Kindern freundlich umgarnt. Wie zahme Kätzchen waren wir…

Mir wurde von Joschi zu meinem kommenden 16. Geburtstag ein Moped versprochen, mit der Voraussetzung, dass ich den

AJ-Führerschein machen und aus eigener Tasche bezahlen würde. Na, das war eine Ansage, he, he! ... Joschi war für mich ab sofort nicht mehr seltsam, sondern ein Held und der Beste überhaupt.

Um ja nicht in Unstimmigkeiten zwischen Mutter und Joschi verstrickt zu werden, machte ich mich sogleich aus dem Staub und besuchte meine Tante Grete, die im zehnten Bezirk wohnte, sie freute sich sehr über meinen Besuch, der eigentlich erst für den nächsten Tag geplant war.

Aber sie freute sich ohnehin immer, wenn ich kam, sie liebte mich wirklich von ganzem Herzen, so wie es auch meine Adoptiveltern taten.

Zu meiner Verwunderung war mein leiblicher Vater auch da, er war mittlerweile bei meiner Tante Grete eingezogen, auch er hatte das eine oder andere Achtel zu viel getrunken, aber das überraschte mich nicht.

Er tat mir leid, ... sehr leid, denn seit dem Tod meiner Schwester Susi ist er noch mehr dem Alkohol verfallen. Er war mager und sah viel älter aus, als er eigentlich war, er hatte fast keine Zähne mehr, keine Arbeit und keine eigene Bleibe. Ihm blieb offenbar nichts anderes übrig als seine Schwester, meine Tante Grete, um Obdach zu bitten.

Er weinte bitterlich, als er mich sah, er schämte sich und mir brach das Herz, als ich ihm so hilflos gegenüberstand. „Beschissene Weihnachten", dachte ich mir, aber ich überspielte mein eigenes Dilemma, um meinem Vater nicht noch mehr Schuldgefühle aufzuladen und auch meiner Tante wegen wollte ich ein wenig Frieden und Freude sein.

Ich glaube, für meine alte Tante war das damals sehr wichtig, denn sie litt sehr unter ihrem Bruder, der sein Leben eigentlich nie auf die Reihe brachte.

Er, mein Vater, war ein herzensguter Mensch, aber so schwach, er gab sich völlig auf, die Gespräche mit ihm waren immer gleich, es ging immer um Susi, um meine Geschwister und um mich, und dass ihm alles so leidtut und all das, was ein schwacher, sich aufgebender Mensch so von sich gibt. Schwermütig verließ ich dann die beiden, Vater steckte ich noch etwas Geld zu, sodass es meine Tante nicht merkte, denn klar, er wird es wieder für den Wein ausgeben und sich in bessere Zeiten träumen. Mehr konnte ich aber nicht für ihn tun.

Tante versprach ich, nun öfter mal bei ihr vorbeizukommen, dann ging ich den ganzen weiten Weg zu Fuß nach Hause, ich wollte nur für mich allein sein und auch ich träumte von besseren Zeiten.

Es war ein Donnerstag im März 1982, ich schlief schon, als meine beiden Brüder heftig an meinen Armen zogen und durcheinander brüllten.

„Komm schnell, wach auf! … Komm, Joe! Schnell!"

„Was ist denn los, seid ihr irre!? … Was ist los?"

„Schnell, steh endlich auf, Joe, beeile dich!!"

„Ja, was zum Teufel, was ist denn los? Lasst mich doch erst mal munter werden und hört mit dem Gezerre und der Schreierei auf! Ich komm ja schon…"

„Jetzt komm schnell, Joe, der Joschi schlägt die Mama!!"

Mit diesen Worten war ich hellwach, ich stürmte hinter meinen Brüdern nach, die zum Wohnzimmer rannten, Mutter und Joschi schrien sich gegenseitig an, was man sehr wahrscheinlich im ganzen Haus hören konnte.

Meine beiden Brüder zerrten an der Tür, die Joschi von innen verschlossen hatte, während mich die beiden zur Hilfe holten.

Daraufhin wurden die Zwillinge panisch, sie weinten und schrien durcheinander: „Mama, Mama, so mach doch die Tür auf!"

Ich versuchte, die Tür aufzudrücken, was mir aber nicht gelang. Ich schrie Joschi durch die Tür an, schimpfte ihn und drohte die Tür aufzubrechen, doch der reagierte nicht, dann hörte ich Mutter rufen.

„Joe … bitt- … Aaahhh", und dann hörte ich sie fallen und Joschi, der sie wüst beschimpfte.

In mir brach ein Erdbeben aus, mein Herz schlug so schnell, dass mein ganzer Körper bebte. Ich versuchte erneut, die Tür aufzudrücken und stemmte mich mit aller Kraft dagegen, ich redete auf Joschi ein, der völlig außer sich war und jede Menge Blödsinn redete. Dann schrie er wieder Mutter an, die wiederum weinend und schimpfend erwiderte. Es war der totale Alptraum, ich versuchte, beide zu beruhigen, in ein Gespräch zu verwickeln, was mir fast gelungen wäre, doch dann brüllten meine beiden Brüder wieder weinend herum. Ich versuchte abwechselnd, alle zu beruhigen, doch das funktionierte immer nur kurz. Beruhigten sich die Zwillinge, fing das Theater wieder mit Mutter und Joschi an, der mich dann durch die Tür beschimpfte und mir und meinen Brüdern befahl, in unsere Zimmer zu gehen, dieser Wahnsinnige.

Irgendwann wann war es dann zu viel für mich, so richtete ich gar nichts aus, ich wusste nicht mehr, was ich tun oder machen sollte oder könnte.

Jetzt packte mich die Panik, ich schlug ich wie von Sinnen mit meinen Fäusten gegen die Tür, bis ein kleiner Riss entstanden war, meine Fäuste und die Tür waren schon blutverschmiert, doch die Tür wollte noch immer nicht nachgeben, das Holz war hart und stärker als ich. Nun versuchte ich wieder, mit Worten zu deeskalieren und zu beruhigen. Dann dürfte allen Anschein nach, meine Mutter ihrem Widersacher eine Ordentliche geknallt haben. Ich hörte schon, wie Mutter den Schlüssel zu drehen versuchte, doch es gelang ihr nicht, Joschi hatte es verhindert.

Nun ging das ganze Theater von vorne los, die beiden hinter der Tür stritten und schlugen sich gegenseitig und meine beiden Brüder weinten, trommelten gegen die Tür und machten mich wahnsinnig mit ihrem Geschrei.

Joschi war offenbar total aus der Spur und schrie: „Geht weg von dieser Scheiß-Tür, das geht euch nichts an, ihr Hurenkinder, schleichts euch endlich, das geht nur mich und diese Hure was an!"

Meine beiden Brüder waren überfordert und schockiert, sie hatten große Angst um Mutter und weinten. Instinktiv wusste ich, dass ich meinen Zorn und meine Wut im Zaum halten musste, andererseits musste ich meiner Mutter helfen. Meine Gedanken fetzten hin und her wie eine Kugel in einem Flipper. Ich versuchte, ruhig auf Joschi einzuwirken, ich flehte ihn an, endlich die Tür zu öffnen, doch er schimpfte dann abwechselnd mich und meine Mutter, die wiederum weinte und beschimpfte Joschi, das Ganze wollte kein Ende nehmen.

In mir drehte sich alles, durch meinen Kopf raste eine Achterbahn, die mit Hass und Wut besetzt war, bis ich dann schließlich die Kontrolle verlor und Joschi durch diese beschissene Tür anbrüllte.

„Du Schwein, du! Mach sofort diese Scheiß-Tür auf oder ich breche dir alle Knochen, du Missgeburt! Mach jetzt sofort diese verdammte Tür auf, du Wahnsinniger!"

Es wurde wieder nicht geöffnet, ich hörte Mutter wieder weinen und Joschi, der immer wieder auf sie einredete.

Ich befahl meinen Brüdern in heroischem Ton, von der Tür wegzugehen, nun nahm ich Anlauf und trat mit voller Wucht gegen die Tür, wieder und wieder, bis ein mächtiger Riss in der Tür entstand und sich das Schloss von der Falle trennte.

Die Tür sprang auf und Sekunden später hatte ich Joschi mit einer Hand am Hals gepackt. Ich wollte… Ich glaube, ich wollte ihm den Hals umdrehen, ich war völlig außer mir, meine Mutter hängte sich von hinten an mich dran und flehte mich an aufzuhören. Meine beiden Brüder hängten sich auf meine rechte Hand, sodass ich nicht zuschlagen konnte, ohne die beiden zu verletzen. Mit meiner linken Hand drückte ich so fest ich konnte Joschis Hals zu und ihn selbst mit aller Kraft gegen die Wand, ich blickte durch ihn durch, ich war wie in Trance, war in meinem Tunnel.

„Du Schwein, du, du erhebst nie wieder deine Scheiß-Hand gegen meine Mutter, du Arschloch! Was glaubst du, wer du bist?"

Auf das Flehen meiner Mutter und meiner beiden Brüder lies ich zwar von ihm ab, war aber so aufgewühlt, so geladen, dass ich kaum ruhig stehen konnte. Ich fühlte mich, als würde ich explodieren, was dann auch geschah.

Ich rastete völlig aus, ich schlug mit beiden Fäusten wild um mich, wollte aber niemanden verletzen, irgendwie schlug ich dann mit voller Wucht gegen die Wand, um mich von meiner Wut und meinen Hass zu befreien.

Diese beschissene Energie in mir wollte nur mehr raus und dann führte ich einen finalen Schlag, eine Rechte gerade neben

Joschis Kopf in die Wand und sagte ihm: „Das nächste Mal, wenn du Mutter oder die Kleinen anfasst, treffe ich. Ich treffe dich, du Arschloch, verstehst du? Du verdammtes Schwein!"

Ich war augenblicklich todmüde, noch nie fühlte ich mich so leer, ich merkte es zuerst gar nicht, ich spürte auch gar nichts, ich war nur unendlich verwirrt und konnte das alles nicht verstehen und fassen. Mir war das alles zu viel.

Joschi war mittlerweile geflüchtet, meine Mutter wollte meine Hände versorgen, sie war, wie meine Brüder auch, völlig apathisch. Alle waren still und schauten mich an, als wäre ich ein Monster. In mir entstand ein unfassbarer Schmerz, der alles Körperliche überwog und still wünschte ich mir mehr denn je … eine Umarmung. Irgendwen, der mich versteht, der mein Leiden sieht, jemanden, der mich durch das Dunkle führt, jemanden der mir Halt gibt. Aber da war niemand. Was ich bekam, war Abstand und Unverständnis, wieder konnte ich Angst und Entsetzen spüren und sehen, dieses Mal von meiner eigenen Mutter und meinen Brüdern.

Mich hatte das sehr getroffen, dabei wollte ich doch nur helfen, ich wollte nur das Richtige tun.

Langsam spürte ich es, ich bekam höllische Schmerzen, meine Mutter meinte, dass da irgendetwas nicht stimmen kann und ja, da stimmte so einiges nicht. Ich hatte mir in der rechten Hand alle Knochen gebrochen, sodass meine Fingerspitzen beim Drehen der Hand auf der Oberseite meines Unterarms zu liegen kamen.

Meine Mutter rief ein Taxi und wir fuhren in das nahegelegene Spital, dort wurden mir mit Federn alle Finger eingerenkt und alle Knochen in Position gebracht. Die Ärzte meinten noch, dass sie Derartiges noch nie gesehen hätten. Sie wollte nicht glauben, dass ich mir diese Verletzung bei einem Treppensturz eingehandelt hatte.

Zwei Wochen später war Joschi wieder bei uns zu Hause, als wäre niemals etwas vorgefallen. Mutter und er waren ein Herz und eine Seele, ich war fassungslos. Auch für meine beiden Brüder war es offenbar so, als wäre nie etwas passiert, nur mir gingen mehr oder weniger alle aus dem Wege.

Ich bekam das nicht in meinen Kopf. Als ich Mutter allein zur Rede stellte, meinte die nur, dass mich das nichts angehen würde und es besser wäre, wenn ich meine Gewalt und meine Brutalität in den Griff bekommen würde, sonst lande ich früher oder später im Gefängnis, meinte sie. „Ein Glück", sagte sie, „ein Glück, dass Joschi dich nicht angezeigt hat, der war eine Woche lang im Krankenstand."

Nun verstand ich meine verkehrte Welt überhaupt nicht mehr, ich schwor mir zum x-ten Male, nie mehr zu helfen, egal, wer es auch sein möge.

Es folgte eine äußerst beschissene Zeit für mich. Durch meinen eingegipsten rechten Unterarm, der bis auf den Daumen alle Finger fest umschlossen hatte, war ich enorm eingeschränkt und dieser Krankenstand machte mir schwer zu schaffen. Dass ich so gut wie nichts tun konnte, war eine Sache, aber dass ich nicht zu meiner Führerscheinprüfung antreten konnte, war eine völlig andere. Aber gut, da ich jetzt ohnehin kein Moped bekommen würde und mir das nötige Geld fehlte, selbst eines zu kaufen, war es ja auch eigentlich egal gewesen.

Ich besuchte nun wieder öfter meine Tante Grete, auch in ihrer Arbeit, in einem Schuhgeschäft auf der Mariahilfer Straße, die meiste Zeit verbrachte ich aber bei Freunden im 13. Bezirk. Ab und an besuchte ich meinen Onkel Ernst oder Onkel Lui, die ja beide auch in diesem Bezirk zu Hause waren.

Die beiden waren mir wegen des Vorfalls mit Joschi nicht böse, sie waren zwar nicht gerade erfreut, aber ich denke, sie konnten die Situation, in der ich gewesen war, nachvollziehen und verstehen.

Abends war ich oft in der Pfarre am Lainzer Platz, wo man gut ohne Geld auskommen konnte, oder im Jugendzentrum Hietzing, wo freitags immer Disco angesagt war. Die meisten meiner Freunde hatten allerdings schon eigene Mopeds oder ein Auto, was Besuche in diversen Discos und Lokalen, auch außerhalb Wiens, möglich machte.

Wie alle Jungs in meinem Alter war auch ich von der „Frauenwelt light", … also von den Mädchen schwer angetan, aber

95

so richtig wollte es bei mir nicht funktionieren. Es lag natürlich an mir, ich war bei Mädchen, wenn ich mit ihnen alleine war, schüchtern und äußerst zurückhaltend. Doch widererwartet brachte mir meine Hilflosigkeit durch die Gipshand einen kleinen Vorteil.

Ich freundete mich mit einem Mädchen aus der Pfarre an, sie besuchte die Schwesternschule ganz in der Nähe. Sie umsorgte mich, sehr sogar, denn dieses Mädchen machte mich zu einem richtigen Mann, und wie sie das machte... Ich hatte ja keine Ahnung, ... ha, ha, ha!! ...

Ich denke, es muss der Tag in meinen Leben gewesen sein, an dem ich der Frauenwelt hilflos verfallen bin. Könnte man nur dieses erste empfundene Glück, diese Liebe mit all ihren Reizen, diese endlose Kraft und Energie, die sich fügte, wie ein Schmetterling dem Sommerwind, für immer konservieren, Mann oh Mann, ich wäre heute noch der glücklichste Mensch auf der Welt.

Die nächsten Wochen waren wunderbar, Anfang Mai hatte ich meinen Gips schon sechs Wochen getragen, er bröselte schon ordentlich ab und das Jucken der Haut wurde immer unerträglicher. Im Jugendzentrum Hietzing war wieder einmal Disco angesagt. Als ich mit meiner „Flamme" dort ankam, war Manfred auch da, ich kannte ihn flüchtig, eigentlich durch dessen Freundschaft mit Blacky, den ich vor einem Jahr am Kirtag in Penzing gegen diesen tätowierten Kinderschänder verteidigte, was mir mittlerweile von mehreren, damals Anwesenden, gesagt wurde. Ich denke, das war auch der Grund, warum Major V., damals so nachsichtig mit mir umgegangen ist.

Als mich Manfred („Mandi") sah, flippte er vor Freude förmlich aus, auch ich freute mich sehr, ihn zu sehen. Wir tranken zusammen, waren ausgelassen und hatten jede Menge Spaß, auch er war mit seiner Freundin gekommen, die sich mit meiner auch bestens verstand. Wir quatschten und lachten zusammen, bis die Party zu Ende war.

Manfred zeigte mir dann noch voller Stolz sein Moped, eine brandneue Sachs Ultra RS, und er versprach mir, damit fahren zu dürfen, nachdem mein Gips runter war. Alles war gut, mega-gut sogar, wir verabschiedeten uns, da fiel Mandi ein, dass kommende Woche das große Zeltfest am Roten Berg sein wird. Ich winkte sofort ab, auf keinen Fall gehe ich auf einen Kirtag. „Also bis bald, mein Freund, wir sehen uns sicher bei einer anderen Gelegenheit wieder."

Am folgenden Freitag, ich hatte das Zeltfest schon ganz vergessen, war Uschi, meine Freundin, ganz besonders, sagen wir, fürsorglich. Wir verbrachten die Nacht bei mir und der Samstagmorgen war einfach nur herrlich.

„Guten Morgen, Joe, hast du gut geschlafen?"

„Oh ja, das habe ich du, kleiner süßer Spatz…"

Uschi räkelte sich und setzte ihre Reize dabei gekonnt ein, sodass „Klein-Joe" sie aufs Herzlichste begrüßen wollte, doch dieses Luder küsste mir nur ganz sanft meinen Hals und ließ uns beide „sterbend" im Bett zurück.

Als sie von ihrer Morgentoilette mit ihrem schelmischen Grinsen zurückkam, fragte sie mich lammfromm, ob sie auch heute Abend bei mir schlafen könnte. „Nur, wenn es dich nicht stört", meinte sie, „und deine Mutter es erlaubt", fügte sie hinzu.

„Sicher kannst du bei mir schlafen, … ganz sicher sogar, Mutter hat sicher nichts dagegen… Komm, so komm doch wieder ins Bett zu mir, meine Süße." Eh klar, keine Chance, dieses Teufelsweib trieb mich mit ihren Spielchen in den Wahnsinn.

Dieses Weib hatte selbst meiner Mutter ordentlich eingekocht, die machte Uschi sogar Kaffee und tratschte mit ihr, als wären sie beste Freundinnen.

Unglaublich, ich musste mir meinen Kaffee selbst machen, aber zumindest redete meine Mutter wieder mit mir und das freundlicher als je zu vor. Ich glaube, sie erhoffte sich durch Uschi eine Veränderung meines Verhaltens, was auch zweifelsohne geschehen war. Mir tat Uschi gut und ich glaube, das konnte man auch sehen.

Es war ein wunderschöner Tag, wir waren im Lainzer Tiergarten unterwegs und legten uns am Lainzer Teich in die Sonne, damals war dieser Teich noch nicht eingezäunt und so mancher badete auch darin.

Was für ein Zufall, auch Mandi war mit seiner Freundin An-gie da, wir begrüßten uns herzlich und die beiden Mädchen hat-ten sich sofort wahnsinnig viel zu erzählen, gerade so, als ob die sich schon ziemlich gut kannten.

Ich muss ziemlich blöd dreingeschaut haben, Mandi konnte sich sein blödes Lachen auch nicht verkneifen und ... langsam dämmerte es mir. Ich wollte Uschi sofort zeigen, was für ein Kerl ich war. Die hatte mich doch glatt hintergangen und dieses Treffen am Teich arrangiert. Ich stellte sie trotzig zur Rede und machte sofort eines ganz klar: „... Wir gehen heute nicht auf die-ses Zeltfest, hörst du? ... Jetzt weiß ich, warum du gestern so ..."

Himmel noch mal, weiter bin ich mit meiner Ansprache nicht gekommen, irgendwie raubten mir ihre süßen Blicke, ihre zärtli-chen Küsse und ihre verführerische Art und Weise meinen Willen.

Was soll ich sagen, gegen 18:00 Uhr waren wir dann im Fest-zelt angekommen. „Na, bravo", dachte ich noch, aber was soll groß passieren, Uschi ist ja da und Mandi auch und trinken wer-de ich ohnehin nichts, oder wenig. Eine gute Stunde später hatte ich mein zweites Bier und ich war in absoluter Hochstimmung, wir lachten die ganze Zeit und wir hatten uns viel zu erzählen.

Eine ganze Gruppe Rapid-Fans zog mit ihren Schlachtgesän-gen in das Festzelt ein. Rapid hatte im Derby die Austria mit 3:0 geschlagen, ich schloss mich sofort den Gesängen an, ich war ja auch ein Erz-Rapid-Fan. Die Burschen brachten neuen Schwung in das Zelt, mir taugte das sehr.

Was ich allerdings nicht wusste, Mandi war Austria-Fan und ziemlich angepisst, was das Ergebnis des Spieles betroffen hatte.

Ganz klar, ich konnte gar nicht anders, ich zog ihm ordent-lich mit „unserem" Rapid-Sieg auf.

Daraufhin sangen wir uns an unseren Tisch gegenseitig mit den jeweiligen Schlachtgesängen Rapid vs Austria in einer kaba-rettreifen Art und Weise an, ich stimmte einen Rapid-Hymne an und Mandi antwortete mit einem Austria-Schlachtruf, wir stör-ten uns dabei gegenseitig und überstimmten uns. Wir versuch-ten, uns mit Grimassen besonders witzig und so gut als möglich zu stören, sodass der jeweils andere lachen musste. Auch unsere

Mädchen und um uns Sitzende lachten ordentlich mit uns. Wir krümmten uns schon vor Lachen, auch unsere beiden Freundinnen stimmten dann kräftig mit ein, es war ein Höllenspaß.

Einer von den Rapid-Fans, dachte … Was weiß ich, was sich der dachte, er kam zu uns rüber und wollte uns unseren Spaß verbieten.

Austria-Schlachtrufe wären hier tabu und derartiges mehr.

Der Typ sah aus wie ein Kasperl und so kamen seine Anweisungen auch rüber. Kein Mensch konnte da ernst bleiben, wir lachten natürlich, aber ich erklärte ihm freundlich, dass auch ich ein großer Rapid-Fan wäre und dass wir doch grundsätzlich alle Freunde sind. „Alter, wir haben 3:0 gewonnen!! Jeeehaaa …"

Mandi nahm genau zu meinen letzten Worten einen kräftigen Schluck von seinem Bier und ich weiß nicht, was in seinem Kopf für ein Film abgelaufen ist, in jedem Fall musste er derart lachen, sodass er diesen mächtigen Schluck Bier nicht runterbekam. Man kann sich gut vorstellen, wie das ausgesehen hat, und als ich in sein Gesicht sah, konnte ich mich überhaupt nicht mehr halten, so wie alle, die das auch so erlebt und mitbekommen hatten. Uschi stand auf. Klar lachte sie auch, warum auch nicht, es war ja megalustig, sie wollte meine Worte der Schlichtung für mich zu Ende führen, doch dieser Dummbeutel von Fan fühlte sich verarscht und gedemütigt. Nun ergab das Eine das andere und ein Riesenwirbel entstand. Jeder versuchte zu schlichten, auch Angie beruhigte dessen nun herbeigeeilten Rapid-Freunde.

Irgendein Idiot schubste dann unsere Mädchen herum.

Um jeden Preis wollte ich einen Kampf vermeiden, deshalb hielt ich mich zurück und Mandi in Schacht. Als ich mich wieder zum Geschehen drehte, schlug mir einer von denen in die Fresse, sodass ich fast aus meinen Schuhen gerutscht wäre.

Wow! … Hatte der einen Hammer, ich spürte mein Gesicht gar nicht mehr. Ich konnte mich erst überhaupt nicht bewegen, es war, als hätte ich einen Kurzschluss, ein zweiter Schlag verfehlte mich nur knapp, doch dann kam ich wieder in die Gänge.

Ich schlug mich durch die Menge und teilte ordentlich aus, als ich so richtig in Fahrt kam, rückten auch schon die Bullen an. Wir alle flüchteten, die Rapid-Fans nahmen den Weg bergab und die Polizisten setzten ihnen nach, was mir meine Flucht nach oben gefahrlos und leichter machte. Mandi und die Mädchen rannten mir hinterher, wir trafen uns dann bei Mandis Moped und schon ging die Verarsche los. Mandi war wie von Sinnen, der hörte gar nicht mehr auf zu lachen, Uschi und Angie schauten mich mit ernster Miene an.

Ich sagte: „He, was ist? … Ich habe nicht angefangen, was schaut ihr mich so an?!"

Die beiden Mädchen waren mir nicht böse, viel mehr besorgt, das sah ich dann, als ich mein Gesicht im Rückspiegel von Mandis Moped prüfte. Mandi fand das alles wahnsinnig lustig, er wollte immer etwas sagen und brachte dann doch keinen Ton heraus.

„Sehr hilfreich", sagte ich. „Du Arschloch, ich habe mir sicher die Nase gebrochen. Wo warst du eigentlich die ganze Zeit, mir kam es so vor, als würde ich ganz alleine gegen die alle kämpfen?"

„Das ist es ja, …hast du auch! … Ahhh, ha, ha …" „Sehr lustig, du Austria-Arschloch und warum, … warum hast du mir nicht geholfen?"

Nun lachten auch die beiden Mädchen.

„Was ist los, seid ihr alle komplett irre?"

„Sag mal, Joe, wo ist eigentlich dein Gips!?"

„Oh scheiße, der ist ja weg, aber meine Hand, sie tut gar nicht mehr weh."

Nachdem sich alle wieder in der Reihe hatten, gingen wir in ein nahe gelegenes Gasthaus, wo ich mich waschen konnte. Ich richtete mir die Nase selber wieder ein und alles war gut.

Als ich so nachdachte, fiel es mir erst auf, ich hatte überhaupt kein schlechtes Gewissen, ja, eigentlich hatte ich Spaß gehabt, mir gefiel es, das Kämpfen an sich, es gefiel mir einfach. Bis auf ein paar Blutspritzer auf meinem Leibchen, ein geschwollenes Gesicht, eine angeknackste Nase, knallrote Ohren und einen sehr auffälligen, weißen, rechten Unterarm war ja auch alles ok, für mich zumindest.

Wir trennten uns dann von Mandi und seiner Angie, die ja mit ihrem Moped da waren, und gingen zu Fuß nach Hause.

Wir redeten nicht viel, aber wir spürten uns so unheimlich gut, ich hätte ewig so weiter gehen können.

Wir liebten uns die ganze Nacht, es war eine von so wenigen Nächten, in denen ich mich fallen lassen konnte, wo jedes Wort überflüssig war … Alles geschah und fühlte sich nur gut und richtig an.

Tage später, erzählte mir Uschi, warum sie alle so lachen mussten, als wir bei Mandis Moped standen, ich hatte das schon wieder vergessen.

„Weißt du Joe, ich liebe dich, so etwas wie dich habe ich noch nie gesehen. Noch nie habe ich so empfunden und ich glaube, es gibt auf der ganzen Welt niemanden, der so schwach und so stark sein kann wie du. Du bist der liebste und lustigste Mensch und eine Sekunde später wütest du wie der Teufel und dir selbst fällt es gar nicht auf. Weißt du, du bist wie der Wind, das kann alles sehr gefährlich werden, du musst auf dich achtgeben, du musst für unser Glück achtgeben, versprich mir das, Joe, … bitte."

„He, Kleine, … jetzt weine doch nicht gleich, ich verspreche es dir ja… Ich liebe dich ja! Aber was hat das jetzt mit eurer blöden Lacherei zu tun?"

Mir war, als wäre mir ein Zug durch meinen Schädel gefahren, ich konnte nicht verstehen, was meine Uschi meinte.

„Ich hatte mir die Nase gebrochen, mein Gips war in Fetzen und weg, was war daran so lustig, ich verstehe es nicht?"

„Mandi, Angie und ich lachten, weil wir erkannten, dass du für dich selbst ganz normal warst und wahrscheinlich auch so gehandelt hast, aber das war eben nicht normal, Joe."

„Nicht normal?? … Was denkst du denn?? Ich hatte euch und mich doch bloß verteidigt, das sollte doch normal sein?"

„Joe, … Joe, … das war es nicht, glaube mir doch, … Mandi wollte dir helfen, … Angie und ich wollten dich auch zurückhalten. Joe! … Es kann doch nicht normal sein, wenn jemand mit einer Gipshand gehandicapt, von gut zehn Widersachern angegriffen wird, dem dann noch mit den ersten Schlägen das halbe Gesicht gebrochen wird, sodass das Blut nur so aus allen Öffnungen spritzt, dass dieser jemand – DU – es nicht gut sein lässt oder flüchtet oder sich helfen lässt. Nein, du machst das nicht, ganz im Gegenteil, du hast dann gewütet wie der Teufel selbst, du hast ja nicht einmal bemerkt, dass du Mandi, deinen Freund, angegriffen hast. Mich und Angie hast du weggestoßen, du hast jeden um dich attackiert und jeden geschlagen. Den großen bulligen Typen zum Beispiel, der dein Gesicht davor in einen Medizinball verwandelt hat, auch der konnte es nicht fassen, du warst wie ein Pitbull, hast dich in dem verbissen und hast so lange auf ihn eingeschlagen, bis er regungslos am Boden liegen blieb.

Gott sei Dank ist dann endlich die Polizei gekommen, man hat gut sehen können, alle haben es sehen können, diesen Wahnsinn in deinen Augen, du warst nicht der Joe, den ich kenne, du warst wie jemand, der auf Teufel komm raus um sein Leben kämpft. Und den Gips, Joe, den hast du dir selber von der Hand gerissen, nachdem er dich offenbar beim Zuschlagen gestört hat. Das kann doch nicht normal sein, oder, Joe?

Mandi hatte nur gelacht, nachdem du auf ihn losgegangen bist. Er meinte nur: ‚Jetzt ist er im Tunnel, der sieht nix mehr, besser wir nehmen Abstand, des is‘ normal bei dem‘.

Ich war schockiert und entsetzt und sehr böse auf dich, doch Mandi meinte nur, du merkst das gar nicht, auch nicht, als du uns weggeschubst hast. Er sagte nur: ‚Du bist wie ein Roboter, wenn du fertig bist, ist alles wieder normal, wirst schon sehen.‘

Und recht hatte er, du warst schnell fertig, mit so jemanden wie dir hatten die nicht gerechnet, alle, die dich angegriffen hatten, wollten nur noch weg, weg von dir, Joe. Und richtig verblüfft war ich dann bei Mandis Moped, für dich war das alles eine ganz normale Schlägerei unter Jungs gewesen.

Es machte den Anschein, als hättest du tatsächlich keine Ahnung von dem gehabt, was da gerade wirklich abging, dass du auch mich und Angie weggestoßen hattest.

Das war der Grund, weshalb wir dann alle lachen mussten, für dich war nichts weiter passiert, außer, dass dir wer die Nase gebrochen hatte, und das schien dir auch nichts auszumachen, ganz im Gegenteil, du warst wieder Joe, warst lustig und alles war gut für dich.

Wahnsinn, wie eine Mischung aus Lamm und Löwe!

Joe, das muss aufhören. Hörst du, ich liebe das Lamm in dir, aber der Löwe, den mag ich nicht. Versprich mir, daran zu arbeiten."

„Guten Morgen, Joe …"

„Ahhhh, … guten Morgen, Mutter, was ist? … Bin ich zu spät?!"

„Nein, nein, … ich wollte nur nach dir sehen, der Kaffee ist schon fertig."

„Ok? … Danke, … der Kaffee ist fertig? … Was ist jetzt los, du bist ja richtig gut gelaunt?"

„Und … hast du gut geschlafen? … Viel Arbeit heute? … Wie geht's eigentlich Uschi? …"

„Was ist denn los, Mutter, hast du im Lotto gewonnen? … Mir geht's gut, der Uschi auch und sicher … viel Arbeit, wie immer. Jetzt sagt schon, wieso bist du denn sooo gut aufgelegt?"

„Ja, weißt du, die Karin heiratet, schon sehr bald sogar, in 14 Tagen schon."

„Na bumm, das ging aber schnell, kenn ich Den?"

„Wen denn?"

„Mutter! … Den Mann von ihr!"

„Den Berti. Ich weiß nicht, wirst ihn ja eh bald sehen. Ich muss jetzt los, schönen Tag noch, Joe."

Vom Sehen vielleicht? Ich hatte Karin schon ewig nicht mehr gesehen und einen Berti kenn ich nicht… komisch.

Karin war damals 21 Jahre alt und wohnte schon lange nicht mehr zu Hause, ich hatte aber abgesehen davon auch sehr wenig Kontakt zu ihr.

Es war damals nicht wie heutzutage, wo jeder jederzeit und überall mittels Mobiltelefons erreichbar ist. Damals musste man entweder raus gehen und die jeweiligen Plätze, Lokale oder die jeweilige Person aufsuchen oder zu Hause hocken und warten, bis einen jemand anrief.

Klar, wir alle wendeten die erste der beiden Varianten an und es war auch gut so, doch Karin hatte ich kein ein einziges Mal besucht, wo denn auch, und Telefonnummer hatte ich auch keine.

Zwei Wochen später fand diese Hochzeit auch schon statt. „Die hatten es aber verdammt eilig", dachte ich mir die ganze Zeit.

Als ich dann erfuhr, wer der Bräutigam meiner Schwester Karin, dieser Berti, war, haute es mich förmlich aus den Socken. Es war der Bruder meiner Tante Rikki gewesen, und der war über dreißig Jahre älter als meine Schwester und sogar älter als meine Mutter.

Nun ja, diese Eile und die Verhältnisse zueinander, die ja auch irgendwie familiär waren, konnte ich so gar nicht verstehen, aber was war in meiner Familie schon normal gewesen.

In einem großen Gasthaus auf der Hietzinger Hauptstraße wurde die Hochzeit ausgerichtet, viele meiner Verwandten kannte ich noch gar nicht, aber widererwartet war es ein tolles Fest mit Musik und jeder Menge Trallala. Ich lernte zwei meiner Cousins besser kennen, den Erich, der im selben Alter war wie ich, und den Franz, der schon um zwölf Jahre älter war als ich. Er machte mächtig was her in seinem edlen Anzug, mit seinem Auftreten und mit gleich zwei weiblichen Begleitungen, die alle anderen Frauen sehr alt aussehen ließen.

Ja, der Franz, der konnte gut mit den Frauen, ich war fasziniert und mehr als beeindruckt, er konnte Geschichten erzählen und unterhielt damit die ganze Gesellschaft.

Ich suchte seine Nähe und wir verstanden uns blendend, trotz unserem Altersunterschied von über zehn Jahren.

Er erzählte mir, dass er der jüngste Direktor einer Versicherungsgesellschaft ist und dadurch in ganz Österreich unterwegs war, ab und an nach Ungarn fährt, nur so, um dort Spaß zu haben. „Das Leben ist wunderbar", meinte er altklug.

„Der Tisch ist immer angerichtet, du musst dir nur nehmen, was du möchtest, so einfach ist das."

Er war ein Showmaster und ihm gefiel es, dass ich und andere zu ihm so aufschauten und dass wir so gefesselt von seinen Erzählungen waren.

Am späteren Nachmittag wurde es immer ausgelassener und alle waren in bester Stimmung, jeder verstand sich mit jedem, selbst meine Mutter und Joschi waren wie ausgewechselt. Die

Band spielte alle damaligen Hits rauf und runter und irgendwann setzte sich dann Joschi zu mir.

Er erzählte mir, dass ihm unser Zwischenfall leidtäte, und er versuchte sich in einer Erklärung zu dem Geschehen mit meiner Mutter.

Letztlich beschlossen wir, die Vergangenheit ruhen zu lassen, was mir mehr als nur recht war, ich konnte ja weder ihn noch meine Mutter verstehen. Mutter freute sich auch sehr über diesen Frieden und alle feierten das junge Brautpaar, als gäbe es kein Morgen.

Wie es eben so ist, die meisten hatten schon ganz gut über den Durst getrunken und meine Onkel und Tanten, sie alle umgarnten Uschi genauso wie mich, und uns wurden sämtliche Lebensweisheiten offenbart. Man kann sich gut vorstellen, wie „toll" wir das alle fanden. Dem Erich, meinen Brüdern und eigentlich allen Jungen unter uns ging es ähnlich, es wurde Zeit, so schnell wie möglich abzuhauen. Die ganze Umherrederei war ja nicht mehr auszuhalten. Wenig später nutzten wir dann eine günstige Gelegenheit und schafften es ungesehen zu verschwinden.

Knapp zwei Wochen später löste Joschi sein Versprechen von letztem Weihnachten ein und schenkte mir eine Zündapp TT Super Sport aus zweiter Hand. Joschi kaufte sie von einer seiner Arbeitskollegen. Ich war überwältigt und konnte mein Glück kaum fassen, mit dem hatte ich so gar nicht mehr gerechnet.

Mit dem, was dann auf mich zukam, hatte ich allerdings auch nicht gerechnet. Joschi, Mutters Freund, hatte ab nun jede Menge Aufgaben für mich und forderte sie stets mit Nachdruck auf Grund seiner großzügigen Gabe ein.

Hatte ich mal schon etwas anderes vor, dann wurden sofort Vorwürfe laut und Predigten über meine Undankbarkeit, ich hasste diese Art und Weise an ihm. Alles in allem hatte ich aber einen sehr schönen Sommer, ich hatte mein Moped und war mit meiner Uschi zusammen. Wir verstanden uns so wunderbar, ich war wirklich sehr glücklich.

Gegen Ende September kam ich von meiner Arbeit nach Hause und Uschi saß mit meiner Mutter in der Küche. Als mich die beiden ansahen, wusste ich sofort, es musste etwas Schlimmes passiert sein. Uschi fiel mir um den Hals und ich konnte ihren Kummer und ihre Tränen spüren, sie drückte mich ganz fest an sich. Ich brachte kein Wort heraus, ich glaube, ich wollte gar nicht wissen, was passiert war. Meine Mutter stand auf und lies uns beide allein in der Küche, sie meinte nur: „Lasst euch Zeit, Kinder."

Es dauerte eine ganze Weile, bis sich Uschi fassen konnte, um zu reden.

„Joe, … ich muss dir etwas sagen …"

„Ja, sag schon, Baby… Egal, was es ist, wir schaffen es gemeinsam, ich helfe dir doch, ist doch klar."

Jetzt brach es erst richtig aus ihr heraus, sie weinte bitterlich und ich verstand kein einziges Wort, sie sprach so leise und musste dazwischen immer wieder so schluchzen, dass ich nichts anderes tun konnte, als sie zu trösten und abzuwarten. Ich hatte noch immer so gut wie nichts verstanden.

Letztlich vergossen wir beide ein Meer von Tränen, denn schlimmer hätte ihre Nachricht nicht sein können, ich war am Boden zerstört und wieder einmal verstand ich meine kleine Welt nicht mehr.

Uschi musste mit ihren Eltern umziehen, ihr Vater hatte ein Angebot von einem Unternehmen erhalten, dass offenbar so gut war, um von hier fortzugehen. Ja, sicher, das hört sich im ersten Moment nicht ganz so schlimm an und ich dachte nach, wie ich es einrichten könnte, sie zumindest an Wochenenden zu sehen.

Aber Neuseeland hatte so gar nichts mit dem Neusiedlersee zu tun und langsam wurde mir bewusst, dass mir ein Abschied für immer bevorstand.

Mich suchten wieder vermehrt Alpträume heim, in denen ich von allen, die ich liebte, verlassen werde. Ich träumte von meinen Adoptiveltern oder von Susi, die mir ihre Hand entgegenstreckte und immer, wenn ich sie greifen wollte, verschwand sie lächelnd im Nebel, ich konnte sie nie erreichen und wurde schweißgebadet wach. Manchmal träumte ich auch, dass ich bei der Stadtbahn, im dichten Gedränge hinter der gelben Linie stand und auf den Zug wartete, und je näher der kam, desto stärker zog es mich über die gelbe Linie und ganz knapp vor dem Zug stürzte ich immer auf das Gleis. Es war so echt, dass ich manchmal Angst hatte einzuschlafen.

Wir hatten noch knapp zwei Monate, bis Uschi ihre große Reise antreten würde. Anstatt das Beste in und aus dieser Zeit zu machen, machte ich das genaue Gegenteil. Wir stritten oft, ich warf ihr Dinge vor, für die sie gar nichts konnte und ich war, um es auf den Punkt zu bringen, ein echtes Arschloch zu ihr. Eigentlich war ich es zu jedem. Ich kam mit nichts mehr zurecht und konnte keine klaren Gedanken fassen, es war nur schlimm.

Am Samstag, den 4. Dezember 1982, verabschiedeten wir uns sehr zeitig in der Früh am Flughafen. Ein letzter Kuss, eine letzte Umarmung, und dann verschwand sie für immer aus meinem Leben.

Ich verbrachte noch Stunden am Flughafen, ich hatte noch nie ein Flugzeug aus der Nähe gesehen und beobachtete einen Start nach dem anderen und irgendwann fuhr ich dann nach Hause.

Die vorweihnachtliche Zeit machte meine Wehmut noch schlimmer als sie ohnehin schon war, ich war gereizt und streitsüchtig, konnte und wollte nichts und niemanden verstehen. Jeder kleinste Konflikt bei Freunden, oft sogar bei völlig Fremden, war mir Anlass genug, um mich als Besserwisser und als Richter aufzudrängen. Das Schlimmste daran war, dass ich auch noch glaubte, das Richtige zu tun, wahrscheinlicher ist aber, dass ich mein empfundenes Unglück und meine verlorene Liebe irgendwie kompensieren wollte.

Überall sah ich fröhliche Gesichter, es kam mir so vor, als wäre ich der einsamste Mensch auf der ganzen Welt. Die ersten Weihnachtsfeiern fanden statt und bei manchen, wie auch bei der im Jugendzentrum Hietzing, war ich eingeladen.

Ich war an diesem Tag einer der ersten im Jugendzentrum und half ein wenig beim Schmücken und Vorbereiten der Party. Ich war ja schon länger nicht da gewesen und erkundigte mich über den letzten Stand der Dinge.

Als dann der DJ kam, freute ich mich sehr, denn den kannte ich recht gut und wer den DJ kennt, der hat immer gute Karten bei den Mädels.

Er erzählte mir, was in der letzten Zeit so abging und wer heute alles kommen würde und dass er mich mit einigen Mädchen bekannt machen wird. Mir war's natürlich nur recht, besser konnte es ja gar nicht laufen.

Nach und nach füllte sich das Jugendzentrum und ich stand goldrichtig, um ein nettes Mädchen kennenzulernen und wirklich, einige hübsche Mädchen waren alleine hier und ein paar von ihnen hatte mir mein Freund schon vorgestellt.

Plötzlich wurde es ein wenig unruhig, ein Bursche flitzte eilig durch alle Räume und verbreitete irgendeine Nachricht, die dem Anschein nach nicht die Tollste gewesen sein dürfte. Mein Freund, der DJ sagte nur: „Scheiße!"

„Scheiße?", fragte ich noch lachend. „Was ist denn los, warum sind denn alle so aufgebracht, was ist scheiße?"

„Ja, weißt du, Joe, du kannst es ja nicht wissen, da war jetzt schon ein paar Mal so ein irrer Idiot, der nur Stress macht. Ich weiß nicht, wer das ist.

Ich musste wieder lachen. Und weiter, was passiert jetzt? ... Machen sich jetzt alle in die Hosen, oder was?"

„Habt ihr's schon gehört?", fragte uns der Bursche, der eilig alle Anwesenden informierte. „Der Rocker steht vorne in Hietzing beim Della Lucia, der kommt sicher wieder hier her."

„Was? ... Was für ein Rocker? ... Was soll der denn da? ... Blödsinn."

„Nein, Joe ... leider kein Blödsinn, der war schon dreimal da und immer gibt es mächtig Ärger mit dem."

„Und? ... Warum lässt ihr ihm dann reinkommen?"

Na, mehr brauchte es nicht, alle schauten mich ungläubig an, als hätte ich verbotene Worte gesprochen.

Die Erzählungen, die dann über diesen Typen folgten, erinnerten stark an einen Terminator, der unser kleines Jugendzentrum heimsuchen wird, um uns dann alle zu unterwerfen, und das bei einer Weihnachtsparty.

„Gibt's ja nicht", sagte ich laut lachend. Solch völlig überdrehten Räubergeschichten kannte ich ja zu Genüge von mir selbst, schon damals wurden kleine Rempeleien zu einer Mordsgeschichte aufgeblasen und immer von jenen, die zumeist gar nicht dabei gewesen waren.

„Was ist los, Leute", fragte ich alle um mich herum, „ihr werdet doch nicht von einer schwarzen Jacke mit Nieten, die von irgendeinem Rocker getragen wird, tot umfallen, noch bevor der überhaupt da ist? ... Was soll der Blödsinn, ihr seid ja alle richtige Weicheier! Soll er kommen! ... Na und, dann schmeißen wir ihn raus und fertig ist der Spuk."

Na klar, noch nicht einmal fertig gesprochen machten meine Worte auch schon die Runde und auch klar, aus WIR wurde ich.

„Der Joe schmeißt ihn raus, wenn er kommt."

Ich glaube sogar, dass sich einige die Mühe machten und meine Ansage bis in das Della Lucia transportierten, dass vielleicht 200 Meter von unserem Jugendzentrum entfernt war.

Eine gute Stunde später, es war gerade eine richtig gute Stimmung im Raum, ich saß wie viele andere auch auf der Betonstufe, die zum Sitzen durch den ganzen Raum verlief, und schaute den anderen beim Tanzen zu und wirklich, ein dunkel gekleideter, sehr auffälliger Typ mit einer Nieten beschlagenen Lederjacke bahnte sich den Weg durch die Menge. Es war wie in einem schlechten Film, ich glaubte nicht, was sich nun direkt vor meinen Augen abspielte. Der Bursche brachte vor lauter Kraft kaum die Arme zusammen, zumindest sah es so aus, dann trug der noch eine Sonnenbrille, die durch die Lichteffekte echt bedrohlich wirkte.

Er stampfte mitten durch die Tanzenden direkt zum DJ, der sich schon vor Angst in die Hosen zu machen schien, und Sekunden später war die Musik aus und das Licht an.

„Na, Prost Mahlzeit", dachte ich mir, „das kann doch jetzt nicht wirklich wahr sein, diesen Idioten gibt's wirklich." Plötzlich waren die Plätze um mich herum frei und die meisten verließen eilig den Raum. Jetzt schlotterten mir auch die Knie, aber ich blieb sitzen, ich hatte zwar ordentlich Schiss, aber davonlaufen war nichts für mich. Der Rocker redete kurz mit dem DJ und ging dann direkt auf mich zu, was ja nun klar war, denn bis auf mir und den DJ waren nur mehr wenige im Raum. Ich blieb noch immer sitzen, war aber auf das Äußerste gefasst, doch wie es schien, brauchte dieser irre Typ Publikum, um seine Opfer vor aller Augen zu demütigen oder zu prügeln

oder was weiß ich, was in dem vorgegangen sein mag.

So gut zwei Meter vor mir blieb er stehen, nahm seine Sonnenbrille ab und sagte zu mir: „Du bist also der Held hier, … der Joe, … na, komm mal mit, Joe, gehen wir raus spielen." Er machte eine Geste wie Bruce Lee in seinen besten Filmen und ging vor die Tür.

„Was soll's", dachte ich mir, raus musste ich ohnehin und Mut brauchte ich mir auch keinen zu impfen, denn dieser Auftritt und die Erzählungen von diesem arroganten Arschloch reichten mir völlig aus, um in Fahrt zu kommen. Ich ließ noch ein wenig auf mich warten und klar, ganz wohl war mir nach diesem Auftritt auch nicht mehr, der hatte mit Sicherheit nicht alle Latten am Zaun. „Wie schnell die alle abgehauen sind", dachte ich mir, „die sind alle raus gegangen, das gibt es ja alles gar nicht."

Über 20 Burschen und nicht einer dabei, der hinter mir stand. „Toll", dachte ich, „das hatte ich ja wirklich gefinkelt und überaus schlau eingefädelt." Aber so war ich eben, viel Herz und Mut und wenig Grips.

Als ich die Tür nach draußen öffnete, konnte ich nicht glauben, was da los war, augenblicklich war es so was von still geworden und diese kleine und schmale Seitengasse hinter dem Amtshaus von Hietzing war voll von Schaulustigen, die einen Kampf sehen wollten, der nun auch unausweichlich schien, denn dieser Rocker mit seiner blöden Sonnenbrille ließ da keine Zweifel offen.

Dieser Vollidiot stellte sich mitten auf die Straße, winkte mich in Bruce Lee Manier zu sich und begann mit seinen Kung Fu Verrenkungen, sodass ich mir langsam Sorgen machte, aber ein Rückzieher war nichts für mich.

Als ich die Straße betrat, war ich sofort mit diesem Idioten von einen dichten Menschenring umschlossen. „Diese ganzen feigen Hunde", dachte ich mir, die haben sich alle versammelt, um zu sehen, wie ich oder der Psychoheini eine in die Fresse bekommen. Und wie viele da waren – weit mehr als davor im Jungendzentrum waren.

„Was ist mit euch Schwuchteln, los", schrie ich in die Menge, „ihr seid über 50 Leute und scheißt euch alle wegen dem Psychopathen an? Ihr tickt ja alle nicht ganz richtig! Und du mit deinem Kung-Fu-Scheiß?

Was ist jetzt?!"

Der Rocker nahm lässig seine dunkle Sonnenbrille ab, steckte sie in seine Brusttasche und bewegte sich wie Bruce Lee in seinen Filmen. Er fühlte sich offenbar ziemlich sicher mit seiner Show, mir aber dauerte das alles jetzt schon viel zu lange, mich machte das mehr wütend, als dass ich vor Angst erstarrt wäre.

Keine Ahnung, was der da im Schilde führte, aber ewig wollte ich da nicht herumstehen und mir diese Scheiße anschauen, Geduld zählte ja nicht gerade zu meinen Stärken und beeindrucken konnte mich dieses arrogante Arschloch auch nicht. Ganz im Gegenteil, meine anfängliche Unsicherheit und Angst wich immer mehr meinem Zorn und meiner Wut, die er mit diesen blöden Verrenkungen erzeugte. Immer wieder forderte er mich mit Gesten auf, ihn anzugreifen. „Scheiß drauf", dachte ich mir dann, das dauert ja sonst ewig. Mein Plan war… Ich hatte keinen, also machte ich schnell. Noch ehe dieser Kung Fu Magier mit der Wimper zucken konnte, trat ich schon mit einer schnellen Vorwärtsbewegung gegen sein Bein, das ich am Knie erwischen wollte, aber nicht voll getroffen hatte, überrascht von meinem Angriff humpelte er zu einem geparkten Auto, um sich abzustützen und dann hatte ich den großen Meister auch schon vor meinen Fäusten.

Ich schlug wie besessen auf ihn ein und entlud meinen aufgestauten Zorn. Der große Krieger kämpfte nicht einmal richtig, dass machte mich rasend und noch wütender.

„Gehst nur auf Schwache und Wehrlose? … Was ist jetzt? … Komm, zeig, was du draufhast!!"

Aber da kam so gut wie nichts, der schaute mich nur mit großen Augen an. Zum richtig großen Ding wurde diese Geschichte eigentlich nur durch den Michael.

Ich war so konzentriert auf diesen Blender, ich ließ ihn ja keine Chance, auch nur einen Schlag zu setzten, ich schlug von allen Seiten auf ihn ein und als er dann zu Boden ging, hob ich ihn noch auf die Motorhaube eines parkenden Autos und schlug weiter auf ihn ein. Da kam doch plötzlich jemand mit einer Baustellenverkehrstafel samt Stange auf mich zugelaufen und als der sah, dass unser Straßenkämpfer schon mehr als ausgeknockt war, lies er die Baustellenverkehrstafel samt Stange vor mir fallen und keuchte mich mit den Worten an: „Joe, Gott sei Dank, … ich habe nirgends was anderes finden können, um dir zu helfen."

Ich brauchte eine ganze Weile, um zu verstehen, was Michael meinte, aber dann musste ich lachen, so richtig herzhaft lachen, alle mussten lachen. Ich werde nie vergessen, wie Michael daher gelaufen kam und kaum noch die Kraft hatte, diese Tafel zu schleppen, geschweige denn, mir Hilfe zu sein, wenn der Kampf anders gelaufen wäre.

Als ich mich dann wieder diesem Helden, der offenbar nur Hilflose und Schwache traktierte und einschüchterte, zuwenden wollte, hatte der sich klammheimlich aus dem Staub gemacht. Wie es dann eben so ist, jetzt wurden auch andere mutig und sind den vermeintlichen Kung Fu Kämpfer nachgelaufen, um ihn mit Schimpf und Schande zu verjagen.

Das parkende Auto war blutverschmiert und hatte auch einige Dellen abbekommen, auch ich war blutverschmiert und so wollte ich mich im Jugendzentrum waschen gehen, da sah ich die Polizei mit Blaulicht um die Ecke kommen. Nun war es höchste Zeit abzuhauen, und das taten wir auch.

Ganz klar, auch diese Geschichte wurde in Hunderten verschiedensten Varianten weitergetragen und erzählt, sodass es mir manchmal schon peinlich war, was so mancher dazu erfunden hatte. Ich hatte natürlich auch Glück, sofort einen guten Treffer zu landen, ich hatte den Überraschungseffekt auf meiner Seite und der Typ war sich seiner Sache zu sicher, war überheblich, arrogant und selbstherrlich, jene Eigenschaften, die es einem entschlossenen Gegner leicht machen, das ist auch schon alles.

Ich hatte schon damals die ganze Aufregung der Leute nicht verstanden, die vor Entsetzen starr und mundtot wurden, wenn sich einer wie ich zur Wehr setzte. Die ganze Rederei nützte bei solchen Idioten wie diesem Rocker ohnehin nichts, die wurden durch Reden und Beschwichtigen immer lauter und stärker und hatten Freude am Quälen anderer, es war immer erst dann Ruhe, wenn sie selber gedemütigt und geschlagen wurden und viele fanden sich dann auch noch zu Unrecht behandelt.

Ich merkte damals noch nicht, wie viele Schulterklopfer zugegen waren, die mir hinter meinen Rücken einen zweifelhaften Ruf nachsagten, der nur aus Gewalt und aus mir unverständlichen Motiven bestand und dass man mich meiden müsste, vor mir stehend aber auf beste Freunde spielten und mir Recht und Richtig impften.

KAPITEL 6

Rennen fahren

Der Frühling stand vor der Tür, ein paar Freunde aus der umliegenden Nachbarschaft ließen in einer kleinen Werkstatt im elterlichen Haus von Jürgen ihre Mopeds aufmotzen. Jürgen war Motorradmechaniker „by Hauer" und er war überall gefragt, obwohl er noch gar nicht fertig ausgelernt hatte, es sprach sich eben herum, dass er mächtig was auf dem Kasten hatte.

Ich kam öfter bei ihm vorbei, vor allem wegen Peter, der mit mir in der Schule gewesen war und der beste Freund von Jürgen war. Ich mochte Peter gerne, er war ein total verrückter Typ und er schaute aus wie eine Laterne, lange, stechend blonde Haare und eine Figur wie ein Strich in der Landschaft, aber Herz und Mut hatte der, wie ein Löwe.

Seine Mutter sah wie ein Model aus, sie war jung und Peter war für sie ihr ein und alles. Was er auch immer wollte, seine Mutter gab es ihm oder machte es ihm recht, seine Partys zu Hause waren schon legendär, und wenn ich eingeladen war, kam ich immer gerne.

Als ich, es war schon Mitte März 1983, zu Jürgen in die Werkstatt kam, stand da eine brandneue Fantic und Jürgen schraubte daran herum.

„He Joe, … gut, dass du da bist. Na, was sagst du zu dem neuen Bike von Peter, stark, oder?"

„Wahnsinn, Jürgen, das wusste ich gar nicht, was ist mit seiner Zündapp?"

„Kennst ihn doch, … er wollte das hier, ist schneller und stärker! … Wenn man weiß, was zu tun ist, ha, ha …"

„Und, Jürgen, wo ist die Zündapp von Peter?"

„Die haben wir gut verkauft, du weißt ja, da war auch alles gemacht, was geht, und trotzdem hat Peters Mutter über 6.000 Schilling aufzahlen müssen."

„Wahnsinn, Alter, die Mutter von Peter ist der Hammer, ich bin schon gespannt, wie die Fantic abgeht."

„Das sind wir alle, Joe! Kommenden Sonntag, gleich um 8:00 Uhr fahren wir ein Rennen am Kodak-Gelände, du kommst doch auch?"

„Sicher, Jürgen, sicher komme ich, da muss ich dabei sein."

„Und Joe, fast hätte ich es jetzt vergessen, du bist heute Abend auch bei Peter zu Hause eingeladen, ich hoffe, du kommst?"

„Klar, das lasse ich auf keinen Fall aus. Also Jürgen, bis heute Abend."

Ich wusste zwar, wo das Kodak-Gelände war, war aber selbst noch nie dort gewesen. Am Sonntag in der Früh fuhr ich gemeinsam mit Peter und „Spieli" von zu Hause aus los, das Wetter war gut und wir machten uns gleich am frühen Sonntagmorgen Freunde, weil wir unsere Zweitakter vor unserer Wohnhausanlage so aufdrehten, dass uns Tür und Tor geöffnet wurde, ha, ha, ha, … im wahrsten Sinne des Wortes.

Die Fantic machte noch mehr Krach als unsere Zündapps und schon wurde uns von so manchem Fenster aus zugewunken, eh klar, mit freundlichen Gesten, … ha, ha. Freilich, für uns war es Musik, für die Alten und jene, die noch schliefen, war es ein Höllenlärm und ein Ärgernis.

Die Kodak war nur wenige 100 Meter von der Stadt des Kindes entfernt, in der viele Jugendliche ohne Eltern ein zu Hause fanden. Die Kleineren waren in einer Art großen Familie, in einem Haushalt, die Älteren, die schon in Ausbildung standen und über 15 Jahre alt waren, hatten eigene kleine Wohnungen. Klar, die wurden auch betreut, hatten aber ihre eigenen vier Wände, bis sie fertig ausgebildet waren, dann wurden sie aus der Obsorge des Heimes entlassen und bekamen eine eigene kleine Wohnung.

Schon der Weg bis zur Kodak war das reinste Rennen, wir quetschten jedes PS aus unseren Mopeds raus, die zwischen 100 km/h und 115 km/h schnell waren. Die Strecke entlang des Wientals war um diese Zeit immer frei, wir matchen uns wie Verrückte, auf den langen Geraden war unser Spieli immer ganz vorne. Bei ihm dachte man, dass nur ein Helm sein Moped lenkte, er war klein und leicht, ich mit meiner Größe und meinem Gewicht hatte da klarerweise immer das Nachsehen, sodass ich nur mit viel Mut … oder sagen wir, mit saublöden Wagnissen in Kurven hinterherkam.

Mann, ich ärgerte mich maßlos, weil ich wusste das ich gleich wieder am „Heckel" sein würde, hatte mich dieser Zwerg doch tatsächlich schon wieder vorgeführt und „hergebrannt".

Als wir dann in das Gelände bei Hadersdorf abbogen, schoss mir das Adrenalin nur so durch die Venen, ich war total elektrisiert, es war einfach unglaublich. Es sah fast so aus wie auf einer Rennstrecke, keine Autos, jede Menge Kurven und Platz und breit und alles, … Herz, was willst du mehr – Wowooooh!

Meine Stunde war gekommen, da war ich mir sicher. „Jetzt zeig ich denen, wo der Hammer hängt", dachte ich mir, doch sehr wahrscheinlich dachten sich das alle anderen auch, die gekommen waren, und es waren viel mehr als ich geglaubt hätte. Sicher an die 30 Jungs sind mit ihren Bikes da gewesen und jede Menge Mädchen standen auch bei unserem Treffpunkt herum, es war einfach nur genial.

Wir führten dann, logisch, Benzingespräche wie die Profis und Jürgen, der fast alle kannte, übernahm die Leitung über unser Vorhaben. Zunächst fuhren wir in Zeitabständen den Streckenverlauf ab, um ein Gefühl dafür zu bekommen, was gar nicht so einfach war, dann wurde es auch schon ernst.

Die jeweiligen Rennen wurden in Vierer-Gruppen zu jeweils vier Runden gefahren und die ersten beiden kamen dann immer weiter. Alle, die nicht gerade gefahren sind, wurden quasi zu Streckenposten, Betreuern oder als Publikum eingesetzt. Es entstand echtes Rennflair, es war einfach nur geil, das Rennfieber und all das, was so etwas ausmachte, es packte uns alle.

Jürgen, Spieli und ich schafften es unter die besten Acht in das letzte Rennen, das mit allen Acht gestartet wurde. Ich glaube, dass Jürgen der beste Fahrer unter uns allen gewesen war, er hatte auch das schnellste Moped. Letztlich wurde er aber doch nur Zweiter, ich wurde Sechster und Spieli, … Gott sei Dank, knapp hinter mir Siebenter. Peter schied schon im ersten Rennen aus, wir lachten uns alle über dessen Ärger kaputt, der war so zornig gewesen und alles und jeder war schuld an seinem Ausscheiden, außer er selbst, es war zum Todlachen mit unserem „Spinnelli". ... Wir hatten nun für die nächsten Jahre genug Gesprächsstoff, um ihn zu ärgern. Wir fachsimpelten, was da Zeug hielt, und alle waren begeistert und alle wollten wir mehr, ... mehr von diesem Adrenalin.

Unser Peter hatte durch sein frühes Ausscheiden ein paar Mädchen kennengelernt, die in der Stadt des Kindes zu Hause waren und auch klar, er prahlte nun als der große Frauenflüsterer herum, was uns allen zugutekam, denn keiner von uns wusste, dass es da so viele Mädchen gab und auch nicht, dass jeden Samstag voll abgefeiert wurde, in einer eigens dafür angelegen Räumlichkeit, die als Disco seinesgleichen suchen sollte.

Die darauffolgende Woche waren wir alle gestellt, gestylt und vor allem unser „Spinnelli" schlug dem Fass dem Boden aus, der sah aus wie John Travolta in Spargel mit giftblonden Haaren. Ich kann heute noch darüber lachen, wir alle hatten mächtig Spaß und lernten viele neue Freunde kennen und vor allem Mädchen.

Eines der Mädchen machte mich total verrückt, ich weiß nicht, woran es lag, ich, der starke große Typ, war wie Pudding und auf den ersten Blick verliebt und verzaubert. Ich hatte sie schon die Woche davor gesehen bei unseren Rennen, aber sie sah in diesen Discolicht mit ihrer engen Jeans so ... ahhhhh, zum Anbeißen aus. Mein Herz schlug so wild, dass ich kaum ruhig stehen konnte. Diese Hexe wusste genau Bescheid, sie ließ mich schmoren und zeigte mir die kalte Schulter, sie unterhielt sich mit allen, nur nicht mit mir, ich war verzweifelt, und als ich dann noch ihren Namen erfuhr, war es um mich geschehen. Na, ratet mal, ... Uschi war ihr Name.

Ich träumte mich von Woche zu Woche zu ihr, sie redete manchmal kurz mit mir, lachte mit mir, aber das war es auch schon. Ich war eifersüchtig und zu allem bereit. Klar, mein Spatzenhirn kannte keine Farben, für mich war alles schwarz oder weiß. Ich versuchte mich, mit Gewalt durchzusetzen und fing Streit mit jedem an, der ihr meiner Meinung nach zu nahekam, doch das machte sie nur böse und trieb sie noch weiter fort. Ich wollte sie beeindrucken, sie um jeden Preis für mich gewinnen, und da sie bei jedem Rennen auf der Kodak dabei war, wollte ich unbedingt das nächste Rennen gewinnen, um sie so für mich zu begeistern, sie so für mich gewinnen.

Ich trainierte, wann immer ich konnte, fuhr die Strecke tausendmal, selbst unter der Woche, wo viele Autos parkten, ab. Es war gefährlich und dumm und so mancher Freund wollte mich davon abhalten, so viel Risiko zu gehen. Mir war das aber egal, ich musste gewinnen. Ich wurde zwar immer besser, aber für den Sieg reichte es nie. Was ich auch immer tat, besser als Dritter zu werden, war für mich nicht zu schaffen.

Es war schon Juli und wir starteten ein Rennen, dass wir eigentlich nicht starten sollten, die Strecke war noch an vielen Stellen feucht und ich war einer von jenen, der seine Chance durch die schlechten Bedingungen sah. Ich hatte ja wesentlich mehr Mut als Grips in meiner Birne, zu viel denken war ja nicht wirklich meine Stärke.

Das Starterfeld bestand aus acht Fahrern, nicht alle wollten dieses Risiko gehen, aber ich war dafür und siegessicher war ich auch. Gleich von Start weg, war ich Zweiter und schon in der zweiten Runde führte ich, ich hatte davor noch nie die Führung. Ich fuhr weit über meine Verhältnisse und stieß an die Grenzen meiner treuen Zündapp, ich schleifte sogar im Nassen über die Fußrasten und spürte die kleinen Rutscher der Reifen, aber anstatt meine Führung mit eine wenig mehr Gefühl ins Ziel zu bringen, wollte ich noch mehr, es gefiel mir, wie ich die Leute mit offenen Mund an der Strecke sah, und dann war alles wie in Zeitlupe. …

Ich habe es heute noch genau vor Augen, ich fuhr die Zielgerade voll am Gas und ich sah schon von weitem, wie die Leute am Ende der Geraden, die in eine schnelle Linkskurve ging, zur Seite drängten. Ich war viel zu schnell, ich spürte sofort beim Einlenken, dass ich drauf und dran war, mein Vorderrad zu verlieren. Ich schaffte es gerade noch so in die Kurve rein, doch beim ersten Gas-Stoß im Kurvenausgang verlor ich den Grip am

Hinterrad, ich verlor die Kontrolle und hob ab, wie eine Rakete, es war ein „Highsider" wie aus dem Lehrbuch.

Gut zehn Meter nach dieser Kurve stand eine riesige Reklametafel hinter dem Gehweg, die gut fünf Meter breit und drei Meter hoch war, sie war aus Holz und stand vor einem großen Gebüsch, dahinter war so eine Art kleiner Wald. Ich krachte genau inmitten dieser Werbetafel und durchbrach sie wie nichts, meine Zündapp fing sich am Randstein, überschlug sich und landete im Dickicht neben der Strecke, die eigentlich eine Straße war.

Für mich war es eine gefühlte Ewigkeit total ruhig, wie in einem Traum, ich hatte weder Schmerzen, noch hatte ich Panik oder einen realitätsnahen Gedanken, ich war total entspannt. Dann wurde es langsam laut und ich hörte viele Stimmen, sah Schatten, doch auch das beunruhigte mich kaum, ich fühlte mich noch immer gut, ich wusste, dass ich gecrasht war… Komisch, … es war für mich überhaupt nicht schlimm.

Ich hatte Gott sei Dank einen Helm auf und nur deshalb, weil Jürgen und die anderen darauf bestanden hatten, denn meistens fuhren wir ja alle ohne Helm. Ich glaubte zu träumen, Uschi öffnete mir das Visier und sie war so besorgt und lieb und sie sah mich an …

Und sie liebte mich doch, … das waren meine ersten Gedanken, erst nach und nach wurde mir der Ernst meiner Lage und das Ausmaß und mein Glück bewusst, dass ich gerade gehabt hatte.

Ich hatte nur Prellungen am ganzen Körper, ein paar Schürfwunden und wahrscheinlich eine ordentliche Gehirnerschütterung, das war es aber auch schon, meine Zündapp war da schon viel mehr geschunden, sie war total hinüber.

Der Tag danach war wie ein Schlag in die Fresse, ich konnte nicht einmal aufstehen, mein ganzer Körper war blau und in meinem Kopf trieben 1000 Hornissen ihr Unwesen, zumindest fühlte es sich so an. Ich schleppte mich in die Küche, um mir Frühstück zu machen, … eh klar, meine Mutter und Joschi saßen in der Küche, genau jetzt, genau heute musste ich den beiden gleich am Morgen begegnen.

Meine Mutter schlug die Hände über ihren Kopf zusammen und Joschi hatte nur eine einzige Frage.

„Was ist mit dem Moped, hast du sie endlich geschrottet? …
Was bist du nur für ein undankbarer Idiot!!"

Ich kam gar nicht zu Wort, mir brummte der Schädel, ich
flüchtete in das Badezimmer, um den Vorwürfen zu entgehen.
Joschi nahm mir dann den Schlüssel und die Papiere von meiner geliebten Zündapp weg und ich wurde mit Vorwürfen nur
so geprügelt.

„Sie wird ja eh repariert", sagte ich zu meiner Verteidigung,
„die Jungs helfen alle mit, Jürgen ist ja Mechaniker. Was glaubst
du, ich habe sie doch nicht absichtlich kaputt gemacht, ist eh
nicht so viel kaputt."

„Wenn die von dem Rennen erfuhren", dachte ich mir, aber
das blieb mir Gott sei Dank erspart, denn wir hatten mein Moped
vorsorglich zur Hauptstraße gestellt, alleine schon deshalb, um
die Polizei oder die Firmenbesitzer nicht auf den Plan zu rufen.
Joschi redete kein Wort mehr mit mir, er ließ nun „sein" Moped
abholen und stellte es in das Haus seiner Eltern.

Super, … aus der Traum vom Fahren, Jürgen hätte mir meine Zündapp in ein paar Tagen repariert und die Teile günstig
besorgt, aber Joschi ließ nicht mehr mit sich reden. Es folgte ein
beschissener Sommer, mein Moped fehlte mir sehr, ab und an
lieh ich mir was zum Fahren aus und drehte mit Uschi ein paar
Runden oder wir fuhren auf die Doppler Hütte, was sie immer
begeisterte und mich erst. Sie war mein großes Trostpflaster.

Im August 1983 planten die Jungs eine größere Ausfahrt mit
ihren Bikes und es ergab sich für mich keine Möglichkeit, da mit-
zufahren, ich war mächtig sauer, zumal ich wusste, dass Joschi
mein Moped schon repariert im Garten seiner Eltern stehen hatte. Er wollte es unbedingt verkaufen, aber auf keinen Fall wollte
er es mir überlassen oder verkaufen, der hatte richtig Freude daran, wenn er mich so leiden sah, denn Sorge um mich, die hatte
er sicherlich nicht.

Ganz klar, am Tag, an dem sich meine Freunde bei Peter trafen, um ihre geplante Tagestour zu fahren, war ich auch gekommen, um wenigstens den Start von den gut 15 Mopeds mitzu-
erleben, der Sound dieser Zweitakter war für mich immer wie

Musik. Ich verabschiedete mich von allen und wir vereinbarten uns dann abends in der Disco in der Stadt des Kindes zu treffen.

Ich wartete am Abend vergebens in der Disco, nicht ein einziger war gekommen, ich zog kräftig über alle her, diese Arschlöcher sind sicher woanders hingefahren und sagten kein Wort. Ich beschloss, bei Uschi zu schlafen und zu Hause Bescheid zu geben, sonst hätte es Sonntag wieder einen Riesenwirbel gegeben, … mit tausend Fragen. Ich rief von der Telefonzelle aus zu Hause an und mein Bruder Thomas hob ab.

„He, Joe, was ist mit Peter, … hat er überlebt?"

„Was?? … Sei nicht so blöd, warum soll er's nicht überleben?! … Saublöde Frage, gib mir mal Mutter, ich komm heute nicht heim.

He Mutter, ich …"

„Na, was ist mit dem Peter, weißt du schon mehr?"

„Was soll mit Peter sein?? … Die sind doch heut früh mit den Mopeds los, weißt du ja, ich konnte ja dank dir und Joschi nicht mitfahren, was soll ich wissen, … was soll denn los sein?!"

„Ja, Vater im Himmel", stammelte meine Mutter leise ins Telefon, „du weißt es gar nicht, der Peter hatte gleich in der Früh einen schweren Verkehrsunfall, das kam sogar im Fernsehen. …"

„Langsam Mutter, … von was redet ihr da alle??! Ich weiß nichts, ich hatte gestern den ganzen Abend auf die alle gewartet, da ist keiner gekommen, ich war die ganze Zeit bei Uschi in der Stadt draußen"

„Ja, ja, ist schon gut Joe, … wenn du was erfährst, sag bitte Bescheid, … die arme Mutter von Peter"

Zack, … jetzt brauchte ich aber einen Moment und Münzen hatte ich auch keine mehr. Ich besorgte mir noch Kleingeld und rief bei Jürgen an, der fix und fertig war. – Ja, Joe, ich weiß nicht, was da passiert ist, wir sind die B1 rausgefahren und ich fuhr als Erster, wie immer, ja klar, wir sind schnell gefahren, aber nichts, was gefährlich war, … ich versteh es nicht. …

Peter ist vor Günter, Alex und Michael gefahren, alles ganz normal, ich kann's noch immer nicht glauben. Dann, als wir bei der Stadt des Kindes vorbei in Richtung Purkersdorf gefahren sind, stand beziehungsweise parkte in der rechten Spur ein großer weißer Kastenwagen, du weißt ja, da geht alles auf eine Spur zusammen. Der Wagen war von weitem zu sehen, alle haben ihn gesehen, den konnte man gar nicht übersehen, ... unmöglich.

Peter ist, so sagten alle, in der rechten Spur geblieben, der hat mit Vollgas draufgehalten, alle dachten sich, er wird dann erst kurz vorher die Spur wechseln, kennst ihn ja, der war für so einen Blödsinn immer zu haben. Günter ging dann noch vom Gas, sodass für Peter genug Platz bleibt, aber der hat die Spur nicht gewechselt, ... ich habe dann nur einen Wahnsinnsknall gehört, es war unvorstellbar laut. Peter ist ohne zu bremsen oder irgendetwas zu machen mit Vollgas in den Kastenwagen gebrettert, sicher an die 100 km/h schnell. Günter und Alex hatten Peter die ganze linke Spur freigehalten, sodass er genug Platz zum Ausweichen gehabt hätte, aber der hat überhaupt nicht reagiert und dann war es schon zu spät. Michael hat irgendein Teil getroffen, obwohl er ganz links gefahren ist, der war schon komplett auf der Gegenfahrbahn, ein Glück, dass niemand entgegengekommen ist. Er und alle dahinter haben den Aufprall gesehen, Peter hatte null reagiert, als wäre die Straße vor ihm komplett frei gewesen. Den Michael hat dann auch die Rettung mitgenommen, er hatte einen schweren Schock erlitten, er hat nur immer wieder gesagt, Peter hat nicht gebremst, als wäre der Kastenwagen nicht da gewesen. Peter ist mit gut hundert Sachen ohne Helm in das Auto gekracht. Wie eine Bombe ist der eingeschlagen, es sah aus wie im Krieg, überall sind Teile gelegen. Joe, sei froh, dass du nicht mit uns mitgefahren bist, es war der schlimmste Tag in meinem Leben, ... glaube mir."

„Ja und, was ist mit Peter, wie geht's ihm, jetzt sag schon??!!"

„Joe, ich weiß es nicht, ich kann mir das alles nicht erklären, da war überall Blut, der Kastenwagen war voll mit irgendwelchen Sachen, die in Kartons gepackt waren, wir konnten Peter zuerst gar nicht finden, die ganze Fahrbahn war übersäht mit Kartons und Kleidung und ich weiß nicht, was da noch alles herumgelegen ist. Die Rettung und die Feuerwehr waren aber Minuten später vor Ort, die haben Peter schnell im Auto gefunden und geborgen, der hat sich bis zur Fahrerkabine durchgebohrt und selbst die war von innen völlig zerstört. ... Ohne Helm, das überlebt normal niemand. Joe, sei nicht böse, ich muss jetzt Schluss machen, ... meine Eltern, ... du weißt ja. Wir treffen uns ohnehin alle morgen Abend bei mir."

Wir durften Peter wochenlang nicht besuchen, sein Leben hing am sprichwörtlich seidenen Faden, die Ärzte hatten ihn in ein künstliches Koma versetzt und sprachen von einem Wunder, doch niemand konnte sagen, ob er es schaffen würde oder nicht. Bei einem waren sich alle einig, wären da nicht so viele Kartons mit Kleidung gewesen, die ihn irgendwie gebremst hatten, dann gäbe es diesen Faden auch nicht.

Der Schock über diese Tragödie saß uns allen tief in den Knochen, wir konnten aber nichts anderes tun, als abzuwarten und zu beten.

Mein Onkel Ernst hatte doch tatsächlich das Caféhaus auf der Speisingerstrasse bekommen, meine Mutter berichtete mir diese Neuigkeit, als ich so gegen 18:00 Uhr von meiner Arbeit heim kam, ganz aufgebracht war sie und richtig seltsam verhielt sie sich dabei.

„Joe, du sollst jetzt sofort in das Caféhaus zu deinem Onkel fahren, er wartet schon auf dich."

„Jetzt Mutter, echt jetzt, ... was soll ich denn dort machen?!"

„Die Rikki, deine Tante, hat angerufen, du sollst sofort rüberkommen, mit dem Taxi."

„Mit dem Taxi? ... Was kann am Donnerstagabend so dringend sein, dass ich mit dem Taxi rüberfahren soll?"

„Joe, bitte, fahr jetzt gleich los, ich glaub, der Ernstl hat getrunken und das ist gar nicht gut. ..."

„Mutter, ich versteh die Aufregung nicht? ... Na und, ... hat er halt getrunken, was hat das mit mir zu tun?"

„Nichts Joe, aber die Rikki hat darum gebeten, du kennst sie ja, es ist sehr wichtig, dass du sofort kommst, hat sie ausdrücklich gesagt."

„Ok!! ... Dann fahr ich eben rüber."

„Komisch", dachte ich mir, „der trinkt doch sonst nie."

Ich wollte gerade die Tür zum Caféhaus öffnen, da deutete mir meine Tante mit einer Handbewegung, ich soll draußen warten.

„Ja, sind denn jetzt alle verrückt geworden, was soll der ganze Scheiß?", dachte ich mir, im nächsten Moment kam meine Tante vor die Tür, ganz aufgeregt war sie, so kannte ich sie gar nicht. Sie drückte mir sofort 200 Schilling in die Hand, für das Taxi und fürs Kommen, sagte sie zuckersüß. Na, jetzt war ich komplett verwirrt, so freundlich und großzügig war die sonst nie zu mir.

„Was ist denn los", fragte ich, „wo ist der Ernsti?!" ... „Was soll das Ganze, warum bin ich überhaupt gekommen?!"

„Das wirst du alles gleich sehen, Joe, nur bitte versprich mir, bleib, so lange es dauert und schau, dass dein Onkel nach Hause fährt und er nicht mir diesen Arschlöchern loszieht. Wenn er auf jemanden hört, dann ja auf dich! ... Versprich es mir bitte, das ist sehr wichtig, ich erklär dir alles morgen und ich verspreche dir, ich werde dir das nie vergessen, ... BITTE!"

„He Tante, jetzt beruhige dich wieder, alles wird gut, ich bin ja da, ich verspreche es dir, ... klar! ... Jetzt beruhig dich wieder."

„Ich werde wahrscheinlich gleich nach Hause fahren und warte auf euch beide, hörst du?"

„Ja, Tante, zum hundertsten Mal, ich habe es ja verstanden."

Jetzt war ich aber so was von gespannt, ich öffnete die Tür, da war links eine Abtrennung aus undurchsichtigem Glas und dahinter waren zwei Tische, direkt vor mir die Bar, der Tresen verlief links in den kleinen Raum.

Als ich sah, wer da alles mit und bei meinem Onkel saß, verschlug es mir die Rede. „Das gibt es jetzt aber nicht wirklich", dachte ich, ich musste mich direkt zurückhalten und grüßte meinen Onkel, der ganz sicher nicht meine Mutter angerufen hatte, denn der war von meinem Besuch genau so überrascht wie ich über seine üble Gesellschaft. Augenblicklich verstand ich, warum mich meine Tante her zitiert hatte, obgleich ich für ihr listiges Vorgehen keinen Platz in meinem Verständniskatalog hatte.

Am liebsten hätte ich diesen Harry, den ich schon von dem Branntweiner neben meiner Firma kannte, in seine lachende

Fresse geschlagen, ich sah meinen Onkel bedroht und ich war sofort zu allem bereit, ich naiver Idiot. Ich wusste damals noch so wenig über meinem Onkel, ich kannte ja seine dunkle Vergangenheit noch nicht, er erzählte ja nie von sich selbst.

Mein Onkel war eindeutig in bester Trinkerlaune, doch er spürte sofort, dass ich ebenso wenig ich selbst war, wie auch er ganz anders war als sonst.

Arschloch Harry wollte irgendetwas zu mir sagen, doch mein Onkel fiel ihm gleich ins Wort.

„Joe, was machst du denn da?!"

Ehrlich gesagt war ich froh, dass ich nicht zum Antworten kam, was hätte ich denn auch sagen sollen. …

„Was!? … Du kennst den Wichser?", sagte Harry und alle warteten die Reaktion meines Onkels ab. …

Am liebsten hätte ich diesen Wichtigmacher an seinen Haaren rausgezerrt und ihm gezeigt, wer hier der Wichser ist, doch mein Onkel bremste mich mit einer einzigen Handbewegung, was ich überhaupt nicht verstand, der hatte mich mit einer einzigen Geste, auf zwei Meter Abstand, davon abgehalten, vielleicht oder ziemlich sicher etwas Dummes zu tun. Hmm, … zum Denken kam ich auch nicht wirklich, ich staunte nur über mich selbst und auch über meinem Onkel, von dem eine seltsame, mir gänzlich unbekannte Stärke ausging.

„Sag noch einmal Wichser zu meinen Neffen, zu ‚mein Buam' und du gehst durch die Auslage hier raus, … verstehst du?!"

Boooaahhh, was ist mit dem los, da war so richtig Energie im Kessel, ich war richtig paff, der verteidigte mich ja.

„Dein Neffe, ‚Baumerl'?! (Spitzname meines Onkels) Entschuldige, das habe ich ja nicht wissen können."

„Jetzt weißt du es ja! … ‚mein Buam' angreifen, … da müsst ihr alle zuerst über mich!!"

Mein Onkel war wie ausgewechselt, selbst ich hatte nun ein mulmiges Gefühl im Magen und machte mir keine Sorgen mehr um ihn, sondern eher um die anderen, die ich bis auf diesen alten Sack, der mit Harry damals zusammen war, nicht einmal vom Sehen her kannte.

Neben meinen Onkel saß ein richtig bulliger Typ, der im selben Alter wie mein Onkel war, dann waren da noch zwei andere schräge Typen am Nebentisch und zwei Frauen, die älter waren, aber wie Nutten aussahen.

„He, he, … Onkel, … alles ist gut!!" … Ich versuchte ich ihn zu beruhigen. „Kumm her, mei Bua, setzt di zu mir, trink ma was, wennst schon da bist."

„Ich trink nichts, Onkel, … ich will nichts."

„Schmarrn, mei Bua, da kumm her, Rikki, schenk dem Buam a Krügerl ein."

„Na, super", dachte ich mir, „wie bringe ich meinen Onkel da heraus und das möglichst unauffällig?"

Ich setzte mich zu ihm und dieser Bulle, der sich besonders gut und wichtig vorkam, er war offenbar ein Freund meines Onkels, sie unterhielten sich über alte Zeiten und alle lauschten ihren alten Geschichten. Ich konnte nicht glauben, was ich da alles zu hören bekam, unfassbar, dachte ich mir. Es sah ganz so aus, als ob die alle mächtig Schiss vor meinem Onkel hatten, bis auf diesen bulligen Ungustl, der mächtig Sprüche klopfte und der meinem Onkel permanent zum Aufbrechen in ein anderes Lokal überreden wollte.

Er war mir richtig unsympathisch, dieser aufgeblasene Arsch, doch ich konnte nichts sagen, mein Onkel lachte mit ihm und sie tranken eine Runde nach der anderen. Ich dachte, lange hält das mein Onkel ohnehin nicht durch, ihm merkte man es an, der Alkohol war jetzt schon viel zu viel, er trank ja sonst nie. Mit ein wenig Glück nimmt alles seinen natürlichen Lauf, ihm wird so richtig übel vom Trinken und ich bin aus dem Schneider.

Diese Arschlöcher freuten sich richtig, meinen Onkel so abgefüllt zu sehen.

Mir gefiel das nicht, ganz und gar nicht. Die meiste Zeit redete dieser „Rick" und seine Geschichten reichte weit in dessen Jugend zurück, er und mein Onkel waren so um die 40 Jahre alt, sie kannte sich seit Kindertagen, „Rene" war der Einzige, der noch älter war, so um die 50, schätze ich und das alte Arschloch, das mich an meinem ersten Arbeitstag vor meiner Firma mit diesen Harry auf Teufel komm raus gequält hatte.

Nun musste ich mir auch noch anhören, wie gute Freunde er, dieser „Rick", und mein Onkel waren und dass er meine Mutter und meine anderen Onkel und was weiß ich, wen allen noch, schon immer kennt, und ich sollte mehr Respekt zeigen und bla, bla, bla…

Dann erzählte dieser Wichtigmacher, dass er vor über 20 Jahren, beim Spielen am Stoß jemanden getötet hatte, in Notwehr, sagte er, sein Gegner hatte ihn schon in seinen Rücken gestochen, doch irgendwie kam er dann noch zum Schluss.

Mein Onkel wurde nicht so gerne an Geschichten von früher erinnert und vor allem nicht vor mir, doch dieses Arschloch riss ihn förmlich immer wieder mit in diesen Sog des Vergangenen, mit all den unrühmlichen Taten.

„Rick" hatte Erfolg, denn nun erzählte auch mein Onkel Geschichten von früher, die ich nie geglaubt hätte. Ihn packte die Wehmut und er haderte mit der Vergangenheit, damals ist auch sein Freund bei einer Schießerei getötet worden und er selbst musste für drei Jahre in den Knast. Es muss damals heftig zu Sache gegangen sein, die Stimmung wechselte rasant und mein Onkel wurde direkt aggressiv. Ihn traf die Erinnerung an seinem Freund Norbert sehr, alle, wie auch ich, versuchte ihn zu beruhigen, und wieder stichelte dieses Arschloch von „Rick" meinen Onkel an, um mit ihm zusammen eine Zechtour zu machen, … der alten Zeiten willen, meinte „Rick".

Zu meiner Überraschung stimmte mein Onkel dieses Mal zu. Meine Tante, die hinter der Bar stand, weinte und flehte meinen Onkel an, nicht zu gehen, doch das bestärkte meinen Onkel noch mehr. Das Flehen und Bitten nervte nicht nur ihn, es hatte das genaue Gegenteil zur Wirkung, ich wäre am liebsten davongelaufen.

Onkels Freunden spielte das gut in ihre Karten, aber mir nicht, da ging es nicht mehr um den Wunsch meiner Tante, mir ging es nur mehr um meinen Onkel, der ein guter Kerl war, ganz egal, ob der früher mit zwei Winchester auf Ehre ein Lokal stürmte oder nicht.

In mir staute sich eine Wut auf, wie ich sie überhaupt noch nie hatte, und als dieser „Rick" aufstehen wollte, sprang ich auf, drehte mich zu ihm und schlug ihm, mit allem, was ich in meinen Fäusten hatte, in seine sonnengebräunte Fresse. Ich packte ihn sofort am Hals und konnte selbst nicht glauben, was ich da gerade getan hatte.

Im selben Augenblick, als „Rick" in seinen Sitz sank und sofort wieder aufstehen wollte, um mich anzugreifen, packte ihn mein Onkel und befahl ihm, das sein zu lassen.

Zu meiner Verwunderung befolgte „Rick" diese Anweisung, alle waren geschockt und verblüfft, niemand hatte mit einem Angriff von mir gerechnet, auch ich nicht, und als sich mein Onkel zu mir wandte, brach alles aus mir heraus. Ich hatte so viel Hass in mir, ich weinte vor Zorn und Ablehnung, ich zitterte am ganzen Körper und fühlte mich wie eine Bombe, die gleich explodiert. Da war auf einmal so viel Kraft in mir aufgestaut, ich wollte den Typen am liebsten zerreißen, ich schimpfte alle um mich herum und war außer mir vor Wut.

Mein Onkel packte mich an beiden Händen und beruhigte mich, er hatte auch Tränen in den Augen, alle anderen waren wie gelähmt und keiner sagte auch nur ein Wort. Freund „Rick" schlug daraufhin ganz andere Töne an und war „auf" besorgt und verständnisvoll.

Meine Tante erkannte sofort diesen günstigen Moment, um alle schnell aus dem Lokal zu bekommen, was sie dann auch umgehend schaffte. Ich begleitete dann noch meinen Onkel und meine Tante in ihr Siedlungshaus und es war keine Sekunde zu früh, denn beim Reingehen musste ich meinen Onkel schon stützen. Er war so richtig besoffen, ich ging mit ihm gleich die Treppe hoch, half ihm beim Ausziehen und deckte ihn zu.

Als ich wieder runterkam, stand „Rick" im Raum und redete mit meiner Tante, er entschuldigte sich bei ihr und bat um Vergebung.

„Arg", dachte ich mir, „die ganze Zeit ein Arschloch und jetzt so." Meine Tante ging noch kurz zu meinem Onkel hoch, um nach ihm zu sehen, ob es ihn auch gut geht, da meldete sich wieder die andere Seite des guten „Rick". Er sprach von dem großen Glück, das ich hätte, weil er und mein Onkel so gute Freunde wären, aber sollte ich noch einmal einen Fehler machen, so wäre ich fällig, das sei ein Versprechen, sagte er.

Ich verkniff mir die Worte, die mir auf der Zunge lagen, und bestellte mir ein Taxi. Meine Tante kam wieder runter und mein neuer Freund war wieder freundlich und nett. Sein Angebot, mich heimzufahren, um Geld zu sparen, schlug ich natürlich aus, lieber wäre ich ohne Schuhe auf Scherben heimgerobbt.

Die nächsten Tage waren, wie konnte es auch anders sein, von Vorwürfen geprägt. Natürlich hätten alle die Situation anders und besser gelöst, letztlich war dann ich das Problem und ich hatte schon wieder großes Glück, dass Gott-Arschloch „Rick" so nachsichtig mit mir war.

„Unglaublich", dachte ich mir, „die setzen mich einer so beschissenen Situation aus und fallen mir umgehend in den Rücken, anstatt in irgendeiner Form hinter mir zu stehen." Ich schwitzte an diesem Abend Blut und Wasser, hatte Angst um meinen Onkel und schiffte mir vor Angst fast in die Hose, ich reagierte aus reinem Herzen, das interessierte aber kein Schwein.

KAPITEL 7

18. Geburtstag

Meine Mitarbeit am Umbau des Cafés war der Dringlichkeit wegen dann doch noch gefragt, und am letzten Drücker wurden wir drei Wochen später am Vorabend der Eröffnung fertig. Am 30. September 1983 war es endlich so weit, das Lokal wurde förmlich von frühen Morgen angestürmt.

Klar, ich half den ganzen Tag über mit und lernte nebenbei so ziemlich alle kennen, die im 13. Hieb der Stadt unterwegs waren. Es war auch der Tag, an dem ich nahezu alle meine Verwandten, die ich noch gar nicht kannte, zu Gesicht bekommen hatte. Und klar, Gratisgetränke für alle, das brachte auch so manchen Abschaum auf den Weg in das kleine Caféhaus, oder „Espresso", wie es auch genannt wurde. Natürlich gab es auch die ein oder andere Reiberei oder Unverschämtheit von Gästen, und als mich meine Tante mit ihrer bittersüßen Art doch tatsächlich als Mediator einsetzen wollte, konnte ich keine bessere Antwort finden, als mich lachend abzuwenden, was mir zwar keine Bonuspunkte einbrachte, aber auch keine Probleme.

Zur späteren Stunde kam dann wieder „Rick" mit einigen Freunden, dieses Mal wirke er besonnen und er war überaus freundlich, alle freuten sich über seinen Besuch, er reichte mir die Hand und mein Onkel drängte mich zu erwidern, was ich auch tat, und fortan sollten wir Freunde sein.

Einer seiner Begleiter war Bernhard, der auch mit meinem Onkel bekannt war, er war der Besitzer eines Lokals am Lainzer Platz, das genau gegenüber der Pfarre lag. Man munkelte, dass sich in diesem Lokal die Bosse der Unterwelt die Klinke in die Hand drückten und dass es im Hinterzimmer zur Sache ging. Es wurde das Spiel aller verbotenen Spiele gespielt, „Stoß", und hier wurde nicht um Kleingeld gespielt, Millionenbeträge wechselten hier den Besitzer. Dieses Spiel war allein der Unterwelt vorbehalten und es wurde von deren Bossen rigoros kontrolliert.

An diesem Spiel konnte man nur mit deren Erlaubnis teilnehmen und Bargeld war Bedienung. – Mir fielen sofort wieder Felix, Willi und dieser Jusuf ein und ich hoffte, dass mein kleines Geheimnis nicht früher oder später den Weg zu meinem Onkel finden würde.

Mitte Dezember war es dann für meinen Freund Peter so weit, er wurde aus seinem künstlichen Koma zurück ins Leben gerufen. Wir durften ihn aber in dieser Phase noch nicht besuchen, seine Mutter berichte uns dann immer von kleinen Fortschritten, was ja schon mal ein guter Anfang war.

Zur selben Zeit hatte der Finanzier von Ernst und Rikki, KK, einen alten, verkommenen Vierkanthof in Ybbs gekauft und drängte auf dessen Wiederherstellung. Mein Onkel Lui, ein paar Freunde von Onkel Ernst, er selbst und ich verbrachten nahezu jedes Wochenende auf diesem Hof, der später zu einem großen Teil als Galerie und „Safe" für spezielle Kunstwerke dienen sollte. Der Hof lag weit ab von befestigten Straßen und war selbst für Ortskundige nicht leicht zu finden, er grenzte direkt an ein Waldstück.

Zu Beginn gab es weder elektrisches Licht noch warmes Wasser, wir nutzten die einzige Stromquelle, um den jeweiligen Arbeitsbereich auszuleuchten. Ein großes Zimmer konnten wir zum Schlafen nutzen und mit einem alten Kachelofen beheizen, den ich funktionsfähig machte. Mit Taschenlampen leuchteten wir uns den Weg im Innen- und im Außenbereich des Hofes, es gab hier draußen weder eine beleuchtete Zufahrt noch eine Straßenbeleuchtung, und es war schon bald nach Sonnenuntergang richtig dunkel.

Dieser Umstand verleitete uns zu so manchem Streich, den wir uns gegenseitig spielten, der dann schon auch Mal zu weit gehen konnte.

Mein Onkel Ernst war ohne seinen Rikki wie ausgewechselt, und manches Mal war er wie ein kleines, böses Kind, er erschreckte uns, wann auch immer sich eine Gelegenheit dafür bot, dafür brachte er auch jede Menge Geduld auf.

Franz, ein Arbeiter meines Onkels, war von Natur aus ein eher ängstlicher Typ, er hatte die Figur eines umgedrehten Besens, ihn traf es immer am Schlimmsten, er erschreckte sich schon das ein oder andere Mal an seinem eigenen Schatten. Ich kann heute noch darüber lachen, es entstanden oft ungewollte Situationen, die an Komik nicht zu überbieten waren.

Wir schliefen alle zusammen in dem einen großen Zimmer und manchmal dauerte es echt lange, bis wir unseren verdienten Schlaf fanden, wir lachten oft noch stundenlang über unseren eigenen fabrizierten Blödsinn.

Die Arbeit war hart und abends hatten wir jede Menge Spaß beim Erzählen unserer Streiche oder wir heckten im Verborgenen einen besonders lustigen Streich für einen nicht Eingeweihten aus. Der Einsatz unserer Taschenlampen spielte dabei in völliger Dunkelheit eine wichtige Rolle.

So war zum Beispiel der Zugang zu der Toilette unter einem gemauerten Römerbogen mit einer sehr kleinen Tür versehen, die kaum höher als 160 cm war, man musste sich schon bücken, um in das Innere der Toilette zu gelangen, und jeder von uns hatte sich an diesem Bogen oder dem Türstock schon den Kopf gestoßen, vor allem am frühen Morgen, noch im Halbschlaf, konnte es einem passieren, dass man plötzlich Sterne sah und mit einer Riesenbeule sein morgendliches Geschäft verrichten musste.

Ich war immer früh auf und machte deshalb auch gleich Kaffee in der Küche, ich legte Holz zum Heizen nach und frühstückte ausgiebig in der warmen Küche. Naturgemäß suchte ich dann mit meiner Taschenlampe in den Händen den Ort der Erleichterung auf, es war ja im ganzen Haus stockdunkel. In Erinnerung meiner letzten Unachtsamkeit und der letzten Beule an meinem Kopf bückte ich mich vorsichtig durch diesen blöden Römerbogen hindurch und öffnete die Tür zur Toilette.

„Guten Morgeeeen", sagte eine tiefe, mir unbekannte Stimme und leuchtete mir in mein Gesicht. …

Ich konnte durch das grelle Licht nichts sehen oder erkennen und war gleichermaßen überrascht, wie auch erschrocken, sodass ich meine Taschenlampe fallen ließ, mich ruckartig aufrichtete, mit meinem Hinterkopf den Türrahmen küsste, in völliger Panik aufschrie und mein Gegenüber mit voller Wucht in den Raum zurückstieß, was wiederum meinen Widersacher derart überraschte, dass auch dieser aufschrie und im rückwärts Fallen, nach Halt suchend, das provisorisch installierte Spülbecken abriss.

Das eiskalte Wasser spritzte in alle Richtungen, ich war total orientierungslos und nass, ich wollte nur noch raus hier, ich erkannte mein Gegenüber noch immer nicht, denn auch ihm war seine Taschenlampe aus der Hand gefallen. Ich hatte so große Panik wie noch nie in meinem Leben, wir waren uns beide im Weg und rutschten auf dem nassen Boden hin und her, denn auch er wollte nur mehr raus, und dann sah ich nur mehr viele bunte Sterne, es war kurz ganz still, bevor ich wieder zu mir kam.

Mein Schädel brummte wie ein Bienenstock und aufstehen konnte ich auch nicht, es war mir, als würde ein Traktor durch meinem Kopf tuckern.

Nun waren alle außer mir hellwach und um mich versammelt, ich wusste momentan gar nicht, was geschehen war, und kam erst nach und nach zu mir und wieder auf die Beine. Ich hatte mir in meiner Panik meinen Kopf und gefühlt auch jedes andere Körperteil derart angeschlagen, dass ich kurz weggetreten war.

In jenem Moment war mir gar nicht zum Lachen, dieser kleine Unfug meines Onkels war ja ordentlich in die Hose gegangen, aber als ich dann den verbeulten Kopf meines Onkels sah und sein blaues Auge, das schon wie eine Zwetschke glänzte, konnte ich mich nicht mehr zurückhalten, ich musste lachen, meine Schadenfreude war grenzenlos, vor allem, weil mein Onkel auch bis auf die Knochen nass war und sein Blick – einfach göttlich.

Ich musste an das panische Hin-und-Her-Gefalle und an das Gebrüll von uns beiden denken, ... diese Situationskomik, ... wir lachten dann alle, bis unsere Stimmen versagten. Wir waren schon ein schräger, irrer Haufen, der offenbar vor keinem Blödsinn zurückschreckte.

Am Freitag vor meinem 18. Geburtstag feierte ich mit ein paar Freunden im Jugendzentrum Hietzing, da tauchte plötzlich Martin mit Mandi auf. Ich kannte Martin von einer Party, die auf dem Anwesen seiner Eltern in der noblen Gegend nahe dem Lainzer Tiergarten stattgefunden hatte. Meine Wiedersehensfreude hielt sich in Erinnerung an diese Party in Grenzen.

Mandi fand das natürlich irre komisch, weil er meinen verdutzten Gesichtsausdruck sofort lesen konnte, ich hingegen war not amused.

„Was machst du Vollidiot da?", schnauzte ich Martin an. „Am besten du drehst am Absatz um und schaust, dass du Land gewinnst, du Arschloch!"

Ich war stocksauer, noch immer. …

„He, Joe, es tut mir leid, ehrlich jetzt, … komm, Joe, ich habe gehört, du hast heute Geburtstag, … ich will dir ja nur gratulieren und Joe, es tut mir wirklich leid, ich hatte das alles nicht vorhersehen können, es war Pech, verzeih mir bitte."

„Dir verzeihen? … Sag, hast du sie noch alle beieinander, was glaubst du?! Das war nicht wirklich lustig, bei deiner beschissenen Party! … Und du, Mandi, lach nicht so blöd, du warst ja auch im Garten bei den Mädels, ihr seid beide Arschlöcher!"

„He, Joe, jetzt hab dich nicht so, … he, he, alles Gute zum Geburtstag, mein Freund!"

„Ja, ja, … alles Gute zum Geburtstag, das habt ihr euch ja toll ausgedacht, ihr miesen Hunde, du auch, Mandi, nimmst den Arsch hierher mit."

„He, Bärli", flüsterte mir eine sanfte Stimme in mein Ohr, „was regst du dich so auf, mein Starker?"

„Oh Baby, ich habe dich gar nicht kommen sehen, he, … schön, dass du da bist."

Uschi begrüßte Mandi: „Servus, wo ist denn deine Angie?"

„Die konnte nicht kommen, die musste zu ihren Großeltern, ich bin mit Martin hier, den kennst du, glaube ich ja, noch nicht." Mandi lachte und stellte die beiden einander vor.

„Servus, Martin, ich bin Joes Freundin, Uschi."

Mit diesem Satz war mein vorläufiger Tiefpunkt erreicht, jetzt kommt sicher gleich, wie lieb und nett der Martin doch ist, dieses hinterhältige Arschloch. Kaum gedacht, hörte ich selbes auch schon aus Uschis Mund.

„Das gibt's doch alles nicht", dachte ich mir und im Handumdrehen verwandelte Uschi uns alle in ein Herz und eine Seele, unfassbar, dieses Weib.

„Komm", sagte Uschi, „ich will dir noch schnell dein Geschenk zeigen, komm, Joe! …"

Sie nahm mich an die Hand und schleppte mich zielgerichtet auf die Damentoilette, und das haben alle mitbekommen.

„Was machst du denn, Uschi, die haben das jetzt alle gesehen, spinnst du?!"

„Findest du, dass ich spinne, mein Süßer?" Ihr hämisches Grinsen, ihr Blick, der Hauch ihres Atems auf meiner Haut, … ihre festen Schenkel in ihren hautengen Jeans, die sie ganz fest gegen „Little Joe" drückte, … mein Kopf war in der selben Sekunde blutleer, dieses Teufelsweib trieb mich zum Wahnsinn, sie öffnete mir mit einen Handgriff das Tor des Verderbens, ich hatte große Mühe, sie nicht unabsichtlich zu erschießen. … Was soll ich sagen, ich habe „geschossen" und war fast schneller wie mein Schatten und ich glaube, dass mir in diesen Moment ein großes Stück meines Gehirnes abhandenkam, zumindest hatte es sich so angefühlt.

Ein wenig wackelig auf meinen Beinen, dafür aber mit einem breiten Grinsen im Gesicht, ging ich wieder zu den anderen zurück, während Uschi sich zurecht machte.

„Was war das jetzt?", fragte mich Mandi.

„Nichts, … was soll schon gewesen sein? … Wir redeten halt, frag nicht so blöd."

„Ahhh … reden, ok, … und, hast du gut geredet?"

„Mandi, lach nicht so blöd und wisch dir dein blödes Grinsen aus deinem Gesicht!"

Martin musste sich natürlich auch mit einem blöden Spruch einbringen. „… Sei froh, dass du Ohren hast", sagte er zu Mandi, „sonst würdest du jetzt sicher im Kreis lachen."

„Na, genau, dich habe ich heute gebraucht, du Großmaul!! …
Vorsicht, ihr zwei Spaßvögel, sonst läuten gleich die Glocken für
euch beide, ist mir ja zu blöd, euer blödes Gequatsche."

Uschi kam wieder zurück, frisch geschminkt, … ohhh… dieses Weib, sie sah so sexy aus, am liebsten wäre ich gleich wieder
über sie hergefallen.

„Hase, … Mandi und du auch, Großmaul, … kommt ihr? …
Gehen wir endlich zur Bar und stoßen auf mein Bärli an!"

„Hase? … Bärli?"

„Gusch, Mandi!!"

„Ja, Bärli!!"

„Ihr seid ja wirklich blöde Arschlöcher, halt endlich deine
Fresse, Mandi!"

„Joe, nicht böse sein, ich denke gerade daran, wie ‚Bärli-Hase' Martins großen Bruder ordentlich vermöbelt hat, … ha, ha,."

„Geht's noch lauter, du Idiot, das braucht Uschi nicht zu wi- …"

„Was muss ich nicht wissen?"

„Nichts, Maus, Mandi redet wie immer Blödsinn, und hör
endlich auf mit Hase und Bärli, diese Idioten kriegen sich sonst
gar nicht mehr in die Reihe."

„Ja, mein ‚großer Meister', … ist das jetzt besser so? … Ha,
ha, ha."

„Na super, lacht nur alle."

Martin war mit einem brandneuen Mercedes 500 SEC gekommen, den er von seinen Eltern für die bestandene Matura-
prüfung bekommen hatte, zumindest erzählte er uns es so. Die
Taschen voller Geld lud Martin uns alle in eine Disco nach Tulln
ein. „Was soll's", dachte ich mir, mal was anderes und kosten
tut es auch nichts, also machten wir uns auf dem Weg. Mann
oh Mann, da war ordentlich was los, da standen sogar Leute bei
der Türe an, jede Menge sogar. Uschi freute sich wie verrückt,
endlich einmal eine richtige Disco, nicht wie bei uns im Heim.

Ich machte mir schon Sorgen, wie lange das wohl dauern
wird, bis wir da reinkommen, aber völlig unbegründet, wie sich
herausstellte. Eh klar, Martin war hier bestens bekannt und so
winkte uns der Türsteher schon von weitem zu und machte uns

den Weg frei. Uschi gefiel das natürlich, Mandi und ich genossen den Einzug als VIP auch und Martin war in seinem Element.

Hier war eine tolle Stimmung, Uschi war sofort auf der Tanzfläche und tanzte sich ihren kleinen Teufel aus dem Leib. Mich machte das richtig an, ich konnte ihr stundenlang so zusehen, wenn sie ihren Körper so einsetzte, sie zog da eine echt gute Show ab, die nicht nur mich begeisterte.

Martin besorgte uns einen Tisch, direkt an der Tanzfläche und bestellte eine große Flasche Bacardi. Alles war perfekt, wir hatten jede Menge Spaß, Uschi freundete sich mit ein paar hiesiger Mädchen an und weihte sie in ihre Tanzkünste ein. Mandi wollte diesen Umstand gleich als Jäger nutzen, doch da hatte er die Rechnung ohne meine Uschi gemacht, die wimmelte ihn postwendend ab, was auch gut war. Ein Herz für Wiener hätte da sicher so manches Mädchen gehabt, aber die Jungs von hier hätten unserem Jäger schnell gezeigt, dass sie punkto Wilderer weniger Herz, aber dafür jede Menge Prügel angedacht hätten, und das war eindeutig erkennbar, außer für Mandi natürlich.

Martin machte uns mit einigen seiner Freunde von hier bekannt und so lösten sich anfängliche Spannungen in Wohlgefallen auf. Ich fühle mich sauwohl und die Zeit verging wie im Flug. So gegen zwei Uhr überfiel mich ein Mordshunger, die Disco war brechend voll und einer unserer neuen Freunde sagte mir, dass es hier auch so eine Art Restaurant gab, einen Raum weiter war so eine Art Spieleraum, in dem auch Billiardtische standen.

Na, auf zum Futtertrog, sagte ich mit knurrendem Magen, ich bringe ohnehin keinen Schluck mehr runter, Uschi und Martin hatten auch Hunger, nur Mandi konnte sich schwer vom Bacardi und den tanzenden Mädchen trennen.

Wow, das ist ja der Hammer, hier war gleich viel mehr Platz und die Portionen auf den Tellern waren genau richtig, da wurde ordentlich aufgetischt. Wir hatten sofort einen freien Tisch gefunden und ich vertiefte mich in die Speisekarte, Mandi zog es einen Raum weiter, der nur durch einen großen offenen Torbogen getrennt war, da standen auch Spielautomaten und einige

Männer spielten Karten, soweit ich das von meinem Platz aus sehen konnte.

Wir bestellten uns Essen, es war unglaublich gut und auch günstig. Martin wolle nun nach Mandi sehen, er war doch schon ziemlich lange in diesem Nebenraum gewesen. Als auch Martin nicht wiederkam, wollte Uschi nach den beiden sehen, sie müsste ohnehin auf die Toilette, meinte sie.

„Ok Maus, ich schaue inzwischen, ob ich in der Speisekarte noch eine leckere Nachspeise für uns beide finde."

„Bärli, du bist unverbesserlich, egal, was du anfängst, du kannst nicht mehr aufhören", sie lachte und warf mir einen lüsternen Blick zu, sodass ich ihr am liebsten gleich hinterher gegangen wäre. Ich war gerade drauf und dran, mir eine monströse Nachspeise zu bestellen, da winkte mich Uschi aufgeregt zu sich.

Im Glauben, dass meine Uschi blöd angemacht wurde, eilte ich zu ihr, doch dem war Gott sei Dank nicht so. Sie zeigte auf einen Tisch bei dem Mandi, umringt von jeder Menge hier ansässiger Burschen, beim Armdrücken sein Bestes gab. Als wir näher rangingen, sah ich gerade noch, wie Mandis Unterarm auf die Tischplatte knallte, natürlich begleitet durch die Schmach der hiesigen Burschen, die nicht mit entsprechenden Kraftausdrücken im ländlichen Jargon sparten.

Ich fand das ziemlich lustig, bis ich dann erfuhr, dass unser Mandi hier ordentlich abgezockt wurde, zumindest erklärte mir das Martin H. so und Uschi nickte zustimmend. Mandi hatte alles, was er an Geld hatte, beim Armdrücken verloren. Zerknickt erzählte mir mein Freund, dass er am Anfang gewonnen hätte und mit dem Doppelt-oder-nichts-Schmäh reingelegt wurde.

„Selbst schuld", sagte ich zu Mandi und drängte zum Gehen, in diesem Moment brillierte Martin mit einer saublöden Ansage.

„Hört gut zu, ihr Bauernopfer, ich wette 500.- Schilling, dass mein Freund den stärksten Wichser von euch schlägt! ... Den Stärksten von euch, hört ihr, der Verlierer darf aber nicht weinen, ... ha, ha, hört ihr! Und es gibt keine Revanche. ... Was ist, ihr Helden, seid ihr dabei oder nicht?"

Was soll ich sagen, da war was los und ich bin sicher, die überlegten, ob sie den „Wiener Schmuck" nicht in einer Senkgrube verschwinden lassen.

„Und wer soll das sein, du Großmaul?! ... Du vielleicht? ... Du abgerissener Beistrich?"

Auch Mandi, Uschi und ich warteten nun gespannt, wer dieser Freund wohl sein wird. Welch wunderbare Lösung, Martin zeigte grinsend und unverschämt, wie er war, auf mich.

„Ohhhh nein, Martin, du bist ja nicht ganz dicht!", schrie ich laut, sodass es auch jeder hören konnte. „... He, he, Freunde, das war nur Spaß, alles gut, nicht heute, am besten wir gehen jetzt. ... Griaß euch!"

„Ned so schnööö, Weana, entweder druckst oder dei Freund mit der großen Fresse macht es selber, oder er zahlt uns kampflos aus, verstehst des, du Hungerpfosten. Angesagt ist angesagt und des güt!"

Martin zog einen 500er-Schein aus seiner Hose und knallte ihn auf dem Tisch.

„Na, wann's eh güüüüt, ... wo ist euer Einsatz?", sagte Martin provokant, „... Auf geht's, Freunde!"

Die Burschen legten ihr Geld zusammen und alle versammelten sich um den kleinen Tisch und auch klar, alle sahen mich böse an.

„Ok, ok, aber ich muss mich erst aufwärmen, ich habe ja ewig nicht mehr gedrückt!"

Dann nahm ich mir Martin zur Seite und sagte ihm, was ich von seiner saublöden Idee hielt. „Wenn wir hier durch sind, ich schwöre dir, dann hau ich dir Eine in deine blöde Fresse, du bist ja nicht ganz normal, du bringst mich jedes Mal in Schwierigkeiten, ... ich fasse es nicht, ... du Arsch!

Komm, Mandi, drück mich warm!" ... Natürlich wurde über meine Art mich vorzubereiten und aufzuwärmen gelacht und mit blöden Sprüchen begleitet, aber ich wusste genau, was zu tun war, ich musste nur schnell sein und all meine Kraft komprimiert auf den Punkt bringen und mein Muskel musste warm sein, ich hatte das schon einige Male bei Profis gesehen und auch schon öfter selbst gemacht.

Als ich bereit war, setzte ich mich auf meinen Platz und der Bursche, der Mandi geschlagen hatte, saß mir gegenüber, ein Muskelprotz, der seinen vermeintlichen Sieg schon feierte. Zur Vorsicht fragte ich noch nach den Regeln, man weiß ja nie.

„Nur drücken, Weana, … auf ‚los‘ nur drücken, das verstehst du doch, ha, ha, oder?"

Na, wenigstens war ich jetzt genug motiviert, um diesem überheblichen Arsch sein Grinsen aus seinem Gesicht zu drücken.

Unsere Hände trafen sich in der Tischmitte, mit einem festen Griff wollte mich Meister Propper überraschen, doch das war wohl nichts, freute ich mich innerlich, denn das wäre schon ein ordentlicher Nachteil gewesen.

Auf „los", … wie mir gesagt wurde, zog ich voll durch und klatschte Meister Proppers Handrücken mit einem Ruck, blitzschnell auf die kleine Tischplatte, dass es nur so knallte.

Bevor mein von allen Seiten angefeuerter Freund seine Kraft einsetzen konnte, war schon alles vorbei. Alle waren überrascht und die kurze Ruhe vor dem Sturm wusste Martin zu nutzen, er schnappte sich in Windeseile unser gewonnenes Geld und jubelte mir mit Mandi und Uschi zu. Ich wollte mich nur mehr schnell aus dem Staub machen, doch klar, nun ging der Ärger erst richtig los.

Ich rechnete schon fix mit einer handfesten Schlägerei, ich wurde ja sofort als Betrüger hingestellt, beschimpft und dann fingen schon die ersten Schubsereien an, jeder weiß, wo das hinführt und viel fehlte da nicht mehr, als die Security eintraf.

Die Lage entspannte sich aber wieder und ich wollte die Gelegenheit nutzen, um unauffällig abzuhauen. Doch unser Vollidiot Martin musste ja noch unbedingt erklären und diskutieren und den Oberlehrer raushängen lassen.

Mein Gegner forderte nun lautstark Revanche und dieser wahnsinnige Martin goss noch jede Menge Öl ins Feuer, er schlug doppelt oder nichts vor, was sofort angenommen wurde. Die Security hielt das auch für fair, denn mittlerweile war dieser Spieleraum von Schaulustigen überfüllt und 96 % von denen waren gegen uns, … gegen mich.

Was blieb mir also anderes übrig, am liebsten hätte ich Martin gegrillt, denn der war das einzige Übel hier, am liebsten hätte ich absichtlich verloren, aber das konnte ich auch nicht, so etwas widerstrebte mir immer schon, genauso wie Betrug oder Lügen.

Die Ansässigen kratzten alle ihr Geld zusammen, um die 1.000.- Schilling aufzubringen, Martin übergab seinen Einsatz dem Security Mann, den er auch kannte, er sollte dann den ganzen Pot an den Sieger übergeben.

Ich zog Martin wieder zur Seite. …

„Hör zu, du Idiot, mit meinem Überraschungsangriff vorher hatte ich klare Vorteile, die gibt's jetzt nicht mehr, kapierst du das nicht? Was du da machst ist Wahnsinn, der ist sicher stärker als ich, hast du den seinen Arm gesehen? Weil du nie genug bekommst, und wie komme ich überhaupt zu dieser ganzen Scheiße, du bist ein echtes Arschloch!"

„He, Joe, alles easy, es ist doch spannend und aufregend, du bekommst natürlich deinen Anteil, die Hälfte, ist doch klar. Komm, ich weiß, du schaffst das und vergiss nicht, zuerst wurde Mandi von denen abgezockt und das richtig. … Also gib alles! … Ich weiß, dass DUUU gewinnst!"

„Du hast leicht reden, reißt immer nur deine blöde Fresse auf und sonst nichts, immer nur Ärger mit dir, wie bei deinem Scheiß-Fest, damals!"

Die Menge feuerte meinen Gegner an und der Security Mann machte den Schiedsrichter. Unsere Hände trafen sich erneut in der Tischmitte und wir packten beide mit einem festen Griff zu, der Security richtete uns genau in der Mitte aus und dann kam auch schon das Kommando, … los!

Die Menge tobte, der Druck meines Gegners wurde immer stärker und ich erhöhte meinen Gegendruck gerade so, dass wir gleichauf wahren, das ging gut zwei Minuten so, bis ich merkte, das da nicht mehr viel ankommt, meinen Gegner die Kraft verließ. Eigentlich klar, der hatte ja schon einige Kämpfe ausgetragen. Ich hatte noch genug Reserven und legte langsam zu, ich übte immer mehr Druck auf das Handgelenk meines Gegners aus. Nun spürte ich es eindeutig, er konnte nicht mehr zulegen, der war fertig, am Ende seiner Kräfte.

Hier und heute zahlte sich das Brechen und Bearbeiten von schweren, harten Fliesen und Platten richtig aus, denn das machte ich nun schon mehrere Jahre und es gab mir offenbar mehr Kraft, als ich vermutete.

Ich entschloss mich zu einem finalen Schlag und wartete nur mehr auf den richtigen Moment. Komm, dachte ich mir, beim nächsten Nachgeben habe ich dich. Als ich es spürte, ließ ich kurz nach und legte meine ganze Kraft in eine schnelle Gegenbewegung, irgendetwas knackste dabei ordentlich und schon schlug der Handrücken meines Gegners widerstandslos auf der Tischplatte auf und die Finger meines Gegenübers rutschten kraftlos aus meinem Griff – geschafft.

Ich wollte schon jubeln und meinen Sieg feiern, als mein Kontrahent mit schmerzverzerrtem Gesicht aufschrie, erst jetzt sah ich, was passiert war. Die Hand meines Gegners sah übel aus, er brüllte vor Schmerzen und sprang von seinem Sessel auf.

Blitzartig richteten sich alle Blicke auf mich, als hätte ich ihn absichtlich verletzt. Ich bekam Panik und flüchtete nach draußen, was mich erst recht schuldig aussehen ließ, aber was hätte ich denn sonst tun sollen oder können, niemand hätte mir zugehört und was hätte ich denen sagen sollen, ich wusste ja selbst nicht, was da jetzt genau passiert war. …

„Scheiße“, dachte ich mir, nicht schon wieder Probleme mit den Bullen, egal was ich mache, immer endet es in einem Desaster. Ich machte mir Vorwürfe und suchte die Schuld bei mir, weil ich wieder so blöd war und gemacht hatte, was andere von mir erwarteten, und dann geht noch alles schief.

Eine halbe Stunde später traf die Rettung ein, nun machte ich mir wirklich Sorgen und beobachtete von weitem das Geschehen. Ich hoffte, dass meine Begleiter nun endlich kommen würden, ich wollte nur mehr weg von hier und dann sah ich sie auch schon, Gott sei Dank.

„Was ist, Mandi? … Was ist passiert, wie geht's dem? … Was hat er?“

Mandi lachte und war total relaxt. „Alter, du bist ein Killer, hast dem voll den Arm abgerissen, ist ja voll irre."

„Was, echt jetzt? … Wieso, ich habe doch gar nichts gemacht? … Ohhhh, scheiße, da kommen die Bullen sicher auch gleich, kommt schnell, lasst uns hier verschwinden."

Mandi und Martin hatten es nicht wirklich eilig, ganz im Gegenteil, die beiden amüsierten sich prächtig, während ich Blut und Wasser schwitzte.

„Ihr zwei Arschlöcher findet das auch noch witzig, ich kann da nicht lachen, der wird mich sicher anzeigen, … scheiße!!"

„Alles gut, Joe, du kannst ja nichts dafür, hätte er eben nicht armdrücken dürfen, … keine Bullen, niemand ist dir böse, … beruhige dich wieder."

„Was, beruhigen?! … Wegen euch zwei Arschlöchern habe ich immer Probleme, und du, Martin, ich sehe dich zweimal und zweimal muss ich flüchten, ohne, dass ich weiß, wie ich dazu komme, ich hau dir eine in deine Scheiß-Fresse, du Idiot!"

„He, he, langsam, … he, Joe, komm runter, reiß dich zusammen, … alles ist ok, das konnte doch kein Schwein vorhersehen, … wir fahren ja schon."

„Dann fahr endlich, ich will nur mehr hier weg!!"

Kaum im Auto, schwärmten meine Freunde von meiner „Heldentat" und was ich nicht für ein unschlagbarer Typ wäre und was ich nicht schon alles gemacht habe und dies und das. Mir ging das alles mächtig auf den Sack, die hatten ja leicht reden und doch war in all den Erzählungen und vor allem, wie die sich das erzählten, ein unausweichlicher Humor, dem ich mich dann auch nicht entziehen konnte.

Natürlich durfte jetzt die Geschichte mit Martins Bruder nicht fehlen, Uschi musste ja unbedingt nachbohren und fragte Martin, was es mit seinem Bruder auf sich hat, sie wollte alles wissen.

Martin lachte. „Das ist eine gute Idee und Joe, hör gut zu, dann wirst du merken, dass ich wirklich nichts dafürkann und dass ich unschuldig bin. Jetzt hab dich nicht so Joe, du warst nur zur falschen Zeit am falschen Ort.

Weißt du, Uschi, mein Bruder war und ist immer schon ein arroganter und aufgeblasener Arsch gewesen, wie mein Vater auch, ich und meine Schwester sind da eben ganz anders und die schwarzen Schafe in unserer Familie. Meine Schwester Andrea ist gleich, als sie 18 Jahre alt wurde von zu Hause abgehauen und arbeitet als Prostituierte, weil sie von unseren Eltern unabhängig sein wollte, ist aber auch egal, was für einen Grund sie hatte, sie macht es in jedem Fall freiwillig, nur, dass das klar ist.

Du musst wissen, meine Eltern sind steinreich und denen ist es überhaupt nicht recht, eh klar. Andrea wurde immer geschlagen und auf Leistung gedrillt, genauso wie sie es bei mir machen. Sie hat das eben nicht mehr ausgehalten und hat sich für diesen Weg entschieden. Ich kann sie irgendwie verstehen, aber auch irgendwie nicht, sie ist ja meine Schwester und ich liebe sie sehr. Klar, recht ist mir das auch nicht, aber so ist sie eben.

In jeden Fall sind damals meine Eltern und mein Bruder nach Kroatien gefahren, um auf Vaters Yacht ein Geschäft abzuschließen und um gleichzeitig Urlaub zu machen, für mich war da kein Platz, zumindest war das Vaters Erklärung. Für mich war es mehr Freude als Strafe, hatte ich doch das ganze Haus für mich allein. Die sind dann eben letzten Sommer an einem Freitag nach Kroatien gefahren und ich hatte das High Life für die nächsten 14 Tage. Ich konnte es kaum erwarten, war doch meine erste Idee eine Riesenparty für Samstag, zu der ich auch Mandi eingeladen hatte, der wiederum Joe mitbrachte. …

Verzeih mir Joe, aber ich werde nie vergessen, wie du dreingeschaut hast, als du die große Videowand im Wohnzimmer gesehen hast, ich weiß noch, wir schauten gerade den Film ‚The Wanderers‘."

„…was gibt's da zu lachen, ich habe halt noch nie ein so großes Haus mit Garten und Pool und mit allem gesehen, und dann auch noch drei Autos in einer Garage, die allein so groß war wie ein ganzes Stockwerk in dem Gemeindebau bei mir zu Hause, und überhaupt, jetzt komm endlich zum Punkt, denn auf die Erklärung bin ich jetzt echt selber gespannt."

„Na ja, der Rest sind eben unglückliche Umstände gewesen." Am Samstag, als die ersten Freunde gekommen sind, hatte ich gleich zur Vorsicht alle Telefone ausgesteckt, für den Fall, dass Otto oder meine Eltern anrufen, eben so, als wäre ich nicht zu Hause.

Mein Vater hatte aber leider wichtige Unterlagen für sein Geschäft vergessen und Otto musste sie unbedingt beschaffen, der wiederum hat den ganzen Vormittag hier angerufen und wollte, dass ich ihm entgegenkomme, so fing der ganze Ärger überhaupt erst an und ich hatte von all dem natürlich keine Ahnung, die Telefone waren ja aus.

Mandi ist dann eben mit Joe gekommen, da war der Film schon fast zu Ende und wir wollten alle raus in den Garten zum Pool, ...Party eben. Ich zeigte Joe das Haus und weil er so fasziniert von dem Film und der Projektionswand war, fragte ich ihn, ob er den Ganz sehen möchte. ... Stimmt doch, Joe!? ... oder etwa nicht, du wolltest unbedingt den Film auf der großen Wand sehen, während wir anderen alle nackt im Pool Blödsinn machten, oder?

Ich hab's ja eh nicht verstanden, aber so ist er eben, der Joe"

„Sehr lustig, ... komm, erzähl lieber fertig, du Genie."

„Ja, ja, ist ja schon gut! Und dann kam Otto, mein großer Bruder, stinksauer nach Hause, um die blöden Unterlagen zu holen, ja, und den Rest weiß ich nur zur Hälfte, wir waren ja alle draußen im Pool, ... Mann, bin ich erschrocken, als ich den Wirbel hörte, zuerst dachte ich ja, es ist was explodiert, wir sind alle panisch aus dem Wasser, um nachzusehen und dann sah ich Joe auf jemanden einschlagen. Auf meinem Bruder wäre ich im Leben nicht gekommen.

Uschi, ich sage dir, da war die Hölle los, einige von uns waren so erschrocken, die sind gleich fluchtartig über den Gartenausgang abgehauen, ich und ein paar Jungs sind rein, um Joe zu helfen.

Als wir dann sahen, dass mein Bruder der Gegner von Joe war, sind alle blitzartig geflohen, auch du, Mandi.

Das ist jetzt der Teil, wo mir auch nicht zum Lachen war, ich wäre am liebsten auch gleich weggelaufen, ich musste aber Joe von meinem Bruder trennen, der ihn ja als einziger nicht kannte und ihn noch nie vorher gesehen hatte, genauso wie mein Bruder Joe nicht kannte, für mich war es der absolute Horror.

Als ich dann Joe endlich von meinem Bruder wegzog und ihm in kurzen Sätzen die Situation erklären wollte, ist auch Joe auf und davon. Ja, und dann hatte ich mein Fett wegbekommen, daran will ich gar nicht mehr denken. Aber Joe, ich weiß bis heute nicht, was genau passiert ist, wie ist es überhaupt zu dieser Schlägerei gekommen?"

„Weißt du, Martin, ich will mich auch nicht mehr daran erinnern und mir geht es mächtig auf den Sack, dass immer alles verdreht wird und ich am Ende der Böse und das große Arschloch bin, diese Scheiß-Geschichte ist ja ein Paradebeispiel dafür, aber gut …

Ich sitze also da und schau den Film, ich hatte deinen Bruder weder kommen hören noch sonst was, plötzlich steht wer hinter mir und schreit mich wie verrückt an:

‚Was zum Teufel machst du hier? Beweg deinen Arsch, aber pronto!‘

‚Hast du sie noch alle, was bist denn du für ein Idiot?‘, antwortete ich erschrocken und sprang vom Sofa auf.

‚Idiot also‘, schrie mich der an und haute mir eine Ohrfeige runter, dass ich gleich wieder zurück in das Sofa fiel, na, und dann war Achterbahn, ich packte ihn an der Hand und schleuderte ihn über das Sofa, sodass er rücklinks auf den Tisch krachte, na, und dann ging's erst so richtig zur Sache, wir schlugen aufeinander ein wie die Wilden, und ständig hatte ich so ein komisches Gefühl, weil ich den weder kannte und sicher auch noch nirgendwo gesehen hatte und älter war er auch als wir alle, komisch halt. Aber zum Fragen bin ich ja überhaupt nicht gekommen, der wollte mich eindeutig killen, und als ich den dann endlich am Boden hatte, seid ihr schon gekommen und habt wie verrückt rumgeschrien. Abgelenkt und verwirrt von den ganzen Hin und Her und der Schreierei, hatte ich den Aschenbecher nicht kommen sehen, den mir dein feiner Herr Bruder auf meinen Hinterkopf geschlagen hatte, und dann hat mich wer weggerissen und klar, ich wollte nur mehr raus, wie alle anderen auch.

Ja … und das war es auch schon, mir brummte der Schädel, ich wusste momentan gar nicht, was passiert war und brauchte eine ganze Weile, bis ich mich gefangen hatte. Ich suchte nach Mandi oder sonst jemanden, aber da war niemand mehr da. Ich wollte nur mehr weg, wusste aber nicht einmal, wo ich genau war, ich hatte kein Geld bei mir oder hatte es verloren, was weiß ich. Mir war richtig übel und einen tiefen Cut, der ordentlich blutete, hatte ich auch. Ich bin dann über zwei Stunden nach Hause marschiert, tolle Party eben. … Kein Grund, angefressen zu sein, oder?"

„Jetzt würde mich interessieren, warum ihr zwei das so lustig findet, ich verstehe es nicht wirklich, denn ich kann immer noch nicht lachen?!"

„Ja, Joe, … klar, … ich, … wir alle, die dabei waren, verstehen dich schon und auch klar, für dich selbst und die Situation an sich war ganz und gar nicht lustig, aber was du bewirkt hast oder getan hast, … nennen wir es eine tief empfundene Schadenfreude, was meinen Bruder betrifft und ein ebenso tief empfundener Dank von uns anderen an dich, was dich betrifft, weil endlich jemand im Stande war, dieses Arschloch in seine Schranken zu weisen und ihm das zukommen ließ, was er anderen im Stillen angetan hatte, die ihm jahrelang wehrlos gegenüber waren, wie meine Schwester oder ich auch.

Ehrlich, wir freuten uns alle darüber, weil wir wussten, mit so einem, wie du einer bist, hatte mein Bruder im Leben nicht gerechnet, und es war gut so. Wir lachen also nicht, weil wir uns über dich lustig machen, sondern weil du der bist, der du eben bist. … Ha, ha, ha. Entschuldige bitte, aber gerade eben, … es war ja wieder so eine Geschichte. Dieser Arsch in der Disco, der zockt die Leute seit ewig mit seiner Kraft ab, demütigte sie, machte sich immer über alle Schwächeren lustig und was ich so gehört habe, ist er auch nicht sonderlich beliebt, du hast seinen Auftritt ja selbst erlebt. Und jetzt machst du dir noch Sorgen und fühlst dich schuldig, wozu?

Der hat eben bekommen, was er verdient hat, nennen wir es ausgleichende Gerechtigkeit, oder wie oder was sollte man dazu sagen?

Apropos verdient, … ich habe da noch 1.500.- Schillinge, die geteilt werden wollen, wir haben ja letztlich heute alle gewonnen."

Peters Motorradunfall lag jetzt schon ein ganzes Jahr zurück, endlich konnte er die Rehaklinik verlassen, doch sein Geist und seine motorischen Fähigkeiten lagen noch immer in schweren Ketten, die vielleicht nie mehr an Gewicht verlieren würden. Und doch wirkte dieser andere Peter, der nun das genaue Gegenteil von vorher war, befreit und irgendwie glücklich.

Unserer Freundschaft tat das alles natürlich keinen Abbruch und doch sah man sich nicht mehr so oft wie früher. Peter wurde von einem Freund seiner Mutter als Malerlehrling angenommen und er kämpfte sich Stück für Stück in sein neues Leben.

Ich war eigentlich froh, dass ich bei diesem Unfall damals nicht dabei war, und dass mir Joschi meine geliebte Zündapp nach meinem Rennunfall nicht wieder zurückgegeben hatte. Joschi hat mein Moped demonstrativ verkauft und ich hatte mir zum Trotz ein altes Auto von einem Freund gekauft. Ich fuhr jetzt schon an die drei Monate mit dieser alten Karre herum und das unbemerkt von meiner Familie, vor allem meine Mutter durfte das nicht wissen oder erfahren und natürlich die Bullen auch nicht. Den Kurs für den Führerschein besuchte ich seit kurzem, mir fehlte nur mehr das Bestehen der Prüfung und der Termin dafür.

Einmal wurde ich schon von den Bullen kontrolliert und alles ging gut aus, ich gab mich einfach für meinen gleichaltrigen Cousin aus, der den Führerschein ja schon hatte, doch je näher ich an der Führerscheinprüfung dran war, desto vorsichtiger wurde ich. … Eigentlich.

KAPITEL 8

No risk, no fun

Es war Freitag, ich ging noch in das nahegelegene Café Caprice, um Freunde zu treffen, wir tranken und hatten jede Menge Spaß, klar, es drehte sich wie immer alles um Mädchen, um Autos und um Motorräder und natürlich um meinen Führerschein, den ich schon bald haben würde.

Günter schwärmte von einer Disco, die am äußeren Rand, im 12. Bezirk, sein sollte und er meinte, dass da jede Menge Mädchen auf uns warten würden, bloß das fehlende Geld und eine Fahrgelegenheit fehlten uns zu unserem Glück. „Das Geld", sagte Günter, „ist kein Problem, ich könnte es von meiner Mutter bekommen." Problem gelöst.

Wir wussten alle, dass Günters Mutter am Gürtel beim Hotel Brücke, in einer kleinen Gasse, als Prostituierte arbeitete. Wir brauchen nur ein Auto, um dieses Geld zu holen und um dann zur Disco zu gelangen. Klar, alle bohrten und drängten darauf, dass wir mit meinem Auto fahren. „Was soll schon groß passieren, Joe? Wenn du dich nicht fahren traust, fahr halt ich", schlug Günter vor, der auch keinen Führerschein hatte und eh klar, auch Fred und Horst, die beiden hatten zwar auch keine Lizenz zum Fahren, aber große Lust, eine Runde um den Wiener Gürtel zu drehen, um die Nutten auf der Straße begutachten zu können.

Die Zeit wäre jetzt goldrichtig, drängten mich alle. Es war nun knapp nach 21:00 Uhr und wir alle hatten eigentlich schon zu viel getrunken. … „Ok, scheiß drauf", sagte ich wichtig und großspurig, „holen wir halt mein Auto, wird schon nichts sein."

Eine halbe Stunde später waren wir mit meinem alten Ford unterwegs. Günter holte das Geld von seiner Mutter und überschwänglich drehten wir noch ein paar Runde am Gürtel, wir geilten uns an den sehr knapp bekleideten Mädchen auf, die trotz der Kälte in ihren High Heels und den hautengen Leggins genau die richtige Augennahrung für uns Möchtegern- Gangster waren. Natürlich machten wir auf dicke Hose und natürlich musste ich bei jedem Anfahren die Reifen durchdrehen lassen, was ohnehin nur bei dieser Kälte möglich war, ich holte alles aus meiner alten Karre raus, die knapp 60 PS hatte.

Unauffällig war anders, ich war so intensiv mit meinen Fahrkünsten beschäftigt, dass ich den Haschischgeruch erst merkte, als es schon zu spät war. Fred hatte sich im Fond eine „Tüte" angeraucht und alle zogen daran, meine Ablehnung darüber wurde mit allgemeinem Gelächter und blöden Sprüchen auf eine harte Probe gestellt, bis mir dann der Kessel platzte.

Ich legte eine Vollbremsung hin, sodass Günter mit seinem Kopf gegen die Windschutzscheibe schlug und die beiden hinten nach vorne gegen die Sitze geschleudert wurden. Ich stieg aus, um Fred aus dem Auto zu ziehen und um ihm meine Meinung darüber in Faustsprache zu erklären.

„Ihr Arschlöcher", schimpfte ich, „das ganze Auto stinkt nach diesem Scheiß, wenn die Bullen vorbeifahren, bin ich geliefert, nur wegen euch Idioten."

Ich schlug Fred die „Tüte" aus der Hand warf sie auf dem Boden und dämpfte sie mit einem Tritt aus.

„He, he, Joe, … Sorry, … komm, jetzt hab dich nicht so, wir stehen hier mitten am Gürtel und jeder schaut schon auf uns, komm, fahren wir weiter."

„Ja klar", brüllte ich zurück, „… wegen euch Idioten!"

Ich stieg wieder ein und fuhr los, der Geruch war für mich ein Alptraum und doch fuhr ich mit geschlossenen Fenstern, um ja keine Aufmerksamkeit bei Nebenherfahrenden auf mich zu lenken.

Lange dauerte es nicht und ich war so high, als hätte ich diesen blöden „Ofen" selber geraucht, meine Freunde fanden das natürlich sehr lustig, denn nun war ich der Joe im knallroten Autobus. Ich stimmte dieses Kinderlied zur Begeisterung aller immer wieder an und es war mir nun auch scheißegal, ob die Fenster offen oder geschlossen waren. …

„Faaahr mit, mit dem knallroten Autobus lalallalalaaa, ... wir haben sehr viel Platz, für Hund und Katz und Spatz, ... bei uns passt jeder rein, lalallalalaaa ..."

Jeder hatte so seine eigene Interpretation und jeder Einsatz des jeweils anderen wurde von Lachsalven der anderen begleitet. Für mich war einfach jedes Wort für sich sooo lustig, dass ich Mühe hatte, das Auto in der Spur zu halten, außerdem versäumte ich das eine oder andere Mal rechtzeitig abzubiegen oder den Blinker zu geben, was natürlich auch für Stimmung und blöde Sprüche sorgte.

Eigentlich sollten wir schon lange unser Ziel erreicht haben und so gesehen hätte auch alles gut gehen können, ... eigentlich.

Dummerweise erkannte ich im Rückspiegel einen Funkwagen der Polizei, mit einem Schlag war es mir gar nicht mehr nach lachen und knallrotem Autobus, mich überkam sofort der Megastress und mein Herz klopfte wie wild, als die das Blaulicht anmachten. Ich hoffte verzweifelt, dass es nicht ich bin, der gemeint war.

Wir fuhren gerade die Altmannsdorferstrasse stadtauswärts und vor mir schaltete die Ampel auf Rot. Die Funkstreife setzte auf den rechten Fahrstreifen neben mir und gab mir mit der Haltekelle zu verstehen, dass ich ihnen folgen sollte.

Scheiße, was für ein Alptraum ist das jetzt, am liebsten hätte ich mich in Luft aufgelöst. Ich glaube, wir alle hatten die Hosen gestrichen voll und wir alle wussten, was uns jetzt blühen würde.

„Joe, pass auf, ich wohne hier ganz in der Nähe am Schöpfwerk, ich kenne mich da echt gut aus, da gibt es hundert Möglichkeiten, das Auto so zu verstecken, dass die uns niemals finden können, ... du musst nur vor allen anderen links abbiegen und weg sind wir, die können uns sicher nicht folgen."

„Bist du wahnsinnig, Günter, hier ist links abbiegen verboten und der Gegenverkehr, ... da komm ich nie vor den anderen rüber."

„Joe, du musst jetzt Gas geben, ... JETZT, ... bevor die Ampel auf Grün geht, das schaffen wir, aber nur jetzt!"

Verzweifelt dachte ich nach, was ich nun tun sollte, viel Zeit zum Nachdenken blieb mir ja nicht mehr, denn gleich wird die Ampel umschalten und wenn ich nicht der Erste bin, der losfährt, dann war es das für uns alle.

Mein Puls war auf tausend, mir zitterten die Knie, aber ich sah keinen anderen Ausweg, als diese saublöde Idee von Günter in die Tat umzusetzen. Ein paar Sekunden noch, dann würde es zu spät sein, ich durfte aber auch nicht zu früh starten, sonst könnten es auch die Bullen schaffen, uns nachzusetzten. Was sollte ich bloß tun, … tausend Gedanken rasten durch meinen Kopf, und dann setzte ich alles auf eine Karte.

Wie Jochen Rind trat ich beherzt das Gaspedal bis zum Anschlag durch und schaffte es gerade noch, dem entgegenkommenden Verkehr zuvor zu kommen und schon hörten wir die Sirene der Bullen aufheulen, ein Blick in den Rückspiegel gab mir das Gefühl eines Sieges und ich fetzte mit Vollgas durch die Gassen.

„Was ist, Günter? … Wie geht's weiter? … Wo müssen wir hin? …"

Während unser Navigator nachdachte und ich keinen Schimmer hatte, wo ich überhaupt bin, wurde die Sirene der Bullen wieder hörbar lauter, meine 60 PS und die fehlenden Gene von Jochen Rind ließen meinen Vorsprung drastisch dahinschmelzen und das allgemeine Chaos meiner Mitfahrer mit samt den durcheinandergeworfenen Ansagen, die kein Mensch mehr verstehen konnte, steuerten mich in ein absehbares Desaster, denn nun hörte ich schon mehr als eine Sirene und alles wurde immer lauter.

Den Bock hatte ich dann endgültig abgeschossen, als ich sah, dass ich direkt auf die einzige Polizeistation im Umkreis von zehn Kilometer zusteuerte, die direkt vor mir lag.

Völlig planlos versuchte ich dennoch zu entkommen und bog in eine dunkle Gasse ein, schaltete das Licht aus und versuchte so leise und unauffällig wie möglich einen Parkplatz zu finden, doch keine Chance, keine Lücke, nichts, und dann stand ich vor einer Mauer. „Toll", sagte ich noch, „eine Sackgasse, super Günter, du kennst dich ja wirklich bestens aus, du Vollidiot!!"

Wir stritten uns und jeder gab jedem die Schuld an dieser ausweglosen Situation und dann wurde es taghell. Es waren sicher an die sechs Funkstreifen, die hinter mir zum Stehen kamen und es war laut, sehr laut, die Sirenen heulten noch immer, das Blaulicht spiegelte sich an den Wänden der Häuser und an der Wand vor mir.

Nun waren wir geliefert, aber so was von!

Ich weiß nicht, was wir uns in jenem Moment dachten, aber wir waren augenblicklich still geworden und mir ging es echt schlecht in Anbetracht dessen, was jetzt gleich auf uns zukommen würde. Ich beobachtete im Rückspiegel das Geschehen und sah, wie sich einige Polizisten mit gezogener Waffe unserem Fahrzeug näherten, ich wollte daraufhin aussteigen und hatte die Tür schon einen Spalt geöffnet. Der Polizist, der am nächsten zu uns stand, verlor völlig die Nerven, er sprang auf die Seite und lies vor Aufregung seine Waffe fallen, zumindest will es Günter so durch die Scheibe gesehen haben. Ich hörte das Aufschlagen von Metall am Boden und schlug instinktiv und ebenfalls erschrocken meine Tür wieder zu, wir schauten uns alle verunsichert an und beobachteten das Geschehen rund um unser Auto.

Die gesamte Armada von Gesetzeshütern war ebenfalls erschrocken und völlig aus ihrem Konzept gebracht, zumindest sah es in unseren Augen so aus. Das denkbar Dümmste, was man in so einer Situation tun kann, taten wir dann im Kollektiv. Wir lachten uns die Seele aus dem Leibe und bekamen uns gar nicht mehr unter Kontrolle, ich weiß nicht, inwieweit der gerauchte Shit seinen Beitrag dazu beigesteuert hatte, wir konnten einfach nicht aufhören zu lachen.

Als die Beamten dann ihren Zugriff starteten und die Türen aufrissen, schauten die so überrascht drein, dass sich der ganze Irrsinn fortsetzte und es dauerte eine gefühlte Ewigkeit, bis wir uns wieder von diesem desaströsen Lachen erholen konnten.

Nun standen wir in Reih und Glied vor den Bullen und reumütig versuchte ich mich in einer Erklärung, ich bettelte förmlich um Nachsicht, während einige Polizisten das Auto durchsuchten und dann kam die Aufforderung, meine Kfz-Papiere und den Führerschein auszuhändigen.

Mit dem Wort „Führerschein" ging das ganze Theater von vorne los und wir Idioten lachten sich um jede Chance und Milde.

Die Wachstube war nicht weit entfernt, wir wurden dort vernommen und mit allen möglichen Anzeigen belegt, durften aber dann die Polizeistation wieder frei verlassen.

Nach dieser Tortur war uns nicht mehr zum Lachen, vor allem mir nicht, ich hatte klarerweise die meisten Anzeigen abbekommen und den Führerschein konnte ich jetzt ohnehin vergessen, ich war bitterböse und trennte mich im Streit von den anderen. Ich ging zu meinem Auto zurück, die hatten mir nicht einmal den Schlüssel abgenommen, ich stieg emotionslos ein und fuhr nach Hause.

Der nächste Tag entwickelte sich schon mit meinem ersten Augenaufschlag zu einem wahren Alptraum.

Ich wünschte, ich hätte den gestrigen Tag nur geträumt und noch mehr wünschte ich mir, dass das, was mich jetzt gerade aus meinem Schlaf riss, auch nur geträumt wäre.

Meine Mutter prügelte mich weinend aus meinem Schlaf: „Warum tust mir das an", schluchze sie, … ich verstand erst einmal überhaupt nicht, um was es überhaupt geht, was sie meinte und versuchte, sie zu beruhigen.

„He, Mutter, bist du irre, … was ist denn los, was regt dich denn so auf?" „Ziehe dich sofort an, Johann, … sofort, hörst du … und dann komm gleich in die Küche!"

Na bumn, dachte ich mir, der Tag fängt ja gut an, was ist mir der los, die konnte das von gestern doch unmöglich jetzt schon wissen. Ich zog mich an und ging in die Küche zum Rapport.

Da saß die befreundete Hausmeisterin meiner Mutter mit ernster Miene und schüttelte ermahnend ihren Kopf.

„Joe, also weißt du, … wie blöd kann man eigentlich sein, was machst du denn für Sachen?!"

„Was für Sachen, Frau Meier, was habe ich denn gemacht?! …"

„Ja, bist du wirklich so blöd, wie mir Manfred erzählte?!"

Nun klingelte es in meinem Kopf, Manfred war Polizist und einer der Söhne von Frau Meier, aber dass die das alle schon wissen, wie sollte das möglich sein, dachte ich mir und zuckte schuldig mit meinen Achseln.

„Ja, Bub, hast du denn deinen Verstand verloren, Manfred war es, der dich gestern auf der Altmannsdorferstrasse aufhalten wollte, um dir die Autoschlüssel abzunehmen, weil du mit deinen schwachsinnigen Freunden und deinem so unauffälligen orangenen Ford Taunus unterwegs warst, … OHNE Führerschein! … Was ja ohnehin schon jeder wusste, außer deiner armen Mutter! Aber du Idiot musstest ja unbedingt auf James Bond machen und jetzt kann dir Manfred auch nicht mehr helfen, das war einfach zu viel.

Warum bist du nicht einfach stehen geblieben, dann wäre jetzt alles gut?"

Natürlich musste meine Mutter jetzt auch noch ihren Senf dazugeben.

„Warum, Joe? … Warum bist du so, warum tust du mir das alles an?"

Am liebsten wäre ich auf der Stelle im Erdboden versunken oder hätte zumindest den Ton ausgeschaltet, das kann doch alles nicht wirklich wahr sein, aber so sehr ich mir die Situation von gestern auch in mein Gedächtnis holte, den Manfred sah ich nicht … hätti, dadi, wari, … unfassbar.

„Ja klar, Frau Meier, … Mutter, … ich habe ihn eben nicht gesehen, was weiß ich, warum nicht. Ich dachte ohnehin, ich komm davon…"

„So siehst du aus Joe, mit dieser alten Karre, die man unter tausend Autos eindeutig erkennt. Manfred ist stinksauer auf dich und trotzdem versucht er, dir zu helfen, aber mach dir keine großen Hoffnungen, … du hättest doch nur stehen bleiben müssen, … Gott Vater, … du bist ja wirklich ein hoffnungsloser Fall."

Als sich dann Frau Meier bekreuzigte, sie und meine Mutter in Richtung Himmel blickten, suchte ich schleunigst das Weite und verkroch mich in meinem Zimmer.

Ich wusste genau, dass noch Schlimmeres auf mich zukommen wird, was wird wohl mein Onkel zu dieser Geschichte sagen, und mir ging mächtig der Arsch auf Grundeis. Doch viel Zeit zum

Nachdenken blieb mir ohnehin nicht, es war noch keine halbe Stunde vergangen, da wurde ich auch schon zum Telefon zitiert und ich wusste, wer am anderen Ende sein würde, … mein Onkel, und schon ging der Anschiss erneut los.

Warum, … wieso, … wieso hast du nicht … und so weiter.

Danach freute ich mich direkt auf meine Arbeit in der Firma, wo ich bei meinem Gesellen Robert endlich Ruhe haben würde, ich war derart am Boden zerstört, dass ich den ganzen Scheiß nur mehr verdrängen wollte.

Am folgenden Freitag vor Arbeitsschluss, ich war gerade mit Zuschnitten eines Kachelofens beschäftigt, kam mein Chef zu mir in die Werkstatt und sagte mir, meine Mutter hätte angerufen, ich solle nach der Arbeit ins Café meines Onkels kommen. Im Café angekommen wurde ich allseits mit freundlichem Kopfschütteln begrüßt.

„Joe, sag mal, wann genau ist deine Führerscheinprüfung?", fragte mein Onkel. „Echt jetzt, Onkel, das ist jetzt doch auch schon egal, das kann ich ohnehin vergessen", antwortete ich genervt.

„Du Klugscheißer weißt schon wieder alles besser, spar dir deine blöden Antworten und sag mir, … wann?!"

„Kommenden Montag hätte ich Vorprüfung und Freitag dann die richtige, aber wieso ist das jetzt noch wichtig?!"

„Weil du antreten wirst, hörst du! Du machst Folgendes, du fährst jetzt heim, hältst deine Klappe und erzählst und sprichst mit niemanden darüber, lerne und bestehe diese verdammte Prüfung, hörst du, lerne und mach einmal das, was ich dir sage und sonst nichts!"

„Und wozu soll das gut sein, wenn die Strafe kommt, bin ich ihn sowieso wieder los, der Bulle sagte ja, ich werde sehr lange gesperrt sein."

„Ja, aber die wissen nicht, dass du schon mit dem Kurs durch bist und die Prüfung ist schon nächsten Freitag, also noch bevor du die Strafe für deine Blödheit bekommst."

„Echt jetzt?"

„Du sollst nicht denken, du sollst das tun, was ich dir jetzt gesagt habe und sonst nichts! Also geh jetzt und lerne!"

„Was soll's", dachte ich mir, „bezahlt ist ohnehin schon alles, mach ich eben", aber geglaubt habe ich nicht, dass dieser Plan aufgehen könnte.

Donnerstag und Freitag hatte ich mir frei genommen, ich machte also die Vorprüfung und am Donnerstag die letzten beiden Fahrstunden, Freitag bin ich zur Prüfung gegangen.

Einer nach dem anderen wurde aufgerufen und ich dachte mir, scheiße, eh klar, die wissen davon, alle waren schon fertig, nur ich stand noch wie ein Häufchen Elend vor dem Prüfzimmer, doch dann wurde auch ich aufgerufen.

Es war eine kurze Prüfung mit einfachen Fragen, die ich ohne zu lernen auch gewusst hätte und ich war tatsächlich durch, ich konnte mein Glück kaum fassen, nur noch fahren und ich hätte es wirklich geschafft.

Ich war mit meinem Auto zur Prüfung gefahren, ich glaubte keine Sekunde an Onkels Plan, doch jetzt war ich zu meiner Verwunderung durch. Keinen Meter fuhr ich mehr, ich ließ mein Auto, wo es war, und holte mir am 27.07.1984 meinen Führerschein vom Verkehrsamt ohne irgendein Problem ab. So groß meine Freude auch darüber war, zwei Wochen später bekam ich eine Vorladung vom Koat Meidling und befürchtete Schlimmstes.

„Bleib cool, Joe", sagte mein Onkel Ernst, „was bist du nur für ein Weichei, alles ist gut, jetzt, wo du einmal nicht das Gesetz mit Füßen getreten hast, knickst du ein, immer dasselbe mit euch jungen Schissern.

Du gehst da hin, holst dir deine Strafe ab und hältst deinen Mund, kein Wort über deine Prüfung und kein Wort über deinen Führerschein und sei bitte nicht so blöd und fahre mit dem Auto dahin."

Und wirklich, die hatten keine Ahnung von all dem, ich wurde über alles Mögliche belehrt und mir wurde auch gesagt, dass ich die nächsten zwei Jahre keinen Führerschein machen könnte und bla, bla, bla.

Die Strafe wurde mir gleich ausgehändigt und die haute mich dann doch noch aus den Socken, da waren 12.000.- Schillinge zu bezahlen binnen vierzehn Tagen, na bumm.

Wie es ebenso ist mit den jungen Pferden, 12.000.- Schillinge konnte ich unmöglich in dieser Zeit aufbringen und wieder bei meinem Onkel und meiner Tante zu Kreuze kriechen, das wollte ich auch nicht. Natürlich war ich meinem Onkel sehr dankbar, denn eines ist klar, ohne ihn wäre ich niemals zur Prüfung gegangen und ich hätte ganz sicher keinen Führerschein in meiner Tasche. Nun war guter Rat teuer, ich beschloss meinen Kummer erstmal mit ein paar Drinks erträglicher zu machen und auf keinen Fall wollte ich in Onkels Caféhaus, die Fragerei und die Vorwürfe, … ich wollte mir das alles, zumindest für heute Abend, ersparen. „Ich gehe dahin", dachte ich mir, „wo mich niemand kennt", und da fiel mir das Café Lainz ein, ich war ohnehin noch kein einziges Mal da gewesen.

Das Lokal war gut besucht und ich setzte mich an die Bar. Als ich dann austreten musste, sah ich, was ich schon vom Hörensagen wusste, im Prinzip war es ähnlich wie in der Schickeria, in der ich die Geschichte mit Felix, dem Zuhälter und Dealer, hatte, die mir mehr oder weniger Willi auferlegt hatte.

Es war hier nur alles viel edler, ein gehobenes Ambiente eben, in diesem Lokal war alles Glamour, die Bar war riesig und in einer Wellenform angelegt, die mit dem vorderen großen Gastraum auslief, dann war eine Art Torbogen, der links in einen kleinen Raum mit drei kleinen Tischen mündete, in dem auch zwei Geldspielautomaten standen, die gerade bespielt wurden. Gleich nach diesem Raum waren links die Toiletten, danach war eine Tür zu einem weiteren Raum, in dem es ziemlich laut war.

Klar, ich musste einen Blick riskieren und ich sah, was ich schon damals in der Schickeria sah, es wurde Stoß gespielt, nur war es jetzt erst kurz nach 20:00 Uhr gewesen. Auch klar, ich wurde bemerkt und die Türe wurde geschlossen, was mir ohnehin egal war. Eigentlich wollte ich dann schon heimfahren, wenn man so gar niemanden kennt, ist es auch öde.

In diesem Moment kam Bernhard, der Chef, stinksauer aus diesem kleinen verbotenen Raum, ich hatte ihn erst unlängst bei meinen Onkel im Caféhaus kennengelernt. Keine fünf Sekunden später wandelte er sich in einen überaus freundlichen

Gastgeber und begrüßte freundlich einige Gäste, dann sah er mich am Tresen sitzen.

Er begrüßte mich wie einen Sohn, überschwänglich und freundlich, sodass es mir richtig peinlich war.

„He, Joe, mein Junge, wie geht es dir, schön dass du da bist, … Komm, … ‚Quetta‘, (= der Name der Kellnerin, die aussah wie ein Model) dieser Bursche ist mein Junge, den kenne ich schon, seit er in der Wiege lag, ha, ha, … ein Spross der Göschl-Brüder, … alles, was er trinkt, es geht auf Haus."

Toll dachte ich mir, genau im richtigen Moment und außerdem hatte ich nun die Aufmerksamkeit von Quetta, das Bleiben fiel mir daher überaus leicht. Mein Geld war fast alle und von jetzt auf jetzt bin ich hier der VIP. Wie geil ist das denn, dachten sich meine beiden Gehirnwindungen und die schrumpften dann mit jeden weitern Bacardi Cola, die mir förmlich aufgedrängt wurden.

Quetta war nicht nur wunderschön, sie war auch bei allen Gästen sehr beliebt, sie sorgte für eine tolle Stimmung und die Unterhaltung mit ihr war wie Balsam auf meiner geschundenen Seele. Nach und nach brachten sich auch andere Gäste in unsere Unterhaltung ein, wir scherzten und lachten, alles war Jubel-Trubel-Heiterkeit.

Dann, ich traute meinen Augen nicht, kam mein Vater völlig betrunken in das Lokal und er war außer Stande auch nur irgendwie ein gewisses Maß an Würde zu wahren oder auch nur einen geraden Satz zu sprechen. Ich genierte mich, war richtig schockiert und achtete darauf, nicht erkannt zu werden. Wäre ich direkt vor ihm gestanden, er hätte mich wahrscheinlich gar nicht erkannt, so betrunken war er gewesen.

Quetta verhielt sich souverän, sie ging zu meinem Vater und wollte ihn freundlich aus dem Lokal begleiten, er hingegen widerstrebte ihrer gutgemeinten Absichten und bestand lallend zu bleiben, er wurde ausfällig und war nicht Herr seiner Sinne. Ich schämte mich in Grund und Boden, ich konnte nicht glauben, was ich da sah und hörte, ich wendete meinen Blick von diesem Szenario ab und wünschte mich aus dieser Situation.

Meine Gedanken rasten durch meinen Kopf: „So eine Scheiße, was mache ich bloß, ich kann doch nicht meinen eigenen Vater verleugnen." Aber zu ihm stehen, alle Blicke auf mich ziehen und unter Schimpf und Schande zu gehen, ... jetzt, wo ich einmal so richtig gut dastand, das wollte ich auch nicht. ... Verdammt, was soll ich bloß unternehmen? Unfähig und zu feige, dass einzig Richtige zu tun, übernahm das Schicksal den weiteren Verlauf.

Die Gäste waren wenig begeistert über den volltrunkenen Auftritt meines Vaters, manch einer kannte ihn, aber niemand nahm ihm wirklich ernst, es fielen eher abwertende Bemerkungen und der eine oder andere machte sich lustig über ihn. Quetta hatte die Situation eigentlich gut im Griff und schob ihn vorsichtig in Richtung Ausgang. Es war, als würde eine Mutter ihr Kleinkind vom Spielplatz wegbringen wollen, nur eben richtig peinlich.

Ich traute meinen Augen nicht, als ich dann diesen Harry, den ich so gar nicht riechen konnte, sah. Er kam gerade aus dem Raum, in dem Stoß gespielt wurde und wollte auf die Toilette gehen, zumindest sah es so aus, denn seine Aufmerksamkeit richtete sich augenblicklich auf das Geschehen um Quetta, die mit meinem Vater beschäftigt war.

Dieser blöde Typ mit seinen langen Haaren und seinen dicken Goldketten um seinen Hals, sah „Quetta" in Schwierigkeiten und machte sich auf, als Retter in der Not einzuschreiten.

Mein Vater war ein schwerer Alkoholiker, kein Kämpfer, eher ein Opfer und ein schwacher Mann, der laut war, aber nicht böse, wie ein verlorene Seele eben, die den Weg nicht findet.

Dieses Arschloch von einem Helden ging sofort mit roher Gewalt auf meinen Vater los, der sich ohnehin kaum auf den Beinen halten konnte, ziemlich sicher, um Quetta zu beindrucken. Diese gute Frau hielt aber gar nichts von Harrys Heldenmut, ganz im Gegenteil, doch Harry ließ von seinem Ziel nicht ab und stieß meinen Vater wüst schimpfend zu Boden.

Als würde die Zeit stillstehen, ich hörte nichts mehr und vor mir lief alles wie in Zeitlupe ab, ich spürte nur mehr den unendlichen Hass in mir, diese Wut, dieser Zorn durchschlug mein Gehirn wie ein Blitz, hier ging es gar nicht so sehr, dass Blut dicker als Wasser ist, hier ging es um Unrecht, das ich nicht ertragen konnte.

Es brauchte keine Worte mehr, wie ein Tier stürzte ich mich von hinten auf Harry, der meinen alten Vater am Boden liegend beschimpfte, ich schlug so lange auf ihn ein, bis seine Haare und sein Gesicht die Farbe seines Blutes trugen und er sich nicht mehr bewegte.

Mittlerweile sind einige Gäste geflüchtet und alle um mich suchten Deckung und hatten Angst, ich sah noch aus meinen Augenwinkeln, wie die Spieler von hinten in den Gastraum drängten, ich war zu allem bereit und ich denke, das sah man mir auch an, alle hielten Abstand, niemand kam mir zu nahe.

In diesen Moment stürmten Polizisten mit gezogener Waffe das Lokal und stellten mich. Ich wurde verhaftet und auf das Koat Lainz gebracht. Erst jetzt merkte ich, dass ich ziemliche Schmerzen im unteren Bauch hatte. „Na toll", dachte ich, als ich mein Leibchen hochzog, hat mich der doch tatsächlich mit einem Messer gestochen, ich hatte es gar nicht bemerkt, aber jetzt hatte es seine Wirkung entfacht und gut daran war auch, dass ich mich nun als Opfer und nicht als Täter darstellen konnte.

Die Bullen waren nun komplett verwirrt und sahen meine Verletzung weit schlimmer, als sie war. Es war ein glatter Stich, der kaum zwei Zentimeter tief war, ich drängte darauf, selber in ein Spital zum Nähen zu fahren und wirklich, nachdem die mich erstversorgt hatten, ließen die mich gehen.

Dass es so einfach sein würde, mit dem hatte ich nicht gerechnet, aber zweimal ließ ich mich nicht bitten. Beim Gehen sagte mir noch einer der Bullen, dass draußen schon jemand auf mich warten würde, der mich in ein Spital fahren würde.

Im ersten Moment dachte ich an meinen Onkel Ernst und in diese Gasse wollte ich jetzt so gar nicht gehen, aber wie sollte der das jetzt schon wissen? … Blödsinn, … aber wer wartet da jetzt?

Mit Bernhard, dem Chef vom Café Lainz, rechnete ich so gar nicht, er applaudierte, als er mich rauskommen sah und ich wusste jetzt nicht recht, ob das gut oder schlecht für mich war, es stellte sich aber als sehr gut heraus. Es gab keine Anzeige und auch keine Niederschrift, ja, offenbar gab es diesen ganzen beschissenen Vorfall nicht wirklich. Was es gab, war ein Gespräch im Hinterzimmer des Café Lainz, doch vorher klebte mir Quetta mit irgendetwas meine Wunde zu und verband diese.

Bernhard bot mir einen Job an und schwafelte nicht lange herum, 6.000.- Schilling die Woche, Essen und freie Getränke, wenn ich das Lokal, das Spiel und die Gäste schützen würde, anstatt alles zu zertrümmern und schlecht für das Geschäft zu sein, und es gibt noch mehr, wenn ich meine Sache gut machen würde.

Bei diesem Angebot musste ich nicht lange überlegen, ich stimmte sofort mit Begeisterung zu. Nun tauchte ich in eine mir noch unbekannte Welt ein, die ich niemals für möglich gehalten hätte, ich war fasziniert, wie leicht man richtig viel Geld verdienen konnte und nicht nur das, auch alles rundherum faszinierte mich.

In wenigen Wochen hatte ich schon richtig Geld verdient, ohne wirklich zu arbeiten. Ich spielte auf einmal in einer anderen Liga, im ersten Monat machte ich alles in allem über 40.000.- Schilling, das war eine Menge Holz zu dieser Zeit. Ich konnte nicht verstehen, wie viel Geld manche hatten und noch weniger, wie bereitwillig sie es verschwendeten.

Wer sich beim Spielen Geld geliehen hatte, musste die geliehene Summe binnen 24 Stunden mit 10 % Aufschlag erstatten, egal wie viel und egal wer es war, ich war fassungslos und gleichermaßen infiziert und begeistert, ich verdiente auf einen Schlag richtig Geld und hatte Spaß, Respekt und eine Mercedes S Klasse als Dienstwagen.

So mancher, der sich finanziell übernommen hatte, konnte nicht einmal die monatlichen Raten berappen, denn zwischen 10 und 30 Prozent waren es in jeden Fall, die wohlgemerkt nur für die Zinsen der geliehenen Summe fällig waren. Man will nicht glauben, was solche Leute alles versprechen, tun und wie weit sie aus purer Angst und Verzweiflung gehen, um weiter im Spiel zu sein.

Schlechte Menschen zu bestrafen oder zu schlagen, das war mir egal, ich hatte auch kein Problem mit Reichen, die sich mit allen Mitteln geweigert und gewunden hatten, ihrer selbst auferlegten Schuld mit all den Vereinbarungen nachzukommen, die sie selber getroffen hatten.

Einige von ihnen weinten und flehten um Gnade, ja, manche versuchten sich zu verstecken, ließen sich verleugnen und verlegten sogar ihren Wohn- oder Aufenthaltsort, aber ich fand sie alle und ich kassierte alle und manchmal brauchte es auch erst Gewalt, um einen Auftrag meiner Bosse erfüllen zu können. Ich glaube sogar, dass so mancher Gefallen daran fand, in die Mangel genommen zu werden, es war schon eine irre Zeit mit ganz speziellen und irren Leuten.

Es gab aber auch ganz andere Geschichten, die für mich nur schwer zu ertragen waren, denn Unrecht, das ich meinem Verständnis nach empfunden hatte, konnte und wollte ich nicht bestrafen, schlimmer noch, ich ergriff Partei und stellte mich gegen meine Bosse.

Das war natürlich nicht im Sinne meiner Auftraggeber und für mich war es dann auch nicht wirklich förderlich, … logisch.

Ein sehr junger und reicher Spieler, er hatte ein Vermögen von mehreren Millionen Schilling geerbt, eine große Firma und Liegenschaften noch oben drauf, er war großzügig und leichtgläubig und er hatte so eine Art Unterweltkomplex, der ihn direkt in seinen Untergang führen sollte.

Der Bursche hatte sozusagen Glück ohne Ende und man sorgte auch noch zusätzlich für sein „Glück". Er wurde hofiert wie ein Weltstar, mit Koks und schönen Frauen versorgt und er hatte keine Ahnung, mit wem er sich da eingelassen hatte, für ihn waren ja alle um ihn Freunde.

Es dauerte nicht lange, bis er darauf drängte, auf der großen Bühne Stoß zu spielen, was offensichtlich auch der Plan der Bosse war, den immer öfter wurde das kleine Café Lainz von den großen Fünf oder von einem von ihnen aufgesucht und natürlich wurde ein Auftritt inszeniert, der seinesgleichen suchte. Ich naiver Idiot dachte auch, was für ein Glück er nicht hätte, alles drehte sich um ihn, sein Vermögen wurde immer größer und die Bosse der Bosse waren ihm Freunde, zumindest sah es für mich so aus, ich wusste ja nicht, wie Profis ans Werk gehen, ich wusste gar nichts, ich hatte nur große Augen, denn auch für mich war diese Welt faszinierend und spannend, aber auch undurchsichtig wie eine Nebelwand.

Wie sagt man doch gleich? … Großes Glück kommt nie doppelt und Unglück kommt selten allein...

Ein paar Monate schon war mein junger Freund auf einer Welle des Glücks, man könnte auch sagen, er ist auf dieser Welle geritten, als gäbe es kein Morgen. Im Frühjahr 1985, als ich gegen 22:00 Uhr in das Café Lainz kam, zenserte (Zensern = ein Kartenspiel) mein junger Freund mit Bernhard im hinteren Teil des Lokals, wo auch die Spielautomaten standen, doch heute hatte Ewald kein Glück und er verlor ein Spiel nach dem anderen, dazwischen wurde noch ordentlich Koks gezogen, sodass es staubte wie in einer Bäckerei. Ich achtete darauf, dass niemand der anderen Gäste etwas von diesem Schneetreiben mitbekam und deckte den Bereich ab. Gegen 02:00 Uhr Früh hatte Ewald an die 100.000.- Schilling verspielt und er wollte unbedingt weiterspielen, ja, er drängte gerade zum Weiterspielen. Als Ewald die Toilette aufsuchte, schickte mich Bernhard auf schnellstem Wege in das Fünferhaus, um Toni und Heinz Bescheid zu geben.

Es sei so weit, man solle sich bereithalten, Bernhard kommt mit den Neureichen in einer knappen Stunde.

Das Fünferhaus war die Zentrale der Bosse, Toni und Heinz waren zwei der großen Fünf, die alles in Wien kontrollierten, Glückspiel, den Straßenstrich wie auch die Bordelle, man musste durch einige Türen und Kontrollen, um in diese Zentrale zu gelangen. Vor der letzten Tür, die im Innenhof hinter einer Bar zu passieren war, stand immer ein Buckel, der Eintritt gewährte oder eben nicht, diese Tür wurde videoüberwacht, im Inneren waren zumindest zwei Burschen vom Reklamationskommando anwesend. Es kam ganz darauf an, wer alles da war. War man erstmal passiert, begrüßte man zuerst die Bosse, die anwesend waren, das war ungeschriebenes Gesetz, es war damals noch eine Zeit, in der Respekt und der jeweilige Rang eine große Rolle spielten.

Die Bosse saßen üblicherweise links auf einem großen Sofa seitlich der kleinen Bar, die für die Getränkeversorgung der Spieler installiert war. Diese kleine Bar war auch der „Safe" für die eine oder andere Waffe und hier befanden sich auch zwei kleine Schalter, einer davon löste ein rot blinkendes Licht aus. Wenn das anging, wurde der Tisch sofort in ein legales Spiel umfunktioniert und alles Bargeld wurde in Sicherheit gebracht, auch alle Spieler wurden angewiesen, ihr Bargeld ausnahmslos am Körper zu tragen, kein Geldschein durfte am Tisch liegen oder in Händen gehalten werden. Der andere Schalter löste unmerklich den Einsatz des Reklamationskommandos aus, und diese Burschen waren dann richtig schnell und stinksauer.

Der Kellner hier verdiente ein wahres Vermögen, wie die Buckeln auch, sie alle räumten Trinkgelder von so manchen glücklichen Spielern ab, dass es einem die Augen rausdrückte. Dieses kleine Vorzimmer oder Wohnzimmer, wie wir es nannten, diente den Spielern nur zum Rein- und Rausgehen, zur Begrüßung und zur Gesichts- und Waffenkontrolle. Der Aufenthalt in diesem Wohnzimmer war allein den Bossen und jenen, die sie dazu einluden, vorbehalten. Der große Raum rechts davon war das Spielzimmer, da stand ein riesiger Tisch, der gut Platz für zwanzig Sitzplätze bot, die den High Rollern vorbehalten waren, alle anderen mussten stehend spielen. An manchen Tagen waren hier über 50 Spieler im Raum und mehrere Millionen Schillinge am Tisch.

Wenn um besonders hohe Summen gespielt wurde, überwachten die Bosse selbst den Ablauf und sie bestimmten auch, wer Bargeld geliehen bekam und wer nicht, es war immer ein „Sauger" (Geldleiher) anwesend, der binnen Minuten mehrere Millionen Schilling in bar bereitstellen konnte, das alles war mehr als nur beeindruckend und so mancher ließ sich von all dem zu sehr beeindrucken und verlor hier Haus und Hof, und so mancher noch viel mehr.

Es war klar, dass ich früher oder später wieder auf Felix den Zuhälter treffen würde, aber hier und heute, mit dem rechnete ich so gar nicht, er stand genau vor mir als ich eintrat. Er war erstaunt, mich hier zu sehen und er wollte mich sofort zurechtweisen, doch dazu kam er nicht.

Toni sah mich und winkte mich gleich zu ihm. Ich begrüßte die Bosse und berichtete, was mir von Bernhard aufgetragen war, Toni fragte mich dann noch, was ich mit Felix zu tun hätte. Ich erklärte es in einem kurzen Satz und dann schob mich Toni zur Seite.

„Hee, Felix, ... ‚Bürscherl‘, ... tritt mal näher! ... Und jetzt gut aufgepasst, Joe, ... dieser hier, er gehört zu uns! ... Gibt es irgendwelche Probleme?“

„Nein, Toni, ... nein, überhaupt nicht, ich wusste es nicht, entschuldige bitte.“

„So, Joe, du hast es gehört, es gibt gar keine Probleme, siehst du, Joe, so geht das.“

„Ähh, ... ja, ... Danke, Toni.“

„So, und jetzt müssen wir mal den Müll hier rausräumen, bevor Bernhard kommt.“

„Müll rausräumen?“ ... Ich verstand nur Bahnhof.

Toni hielt noch ein kurzes Gespräch mit seinen Partnern und dann ging alles recht schnell. Heinz ging mit Karl in den Spielraum und sagte, was zu sagen war.

„So, Freunde! ... Von einigen von euch müssen wir uns leider für heute verabschieden, es tut mir sehr leid, aber es geht eben nicht anders.“

Die betroffenen Spieler wurden freundlich zum Gehen bewegt, der erste von ihnen war Felix, der Rest wurde darüber informiert, dass nun eine kurze Spielpause folgte und danach ein neues Spiel gestartet wird. „Es gibt dann kein Limit, ... Mindesteinsatz ist 1.000.- Schilling meine Herren, ... jetzt ist für Erwachsene!“

Daraufhin gingen noch ein paar Spieler, es waren an die 15 Spieler übrig, die schon vorab ihre Plätze zugewiesen bekamen.

Wie bestellt und keine Sekunde zu früh kam Bernhard mit Ewald an und die beiden wurden wie Könige begrüßt und von allen Bossen umgarnt.

Heinz ließ einige Flaschen Champagner öffnen, die veranstalteten einen Riesentamtam. Langsam dämmerte es mir, doch Ewald, dieser blöde Idiot, glaubte sich in besten Händen bei Freunden.

Wie ich schon sagte, ein Unglück kommt selten allein, doch dieses große Unglück, das sich für Ewald über Monate hin anbahnte war so gewiss, wie das Feuerwerk zu Silvester, doch wer nicht sehen will, der sieht auch nichts.

Nach dieser Willkommensgeschichte und ein paar „Lines" für Ewald ging es dann zur Sache, ihm wurde der „Ehrenplatz" zugewiesen, der Platz, von dem aus man den schlechtesten Überblick zum Geschehen hatte, direkt gegenüber des „Schneiders". Der Thron war der Platz des Spielers, der das „Haus" repräsentierte, die Bank sozusagen, dieser Spieler („Schneider") spielte gegen alle anderen Teilnehmer und alle Spieler konnten das Geld, das im Teich war, gewinnen. Der Teich war die Summe an Geld, die sich vor dem Spieler des Hauses befand und dieses Geld setzte sich aus dem Grundkapital des Einsatzes der Bank und dem Geld, das die jeweiligen Spieler verloren hatten, zusammen. Das konnten 10.000.- Schillinge sein, aber auch zehn Millionen Schillinge. Gewann ein Spieler, bekam er die Summe, die er auf seine Karte gesetzt hatte 1:1 ausbezahlt. Also 1.000.- Schillinge gesetzt, bei Gewinn 2000 bekommen und so weiter, oder das gesetzte Geld war verloren.

Manchmal setzte auch ein Spieler eine höhere Summe, als die, die im Teich lag, dann bekam er alles, was die Bank am Tisch hatte und das Spiel war zu Ende. Dann legte die Bank entweder nach oder ein anderer Spieler mit genügend Kapital übernahm mit einem entsprechenden Grundeinsatz den Vorsitz als „Schneider" und spielte ebenfalls gegen alle anderen, in dem Fall auch gegen das Haus selbst, wenn einer der Bosse oder ein von ihnen Autorisierter sich dem Spiel anschloss.

Bei einem hohen Spiel konnte es schon vorkommen, dass eine Million Schilling im Teich lag und es gab Spieler, die setzten die volle Summe auf eine Karte und leerten den Pot mit einem Schlag, innerhalb einer Minute.

Bernhard war so ein Spieler, er spielte aber meist für das Haus und dann wurde mit den Bossen geteilt. Er war als Spieler gefürchtet, denn er kannte alle Tricks und Gaunereien, die es so gab. Genauso konnte es auch sein, dass an die 30 Spieler hohe

Summen setzten und es war gut möglich, dass zwei Drittel aller ihren Einsatz verloren und die Bank mit einem Schlag das Geld in dem Teich verdoppelte. In so einem Fall, und das war oft so, durfte die Bank ein Drittel des gewonnenen Geldes vom Tisch abziehen. In der Regel nahmen sie sich aber, was ihnen beliebte, oder erhöhten den Pot auf unvorstellbare Summen, je nachdem, was die Bosse im Sinne führten.

Dieses Spiel war sehr einfach, hatte aber viele Tücken, und manchmal wurde auf verschiedenste Arten betrogen oder ein Meister seines Faches, wie Bernhard auch einer war, wusste schon beim Runtergeben, was kommen würde. Dieses verbotene Spiel wurde ausschließlich mit doppeldeutschen Karten gespielt (32 Stück). Einmal zugesehen, wie zu setzten ist, und man verstand es auf Anhieb, was auch eine Tücke dieses Spieles war, alles sah so leicht aus, vor allem, wenn man sah, wie manche ein kleines oder großes Vermögen binnen Minuten einstreiften.

Auf dem Tisch waren in großzügigen Abständen in quadratischer Anordnung acht Karten gelegt. Auf einer Seite, Ass, König, Dame und Bube, gegenüber dem Ass die Sieben, dem König die Acht, der Dame die Neun und gegenüber dem Buben die Zehn. Die großen Abstände deshalb, dass genügend Platz für mehrere Spieler bleibt, um ihr Geld auch auf gleiche Karten setzen zu können.

Abgelaufen ist das Ganze dann so, … der „Schneider" mischt die Karten, die beliebig oft neu und originalverpackt geordnet werden konnten, nach dem Mischen warf der Schneider für gewöhnlich dem Spieler, der die höchsten Einsätze spielte, eine beliebige Karte aus dem Stapel zu, die allen am Tisch gezeigt wurde, diese Karte wurde „Guck" genannt.

Die Guck wurde dann von diesem Spieler an eine beliebige Stelle in den restlichen Kartenstapel geschoben, mit der entgegengesetzten Bildrichtung, man sah also die verdeckten Karten und die Guck war vom Bild her sichtbar. Dann wurden alle Karten oberhalb der Guck abgehoben und die restlichen Karten daraufgelegt, man sah also zum Beispiel die Zehn und wusste, dass jetzt die Zehn nur mehr drei Mal im Spiel sein konnte.

Der Schneider drehte dann die Karten vorsichtig um, da ja nun alle Karten vom Bild her sichtbar wurden, wenn der Schneider aufmachte.

Jetzt begann das Spiel, der Schneider wird nun jeweils nur zwei Karten sichtbar machen, indem er die obere ein Stück weit aufmachte, sodass jeder die obere und die darunterliegende Karte sehen konnte, die obere Karte (der Schuss) verliert und die untere Karte (der Einwender) gewinnt. Sollten beide Karten das gleiche Bild zeigen, gewinnt immer die Bank. Alle, die auf den Einwender gesetzt haben, gewinnen, alle anderen verlieren. Nach vierzehn Abzügen bleiben noch drei Karten übrig, der sogenannte Stock, diese drei Karten werden nicht mehr verwendet und das Spiel ist zu Ende, alles beginnt aufs Neue.

Fasziniert wie alle, die den großen Tisch das erste Mal aus nächster Nähe sahen und in Gesellschaft aller Unterweltsgrößen, betrat nun Ewald den Spielraum seiner Träume, denn er bettelte Bernhard schon lange an, hier spielen zu dürfen und nun war es für ihn endlich so weit.

Alle Bosse nahmen an diesem Spiel teil und alle legten einen ordentlichen Patzen Geld auf den Tisch, was Ewald sichtlich sehr beeindruckte. Am Thron nahm einer der bekanntesten Spieler im Milieu Platz, er spielte für das Haus. Es ging vorerst gemäßigt zur Sache, es wurde sehr darauf geachtet, das Ewald „Glück" hatte und das hatte er auch, er gewann in dieser Nacht gegen meine Erwartung rund 100.000.- Schilling, seine Freude über seine glückliche Hand war groß, denn er hatte nun das Geld, das er beim Kartenspielen im Café Lainz verloren hatte, beim Stoß wieder zurückgewonnen. Alle gratulierten ihm zu seinem Glück und man trank Champagner wie Leitungswasser, danach ging es noch in eine Bar der Bosse und es wurde bis in den frühen Morgen gefeiert.

Ewald wurde für die Woche darauf zu einem weiteren Spielabend eingeladen, nur für V.I.P.s, für Leute, die eben Geld haben, wurde Ewald gepuscht. Heinz, einer der Bosse, ließ Ewald von seinem Chauffeur mit seinem Rolls Royce abholen.

Ich und Bernhard waren schon vor Ort, als Ewald eintraf, und dieses Mal hatte Ewald eine ganze Million Schilling in bar dabei. Er wollte wohl Eindruck schinden, ganz im Sinne des Erfinders, denn jetzt wusste ich, warum Ewald die Woche davor gewonnen hatte, die Bosse hatten offenbar etwas größer gedacht, als ich mir das vorstellen konnte.

Keine zwei Stunden später hatte Ewalds Million schon einen anderen Besitzer, doch der wollte sich nicht geschlagen geben, er wollte unbedingt weiterspielen. Er lieh sich eine Million Schilling und spielte mit höheren Einsätzen, wenig später lieh er sich noch eine Million Schillinge und spielte, bis auch der letzte Schein verspielt war.

Ewald verlor in dieser einen Nacht einen großen Teil seiner Erbschaft, mit allen Zinsen an die vier Millionen Schilling, von denen er drei Millionen Schilling schuldig blieb, die für den kommenden Montag fällig gestellt wurden.

Am Montag holte ich im Auftrag der Bosse das Geld von Ewald und hörte mir sein Dilemma an. Er tat mir leid und ich Depp legte ihm nahe, nicht mehr zu spielen, ich war wohl vorsichtig in meiner Wortwahl, aber jeder Idiot hätte verstanden, was ich eigentlich damit sagen wollte.

Als ich mit dem Koffer voller Geld im Auto saß, wusste ich, dass ich einen großen Fehler begangen hatte und mich überkam ein echt beschissenes Gefühl. Ich brachte den Geldkoffer sofort in das Café Lainz, wo ich schon von Toni und Bernhard im Büro erwartet wurde.

Das Geld wurde gezählt, dann schickten mich beide raus und an die Bar, ich sollte dort warten. Es dauerte nicht sehr lange, Bernhard kam raus und setzte sich mit sehr ernster Miene zu mir.

„Joe, was bist du nur für ein undankbarer Idiot, geh jetzt zu Toni rein und mach die gottverdammte Tür hinter dir zu."

Ich wusste, was nun auf mich zukommt, ich wusste es gleich, nachdem ich mit Ewald gesprochen hatte. Toni war bitterböse auf mich, es folgte ein heftiges Gespräch, dem ich nichts entgegensetzen konnte, denn Ewald hatte sich brühwarm beschwert, er fühlte sich betrogen und hintergangen und er nannte mich sozusagen als Tippgeber, der ich ja auch irgendwie war, wenn auch nur unter vorgehaltener Hand.

„Pass gut auf, Joe", ermahnte mich Toni, „du rückst das wieder gerade und entschuldigst dich bei Ewald für deine Phantasien und deine Anschuldigungen uns gegenüber. Sollte dir das nicht gelingen und wir Probleme mit Ewald bekommen oder sollten wir ihn als Spieler verlieren, dann bist du so richtig am Arsch. … So richtig, mein lieber Freund!!

Weißt du, ich mochte dich und ich dachte du bist bereit für diesen Job, aber das bist du nicht. Ich hatte dich zum Kassieren geschickt, um dir auch eine Kleinigkeit zukommen zu lassen, das wäre heute ein ordentlicher Patzen Geld gewesen. Aber was machst du? … Du undankbarer Idiot machst einen auf Mitleid und spielst den Samariter und kannst deine blöde Fresse nicht halten. So einen können wir nicht brauchen, du bist jetzt raus!

Vergiss nicht, … rück das gerade, ich will kein zweites Gespräch darüber führen müssen und jetzt schau, dass du Land gewinnst, … schick Bernhard wieder rein."

War ja klar, es musste ja so kommen, … ich Idiot, … so eine Scheiße, dieses Arschloch meierte mich im Handumdrehen und ich stand da wie ein Vollidiot, … für nichts.

Zum Geraderücken brauchte es mich nicht mehr, Ewald verlor in den nächsten Monaten alles, was er noch hatte.

KAPITEL 9

Ein turbulenter Sommer

Mein Ärger über meine Blödheit und der Verlust meiner Arbeit als Buckel und Geldeintreiber verflog mit dem guten Wetter, das nun einkehrte, es war wieder Frühling. Ab und an hatte ich bei meinem Onkel zu tun, mal als Chauffeur für KK, den ich wöchentlich vom Flughafen Wien nach Ybbs oder in die Wiener City brachte, oder ich half ihm bei irgendwelchen Arbeiten. Der Lohn dafür war eher bescheiden, meine Tante war Weltmeisterin im Erfinden von Gründen, die erklären sollten, dass nicht mehr bezahlt werden könne und mir gingen diese ewigen Diskussionen ums Geld schwer auf die Nerven, ich tat es vor allem, weil ich meinen Onkel nahe sein wollte und Besseres hatte ich auch nicht zu tun.

Mit dem Frühling zogen auch wieder die Zeltfeste und Kirtage durchs Land und wo ein Kirtag war, fanden sich auch jede Menge Mädchen und Spaß und das zog mich an, wie das Licht die Fliegen.

Mir gefiel der Respekt, der mir überall entgegengebracht wurde, und das wiederum war ein guter Einstieg, um Mädchen kennenzulernen, eine von den Mädchen ins Bett zu bekommen war wiederum eine ganz andere Sache.

Ich wusste damals noch nicht, dass Respekt auch gespielt zur Anwendung kommen könnte und dieser kleine Unterschied wird wohl auch eine gewichtige Rolle bei meinen spärlichen Erfolgen gespielt haben.

Mit Uschi war es schon lange vorbei, all die Nächte in Bars, am Stoß und im Milieu der Unterwelt waren so gar nicht gut für unsere Beziehung gewesen, aber das war ja nun alles vorbei, ein neuer Sommer und neues Glück, dachte ich mir und warf mich in Schale.

Im Kennenlernen war ich Meister, wo auch immer ich war, es war Halli Galli angesagt, doch am Ende war ich zumeist der, der allein nach Hause ging.

In der Zeitung las ich von einem Kirtag bei der Wiener Stadthalle, da war ich noch nie gewesen und ich beschloss, dort hinzufahren, womöglich treffe ich ja genau dort, wo ich noch nie gewesen war, auf die Frau meiner Träume.

Es war Freitag, so gegen 18:00 Uhr, und das Wetter war nicht so richtig, es konnte gut sein, dass es bald regnen würde, ich beschloss trotzdem hinzufahren. Meine Laune sank mit der Stimmung, die dort am Platz herrschte, der Kirtag war schlecht besucht und es waren auffällig viele Ausländer in kleineren Gruppen unterwegs, ganz untypisch für einen Kirtag, so wie ich es kannte.

Ich wollte schon wieder kehrtmachen und dachte darüber nach, wo ich den hinfahren könnte, da sah ich drei Mädchen bei der Getränkeausschank unweit vom Tagada. Die drei hatten sichtlich ihren Spaß und weit und breit war kein männlicher Anschluss in Sicht, ganz klar, das konnte nur ein Zeichen sein, … mein Zeichen.

„Was soll's", dachte ich mir, einen Versuch wage ich, die sahen alle drei ziemlich süß aus. Ich arbeitete noch an einer guten Anmache und bestellte mir ein Bier, da wurde ich von den dreien aufs Herzlichste begrüßt und beherzt und im Handumdrehen hatten wir richtig Spaß.

„Mann, bin ich gut", dachte ich mir, „ich bin ja schneller als mein Schatten." So schnell und problemlos hatte ich noch nie ein Mädchen kennengelernt, ich fühlte mich wie vom Himmel getragen. Wir beschlossen, noch eine Runde zu trinken und dann wollten die drei Mädchen noch einmal mit dem Tagada fahren, ich sollte dann noch ein Foto von den dreien mit einer Sofortbildkamera machen, die sie dabeihatten. Danach wollten wir zusammen in ein tolles Lokal in den 18. Bezirk fahren.

„Kann das Leben schöner sein, endlich mal Glück", dachte ich mir und nahm die Kamera, um dann das gewünschte Foto zu schießen. Die Mädchen checkten im Tagada ein und ich machte mich zum Fotografieren bereit.

Ich wollte gerade den Auslöser drücken, da wurde ich von hinten gestoßen, mir fiel fast die Kamera aus der Hand. Ich drehte mich um und brachte schon im Umdrehen meinen Unmut zum

Ausdruck, was bei einem unabsichtlichen Rempler ganz sicher zu viel des Guten gewesen wäre, aber wer sollte mich derart unabsichtlich anstoßen, da war ja Platz ohne Ende.

Ich blickte in eine Gruppe von acht oder zehn Burschen, die in meinem Alter waren, aber ganz sicher keine Wiener, es war auch niemand dabei, den ich zuordnen konnte oder kannte.

Sie suchten offenbar nur Streit und ich versuchte dem tunlichst aus dem Wege zu gehen. Doch nach wenigen Worten war klar, es gibt hier und heute keinen Weg, der breit genug für uns alle sein würde.

Den Moment der Überraschung hatte ich schon beim Umdrehen verspielt, sich mit diesen Arschlöchern auf einen Dialog einzulassen, war mein Fehler Nummer zwei, ich glaube sogar, es war das erste Mal, das ich unsicher wurde und an Flucht dachte und ich hatte Stress mit der teuren Kamera, die ich in der Hand hielt und tausend Gedanken mehr, nichts das nützlich für eine Auseinandersetzung gegen Überzahl wäre.

Ich war ratlos und hatte richtig Schiss bekommen und wer weiß, vielleicht wäre ich gleich eingeknickt und hätte mich ergeben, aber dann hörte ich das Klicken eines Messers und in dieser Sekunde war es, wie es immer war. Alles war leicht, wie in Zeitlupe, keine Angst mehr, ich sah die Klinge, nahm den Riemen der Kamera fest in meine Hand und schlug meinem Widersacher mit voller Wucht das Messer aus seiner Hand, ich wirbelte die Kamera hoch und schlug in die verdutzten Gesichter dieser Arschlöcher und rannte wie vom Teufel gejagt in Richtung Parkanlage.

Ein paar Meter war ich voran, doch die Kanacken ließen sich nicht abschütteln und ich wusste, so entkomme ich ihnen nicht, ich suchte beim Laufen nach etwas Nützlichem, einen Holzstock oder nach einer Stange, nach irgendetwas, das ich zu meiner Verteidigung verwenden könnte. Die Kamera war ja hinüber, der Riemen war gerissen und ich verlor sie.

Ich konnte nichts Brauchbares ausmachen und irgendwie führte mich diese blöde Jagd wieder zurück zum Kirtag. Ich beschloss nun zu kämpfen, das Weglaufen widerte mich ohnehin an und abschütteln konnte ich die Burschen nicht wirklich.

Da stand ich also nahe der Hütteldorferstraße, keine 200 Meter von meinem rettenden Auto entfernt, fünf von den Burschen kreisten mich ein und als der Erste angriff, setzte ich entgegen, ich schlug mich mit den zwei, die vor mir waren und wunderte mich noch, dass von hinten weder ein Angriff noch Schläge kamen.

Als ich einen von den beiden endlich gut getroffen hatte und dieser k.o. zu Boden ging, flüchtete der andere und das wunderte mich doch sehr, denn ich war völlig ausgepumpt und am Ende meiner Kräfte, ich rang nach Luft und schaute mich um, … die waren alle abgehauen, nur ein Typ, der lachend hinter mir stand und sich Blut aus seinem Gesicht wischte, war noch da, und es war keiner von denen gewesen.

Im ersten Moment konnte ich gar nichts sagen, ich hatte keine Luft mehr in meinen Lungen und blickte ihn nur fragend an.

„Charly", sagte er zu mir, „ich bin der Charly, … na, geht's wieder? … Alles im Lot? … Komm, lass uns abhauen, sonst kommen noch mehr von denen oder die Bullen."

Na, das war ein Wort. … „Joe" sagte ich, „ich bin der Joe, aber wieso …"

„Alles klar, Joe, reden wir später, komm, machen wir uns erstmal aus dem Staub, am Ende kommen die wieder zurück."

Dummerweise gingen wir zielgerichtet zu meinem Auto, ich stieg mit Charly ein und wir fuhren gemeinsam los. Charly erzählte mir, dass er mich schon gesehen hatte, als ich mit den Mädchen bei der Getränkeausgabe gestanden bin und kurz darauf hat es ja ordentlich gekracht, …

Wir mussten beide lachen. „Weißt du sagte ich, wenn du nicht dazu gekommen wärst, ich bin nicht sicher, ob ich da gut rausgekommen wäre."

„Wärst du nicht", meinte Charly trocken, „du hast dich zwar ganz gut geschlagen, aber der Run durch den ganzen Park war für die Katz, andererseits hast du die Kanaken müde gemacht." …

„Sehr lustig", sagte ich, „aber was hätte ich denn sonst tun können, es waren ganz schön viele, aber egal, Hauptsache endlich weg von diesem Scheiß-Kirtag."

Wir unterhielten sich noch einige Stunden und besuchten zusammen einige Lokale in der Stadt, es war, als würden wir uns schon immer kennen, ein Gefühl, das ich so auch noch nie hatte. Irgendwann trennten wir uns und versprachen uns ein baldiges Wiedersehen.

Ein paar Tage später wurde mir Post von der Polizei zugestellt, ich musste zu einer Einvernahme und konnte mir vorerst nicht erklären, worum es dabei gehen könnte. Aber schnell war klar, jemand hatte uns offenbar gesehen wie ich mit Charly zu meinem Auto ging und derjenige hatte sich mein Kennzeichen aufgeschrieben.

Nun wurde mir vorgeworfen, dass ich die armen Gastarbeiterkinder völlig grundlos angegriffen hätte, ich war fassungslos über die Aussagen und Vorwürfe der Kanacken, die alles nach Strich und Faden verdrehten.

Ob es nun Glück war oder nicht, die drei Mädchen hatten auch Anzeige erstattet, wahrscheinlich wegen ihrer teuren Kamera, die ja bei dieser Geschichte kaputt ging und beim Abhauen vom Kirtag hatte ich die Mädchen völlig vergessen und die Kamera war mir eigentlich scheißegal gewesen, ich sah mich als Opfer, das ich ja auch gewesen war. Nie und nimmer, dachte ich, dass dieser Vorfall weiterverfolgt wird oder gar gegen mich selbst ermittelt wird.

Dieser Sommer hatte es in sich, es war wie ein Fluch, egal wo ich hinkam, ich hatte nahezu jede Woche das besondere Glück, immer zur falschen Zeit am falschen Ort zu sein und wie aus dem Nichts entstanden explosionsartig Situationen und Probleme, die mich komplett aus der Bahn schleuderten.

Der absolute Höhepunkt in diesem beschissenen Jahr war dann beim letzten Kirtag, den ich besuchte, außerhalb von Wien, weil es da ja ruhiger zugehen sollte.

Otto, ein Rocker, wie er im Buche steht, er hatte einen Riesenbauch und trug Vollbart, er überredete mich, ihn ins BP West (eine Art Bar und Café- Restaurant) an der Westausfahrt hinter einer Tankstelle, das früh aufsperrte und bis spät in die Nacht geöffnet war, zu begleiten.

„Alter, schwärmte er, … Zeltfest ist, … in Mauerbach, viel besser als in Wien und die Weiber sind auch viel schöner, was ist, bist du dabei?!"

„Na, dann" erwiderte ich, wann willst du denn da hin?

„Na, jetzt Junge, … Frühschoppen ist immer gut."

„Junge!? … wer ist ‚Junge'??! … Erstens bin ich nicht dein Junge und zweitens ist es jetzt noch nicht einmal 10:00 Uhr und Samstag, da wird doch noch nicht viel los sein?"

„Falsch, Joe, es ist genau richtig, wirst schon sehen."

„Na, wenn du das sagst, dann lass uns dort hinfahren, auf geht's!"

Ich hatte mir für dieses Wochenende einen alten Citroen von meinem Onkel Lui geliehen und schon fuhren wir los, Otto mit seiner Maschine und ich mit Onkels „Zitrone" (Citroen GSA).

Dort angekommen fand ich gerade noch einen Platz zum Parken, bis zum Eingang war noch ein gutes Stück zu gehen, der gesamte Platz war eingezäunt und eh klar, Eintritt war auch zu bezahlen, das kannte ich so auch noch nicht.

Wir drehten eine Runde und es war richtig was los und wirklich, es waren sehr viele Mädchen am Platz. Wir kamen beim Eingang vor dem überaus großen Bierzelt zum Stehen und suchten nach einem freien Tisch, was nicht einfach war, das Zelt war rappelvoll und eine Liveband spielte auch schon. Mein Blick scannte sich durch die Massen, um einen freien Platz auszumachen, Platz konnte ich zwar keinen finden, aber keine zehn Meter rechts von uns war ein Schnapsbar, die von gut zwanzig Rockern besucht und besetzt war.

Otto wurde richtig nervös, als er diese Gruppe sah und als ich ihn deshalb lachend fragte, warum er so unrund ist (es war auch eine lustige Anspielung auf seine tolle Figur, ha, ha), war dem gar nicht zu lachen.

„Was ist", fragte ich, „Was flippst du denn so herum"?? …

Und schon kam die kam die Antwort von einem fetten Rocker in doppelter Hinsicht. Er war nicht nur noch dicker und größer als Otto, der brachte auch einen Geruch und zwei seiner Freunde mit, dass mir richtig übel wurde, und seine Worte zur

Begrüßung waren auch nicht besser als sein Mundgeruch, der an ein vollgekotztes Rumfass erinnerte.

Die waren so richtig besoffen hoch drei und das sicher nicht seit eben erst. Den Rockerscheiß, den sie dann redeten, verstand ich nicht wirklich, es war mir auch egal, eigentlich dachte ich, die kennen sich und tauschen sich eben auf ihre Art aus, aber schnell war klar, die kannten sich nicht und Otto hatte seine harten Rockerhosen gestrichen voll, was mir langsam peinlich wurde.

„Ok", sagte ich, „... er hat es ja verstanden, Chef, ... du bist ja der Chef hier? ... Oder? ..."

„Ahhh, ein Witzbold, ... es wird besser sein, ihr zwei Opfer geht wieder da hin, woher ihr hergekommen seid! ... So lange ich euch noch lasse! ... Verstanden Bübchen??!!"

„Scheißkopf", sagte ich, „... ich bin nicht der da, pass auf, wem du drohst!!"

Einer der dreien klappte hör- und sichtbar sein Messer auf und streckte es in meine Richtung. Den genauen Text, der dann auf mich niederprasselte, den kann ich beim besten Willen nicht wiedergeben, er war mir auch egal, ich war augenblicklich betriebsbereit und wünschte mir nur mehr den Angriff dieser Arschlöcher.

Otto stellte sich todesmutig dazwischen und beschwichtigte seinesgleichen, gleichzeitig eilten Kellner und ich weiß nicht wer aller herbei und versuchten Schlimmeres zu verhindern.

Einen der Kellner kannte ich gut, Harry hieß er, auch er kannte mich und wusste, zu was ich fähig war, er flehte mich an, hier keine Probleme zu machen. Im selben Atemzug waren auch zwei Gendarmen zur Stelle, die, eh klar, mich und Otto vom Platz verwiesen und uns beide dann zum Ausgang brachten. Wir waren noch keine zehn Minuten da gewesen und hatten noch nicht einmal Zeit und Gelegenheit gehabt, etwas zu trinken und schon standen wir wieder vor der Tür.

Ich glaube, nichts wäre weiter gewesen, wenn die mir das beschissene Eintrittsgeld zurückgegeben hätten, denn wir hatten überhaupt nichts Unrechtes getan, aber stattdessen wurden wir mit den Worten „Schleichts euch und kommts nie wieder" verabschiedet. Otto versuchte, mich zu beruhigen und schlimmer noch, er entschuldigte sich unentwegt für diesen Vorfall.

„Mir reicht's jetzt, Otto, was bist du nur für ein verschissener, schwuler Rocker? … Was ist mit euren ‚Ehre‘ und ‚Stolz‘ und den ganzen anderen wichtigen Sprüchen, die ich ständig von euch höre?! Du bist ja das Allerletzte und siehst aus, als würde sich die Erde vor dir beugen? … Alles für'n Arsch, so geht das auf keinen Fall“, schrie ich ihn an.

Ich packte ihn an seinem Gilet, das mit Aufnähern und Sprüchen übersät war. „Du machst jetzt, was ich dir sage! … Verstanden?“

Man muss jetzt kein Hellseher sein, um zu wissen, dass Otto sich meinem Willen beugte und wie ein Blatt dem Wind ausgeliefert zu meinem Handlanger wurde.

Ich verlangte nach einem Messer, doch Otto der Rocker hatte keines, ich durchwühlte wutentbrannt das Auto meines Onkels und fand natürlich nichts, das ich als Waffe verwenden könnte, nicht einmal ein Schraubenzieher war in diesem Scheiß-Auto zu finden, aber ein recht kompakter und kleiner Wagenheber lag im Kofferraum, allerdings ohne Stange.

Ich schnappte mir den Wagenheber und suchte mit Otto eine Möglichkeit, um unbemerkt den Zaun nahe dem Bierzelt zu überwinden. Ich fand eine Lücke am hinteren Ende. Gleich hinter dem Zaun war die Rückseite des Zeltes, wo auch leere Fässer und dergleichen lagerten.

Ich sagte, … nein, ich befahl Otto, hier mit laufendem Motor und startbereit auf mich zu warten. Otto versuchte, mich von meinem Plan abzubringen, doch dieser Zug war abgefahren, ich war in meinem Tunnel und hatte nur mehr Rache für dieses himmelschreiende Unrecht im Sinn, ich weiß nicht, welcher Teufel mich da geritten hatte, aber ich konnte das nicht durchgehen lassen.

Ich schlich die Plane entlang und nahm den Weg, der zum Zu- und Abliefern der Bierfässer war. Hinter der Plane war Backstage ordentlich was los, da wurden Bierfässer an und um geschlossen, zwischen Fässern und Schläuchen, die zur Ausschank führten, kam ich problemlos in das Innere des Zeltes, noch am Weg dorthin sah ich einige Tabletts und Schlitten, auf denen Bierkrüge transportiert wurden, ich nahm mir ein Tablett, legte meinen Wagenheber darauf und trug es wie ein Kellner, vorbei an den anderen.

Ich fiel gar niemanden auf, wahrscheinlich auch deshalb, weil gerade ein Superhit der Achtziger spielte, … „Live is Life" von Opus.

Alle im Zelt standen auf und sangen lautstark mit, auch meine „Freunde" an der Schnapsbar, die ich schon im Blick hatte.

Ein paar Meter war ich noch von dem Rockerarschloch mit dem Messer entfernt, ich ging ganz ruhig und entschlossen meinem Ziel entgegen, nahm den Wagenheber vom Tablett und in diesen Moment wurde ich erkannt, den Griff zu seinem Messer schaffte er allerdings nicht mehr, ich schlug ihm mit meinem Wagenheber direkt in seine Rockerfresse und kümmerte mich gleichsam um den Rest der Bande, sie fielen mit jedem Treffer und jeder Schlag war ein Treffer, es war, als hätte ich mit einer Sense einen blutroten Rasen gemäht, das Blut spritzte in alle Richtungen und ehe noch in den ringsum entstandenen Chaos auf meinen Angriff reagiert werden konnte, war ich auch schon wieder auf der Flucht.

Denselben Weg konnte ich nicht mehr nehmen, mitten durch das volle Zelt wäre ein viel zu hohes Risiko gewesen, ich nahm den Weg außen herum und das war gut so, denn zwei oder drei Verfolger waren mir gleich auf den Fersen. Ich war schnell und mir meiner Sache und meines Fluchtplanes sehr sicher.

Als ich durch den Zaun schlüpfte, sah ich zwar Otto auf seiner Maschine, aber warum auch immer, dieser Idiot stand viel zu weit vorne. Ich rannte ihm also hinterher und hatte zu meinen Verfolgern einen guten Vorsprung herausgeholt, ich war auch viel schneller als sie, als ich dann schon fast bei Otto war, gab der auf einmal Gas und fuhr ohne mich los.

Ich konnte es nicht glauben, dieses Arschloch, dieses verdammte, dachte ich mir. Zum Auto konnte ich auch nicht, das lag zwar am Weg, aber das würde mich sicher verraten. Mit Adrenalin vollgepumpt lief ich immer schneller, ich beschloss die Straßenseite zu wechseln und in den parallel verlaufenden Wald zu laufen, um meine Verfolgung zu erschweren. Ich lief gut eine halbe Stunde volles Tempo und vergewisserte mich dann, ob ich noch verfolgt werde, kein Laut war zu hören, nichts war zu sehen, es schien so, als wäre ich in Sicherheit. Ich bin dann noch zu Fuß bis nach Hütteldorf gegangen und dann weiter mit der Stadtbahn bis zum BP West.

Ottos Motorrad stand vor dem Lokal, ich konnte es kaum erwarten, ihn zu sehen. Als ich wutentbrannt die Tür zum Lokal aufschlug und Otto mit meinem eiskalten Blick fixierte, ließ er sich auf seine Knie fallen und flehte mich an, ihm nichts zu tun. Außer mir vor Zorn beschimpfte ich Otto, den Superrocker, ich packte ihm an seinem Gilet und stellte ihm auf seine wackeligen Beine.

„Was bist du nur für ein Arschloch, du lässt mich nach so einer Geschichte zurück und schlimmer noch, dir ist es ganz egal ob ich ‚Meier‘ werde oder mich diese Scheiß-Bande erwischt und spielst dich hier jahrelang als harter starker Mann auf? … Einen Scheiß bist du!!! …

Und jetzt schmeißt du dich vor mir auf die Knie und bettelst um Gnade? … Du widerst mich an, Otto, geh mir für alle Zeiten aus dem Weg! …

Und? … Was schaut ihr so blöd?", schrie ich alle anderen Gäste, die im Raum waren, an. „Hat irgendwer ein Problem?…"

Es war mucksmäuschenstill und Otto versuchte sich wieder in Entschuldigungen, so einen Mann konnte ich nicht schlagen und sagen wollte ich auch nichts mehr. Ich drehte mich um und ging, ich musste ja unbedingt jemanden finden, der mir Onkels Auto von diesem verdammten Kirtag wegholt, ich konnte es auf keinen Fall riskieren, es selber zu tun.

Ich versuchte, jemanden telefonisch zu erreichen, den ich mit dieser Sache betrauen konnte, ohne dass gleich ganz Wien davon erfährt, letztlich konnte ich Mandi erreichen und um diesen Gefallen bitten.

Der wiederum bat Martin, ihn zu fahren, was mir so gar nicht recht gewesen war, denn genau der konnte seine große Klappe ja nie wirklich halten, aber das war jetzt nicht mehr zu ändern. Die beiden fuhren los und holten mir Onkels Auto und das dauerte schon verdammt lange, viel zu lange, ich machte mir große Sorgen und hatte die verrücktesten Szenarien im Kopf. Endlich, nach knapp drei Stunden kamen die beiden zu unserem vereinbarten Treffpunkt.

Schelmisch grinsend setzten sich beide im Garten des Café Biedermeier zu mir, und schon wurde mir über eine Bluttat berichtet, die mit dem, was ich getan hatte, so gar nichts zu tun hatte, zumindest empfand ich es so.

„Ihr zwei Arschlöcher solltet doch nur das Auto dort wegholen, das hätte keine Stunde gedauert, vom Nachforschen war keine Rede, seid ihr irre?"

„Denk mal nach, Joe, genau das wäre aufgefallen, wir mussten reingehen, um sicherzugehen, dass dein Auto nicht beobachtet wird und vielleicht nur jemand darauf wartet, dass irgendjemand mit einem Wiener Auto wegfährt, der gar nicht am Fest war, da war noch immer jede Menge Polizei und wir wollten nichts riskieren."

„Ihr macht schon wieder eine Riesengeschichte aus dieser Sache, genau das wollte ich vermeiden, ein Riesentamtam wegen dieser Rockerscheißbande, versteht ihr!? … War ja klar, dass ihr unbedingt alles wissen müsst."

„Ja, Joe, aber jetzt wissen wir, dass niemand etwas von dir weiß, niemand hat dich erkannt, die wissen nur, dass ein Geistesgestörter mit einer Art Vierkanteisen jede Menge Gesichter zerstört hat."

„Na toll, und ihr findet das natürlich lustig?"

„Eigentlich schon, ha, ha, … Jetzt scheiß dich nicht an, die wissen nichts von dir, aber die Geschichten sind der Hammer, alle reden von dir!" Der Geist, der die gefürchteten Rocker fast geköpft hätte … Da werden die ärgsten Geschichten erzählt, wir mussten uns sehr zusammenreißen, um bei den verschiedensten Schilderungen nicht zu lachen, alle reden über diese Geschichte, wir mussten gar niemanden fragen, du bist Gesprächsthema Nummer eins."

„Alter, was ist dir da über die Leber gelaufen, wer greift ganz alleine eine ganze Bande von Rockern an, schlägt drei oder vier krankenhausreif, verletzt die meisten anderen im Vorbeilaufen und entkommt unbemerkt im Wald? Da gibt es niemanden, und das Beste, die meisten Bauern da draußen freuen sich noch darüber. ‚Endlich einer, der denen Herr geworden ist‘, hat uns einer gesagt.

Wären wir nicht reingegangen, wir würden es selbst nicht glauben und du wüsstest jetzt nicht, dass dir nichts passieren kann, weil dich niemand kennt, … außer uns beiden!“

„Ja, und genau das macht mir jetzt Sorgen und Otto weiß es auch, das macht mir noch mehr Sorgen, denn der ist ja auch so ein Arsch von Rocker, der sich bei jeder Gelegenheit wichtigmacht und sich aber dann in die Hosen scheißt. Nun gut, ihr zwei Helden, danke, dass ihr mir das Auto geholt habt, ihr müsst mir noch eine Sache erledigen, … bitte!“

Es gab vorhin einen ziemlich großen Wirbel im BP West und ich habe Otto ordentlich zugesetzt, ihr müsst unbedingt dort hinfahren und Otto klar machen, dass er seine blöde Fresse halten muss und er niemanden von seiner Gruppe oder auch nur irgendwem von heute erzählt. Sagt ihm, wenn ich erfahre, dass er seine Fresse nicht halten konnte, ziehe ich ihn mit rein, in alles, was dann kommt.

„Ok, Joe, das machen wir.“

„Nochmals danke, Jungs.“

Keine vierzehn Tage später bekam ich ungeliebte Post von der Polizei, es war eine Vorladung zur Zeugenvernehmung, aber keinen Deut, worum es sich genau handeln könnte. Als wäre das nicht genug, fand sich im zweiten Brief auch gleich meine Einberufung zu meinem Wehrdienst für den kommenden Jänner 1986.

Ich hatte richtig Schiss und ging mit extremem Unbehagen auf das Koat in Penzing, mein Kopf war voll mit Ausreden und dem festen Standpunkt, dass ich es nicht war. Ich musste an Otto denken, den ich seither nicht mehr gesehen hatte, ich dachte, er hätte mich möglicherweise verraten.

Es war in letzter Zeit so einiges passiert und ich hatte keine Ahnung für was genau ich gleich befragt werde oder was geht.

Und wieder schwor ich bei Gott, nie mehr meine Hand gegen andere zu erheben, wenn das heute nur gut ausgehen würde.

Noch in Gedanken mit meinem Schwur und meiner Verteidigung beschäftigt, klopfte ich an der Tür, die auf der Ladung stand, ich trat ein und wurde sofort überaus höflich in Empfang genommen. Ich dachte sofort an guter Bulle, böser Bulle, aber es kam kein böser Bulle dazu.

Nach den ersten Worten der Befragung fiel mir ein Stein vom Herzen, es ging gar nicht um die Rocker. Booahhh, … war mir auf einmal leichter, am liebsten hätte ich den Bullen umarmt, aber das wäre dann doch zu viel des Guten gewesen. Ich beantwortete wahrheitsgemäß die Fragen zu dem Hergang der Geschichte, die sich bei der Wiener Stadthalle abgespielt hatte. Meine Aussage deckte sich mit der der drei Mädchen aufs Haar, ohne diese seither getroffen zu haben, nur zur Kamera gab es abweichende Angaben, warum auch immer, war mir egal gewesen.

Ich sagte, mir wurde die Kamera aus der Hand gerissen und durch mein Loslassen ist es gut möglich, dass jemand getroffen wurde, mehr weiß ich nicht, dann bin ich geflohen.

„Aha, … du bist also geflohen, … aus Angst, wie du sagst", fragte der nette Bulle nach, den ich vorher noch nie gesehen hatte.

„Ja", sagte ich, „da waren zehn Kanacken mit Messern und so, was glauben Sie denn?! … Hätte ich warten sollen, bis die mich zusammenschlagen oder niederstechen?!"

„Ok, ok, ist ja gut, … es war ja nur eine Frage. … Hier, unterschreib und wir sind für heute fertig."

Na, das ging ja ruckzuck und einfach war es auch, siegessicher verließ ich das Koat und ich war heilfroh, dass die von Mauerbach und einigen anderen Geschichten nichts wussten.

Ich beschloss, nach so viel Glück wieder einmal bei Peter vorbeizuschauen, ich wollte ihm von meiner Einberufung und von anderen Dingen berichten, doch Peter war nicht mehr wie früher, er war mittlerweile ein komplett anderer Mensch geworden. Alles, was bei ihm so wild und unberechenbar gewesen war, war nicht mehr vorhanden, er hatte nun ganz andere Interessen und er war höflich und zuvorkommend, er war ein ganz anderer

Peter geworden. Seine motorischen Fähigkeiten waren größtenteils wieder hergestellt, nur sein Geist war irgendwie anders, er konnte nur langsam sprechen und wirkte ruhig und besonnen, in seinen Augen sah man, dass er dankbar für alles war.

Irgendwie erschien mit Peter glücklich zu sein und über das freute ich mich sehr, doch im selben Gedanken überkam mich mein eigenes Unglücklichsein, mein Unfrieden, und ich spürte förmlich meinen inneren Kampf, in dem ich selbst nach Liebe und Frieden suchte und doch nur Einsamkeit und Unrecht finden konnte.

In knapp drei Monaten musste ich nun meine Zeit als Soldat beim Bundesheer antreten, das machte mir echt Sorgen. Egal, wen man fragte, keiner ließ ein gutes Haar an seiner Zeit des Dienens und für mich war allein die Vorstellung, dass mich da irgendwer schikaniert, der vielleicht noch im annähernd gleichen Alter ist wie ich, der absolute Horror.

Mir fiel mein Cousin Franz ein, er hatte ja seine Zeit beim Heer schon hinter sich gebracht, er könnte mir sicher nützliche Tipps geben und so bat ich ihn um ein Treffen.

Franz lud mich für das folgende Wochenende in sein Haus ein, er hatte es eben erst bezogen. „Vater werde ich auch", berichtete er stolz.

„Joe, wir werden unser Treffen gleich nutzen, um ordentlich zu feiern, nimm dir nichts vor, du kannst mir gleich als Assistent bei einer Show zur Hand gehen und zugleich ein wenig Geld verdienen. … Na, wie wäre das?"

Na, das hörte sich doch gut an, ich stimmte freudig zu und wir trafen uns am kommenden Freitag im Café meines Onkels. Ich war aufgeregt und gespannt, was für eine Show, dachte ich mir, doch da wäre ich im Leben nicht darauf gekommen.

Franz kam bestens gelaunt in das Café unseres Onkels, er wurde von allen herzlich begrüßt, Franz hatte die Ausstrahlung eines Gewinners und die nutzte er auch in vollen Zügen. Er war witzig und stark und er erweckte den Eindruck, unbesiegbar zu sein, mich faszinierte das und es fesselte mich auch, ich fühlte mich im Glück und all meine Sorgen waren wie weggeblasen.

Einige Drinks später machten wir uns auf den Weg zu seinem Haus, zu seiner kleinen Familie nach Theresienfeld. Die Fahrt in sein Heim dauerte eine knappe Stunde, doch gefühlt waren es nur Minuten, ich genoss unser Gespräch während der Fahrt und ich war von jedem Wort meines Cousins beeindruckt. Er sprach von Dingen, die ich vorher noch nie gehört hatte, von Hypnose, von Magie und von Naturgesetzen und dass man alles erreichen kann, wenn man nur bereit und offen für die Energie des Universums ist.

Er erzählte mir, dass er der jüngste und erfolgreichste Versicherungsdirektor in Österreich ist und dass er noch viel größere Pläne verfolgte. Ich beneidete ihn sehr und war gefesselt von seinem großen Wissen und von seinen bisherigen Erfolgen.

Seine Frau begrüßte mich derart herzlich, wie ich noch nie vorher begrüßt wurde, ich fühlte mich wie in Gottes Händen, es fühlte sich unglaublich an und wer weiß, vielleicht hatte Gott auch tatsächlich seine Hände im Spiel, sie arbeitete ja sozusagen in Gottes Auftrag, als Religionslehrerin.

Dieser ganze Tag war von Überraschungen, neuen Eindrücken und neuen Sichtweisen geprägt, es war mir, als hätte jemand die Reset-Taste in meinem Kopf gedrückt und ich fühlte mich sauwohl dabei.

Nach dem Abendessen weihte mich mein Cousin in einige Geheimnisse zum Ablauf seiner Show ein, die für den nächsten Abend geplant war, auf eine Hypnose-Show wäre ich niemals gekommen.

Ich konnte mir auch nicht vorstellen, was oder wie so eine Show ablaufen sollte, doch Franz lachte nur. „Wirst sehen", meinte er, „wird ein Riesenspaß."

Ungläubig hörte ich mir sein Vorhaben an, ich zweifelte schnell an seinem Verstand, doch andererseits war Franz derart überzeugend und bestimmend, dass ich dann doch nicht anders konnte, als ihm zu glauben.

„Das ist aber alles nur ein Klacks", meinte Franz, „das ist Show, da gibt es noch viel mehr." Mein Interesse stieg und ich ließ mich voll und ganz auf die Erzählungen meines Cousins ein.

Irgendwann sah ich auf seinem Plattenspieler eine Runde Scheibe aus Papier, auf der eine schwarzweiße Endlosspirale aufgemalt war und ich fragte nach deren Sinn.

Schmunzelnd meinte Franz: „…Hey, machen wir doch einen kleinen Test, ein wenig Illusion, wenn du willst, aber keine Angst, Joe, es passiert ja nichts wirklich. …

Pass auf Joe, ich schalte jetzt den Plattenspieler ein und du konzentrierst dich auf diese Spirale vor dir auf dem Plattenteller, die sich dann gleich drehen wird. Wichtig dabei ist, dass du dich voll und ganz auf diese Scheibe konzentrierst und machst, was ich dir sage. … Bereit? …"

„Sicher, … bereit."

Ich folgte den Anweisungen und starrte diese Spirale an, die sich drehte und den Anschein machte, als würde ich sie aufsaugen, nach gut 30 Sekunden sagte Franz: „… Ok, und jetzt schau mich an."

Im ersten Moment konnte ich gar nichts sagen, es schien mir, als würde Franz durch mich durchfliegen, alles, was ich anschaute, raste in mich hinein. Ich bin so erschrocken, dass ich glaubte, den Boden unter meinen Füßen zu verlieren, und während ich noch mit den gefühlt tausend Problemen zu kämpfen hatte, lachte sich mein Cousin kaputt, er hatte ganz offenbar seinen Spaß mit seinem kleinen Experiment.

Es dauerte einige Zeit, bis sich bei mir wieder alles auf normal stellte, ich war so wütend, am liebsten hätte ich diesen Spinner Eine gescheuert. Klar, ein paar Minuten später konnte ich auch über diesen gemeinen Trick lachen, aber mit dieser Nummer verabschiedete sich auch gleich mein absolutes Vertrauen, das ich bis eben erst noch zu ihm hatte. Seiner neuen Idee, mich zu hypnotisieren, entgegnete ich dann mit absoluter Ablehnung, nie und nimmer hätte ich das zugelassen.

Am nächsten Tag erklärte mir Franz den Ablauf seiner Show und meine Aufgaben, die ich übernehmen sollte. Ich konnte mir das alles immer noch nicht vorstellen, ich war aufgeregt und gespannt und je näher der Termin am Abend rückte, desto mehr zweifelte ich an so manchen Ausführungen.

Als wir dann endlich bei der Disco in Baden eintrafen und ich die Plakate sah, auf denen diese Show groß angekündigt wurde, überkamen mich noch mehr Zweifel. Ich war angespannt und das genaue Gegenteil meines Cousin, der nun in Hochstimmung war und eine Ruhe ausstrahlte, die mich dann Gott sei Dank wieder in den Hafen der Gelassenheit führte.

Die Disco war brechend voll und Franz wurde wie ein Star begrüßt und teilweise angehimmelt, ich konnte es nicht fassen, wie erwartungsvoll das Publikum war.

Meine Aufgabe war recht einfach, ich sollte nur alle Kandidaten in meinem Blick behalten und meinem Cousin ein Zeichen geben, sollte ich ungewöhnliches bemerken. Jetzt kurz vor unserem Auftritt war für mich alles ungewöhnlich, Franz wurde angekündigt und wir wurden mit tosendem Applaus begrüßt. Schon die einleitenden Worte von Franz waren eine Show für sich, der hatte es echt drauf, er machte Stimmung, brachte die Leute zum Lachen und fesselte gleichsam mit seinen Worten, auch ich war schwer begeistert und genauso wie das Publikum gespannt und aufmerksam.

Schnell waren einige Kandidaten ausgewählt, es meldeten sich zu meiner Verwunderung viel mehr Leute als gedacht und schon ging es los. Ein paar Worte wechselte Franz mit jedem der zehn Kandidaten, zwei wurden ausgewechselt, und dann schickte Franz sie alle schlafen. Ich stand immer hinter jedem Teilnehmer, den Franz hypnotisierte, und das ging wahnsinnig schnell.

„Wie heißt du?"

„Gabi …"

„Ok, Gabi, du hörst jetzt nur noch auf meine Stimme, nur meine Stimme ist wichtig, du bist müde, willst schlafen, alles ist leicht, die Gedanken verschwinden, es gibt keine Sorgen, nur das Hier und Jetzt ist wichtig, ich zähle jetzt von fünf zurück auf eins, bei der Zahl eins schläfst du tief und fest."

Bei eins tippte Franz Gabi leicht an die Stirn und sprach seine magischen Worte: „Yucki, du schläfst!"

„Das ist voll abgefahren", dachte ich, das gibt's ja nicht, die ist von jetzt auf jetzt sofort im Stehen eingeschlafen und mir direkt nach hinten in die Hände gefallen, wäre ich nicht da gewesen, die wäre glatt auf den Boden aufgeschlagen und das ohne jeden Reflex.

Das gesamte Publikum war gefesselt und alle staunten wie ich auch, ein Kandidat nach dem anderen fiel in einen tiefen Schlaf, und alle lagen sie letztlich am Boden herum.

Franz bezog nun das Publikum mit ein und sorgte damit für eine ausgelassene Stimmung. Er überließ ihnen die Entscheidung, was er denn nun den Kandidaten suggerieren wird, es waren ausschließlich lustige Sachen, wie zum Beispiel in eine Zwiebel beißen, und er sagte ihnen, es sei ein saftiger Apfel oder eine Orange.

Genau das, was Magier-Franz ihnen sagte, das empfanden sie auch. Es war ein Heidenspaß und viele, wie auch, hatten so etwas noch nie gesehen oder erlebt. Franz wurde gefeiert und angefeuert wie ein Star, und so wirkte er auch.

Zum Höhepunkt der Show legten wir einen Hypnotisierten mit dem Kopf auf die Fläche eines Stuhls und mit den Fersen auf einen anderen Stuhl, einen weiteren Stuhl schob ich unter dessen Gesäß. Franz suggerierte den Kandidaten.

„Du bist fest und stark wie Stahl, du bist steif und unbiegsam wie eine Eisenstange, du fühlst dich absolut wohl und nichts kann dir etwas anhaben."

Franz gab mir das Zeichen, nun den Stuhl unter seinem Gesäß wieder zu entfernen, er wiederholte seine Suggestionen mehrmals und dann sagte er dem Probanden:

„Gleich wird sich eine Mücke auf deinem Bauch niederlassen, diese Mücke ist leicht und du bist stark, diese Mücke stört dich nicht im Geringsten, denn du bist fest und steif wie Stahl."

Ungläubige Blicke verfolgten dieses Schauspiel und ich dachte noch, dass kann nicht wirklich funktionieren, doch das tat es, auf wundersame Weise. Ein Mädchen aus dem Publikum stellte sich nach Anweisung von Magier-Franz auf den Bauch des Burschen und wirklich, es war, als stünde sie mit ihren sicher 50 Kilo auf einem Brett, das nicht nachgibt. Der Kerl war tatsächlich steif wie eine Eisenstange und das scheinbar mühelos, ohne dem kleinsten Problem, da war kein Trick, es war unfassbar. Die Menge tobte und die Show war ein voller Erfolg.

Wir wurden im Anschluss gefeiert und umgarnt, es war ein Wahnsinnsgefühl, auf diese Art im Mittelpunkt zu stehen, und das kostete ich auch mit Franz in vollen Zügen aus, wir feierten mit Bekannten und Franz bis in die frühen Morgenstunden.

Mitte November 1985 kam wieder einmal Post für mich, dieses Mal nicht von der Polizei, sondern gleich vom Gericht, ich war wegen Körperverletzung und weiteren Vergehen als Beschuldigter zu einer Verhandlung geladen.

Im ersten Moment musste ich wieder an die Geschichte mit den Rockern und Otto denken, doch es handelte sich um den Vorfall bei der Wiener Stadthalle. Die Idee, einen Anwalt zu konsultieren, hatte ich nicht. „Warum auch", dachte ich mir, „ich habe mich ja nur verteidigt, was soll da groß passieren?"

Siegessicher, nur mit meiner Wahrheit und meinem Spatzenhirn bewaffnet, ging ich zu dieser Verhandlung und ich bereute schnell, alleine und ohne Hilfe gekommen zu sein. Da standen jede Menge Leute vor dem Verhandlungssaal und alle waren mit Anzug und Krawatte fein rausgeputzt, ich dagegen sah aus wie ein Penner. Ich war richtig eingeschüchtert und wurde unsicher, es war mir peinlich, ich verkroch mich abseits der anderen und versuchte diverse Gesichter zuzuordnen, die ich gerade gesehen hatte, doch auch das gelang mir nicht wirklich, die sahen alle so anders aus in ihren schicken Anzügen.

Als ich dann aufgerufen wurde, realisierte ich erst, dass es hier ganz anders zu Sache ging als bei einer Einvernahme, doch diese Einsicht kam etwas spät. Der Richter belehrte mich über meine Rechte und Pflichten, was mich noch unsicherer machte. Dass ich ohne anwaltlichen Beistand gekommen war, hielt auch der Richter für keine gute Idee, aber was sollte ich nun machen, es war etwas spät für derartige Tipps.

„Herr Rat, ich bin unschuldig zu dieser Sache gekommen, ich dachte, ich brauche keinen Anwalt."

Der tiefe Blick des Richters verriet mir, dass ich falsch gedacht hatte, am liebsten hätte ich um Hilfe geschrien und wäre davongelaufen, doch auch dafür war es nun zu spät gewesen. Ich berichtete dem Gericht dann den Ablauf, was mir wieder ein wenig Halt und Sicherheit gab, doch meine Wahrheit wurde schnell zunichte gemacht. Meine Widersacher, die allesamt Söhne von Zuwanderern waren, waren anwaltlich vertreten und keiner von denen musste für sich selbst sprechen, alle waren Opfer und alle sahen aus, als kämen sie gerade aus der Kirche und gaben sich so fromm wie Lämmchen auf einer Alm.

Ihr Anwalt sprach für sie, er übersetzte auch deren Aussagen, denn heute konnte keiner von denen Deutsch sprechen. Deren Anwalt drehte alles, was ich sagte, in das genaue Gegenteil und am Ende wusste ich nicht mehr, ob ich Männchen oder Weibchen bin.

Ich hatte noch Glück, dass die drei Mädchen nicht persönlich gekommen waren, sie aber von einem sehr guten Anwalt vertreten wurden, der den Sachverhalt einigermaßen richtigstellte, doch richtig verteidigen konnte er mich auch nicht, er musste die Interessen der Mädchen wahren und für einen Kostenersatz der Kamera sorgen, die bei dieser Geschichte kaputt ging.

Irgendwann war mir diese verkehrte Welt zu viel, die Scheinheiligkeit der Kanacken und die blöden Anschuldigungen von deren Anwalt, ich konnte das Ganze nicht mehr ertragen und schrie meine Wahrheit und mein persönliches Empfinden frei Schnauze heraus. Es war dann kurz sehr still im Raum und der Blick des Richters verriet mir, dass ich jetzt auf gut Deutsch so richtig verschissen hatte.

War ja klar, der Anwalt der Kanacken verwies das Gericht auf meine offensichtliche Aggressivität und meine Fremdenfeindlichkeit und weiters sagte er, man müsse die vielen Vorverurteilungen bedenken und er zitierte aus meinem Polizeiakt alles, was jemals vorgefallen war. Ich war außer mir vor Zorn und fühlte in jeder Faser meines Körpers Unrecht, am liebsten hätte ich den Anwalt getötet und die blöd grinsenden Kanacken auch gleich.

Es fiel mir unglaublich schwer, nichts mehr zu sagen und Gott sei Dank behielt ich meine Gedanken für mich, denn eines wusste ich instinktiv, ich konnte nur mehr mir selbst schaden, das gezeichnete Bild und die Wahrheit waren nun ganz andere geworden.

Das Urteil war dann für mich vernichtend, ich wurde in allen Punkten schuldig befunden. Dabei hatte ich noch Glück, dass der Richter nicht weiter auf meinen Helfer einging, den der gegnerische Anwalt auch noch zur Rechenschaft ziehen wollte. Man glaubte mir nicht, dass ich Charly vor Ort eben erst kennengelernt hatte, aber der Richter ließ es auf sich beruhen.

Endlich war diese Tortur zu Ende und der Richter verkündete sein Urteil. Drei Monate Haft, … bedingt auf drei Jahre plus Kostenersatz für die Kamera der Mädchen.

Na, das ist ja wieder einmal richtig gut gelaufen, ich ärgerte mich über dieses Unrecht, war aber andererseits heilfroh, dass ich mich nicht wegen der Geschichte mit den Rockern verantworten musste. Ich hatte noch keinen Schimmer, welch weitreichende Folgen und Auswirkungen dieses erste Urteil für mich noch haben würde und war erst einmal froh, dass diese Sache erledigt war.

In ein paar Tagen war Weihnachten und in knapp drei Wochen musste ich meinen Wehrdienst antreten, die verbleibende Zeit verbrachte ich zum größten Teil mit meinen Cousin Franz, der mich in die Welt der Esoterik einführte, was mich zugegeben wahnsinnig faszinierte und mich vor allem von den ganzen Geschehnissen der letzten Monate ablenkte.

Ich begleitete Franz noch zu zwei Hypnoseshows, wir redeten viel über die Welt der Geister und Mythen und ich las mich in das eine oder andere Buch ein.

Für Silvester hatte mein Cousin einen Feuerlauf geplant und organisiert, den ersten, den er selbst leiten und ausführen würde. Schon beim Erzählen hatte ich größte Sorgen und Bedenken, wie sollte das nur gut gehen? Über glühende Kohlen laufen, ich konnte mir das überhaupt nicht vorstellen. Bei einem Probelauf vor der Veranstaltung, die in einem Waldstück nahe Mödling stattfand, traute ich meinen Augen nicht, es funktionierte wirklich.

Mit diesem Feuerlauf am Silvesterabend und dem unglaublichen Schauspiel mitsamt den neu gewonnenen Wahrheiten, den gefühlten Ängsten und Hoffnungen der Teilnehmer, die sich dann in höchste Glücksgefühle und Freude wandelten, beendete ich dieses Jahr mit diesen mir völlig fremden Menschen. Ich war der Einzige, der nicht über diesen glühenden Teppich aus Holz und Kohle gelaufen ist, ich konnte mich nicht in diesen tranceartigen Zustand mitnehmen lassen, aber ich genoss die Stimmung und die enorme Energie, die dabei freigesetzt wurde.

KAPITEL 10

Bundesheer

Mit Energie ganz anderer Art wurde ich dann am 2. Jänner 1986 in der Maria Theresia (MT) Kaserne in Empfang genommen.

Mir war schon klar, dass es hier zur Sache gehen würde und dass mich Drill erwartete, aber diese irre Schreierei und das Hin und Her machte mich wahnsinnig. Am Ende des ersten Tages teilte ich eine Unterkunft mit fünf anderen Jungs, die ähnlich begeistert waren wie ich.

In den Tagen darauf folgten Leistungstests und Einteilungen. Ich war mir eigentlich ziemlich sicher, eine Ausbildung als Lkw-Fahrer machen zu können, zumindest wurde mir das von Udo dem Zuckerbäcker zugesichert, als ich das letzte Mal mit einer kleinen Ausbesserungsarbeit in dem Club oberhalb der Bäckerei zu tun hatte. Udo war ja bekanntermaßen ein Waffennarr und mit so ziemlich allen hohen Tieren in der Politik und vor allem beim Bundesheer bekannt. Er versprach mir, mit seinem Freund dem General darüber zu sprechen. Udo war zu mir immer äußerst großzügig gewesen und alles, was er mir zusicherte, passte auch immer, also hatte ich da keine Zweifel daran.

Aber wie so oft kam bei mir alles anders als gedacht. Als wir dann endlich über den weiteren Ablauf und die Zuteilung informiert wurden, staunte ich nicht schlecht, wie gut das Bundesheer über mein bisheriges Leben informiert war.

Eigentlich hätte mir klar sein müssen, dass Vorstrafen und bedingte Haftstrafen keine bevorzugte Grundlage bilden können, aber an das dachte ich im Vorfeld gar nicht. Jetzt, wo es vor aller Leute angesprochen wurde, bildete sich in mir die Hoffnung, dass ich möglicherweise vom Wehrdienst befreit wurde, aber auch da hatte ich wieder einmal falsch gedacht.

Am Ende des Tages war ich mit ungefähr 60 anderen Rekruten am Weg nach Bruck Neudorf, um die sechswöchige

Grundausbildung zu absolvieren, danach sollten wir als Systemerhalter die restliche Zeit von insgesamt acht Monaten ableisten.

Bei unserer Ankunft am Truppenübungsplatz Bruck Neudorf setzte starkes Schneetreiben ein, es war bitterkalt und dunkel, genauso wie unsere Unterkunft, die man uns zuteilte.

Wir konnten es allesamt nicht fassen, als wir uns am Platz vor den alten K&K-Baracken sammelten, um anschließend unser Quartier für die nächsten sechs Wochen zu beziehen. Im Inneren war es kaum wärmer als draußen, alles war feucht und kalt, inmitten unserer Unterkunft war ein alter Eisenofen, der noch mit dem K&K-Wappen geprägt war. Natürlich mussten wir als Erstes einheizen, vorbereitet war ja für uns so gut wie gar nichts.

In den beiden anderen Schlafräumen, die gleich wie unsere waren, wurde ebenfalls nichts vorbereitet, selbst das Bettzeug und die Decken dürften seit Tagen in diesen kalten Räumen gelegen haben, auch die alten Matratzen waren unangenehm feucht und es roch nach modrigem Holz.

Nachdem wir den alten Ofen zum Glühen gebracht hatten, versuchten wir, die undichten Fenster einigermaßen abzudichten und richteten uns ein. Zum Abendessen mussten wir gut fünfzehn Minuten marschieren, bis wir im Speisesaal des Haupthauses angekommen waren. Unser Quartier war natürlich am Weitesten vom Haupthaus entfernt und es grenzte direkt am Übungsgelände, auf dem scharf geschossen wurde.

Gleich die erste Nacht war ein Alptraum, ein Sturm tobte und es schneite so heftig, dass sogar Schnee durch die großen Ritzen bei den Fensterbänken durchkam. Mittlerweile war es in der Raummitte, wo der alte Eisenofen förmlich glühte, so heiß, dass es im Umkreis von zwei Metern nicht auszuhalten war, nahe der Fenster war es andererseits derart kalt, weil der kalte Wind durch sämtliche Ritzen zog und isoliert war an diesen Baracken genau nichts. An schlafen war nicht zu denken, es war laut, knarrte an allen Ecken und Enden und es war unheimlich, als würden böse Geister ihr Unwesen treiben. Wir mussten mehrmals die Betten umstellen, sodass wir alle einigermaßen ein wenig Wärme vom

Ofen abbekamen und andererseits von dem kalten Durchzug der undichten Fenster geschützt waren.

Mir war, als wäre ich gerade erst eingeschlafen, da brüllte sich einer in militärischer Manier, die Seele aus dem Leib: „Taaagwaacheeeee!!"

Kaum jemand von uns reagierte auf dieses Gebrüll, wir waren alle noch von letzter Nacht erledigt, doch das kümmerte diesen Wahnsinnigen nicht. Ich zog mir die Decke über meinen Kopf, ich war noch so müde und wollte nur schlafen.

Sekunden später riss mir jemand mit einem Ruck meine Decke weg und brüllte mich auf zehn Centimeter Entfernung wüst schimpfend an. Reflexartig griff ich in Richtung des Lautes, der mit einer Feuchte begleitet war, die grausiger nicht sein konnte. Mein Griff schloss sich fest um den Hals dieser grindig feuchten Stimme. Als ich dann meine Augen öffnete, sah ich in ein Gesicht, das ich nicht kannte, nun war ich hellwach und bitterböse, aber auch gleichzeitig erschrocken. Ich ließ augenblicklich meinen Griff los und wer auch immer es gewesen war, er flüchtete lautlos nach draußen.

Offenbar hatten einige in unserer Baracke ihren Spaß an meiner beschissenen Situation, in die ich mich eben gebracht hatte, es wurde laut gejubelt und gelacht, ich stand richtig neben mir und kannte mich so gar nicht aus. Was war da eben gewesen, fragte ich mich.

Keine Minute später war die Hölle los, nun hämmerte die Stimme unseres Vizeleutnants durch die Baracken und die klang gar nicht gut. Alle eilten sich in ihre Klamotten und rannten nach draußen zum Antreten.

Ein junger Korporal, dem offenbar die schwierige Aufgabe, uns zu wecken, von unserem Vizeleutnant aufgetragen war, hatte mit seiner Art die Leute zu wecken für ordentlich Chaos und Probleme gesorgt, denn auch in den beiden anderen Schlafräumen unserer Baracken gab es ordentlich Widerstand von Rekruten. Unser aller Boss, der Vizeleutnant, war auf Tausend, er sah in dem ungestümen Vorgehen des jungen Korporals ein klein wenig Machtmissbrauch und so bekam dieser vor versammelter

Mannschaft sein Fett weg. Allerdings knöpfte sich der Vzlt. danach gleich mich und einige andere Rekruten vor, dass förmlich Rauch aufstieg. Zum Glück blieb dabei meine Tätigkeit gegenüber dem Korporal unbesprochen.

Unser Kommandant hatte Gott sei Dank Verständnis für unsere Startschwierigkeiten, denn auch er befand unsere Unterbringung als äußerst grenzwertig. „Kein Wunder", sagte er zu seinem Korporal, „ich hätte hier auch keinen Schlaf gefunden, also ein wenig mehr Bedacht, Kollege."

Wie sich später herausstellte, waren wir eine kleine Kompanie, die aus unliebsamen Rekruten zusammengestellt wurde, jeder von uns war mit einer Wertungsziffer zwischen eins und fünf belegt, ich hatte eine Drei, einer von uns hatte sogar eine Fünf. Den genauen Hintergrund dieser Ziffern konnten wir nie herausfinden oder verifizieren.

Rückblickend gesehen waren wir eine irre Truppe von Chaoten. Einer aus Oberösterreich, wir nannten ihn nach näherem Kennenlernen nur mehr „Bottle", er hatte, sagen wir, ein kleines Alkoholproblem, er kam nach jedem freien Wochenende mit zwei Reisetaschen, die mit Wein aus eigenem Anbau gefüllt war, nur für sich alleine.

Einmal war dieser „Bottle" schon morgens so voll, dass er beim Antreten nicht mehr geradestehen konnte. Ein anderer mit der Ziffer fünf war vom Sport und von dem Dienst mit der Waffe befreit, stellte aber emotionslos einen Rekord beim Handgranatenweitschießen auf, wieder andere, wie ich auch, waren mit Vorverurteilungen behaftet, durften oder mussten aber alles mitmachen, keiner von uns wurde schlau aus dieser seltsamen Bewertung.

Das Gelände auf unserem Truppenübungsplatz war so weitläufig und wir waren so weit vom Hauptgebäude abgelegen, dass wir uns bald so manche Nacht unbemerkt vom Gelände entfernten und in der nahe gelegenen Disco oder in anderen Lokalen herumtrieben. Es war nur eine Frage der Zeit, bis wir erwischt wurden, denn klar, je öfter es gut ging, desto mehr neigten wir dazu zu übertreiben. Zwei Wochen bevor unsere Grundausbildung zu Ende ging, erwischte uns das Unglück dann gleich mehrfach.

Als hätte ich es geahnt, just an diesem Donnerstag war in der nahe gelegenen Disco Nova eine Party angesagt und mir war so gar nicht nach Party. Letztlich überredete mich unser trinkfester „Bottle" zu diesem nächtlichen Ausflug, er hatte ja kommenden Samstag Geburtstag, sagte er, und er möchte uns alle heute einladen. Es war das erste Mal, dass Bottle bei so einer Aktion dabei sein wollte, also ließ ich mich breitschlagen, was soll's dachte ich mir, wenn er die Zeche übernimmt, warum nicht.

Gegen 22:00 Uhr machten wir uns zu acht im Schutz der Dunkelheit auf den Weg und schlichen wie üblich, vorsichtig nach draußen. Wir wussten genau, wann und vor allem wo patrouilliert wurde, gut 30 Minuten später waren wir in der Disco und feierten „Bottles" Geburtstag. Was wir allesamt nicht wussten, war, dass unser „Bottle" zwar jede Menge Wein in sich schütten konnte, aber der Schnaps bekam ihn gar nicht gut, er verwandelte sich in einen Vollidioten und war nicht wiederzuerkennen. Der sonst so ruhige und zurückhaltende Junge war streitsüchtig und richtig unangenehm geworden, das passte keinem von uns und alle Versuche, ihn wieder zu beruhigen und ihm klarzumachen, dass wir alle auffliegen würden, wenn wir hier unangenehm auffallen, schlugen fehl.

Daraufhin beschlossen wir zu gehen, doch wir konnten diesen Idioten auf keinen Fall zurücklassen, auch das hätte nicht gut ausgehen können. Meinem Kumpel Norbert riss der Geduldsfaden und er verpasste „Bottle" einen recht ordentlichen Leberhacken, der ihm die dicke Luft aus dem Körper trieb. Wir packten „Bottle" links und rechts und suchten auf schnellstem Weg den Ausgang.

Zumindest waren wir nun im Freien angekommen, ohne dass großartig was passiert wäre, doch dann ging das ganze Theater von vorne los. „Bottle" konnte nicht einmal geradestehen, er lallte vor sich hin, stürzte und übergab sich gleichzeitig.

Vier von uns setzten sich daraufhin ab, auch ich wollte am liebsten abhauen und diesen Idioten hier liegen lassen, aber da hätten wir uns gleich auch beim Haupteingang stellen können und das wollte ich auf keinen Fall, wir mussten ihn daher unbedingt in unsere Unterkunft schaffen.

Als hätten wir nicht schon genug Probleme am Hals, fing „Bottle" auch noch mit Norbert zu streiten an und er beschwerte sich über die gewaltsame Behandlung und dass wir ihn aus der Disco brachten. Ich war nahe dran, ihm eine in die Fresse zu schlagen, sodass diese Scheiß-Jammerei endlich aufhören würde. Es war der Megastress und wir mussten uns alle ordentlich zusammenreißen, wir hatten ja keine Wahl, wir mussten dieses besoffene Arschloch ja auch noch durch den Wald schleppen und eigentlich wunderten wir uns, dass wir noch nicht erwischt wurden.

Wir, oder besser gesagt „Bottle" war viel zu laut mit seiner ewigen Lallerei, er befand das mittlerweile sogar lustig und redete nur Schwachsinn. … Oh, wie ich es bereute, da mitgegangen zu sein!

Weniger als 200 Meter hatten wir noch bis zu unserer Unterkunft, ich war heilfroh, die Baracken zu sehen, und in diesem Moment sprangen einige Leute aus dem Gebüsch und wir zucken ordentlich zusammen, wir dachten alle sofort an unsere Zimmerkumpels, die uns zu erschrecken versuchten, was ihnen wirklich gelungen war und so reagierten wir auch.

Als dann einer mit Tarnanzug und Waffe vor uns stand, realisierten wir, dass wir aufgeflogen waren. „Scheiße", dachte ich, auch das noch, so kurz vor unseren Baracken.

Nur „Bottle", der offenbar den Verstand einer leeren Dose hatte, witzelte blöd herum und erkannte den Ernst unserer Lage nicht. Als er dann die Wachleute beschimpfte und sich wild gebärdete, ging es richtig zur Sache. Der Kommandant der Wache näherte sich mit schnellen Schritten und schrie uns alle in militärischer Manier so laut an, dass mir der Schädel brummte. Gleichzeitig stürzte sich „Bottle" mit Kampfgeschrei auf den Kommandanten und schlug ihm mitten ins Gesicht.

Mit dem hatte nun wirklich niemand gerechnet, in jedem Fall war nun Feuer am Dach. Wir wurden alle in Gewahrsam genommen und verbrachten die nächsten Stunden in Arrest.

Nach endlosen Standpauken und Befragungen wurden wir wieder in den Dienst gestellt und mit jeder Menge Strafen belegt, die uns von nun an jede freie Minute kosten würde. Gott sei Dank war unsere Grundausbildung in knapp zwei Wochen zu Ende, wie es dann weitergehen würde, wusste noch keiner von uns. Einzig unser „Bottle" hatte offenbar eine andere Strafe zu tragen, wir alle sahen ihn ab diesem Tage nicht mehr und Auskunft über seinen Verbleib wurde uns auch keine erteilt.

Die nächsten zwei Wochen hatten es in sich, während alle anderen schon Donnerstag oder Freitag nach Dienst bis Montagmorgen freigestellt wurden, mussten wir drei mit Strafarbeiten, Märschen und Strafsport zurechtkommen. Es war ein wahrgewordener Alptraum, überdies wurden wir noch alle zwei Stunden an den Wochenenden kontrolliert. Nach diesen zwei Wochen waren wir allerdings in Topform und alles nur wegen diesem Vollidioten, der Glück hatte, dass wir ihn nie wieder zu Gesicht bekamen.

Am letzten Tag in Bruck Neudorf, es war ein Donnerstag, wurden wir dann über unsere Aufgaben und deren Zuteilung für die restliche Wehrdienstzeit informiert. Wie konnte es auch anders sein, der Einzige, der keine Zuteilung bekam, war ich. Auch nach mehrmaligen Nachfragen konnte mir niemand über meine zukünftige Dienststelle oder meinen Aufgabenbereich Auskunft geben. Am nächsten Morgen wurden wir alle in die Radetzky Kaserne gebracht und aufgeteilt. Ich verabschiedete mich von meinen Kumpels, vor allem mit Norbert verband mich eine Freundschaft, die uns gerade in den letzten drei Wochen so richtig zusammenschweißte. Wir versprachen uns, den Kontakt nicht abreißen zu lassen.

Norbert war als Schießwart für den Schießplatz Stammersdorf ausgewählt worden und ich wusste noch immer nicht, wo ich eingesetzt werden sollte. Ich hatte mich als Kellner im Offizierscasino beworben, aber mit meinen Vorstrafen glaubte ich nun nicht mehr, diese begehrte Stelle zu bekommen.

Alle waren schon auf dem Weg in ihr freies Wochenende und sie alle wussten, wo sie ab nächster Woche ihre restliche Zeit verbringen würden und vor allem, was sie zur Aufgabe hatten, nur ich musste warten. Langsam dachte ich, die lassen mich auch dieses Wochenende nicht raus, ich war richtig angepisst und trübsinnig.

Doch dann kam endlich eine Nachricht, mit der ich so gar nicht gerechnet hatte. Auch ich wurde, wie Norbert, als Schießwart abkommandiert, ich konnte es nicht glauben und fragte extra mehrmals nach, doch es war kein Irrtum. Super, dachte ich mir, ich als Schießwart mit Vorstrafen und behördlichem Waffenverbot, ich grinste das ganze frei Wochenende vor Freude und malte mir die wildesten Szenarien aus und mit Norbert war ich auch wieder zusammen, na, der würde Augen machen.

Einzig der lange Weg vom 14. Bezirk nach Stammersdorf war eine Katastrophe, ohne Auto war ich an die zwei Stunden unterwegs, ehe ich das riesige Gelände der Schießstätte betrat. Ich sah mich ein wenig um und suchte nach einer Ansprechperson, die ich dann in einem kleinen Häuschen, in dem ich Licht im Inneren sah, gefunden hatte.

„Guten Morgen, … ich soll mich hier bei Herrn Vzlt. Hanisch melden, bin ich hier richtig?"

„Jo, jo, da bist scho richtig bei mir", sagte mir der Bursche in Arbeitsklamotten mit ländlichem Akzent, der sehr freundlich war. „Ich bin der Alois und der Stellvertreter vom Vzlt. Hanisch, der kommt aber erst später, warten wir noch auf die anderen und dann zeig ich euch alles."

Der Alois hatte recht viel zu erzählen, er hatte sich nach seiner Grundausbildung für den Dienst hier am Schießplatz weiterverpflichtet und er hatte mächtig Respekt von Herrn Vzlt. Hanisch, um das Wort Angst zu vermeiden. Na, mal sehen, dachte ich mir und da ging auch schon die Tür auf, Alois nahm sofort stramme Haltung an. Als ich dann Norbert sah, musste ich lachen, na, der schaute blöde drein, als er mich hier erblickte und zu guter Letzt kam auch noch Erwin bei der Tür rein, den ich auch noch von Bruck Neudorf kannte, er war in der gleichen Kompanie wie ich und Norbert gewesen, nur zwei Baracken weiter. Für den Moment waren wir alle vier sehr zufrieden, also begannen wir den guten Alois auszufragen, wie das alles hier so ablaufen würde oder sollte.

Dem Alois war das alles zu viel auf einmal, er war ein richtiges Weichei, ein Befehlsempfänger, wie er im Buche steht. Zum Durchsetzen oder uns drei „Frischlinge" in die Schranken zu weisen, dazu fehlte ihm so ziemlich alles, was nötig gewesen wäre, aber vor allem ein wenig Selbstvertrauen. Das Einzige, was in ihm tief verankert war, war die Furcht von seinem und nun mehr auch unserem Vorgesetzten.

Als wir ein herannahendes Auto hörten, flippte unser Alois vor lauter Aufregung komplett aus und bekniete uns „Neulinge", Haltung anzunehmen. „Er kommt jetzt", schrie er und wusste nicht recht, wie er sich nun verhalten sollte. Norbert und ich schauten uns schmunzelnd an und ich bin sicher, wir dachte uns beide das Gleiche: „Alter, was ist mit dem los?"

Unser aller Chef betrat nun den Raum, der eine Mischung zwischen Pausenraum und Werkstatt war, er musterte uns alle von oben bis unten …

„Na ja, … da habe ich wieder die Auslese der Elite abbekommen… Na, Korporal, haben Sie die Neuen schon eingewiesen, haben Sie schon die Aufgaben erklärt? … Wieso tragen die noch keine Arbeitskleidung? … Und zum x-ten Mal, wo ist mein Kaffee?"

„Ja, Herr Vzlt. Hanisch, … ich, äh, … ja, … der Kaffee kommt sofort.

Und ja, ich … es war, … ich konnte, …"

„Ist schon gut, Alois, schauen Sie bitte nur, dass Sie keinen Herzinfarkt bekommen und bringen Sie mir endlich den verdammten Kaffee!"

„Na bumm", dachte ich mir, der schlägt bis jetzt alles …

Zwei Wochen später wussten wir mit unserem Chef richtig gut umzugehen, er war ein echter Griesgram, man könnte auch sagen, er war ein Arschloch, der niemals lobende Worte über seine Lippen brachte, doch wenn alles so war, wie er es wollte, hatten wir Highlife. Wenn wir seinen Anweisungen folgten und unsere Aufgaben gut erfüllten, war er selten vor Ort und wir hatten unsere Freiheiten und viele Vorteile, wie sich noch erweisen sollte.

Fix war, dass er jeden Morgen zwischen 8:00 und 9:00 Uhr gereizt und miesest gelaunt ins Office kam, stand sein Kaffee nicht im selben Moment auf seinem Schreibtisch, war Feuer am Dach und er machte uns richtig Stress, doch das passierte uns nur ein einziges Mal. Nur keinen Grund zur Aufregung geben und alles war palletti und er informierte uns über den Tagesablauf, und zwar auf Strich und Punkt.

Dieser Typ kannte jeden einzelnen Kommandanten der jeweiligen Truppen, die zu Schießübungen kamen, er wusste mit jedem Einzelnen umzugehen und instruierte uns mit glasklaren Anweisungen. Er trichterte uns täglich ein, dass wir, jeder einzelne von uns, auf der Schießanlage wie auch auf den Schießständen das Sagen hatten und dass unsere Anweisungen während einer Übung über jedes Wort und über jeden Befehl eines Ranghöheren steht, bis hin zum Kommandanten und selbst, wenn es ein General sein sollte, und dass unseren Anweisungen Folge geleistet werden musste. OHNE Ausnahme!

„Ihr Burschen untersteht allein meinem Befehl und meinen Anweisungen, ausschließlich, das ist wichtig, Burschen! Es darf hier zu keinen Unfällen oder gar zu einem Verletzten während der Übung kommen, im Zweifel und bei Gefahr in Verzug habt ihr die Plicht, sofort abzubrechen und mich zu informieren."

Wir arbeiteten gut und lernten schnell und nach anfänglichen Überprüfungen und Beobachtungen war unser Vzlt. Hanisch mit unseren Leistungen zufrieden und überließ uns mehr oder weniger den ganzen Tag über in Eigenverantwortung.

Er kam nur mehr zu Dienstbeginn, dann kurz nach dem Mittagessen und kurz vor Dienstende oder eben nicht mehr. Wir hatten eine tolle Zeit und ein einfaches Schaffen.

Ein oder zwei Truppen kamen täglich zu Schießübungen, manches Mal waren es drei, überwiegend wurde auf den vollelektronischen Zweihundertmeter-Ständen geschossen, die alten Dreihundertmeter-Stände, die durch einen circa zwei Meter hohen natürlichen Wall getrennt waren, wurde nur selten in Anspruch genommen. Einmal die Woche kam eine Spezialeinheit, die mit ihren SSG 69, einem Schafschützengewehr, ihre Übungen an den langen Ständen durchführten. Deren Einsatzleiter war ein alter Oberst, der unheimlich lässig und zugänglich war.

Diese Dreihundertmeter-Schießstände waren ohne jede Technik ausgestattet, wir mussten jeden Treffer auf der Tafel mittels einer Stange, an deren Ende eine kleine, runde, etwa faustgroße Scheibe angebracht war, anzeigen. Die Kommunikation lief über ein altes Feldfunktelefon. Bei diesen Ständen mussten wir immer zu zweit arbeiten, einer bei dem Schützen, um den Schuss freizugeben und einer im Bunker unter dem Ziel, um die Treffer anzuzeigen, dann abzukleben oder die Scheibe zu wechseln, manches Mal musste auch die Tafel, auf der die Scheiben geklebt wurde, gewechselt werden. Bei derartigen Übungen konnten wir maximal zwei Stände gleichzeitig betreuen, bei den vollelektronischen Zweihundertmeter-Ständen konnten wir anhand der Technik alle Stände gleichzeitig zum Schießen freigeben, da der Schütze oder deren Betreuer den Treffer auf dem Monitor einwandfrei erkennen konnte und die Zielscheibe nach jedem Treffer so konstruiert war, dass sich das geschossene Loch in der Hightech- Bespannung von selber schloss.

Wir mussten nur darauf achten, dass jeder mit scharf geladener Waffe den Gewehrlauf in Richtung des Schusskanals richtete und die Waffe erst direkt am Tisch (Tisch= erhöhte Liegevorrichtung mit Monitor, der die Zielscheibe und die Treffer elektronisch anzeigte) mit scharfer Munition geladen wurde und nicht vorher schon.

Wir waren ein gut eingespieltes Team geworden und hatten die ganze Zeit über keine nennenswerten Probleme.

Ich hatte das Glück, dass mich der alte Oberst der Spezialeinheit mochte und er mir durch meine auffällige Begeisterung und meinen Einsatz, den richtigen Umgang mit dem SSG 69 lehrte, sodass ich relativ schnell recht gute Ergebnisse ablieferte. Die Besten in dieser Spezialeinheit trafen kalt, innerhalb von wenigen Sekunden, stehend auf 300 Meter eine Zehnschilling-Münze problemlos. Hätte ich es nicht gesehen, ich würde es nicht glauben, die hatten richtig was drauf.

Wir hatten jeden Tag gut zu tun, wenn niemand zum Schießen angemeldet war, waren wir mit Wartungsarbeiten beschäftigt, Scheiben neu bespannen, die Mechanik überprüfen, oder für die Langstände neue Rahmen aufbauen.

Es kam schon mal vor, dass Scheiben förmlich zerfetzt wurden, vor allem dann, wenn Jäger oder uns nicht näher bekannte Personen mit großkalibrigen Waffen ihre Schießkünste zum Besten gaben.

Ich glaube, unser Vzlt. Machte sich mit dieser Personengruppe ein wenig extra, was uns egal war, denn auch wir wurden von diesen Leuten bedacht.

Die meiste Arbeit hatten wir allerdings mit dem Einsammeln der Patronenhülsen, und das waren unzählig viele. Alle paar Wochen hatten wir an die zehn Munitionskisten voll mit Patronenhülsen, die unser Vzlt. dann wegbrachte, und wenn er wieder kam, wurden wir auch von ihm mit einer Belohnung bedacht. Klarerweise waren wir Feuer und Flamme für einen derartigen Auftrag, er brachte uns nicht nur dringend benötigtes Geld, sondern auch jede Menge Vorteile.

Als es dann der Sommer einkehrte, mussten wir uns auch um den Rasen kümmern, dafür hatten wir große und kleine Mäher, einige Sensen und Sicheln für das unwegsame Gelände. Beim Aktivieren der Rasenmäher stellten wir fest, dass wir in einem unserer Lager 20 20-Liter-Benzinkanister hatten, die alle gefüllt waren.

Was jetzt zu tun war, war sonnenklar, zuerst betankten wir Norberts Auto, das eigentlich immer auf Reserve war, dann betankten wir die Rasenmäher und dann hatten wir noch immer 16 volle Kanister Benzin.

Frech fragten wir unseren Chef, wo wir das Benzin herbekämen, wenn er alle ist. Wir merkten sofort, dass er keine Ahnung hatte, wie viel Sprit noch da sein müsste, es gab auch keinerlei Aufzeichnungen darüber.

Unser Chef war von solchen Fragen eher genervt, und wenn er genervt war, sagte er auch immer dasselbe.

„Muss ich denn hier alles selbst machen, kümmert euch darum, für was seid ihr denn da, … wo ist der Alois? … Er muss ja wissen, was zu tun ist. Wenn was aus ist, oder ihr Material oder was auch immer braucht, füllt einen Anforderungsschein aus und gebt ihn zu Mittag beim Essenfassen im Heeresspital ab. Erledigt das!"

Für uns war es ein sicheres Zeichen, dass er weder Ahnung noch Interesse an dem, was wir fragten oder brauchten, hatte und somit hatten wir mehr oder weniger freie Hand.

Zu Mittag wurde immer einer von uns von einem Lkw des Heeres abgeholt und in das nahe gelegene Heeresspital gefahren, um das Essen für uns alle zu holen und Trinkwasser und was wir sonst noch so brauchen. Das Wichtigste allerdings war das Menage Geschirr unseres „Häuptlings", hätten wir vergessen, es in allen Lagen mit Essen füllen zu lassen, nur Gott weiß, was dann passiert wäre.

Ab den Tag, an dem wir das Benzin im Lager entdeckten hatten, hatten wir nie wieder private Spritprobleme und Norbert holte mich täglich mit dem Auto von zu Hause ab, es war eine tolle Erleichterung, zumindest für Norbert und mich.

So richtig gefordert waren wir nur, wenn eine Kompanie mit neuen Rekruten zum Schießen kam, irgendein Idiot war immer dabei, der den Umgang mit der Waffe allzu leichtfertig handhabe, und dann mussten wir natürlich einschreiten oder das Schießen ganz einstellen, bis eben Sicherheit gegeben war.

Am Schießplatz konnten wir selbst ranghöchsten Offizieren einen Befehl erteilen, wenn wir Gefahr in Verzug erkannten oder erkennen wollten. Manchmal spielten wir ein wenig mit unserer gegebenen Macht und wir hatten unseren Spaß daran, Ranghöhere zu instruieren, ohne dass sie uns etwas anhaben konnten. Ernsthafte Probleme gab es aber so gut wie nie. Nur einmal war wirklich eine gefährliche Situation entstanden, die wie aus dem Nichts gekommen war.

Es war ein Tag im Juni 1986, wir hatten an diesem Tag ordentlich was zu tun, und nachdem der Ablauf mit den Befehlshabern zweier Kompanien mit unserem Vzlt. Hanisch und uns abgesprochen war, gingen wir ans Werk. Unser Vzlt. machte sich wie immer aus dem Staub, meist war er im Offizierscasino des

Heeresspitals bei seinen Spezis oder aber bei einem der vielen umliegenden Heurigen.

Ich hatte schon zu Beginn, bei der Ein- und Zuweisung der Rekruten durch den Kommandierenden Oberst, ein sehr schlechtes Gefühl gehabt, nicht zuletzt, weil uns unser Boss vor dem Oberbefehlshaber gewarnt hatte. Erst jetzt wusste ich warum, er war ein richtiger „Ungustl" und er brachte mehr Chaos als Ordnung in den Ablauf, aber er war der Ranghöchste und genoss sichtbar seine Machtstellung innerhalb der Truppen.

Als hätte der Teufel seine Hände im Spiel, hatten wir kurz nach Freigabe der Schießanlage ein technisches Problem auf Stand sieben, das so zum ersten Mal aufgetreten war. An diesem Stand funktionierte die elektronische Bildanzeige nicht richtig, und da am Gerät kein sichtbarer Fehler zu erkennen war, musste einer von uns nach hinten in den Bunker unter die Zielscheiben, um die elektronische Anlage auf Fehler zu prüfen.

Wir stellten klarerweise das Schießen ein und jeder Rekrut musste den Tisch verlassen, die geladene Waffe entladen und am Tisch ablegen, sodass keine Gefahr einer Schussabgabe entstehen könnte.

Norbert rannte nach hinten, um die Elektronik an den sensiblen Scheiben zu prüfen, die man auch elektrisch rauf und runter fahren konnte. Da wir kein Feldtelefon dabeihatten, mussten wir uns auf Sicht mit Zeichen verständigen, dazu hatten wir im durchgehenden Bunker unter den Zielvorrichtungen eine lange Stange platziert, mit je einer roten und einer grünen Fahne am Ende, mit der mir Norbert das Zeichen für einen Probeschuss geben würde, wenn er so weit sein würde.

Norbert fuhr die Zieleinrichtung runter und brauchte schon einige Zeit, bis er sie wieder hochfuhr, dann schwenkte er die grüne Fahne, die mein Zeichen für einen Probeschuss war, um die Funktionstüchtigkeit zu überprüfen. Ich nahm mir das Sturmgewehr 77 des Rekruten von Tisch sieben und feuerte zwei Schüsse ab und prüfte die Treffer auf dem Monitor. Die Schüsse wurden einwandfrei am Bildschirm angezeigt, jetzt wartete ich auf die Bestätigung durch Norbert, der mir die Treffer mit der Ringstange

auf der Zielscheibe anzeigen musste, da wir ja keinen Funk-
kontakt hatten.

Alles war in Ordnung, nun war nur noch auf die Rückkehr
von Norbert zu warten, der ja wieder über das offene Gelände zurückkehren musste, was dieser wahnsinnige Befehlshaber
der Truppe offenbar nicht bedachte. Dieser arrogante Vollidiot erteilte Schussfreigabe, was weder seine Aufgabe noch sein
Befugnis war.

Ich sah, wie sich der Rekrut vor ihm auf Tisch eins zum
Schießen fertig machte und rannte wie verrückt und wild gestikulierend vor den Schießbänken zu diesem Tisch und schrie
immer wieder „Abbruch, Abbruch, ... Schießen einstellen!!!"

Noch ehe ich Tisch eins erreichen konnte, feuerte der Rekrut einen Schuss ab, ich entriss dem verdutzten Rekruten sein
Gewehr, sicherte es und attackierte seinen Befehlsgeber, der den
Schuss freigegeben hatte, heftig. Uneinsichtig brüllte mich der
Oberst an und attackierte mich, worauf ein Gerangel entstand,
in dem der Oberst zu Boden ging. Anstatt dafür zu sorgen, dass
niemand eine geladene Waffe in Händen hatte, wendeten sich
die führenden Unteroffiziere ihrer Aufgaben ab, um mich zu
disziplinieren. Chaos pur entstand, Gott sei Dank kümmerten
sich Erwin und Alois um die verunsicherten Soldaten und vor
allem darum, dass niemand eine geladene Waffe in Händen hatte.

Ich hatte alle Mühe mit den Ausbildnern, die mich gar wegen
Tätigkeit verhaften wollten, aber selbst nicht registriert hatten,
worum es eigentlich ging. Es dauerte eine ganze Weile, bis jeder
verstanden hatte, wobei es hier eigentlich ging und Alois unseren
Chef informieren konnte. An den Augen der Rekruten konnte
man Genugtuung erkennen, die freuten sich sichtlich, dass ihre
Ausbildner auch einmal in ihre Schranken verwiesen wurden.

In und durch diesen Tumult hatte ich nun keine Ahnung,
wo Norbert war, ob er noch im Bunker oder schon raus war, ich
wusste es nicht und konnte vorerst nichts tun, da ich vom Oberst
und seinen Getreuen angehalten wurde, dieser bombardierte mich
mit allen möglichen Konsequenzen, die ich nun durch mein Verhalten zu tragen hätte.

Dann endlich, von Weitem hörte ich den Mercedes unseres Chefs, Vzlt. Hanischs, der den Weg zum Schießstand mit Vollgas raufbretterte, so zornig und entschlossen hatte ich unseren Vzlt. noch nie gesehen. Als er vom Auto ausstieg, brüllte er alle und jeden wie ein wild gewordenes Tier an und zugegeben, obwohl ich wusste, dass ich richtig gehandelt hatte, kamen mir leichte Zweifel, nicht zuletzt, weil der Oberst in dem vorangegangenen Gerangel zu Boden ging.

War der deshalb so sauer? … Ich konnte in dem ganzen Durcheinander überhaupt nichts mehr einschätzen und war extrem verunsichert. Unser Boss knöpfte sich aber als erstes den Oberst und Einsatzleiter vor, er stellte ihn zur Rede und machte ihn vor versammelter Mannschaft zur Sau. Und wie er das machte! Er verteidigte mich, am liebsten hätte ich vor Freude geheult und ihn umarmt, aber das ließ ich dann doch lieber sein.

Zwischenzeitlich war auch Norbert vor Ort und bestätigte die unerlaubte Schussabgabe. Jetzt kam der absolute Höhepunkt, unser Vzlt. Hanisch erteilte dem ranghöheren Oberst vor aller Augen einen Platzverweis, er stellte unmissverständlich klar, wer hier das Sagen hatte, gleichzeitig erteilte er den Ausbildner mit nächst höherem Rang das Kommando. Ich war begeistert, fühlte mich verteidigt und im Recht, es war eine unglaubliche Erleichterung für mich.

Nun wandte sich unser Boss allen am Platz zu.

„Wir sind hier nicht im Prater, das hier ist ein Schießplatz, auf dem scharf geschossen wird! … Mein Schießplatz! … Und jeder Anweisung von mir und meinen Mitarbeitern ist Folge zu leisten, und zwar ohne Wenn und Aber, … ist das jetzt jedem klar!!?"

Irgendwie hatte es unser Chef geschafft, nun Ruhe und Ordnung in das ganze Durcheinander zu bringen, auch er selbst war nun die Ruhe selbst, so hatten wir unseren Vzlt. Hanisch noch nie erlebt. In aller Ruhe gab er uns nun dezidierte Anweisungen für den weiteren Ablauf der Übung.

Im Anschluss fuhr er in Begleitung des Oberst vom Platz, und wir kümmerten uns um den weiteren Ablauf der Übung. Wir hatten noch gut zwei Stunden zu tun, dann war auch der letzte Rekrut mit dem Schießen durch, und normalerweise hätten wir nun eine ordentliche Pause eingelegt, ein oder zwei Bier in unserem Aufenthaltsraum gezwitschert, doch das ließen wir für heute lieber bleiben.

Wir waren uns alle einig, nun das Einzige zu tun, das unserem Chef heilig war und ihn einigermaßen ruhig und zufrieden stimmen konnte, wir sammelten die Patronenhülsen ein, die hier in Hülle und Fülle herumlagen und machten sauber.

Wir waren fast fertig, da hörten wir wieder das Brummen des Diesels unseres Chefs, der dieses Mal hörbar entspannter in unsere Richtung unterwegs war, und ich bekam ordentlich Schiss. …

„Ob er mich jetzt feuert?", dachte ich und fragte Norbert hilfesuchend um seine Meinung. Norbert klopfte mir anerkennend auf meine Schulter.

„Joe, wenn er dich jetzt feuert, geh ich mit, dass ist fix!"

Wir umarmten uns wie Brüder und in diesem Moment war es mir scheißegal. „Was soll's", sagte ich, „ich würde es wieder genauso tun. Sag du nichts, Norbert, ich steh das schon durch, … Aber danke, mein Freund, das hat gutgetan, dass du so zu mir stehst. … Danke, Alter."

Den Tränen nahe, von Stolz und meinem Ehrempfinden und tausend anderen Gefühlen gepackt, ging ich unserem Chef entgegen, mit der Entschlossenheit, mich nicht für mein Verhalten zu entschuldigen und egal, welche Konsequenzen auch kommen mögen, diese zu tragen wie ein Mann.

Ich weiß nicht, ob mein Chef und Vzlt. meine Gefühle gespürt hatte, ich weiß nicht, ob ich ihm wichtig war oder ob seine persönliche Abneigung diesem Oberst gegenüber den Ausschlag gab, aber an jenem Tag, in diesem Moment, in dem ich ihm gegenüberstand, habe ich so etwas wie Freundschaft oder Für-Einander-Einstehen gespürt und das folgende Gespräch, die Worte und seinen Standpunkt werde ich niemals vergessen, sie waren genau das, was man sich von seinem Vater oder von seiner Mutter erwarten darf, aber nicht von einem, wie er einer war.

Ich konnte darauf nichts sagen, meine Stimme versagte, ich brachte kein Wort heraus, ich kämpfte mit meinen Tränen, und dann sagte er noch zu mir:

„Seiler, was auch immer passiert, Sie bleiben bis zum Abrüsten hier bei mir am Platz. Ich werde ihren Einsatz verteidigen und machen Sie sich keine Sorgen, Ihnen wird nichts passieren." Er klopfte mir noch anerkennend auf meine Schulter, scherte sich einen Scheißdreck um die für ihn so wichtigen Patronenhülsen und sagte zu meinen Kollegen: „Gute Arbeit Burschen, macht dann Feierabend, … bis morgen", und dann fuhr er ganz einfach wieder weg.

Meine Kollegen wollten sofort alles wissen. „Der war ja ur-ruhig", sagte Erwin erstaunt. „Was war? … Was war? … Jetzt rede schon!"

„Der war jetzt ur-leiwand, der versteht mich, der hat mich verteidigt, er sagt, nichts wird passieren, alles ist ok und dass ich an der möglichen Gefahr gemessen richtig gehandelt hatte."

„Wow, das hätte ich nie geglaubt", sagte Erwin, Norbert musste wieder lachen und sagte nur: „So ein Arschloch ist der gar nicht, aber dass er so cool ist, hätte ich auch nie gedacht."

Am nächsten Tag war unser Chef wie sonst auch immer gereizt, wie eine Raubkatze. Ohne Drill und ohne schlechte Laune, das wäre auch nicht er gewesen, aber wir wussten ja, wie wir mit ihm umgehen mussten, wie weit wir gehen konnten und was wir uns erlauben durften, denn dann war er zufrieden, und das war gut für uns alle.

Manchmal war ein „nicht eingetragener Besuch" gekommen, ein paar Jäger, ein paar Kumpels, es interessierte uns nicht, wir betreuten sie so, wie unser Boss es bestimmte und fertig. Bei derartigen Besuchen war es so, dass wir ein anständiges Trinkgeld abräumten, und somit waren alle mehr als zufrieden.

Für mich war es in den letzten beiden Monaten wirklich gut gelaufen, mein Onkel ließ mich an den Wochenenden im Caféhaus als Kellner arbeiten, wo ich gutes Geld verdiente, viele gaben ungewöhnlich viel Trinkgeld, weil sie wussten, dass ich meine Zeit beim Heer hatte, und dann lernte ich hier auch das schönste Mädchen im ganzen Bezirk kennen, mittlerweile waren wir fest zusammen.

Mann, war ich verliebt, und stolz war ich auch. Nächste Woche war Zeltfest in Mauer, unweit vom Café meines Onkels, und ich ersuchte meinen Onkel mir den Samstagnachmittag freizugeben. Ich wollte mit meiner Freundin ein wenig feiern, sie hatte Geburtstag und es sollte eine Überraschung sein.

Die Überraschung war gelungen, wir beide machten uns gegen 15:00 Uhr mit ein paar Freunden auf den Weg.

Es war noch nicht viel los, wir bekamen problemlos einen Tisch und feierten Christines Geburtstag. Nach und nach füllte sich das Festzelt, es entwickelte sich schnell eine tolle Stimmung, wir waren mittlerweile schon an die 30 Freunde, wir tanzten, wir sangen und wir waren alle in bester Stimmung, dann spielten die Musiker auch noch den Song „Happy Birthday" für meine Christine. Ich bat den kleinen Christian Getränke für die Musiker zu ordern, Christian machte sich gleich auf den Weg zu den Kellnern, um zu bestellen.

„Joe, schau mal, wer ist das?", fragte mich jemand ziemlich aufgebracht, mir war aber egal, wer was war, die Schmuserei mit meiner Freundin interessierte mich da schon viel mehr als die Frage, wer jemand war. Nur einige Sekunden später kam so eine richtig beschissene Stimmung auf, der ich mich dann doch nicht entziehen konnte, und so schaute ich nach dem Rechten.

„Scheiße! … Was macht der da, wer ist das?", fragte nun ich die anderen, doch keiner kannte den Typen, der offenbar mit dem kleinen Christian in eine heftige Diskussion geraten war.

Augenblicklich machte sich in meinem Kopf ein Déjà-vu breit, auch dieser seltsame Typ war bis an die Fingerspitzen tätowiert und einen halben Meter größer als unser kleiner Christian, der Stammgast im Café meines Onkels war, und mir mittlerweile auch ein Freund. Vorsichtshalber machte ich mich auf den Weg zu den beiden, um Schlimmeres zu verhindern und um meiner Erinnerung an eine sehr ähnliche Entstehungsgeschichte keine Chance auf Wiederholung zu geben.

Kaum am Weg, ging es bei den beiden auch schon richtig zur Sache und, wenig verwunderlich, lag Christian nach wenigen

Sekunden auch schon am Boden und sein Widersacher trat mit voller Wucht gegen das Gesicht von Christian und ließ nicht mehr von ihm ab. „Scheiße", dachte ich, das gibt's ja wohl nicht. Ich sprintete so schnell ich konnte, um den ungleichen Kampf zu beenden und redete beruhigend auf den Angreifer meines Freundes ein, doch eh klar, dieser war wie von Sinnen und hörte nicht auf mich.

Er sah wohl mein zögerliches Verhalten als Schwäche und wurde noch mutiger und brutaler und er trat immer wieder aufs Neue auf Christian ein, der keine Chance zur Wehr hatte, ich zögerte noch immer, gewaltsam vorzugehen, da mischten sich einige Pensionisten ein, die nächst an einem Tisch saßen. Ein alter Mann wollte den renitenten Angreifer festhalten und zur Räson bringen, doch dieser Wahnsinnige stieß den Pensionisten einfach zu Boden, daraufhin mischten sich auch dessen Freunde ein. Ich versuchte, zuerst den kleinen Christian auf die Beine zu helfen, sein ganzes Gesicht war verschwollen und blutverschmiert, doch mit einem Male lag ich neben Christian am Boden und wusste nicht wirklich, wie das jetzt geschehen konnte.

Mir brummte der Schädel und bevor ich noch einen klaren Gedanken fassen konnte, traf mich ein weiterer Tritt von der Seite. Nun war aber Schluss mit lustig. Die mutigen Rentner hatten gegen dieses Arschloch nicht wirklich eine Chance, aber für eine kurze Ablenkung reichte es allemal und bevor mich dieser Wahnsinnige wieder treten konnte, war ich auf meinen Beinen und jetzt war Achterbahn für diesen Wichser.

Was dann folgte, war eher dem Glück als meiner Kampfstärke geschuldet, gleich nach dem ersten Treffer, den ich landete, ging dieser feige Vollidiot zu Boden und leistete keinen Widerstand mehr, er krümmte sich zusammen wie ein Wurm. Mich machte so viel Feigheit rasend vor Zorn und so demütigte ich diesen feigen Hund mit Schimpf und Schande und trieb ihn mit einem Tritt in seinen feigen Arsch in Richtung Ausgang. Die Leute lachten über diese seltsame Wendung des Kampfes, während dieser feige Angreifer geduckt flüchtete.

Mein Déjà-vu nahm kein Ende, die alten Rentner feierten mich und bedankten sich, die Leute im Zelt applaudierten, sogar die Musiker zollten mir mit einer Geste Anerkennung, nur der kleine Christian war spurlos verschwunden.

„Was soll's", dachte ich mir, er wird seine Wunden lecken, das hätte ich wahrscheinlich auch getan, wenn mich wer so zugerichtet hätte. Ich ging wieder zu meinen Freunden und wir tranken und scherzten, denn nicht nur ich hatte gerade eben ein Déjà-vu.

Lachend meinte ich noch, jetzt fehlt ja nur mehr ein Sondereinsatz der Polizei, ha, ha, ha. So richtig lustig wurde es dann, als mich Michael in einer schauspielerischen Glanzleistung vor herannahenden Polizisten warnte, er hat das so gut und echt gespielt, ich krümmte mich vor Lachen.

„Joe", schrie Michael, „das ist kein Spaß, die kommen wirklich und der Typ auch, echt jetzt, … dreh dich um und sieh selber! … Komm, hau ab! … Schnell jetzt!"

Ich schenkte diesem Schauspiel natürlich keinen Glauben, ich war sicher, wenn ich Nachschau halte, lachen sich alle auf meine Kosten krumm und dämlich. Nein, nein, diesen Spaß gönnte ich ihnen nicht, obwohl sich mittlerweile alle große Mühe gaben, mich aus meiner Ruhe zu bringen. Als mich dann auch Christine sehr aufgeregt anflehte zu gehen, sagte ich nur lachend, ok, ok, ihr habt gewonnen.

Ich stand auf und applaudierte meinen Schauspielerfreunden, doch die spielten gar nicht, ich traute meinen Augen nicht, als der Typ auf mich zeigte und die Polizisten auf mich zukamen. Es war noch genug Zeit, um abzuhauen, aber warum sollte ich abhauen, wozu, dachte ich mir, ich hatte ja nichts getan, im Gegensatz zu dem Arschloch, das auf mich zeigte.

Zwei von den vier Polizisten kamen zu unserem Tisch, an dem ich mit meinen Freunden saß, die beiden anderen Polizisten blieben mit dem tätowierten Komiker zurück, der schon von allen Seiten beschimpft wurde, vor allem die Rentnergang war komplett aus dem Häuschen und es sah von Weitem ganz so aus, als würden diese den beiden Beamten den tatsächlichen Vorfall schildern.

Eines war sonnenklar, der Typ hatte mit Sicherheit nicht alle Latten am Zaun, wenn jemand mit Schuld beladen war, dann doch in jeden Fall er selbst und sonst niemand, der Christian war verletzt, der alte Mann von der Rentnergang auch und selbst ich wurde von diesem Idioten angegriffen und verletzt, also war ich schon sehr gespannt, was die Bullen von mir wollten und überhaupt, welcher Idiot geht zu den Bullen und meldet ein Vergehen, das er selber verursacht hatte und Täter war, das kann doch nicht normal sein. Mit einem vorwurfsvollen und strengen Unterton sprach mich der ältere der beiden Polizisten an und forderte mich auf aufzustehen.

„Komm Bursche, mach keine Spompanadeln und komm mit, … jetzt!"

Das war jetzt so gar nicht das, was ich erwartet hatte und vor allem der Scheiß-Ton gefiel mir auch nicht.

„Aber sicher nicht", sagte ich angewidert. „… Wozu und warum?! … Ich will wissen, warum? … Was wollt ihr von mir? … Ich habe nichts getan!"

„Sie kommen jetzt mit oder wir verhaften Sie, Sie können sich dann am Koat bei der Einvernahme äußern."

„Einen Scheiß werde ich, ihr wollt mich festnehmen? Schauma mal, wie ihr das hinbekommt? … Ihr zwei sicher nicht!"

„Hören Sie", sagte der Bulle, „kommen Sie mit und mäßigen Sie sich, sonst…"

„Was sonst? … Ich geh nicht mit und einmal anfassen, dann ist hier richtig was los!

Dieses Arschloch, mit dem ihr gekommen seid, den könnt ihr in die Versenkung schicken, verstehst du? … ER ist auf mich losgegangen, ER hat einem Freund von mir den Schädel eingeschlagen und ER hat den alten Mann da vorne ebenfalls geschlagen und jetzt schleicht's euch, sonst passiert wirklich was!"

Wutentbrannt und entschlossen stand ich auf, meine Freunde und vor allem Christine versuchten, mich zu beruhigen, aber dieser Zug war schon aus dem Bahnhof und mein Déjà-vu fetzte erneut durch mein Gehirn. „Das gibt's doch alles nicht", dachte ich mir, „wieso passiert so was immer nur mir?" Ich war in einer Fassungslosigkeit gefangen, die mich Gott sei Dank von einem Angriff auf die beiden Beamten abhielt.

Die beiden Polizisten wurden mittlerweile nicht nur von meinen Freunden, sondern auch von vielen anderen Besuchern des Festzeltes mit gehörigem Druck bedrängt und auf das Missverständnis und meine Schuldlosigkeit hingewiesen, sodass die Bullen diesem Druck nachgaben und sich zu ihren beiden Kollegen zurückzogen. Auch die Polizisten, die bei dem vermeintlichen Opfer standen, wurden bedrängt, und immer mehr Leute beteuerten meine Unschuld und bezichtigten den tätowierten Mann als wahren Täter und Unruhestifter.

Letztlich zogen sich alle vier Beschützer des Volkes mit dem Anzeiger, diesem tätowierten Arschloch, zurück und verließen das Festzelt.

Eigentlich wäre jetzt ein guter Zeitpunkt zum Gehen gewesen, aber die Anerkennung und die tolle Stimmung, die hochkam und mir entgegenströmte, bestärkte mich in meinem Gott verdammten Recht zu bleiben und den Geburtstag meiner Freundin weiter zu feiern, selbst die Rentner kamen zu unserem Tisch und bedankten sich für meinen couragierten Einsatz, bevor sie das Festzelt verließen.

Alles schien gut, ich dachte nicht weiter über diesen Vorfall nach und machte mich auf den Weg, um mich zu erleichtern. Nachdem ich aus dem Toilettenwagen, der gleich hinter dem Zelt stand, entstieg, wurde ich von zwei Polizisten in Empfang genommen, die mich nun freundlich ersuchten, sie auf die nahe gelegene Wachstube zu begleiten, um den vorangegangenen Vorfall als Zeuge zu bestätigen.

„Bitte", sagte der Polizist, „kommen S' doch kurz mit, das Ganze ist in ein paar Minuten erledigt, wir brauchen nur Ihre Aussage, um den Vorfall abzuschließen."

„Na gut", sagte ich, „wenn's schnell geht, dann gehen wir eben."

Als sich hinter mir die Tür der Wachstube schloss, änderte sich der Ton der Beamten schlagartig und als wäre das nicht genug, war auch mein Widersacher und Anzeiger in dieser kleinen Wache.

„Ich Idiot", schrie ich laut, „ihr seid ja wirklich Arschlöcher!"

Ich wollte sofort wieder raus, doch dafür war es nun zu spät, der tätowierte Mann beschimpfte mich und bezichtigte mich und alle im Zelt der Lüge, die Beamten ihrerseits waren auch nicht viel freundlicher, ich konnte nicht fassen, was da abging.

„Du bist doch der Seiler?! … Der Joe, … der immer Probleme macht, … Ausweis her und setzen!"

„Einen Scheiß mach ich, ihr falschen Hunde könnt mich samt dem Vollidioten am Arsch lecken und Ausweis habe ich keinen dabei, … weißt ja offenbar eh, wer ich bin! … Und Probleme hab nicht ich gemacht, sondern der da, … haben ja hundert Leute gesehen, … was wollt ihr von mir?!"

„Ich sehe schon, das wird da nix, bist ja ein ganz harter Bursche, was?! … Dann fahren wir halt aufs Koat Liesing, da wirst du dann schon reden."

Während die Polizisten eine Streife von Liesing anforderten, ging der Tätowierte vor aller Beamten-Augen auf mich los, ich wehrte mich und streckte ihn mit einem Schlag nieder.

„Seht ihr?? … Wer ist hier das Arschloch, jetzt greift der mich schon wieder an! … Vor euch allen!"

Ich tobte und war außer mir vor Wut, daraufhin wurde ich offiziell verhaftet und mit Handschellen gefesselt und dieser Idiot auch. Eine halbe Stunde später war dann die Streife aus Liesing da und verfrachtete mich gemeinsam mit diesem Irren in den Bus. Am Weg von der kleinen Wache am Platz zum Bus war die Hölle los, meine Freunde und einige andere protestierten lautstark gegen meine Festnahme, doch die Bullen zogen ihr Ding voll durch. Wenig später fand ich mich fassungslos in einer Zelle wieder, die Stunden vergingen und meine Hoffnung auf Freilassung wurde mit jeder Minute weniger. Gegen 22:00 Uhr öffnete sich plötzlich die Zellentür.

„Frau Rikki, … da ist er", sagte ein lachender Polizist überfreundlich und zwei Sekunden später stand meine Tante mit vorwurfsvollem Blick in der Zellentür.

„Was machst du hier?"

„Na, was denkst du, … was wohl, ist ja immer dasselbe mit dir."

„Ich habe überhaupt nichts gemacht!"

„Ja, ja", unterbrach mich meine Tante, „und jetzt komm, dein Onkel wartet draußen auf dich."

„Was?! … Der Ernsti ist auch da?! … Da bleib ich lieber da, es stimmt alles nicht, was die sagen und mir vorwerfen!"

„Jetzt komm schon, sei nicht so blöd", sprach meine Tante mit sanfter und sehr ungewohnter Stimme.

Die Fahrt nach Hause war dann ein weiterer Tiefschlag, Vorwürfe über Vorwürfe, bei der ich gar nicht zu Wort kam. … Schuldig und fertig.

Am nächsten Tag überschlugen sich dann die Ereignisse, ich hatte Dienst im Café meines Onkels und jeder, der kam, wusste von den Ereignissen des Vortages. Zur Abwechslung war mal keiner dabei, der mich als Täter sah, nein, alle äußerten sich mit anerkennenden Worten für mich und demselben Unverständnis, das auch ich empfunden hatte.

„Siehst du", sagte ich zu meinem Onkel, „wie ich sagte, ich habe nichts Unrechtes getan und alles sagen ja das Gleiche."

„Ja, ja, ist schon wieder gut, du Gerechter, aber dass du den anderen insgesamt dreimal niedergestreckt hast und das zweimal vor den Polizisten sagt auch jeder, der dabei war, also mach deine Arbeit und halte dich in Zukunft von diesem ganzen Schwachsinn fern, sonst endet das noch irgendwann ganz böse für dich!"

Am Nachmittag kam dann doch mein Freund Michael ins Café und begrüßte mich sogleich mit allerlei Vorwürfen, er nannte mich ein echtes Arschloch.

„Tolle Begrüßung", sagte ich, „warum bin jetzt ich das Arschloch?"

Er erzählte mir, dass er gesehen hat, wie mich die Bullen mit dem Polizeibus weggebrachten hatten und dass er daraufhin auch nach Liesing aufs Koat gefahren ist und um meine Freilassung gekämpft hat.

„Was hast du?? … um meine Freilassung gekämpft? … Ha, ha, ha, … na, das ist dir ja gelungen. … Und? … Warum bin ich jetzt ein Arschloch?!"

„Na ja", sagte er, „die haben mich dann auch verhaftet und erst heute Mittag rausgelassen."

„Echt jetzt?! … na dann bin ja nicht ich ein Arschloch, dann bist du ja ein Vollidiot, wie hätte das denn funktionieren können?"

„Ja, ich dachte …"

„Bitte, Michael, denk du in Zukunft nicht mehr, du warst wohl wieder mit einer Verkehrstafel samt Stange unterwegs, wie damals beim Jugendzentrum?! … Ha, ha, ha."

Drei Wochen vor dem Abrüsten wurde den Vzlt. Hanisch ein Schreiben vom Militärkommando Wien zugestellt, in dem meine sofortige Ablöse vom Schießplatz als Schießwart angeordnet wurde, mit der Begründung, dass ich ein vorbestrafter Gewalttäter sei und dass in meinem Strafregister eine bedingte Haftstrafe aufschien, dessen Bewährungsfrist noch nicht abgelaufen war.

Unser Chef, der Vzlt. Hanisch fragte mich, ob diese Information stimmen würde.

„Ja", sagte ich, „aber das war, bevor ich einrückte, und die wussten es, weil es mir gleich zu Beginn vorgeworfen wurde und ich darauf hin nicht zu den Lkw-Fahrern kam und nach Bruck Neudorf musste, … mit Wertungsziffer."

„Ok", sagte mein Boss, „es war also schon alles bekannt und vor deinem Dienstantritt."

„Ja, sicher, Chef, ganz sicher!"

Ein paar Tage später kündigte uns unser Chef den Besuch von seinem Vorgesetzten an. Ich fragte den Vzlt. Hanisch sofort, ob sein Chef wegen mir kommen würde und ob ich nun die letzten paar Tage woanders Dienst machen müsste.

„Blödsinn", sagte mein Chef, „ich sagte ja schon, sie bleiben bis zum Ende hier, daran wird sich nichts ändern und so wichtig sind sie nun auch wieder nicht." Er lachte und sagte: „Geh, machen S' lieber noch einen Kaffee, das wäre jetzt wichtiger."

Wir waren auf den Besuch vom Chef unseres Bosses gut vorbereitet, alles war blitzblank und wir trugen unsere Uniform nach Vorschrift, wie es eben sein sollte, denn meist waren wir nur mit Militärhose und mit den an den Ärmeln abgeschnittenen Militärunterleibchen unterwegs.

Dieser Oberst kam in einem fetten Auto mit Chauffeur, wir salutierten in gebügelter Wäsche, geputzten Schuhen, gestriegelt, gekämmt und mit einer Körperspannung, mit der wir problemlos

Strom erzeugen konnten, doch unser Oberbefehlshaber bemerkte uns eigentlich gar nicht.

Unser Vzlt. und der Oberst begrüßten sich, wie es beste Freunde tun, nach ein paar Minuten sagte der Oberst nur zu uns: „Rühren, Freunde, … ach ja, wer ist denn eigentlich der Seiler von Ihnen?"

„Ich", sagte ich, mit einem großen Fragezeichen in meinem Kopf.

„Aha … Sie sind das." Der Oberst musterte mich von oben bis unten. „Sie bleiben natürlich auch die restliche Zeit Ihres Wehrdienstes hier am Schießplatz unter dem Kommando von Herrn Vzlt. Hanisch, aber diese Geschichte, Seiler, … Sie wissen schon, Sie halten sich ab sofort von jedem Ärger fern!"

„Jawohl, Herr Oberst", erwiderte ich in militärischer Korrektheit und schaute dabei offenbar so blöd drein, dass ich den restlichen Tag von meinen Freunden und Kollegen schwer auf die „Schaufel" genommen wurde.

Unentwegt ärgerten mich diese Idioten mit demselben Scheiß. „… Jawohl Herr Oberst, … Schauen Sie, wie stramm ich stehen kann, Herr Oberst, … ich mach's auch nie wieder, Herr Oberst" und so weiter, es nahm kein Ende.

Vzlt. Hanisch überraschte uns immer wieder aufs Neue mit seinem Einfluss und einer gewissen Macht, die er innehatte. Irgendwie schaffte er es immer wieder, dass alles so ablief, wie er es wollte. Führte man seine Befehle zu seiner Zufriedenheit aus, war alles gut und wer weiß, vielleicht hätte ich niemals mit all den Waffen schießen oder üben dürfen, wenn er es nicht zugelassen hätte, und ich schoss mit nahezu jeder Waffe, die das Bundesheer zu Verfügung hatte.

Eines ist sicher, durch ihn lernte ich den unabdingbaren Respekt, die Vorsicht und die permanente notwendige Achtsamkeit im Umgang mit Waffen, ohne dass er auch nur einziges Mal direkt zugegen war.

Die HZA (Heeres-Zeug-Anstalt) kam in regelmäßigen Abständen zum Funktions- und Beschusstest von Waffen, die generalüberholt wurden. Da hatten wir nicht viel tun, wir mussten nur die Anwesenheit und den Zweck bestätigen. Der Ablauf und die Sicherheit war in deren Eigenverantwortung, der dafür vorgesehene Platz war ohnehin von einem großen Erdwall an drei Seiten eingefasst und diente grundsätzlich der Übung mit scharfen Handgranaten oder überschweren Geschützen.

Die Berge von Patronenhülsen, die sich bei solchen Übungen ergaben, waren für unseren Vzlt. wie der heilige Gral. Die Mannschaft der HZA war bei derartigen Übungen immer dieselbe und alle waren von höherem Rang, daher kannten wir uns schon einige Zeit und das eine oder andere Mal durften wir auch bei Waffen, die man sonst niemals abfeuern dürfte oder könnte, am Abzug drücken.

An diesem Tag war deren Lkw randvoll mit Maschinengewehren samt der dazugehörigen Munition. Zum Beschusstest wurden die MGs in eine Lafette gespannt, ein paar kurze Salven abgefeuert, bis der Gewehrlauf heiß wurde, dann wurde zweimal der Lauf gewechselt, um die volle Funktion im Einsatz zu gewährleisten, wir kannten den Ablauf ganz genau.

Für die Männer der HZA waren solche Tests mehr Plage als Freude und das Ganze machte klarerweise auch einen Höllenlärm.

Was dem einen Last war, war dem anderen Freude, wir waren fasziniert von der Feuerkraft und dem Mündungsfeuer, das immer wieder aufflammte, der Druck und die Energie, die dabei freigesetzt wurde, war für uns unter diesen Umständen faszinierend. Wie schon einige Male davor, boten wir uns bereitwillig als Helfer an, was je nach deren Laune angenommen wurde oder eben nicht, das Entladen der Waffen und der Munition vom Lkw war ja eine wirklich beschissene Arbeit, und so standen unsere Chancen mehr als gut. Heute hatten wir Glück und wir erhofften uns natürlich, dass wir auch zum Schießen kommen würden.

An diesem Tag passte wirklich alles. „Komm", sagte der Waffenmeister zu seinen Kollegen, „lassen wir die zwei machen, die wissen ja schon wie und was zu tun ist und von der Lafette aus kann ohnehin nichts passieren. Und überhaupt, lassen wir sie nicht ran, sabbern die uns den Platz voll und fressen unsere Nerven."

Bei den ersten paar MGs standen wir unter akribischer Aufsicht, wir gaben uns aber keine Blöße, wir wussten genau, was zu tun war, und so lief alles wie am Schnürchen und alle waren zufrieden.

So gegen halb zwölf Uhr machten sich die Männer fertig, um in das Heeresspital zum Mittagessen zu fahren und so forderten sie uns auf, das Schießen einzustellen. Wir fragten, ob wir die Charge noch fertig machen dürften, es waren ja nur noch an die zehn MGs mit den dazugehörigen Läufen zu prüfen.

„Meinetwegen", sagte der Chef, „aber nur diese Charge, dann ist Pause. Mit der nächsten beginnen wir nach dem Mittagessen, … ist das klar, Freunde?"

„Sonnenklar, Herr Oberstleutnant!"

Die Männer der HZA waren noch nicht einmal vom Gelände, da hatte Norbert die Idee schlechthin.

„Alter, … weißt du was, … he, Joe, ich habe ja noch den Fotoapparat in der Unterkunft, wo wir zuletzt die Fotos gemacht haben, du weißt schon."

Ich wusste sofort, was er meinte, und war auch gleich Hölle und Flamme für dieses Vorhaben.

„Komm", sagte ich, „auf was wartest du, hol die Kamera und nimm unsere Bundesheer-T-Shirts auch gleich mit, du weißt schon, die, bei denen wir die Ärmel abgeschnitten haben… Alter, das werden Fotos. … Und Norbert, … der Erwin soll auch kommen, einer muss ja die Fotos machen und der Alois muss aufpassen, dass keiner kommt, Junge, Junge, … das wird richtig geil."

Wir feuerten keinen einzigen Schuss mehr ab, der den Vorschriften auch nur in irgendeiner Form entsprach, ganz im Gegenteil, spektakulär musste es sein. Während ich das Maschinengewehr aus der Lafette nahm und den Patronengurt einlegte, machte sich Norbert bereit, aus der Hüfte in den großen Erdwall zu feuern, er ließ den ganzen Gurt durchlaufen, dass es nur so rauchte und der Gewehrlauf glühte.

„Mann, ist das abgefahren, gib rüber, jetzt lass mich mal ran."

Wir feuerten abwechselnd in Rambo-Manier und ließen uns mit unseren Waffen, die noch glühten und rauchten, ablichten. Wir wählten die verschiedensten Posen und zuletzt setzten wir uns auf die Motorhaube von Norberts Auto, beide ein Maschinengewehr mit eingespanntem Patronengurt in einer Hand und die Patronenkette über die andere Hand.

Erwin machte die Fotos, da riss er plötzlich weit die Augen auf und rannte wie von einer Tarantel gestochen davon.

Norbert blickte mich fragend an und dann lachten wir über diesen seltsamen Abgang von Erwin, das war ja jetzt an Situationskomik kaum zu überbieten. Was wir sahen, als wir uns umdrehten und hinter uns blicken, war dann auch kaum zu toppen.

Unser Chef fuhr mit seinem alten Mercedes im Flüstermodus die Zufahrt rauf, wir hatten beide den Diesel nicht gehört und sahen erst jetzt, dass er nicht allein im Auto saß, der Chef der HZA saß am Beifahrersitz. Das Donnerwetter, das darauffolgte, klingt heute noch in meinen Ohren nach.

Letztlich hat sich dann doch noch alles in Wohlgefallen aufgelöst, wir leisteten die ganze Arbeit für die HZA, die nun früher abrücken konnte und andererseits hatte unser Chef nun gut zehn Kisten Patronenhülsen, wir hatten unseren Spaß gehabt und vor allem hatten wir die heißbegehrten Fotos in der Kamera. Zur Strafe mussten wir die ganze Schießplatzanlage auf Vordermann bringen, aber das wäre uns ohnehin nicht erspart geblieben, es war ja unser eigentlicher Job.

Allerdings nahm sich unser Chef ab sofort jede Menge Zeit, um uns mit richtig viel Arbeit einzudecken, es war seine Art, uns zu bestrafen, wir wussten einfach zu viel und andererseits hatten wir die letzten Monate täglich mit Waffen zu tun, er wusste, dass wir damit gut umgehen konnten.

Alles in allem hatten wir eine aufregende Zeit beim Bundesheer, wir hatten viel gelernt, viel gesehen und jede Menge Spaß.

Am Tag der Abrüstung, wie sollte es auch anders sein, war ich der letzte der die Radetzky Kaserne verlassen durfte, mir fehlte ordentlich was von meiner erhaltenen Ausrüstung und was fehlte, musste bezahlt werden.

Auch klar, das Geld, dass ich dabei hatte, reichte nicht und so musste ich wohl oder übel meinen Onkel um Hilfe bitten, und der ließ sich ordentlich Zeit, aber dann war ich frei und ich hatte große Pläne.

KAPITEL 11

Große Pläne

Endlich frei, die Bundesheerzeit war wohl eine aufregende Zeit gewesen, aber auch ein Klotz am Bein, ohne die Chance, Geld zu verdienen. Und Geld verdienen, das war nun mein vorrangigstes Ziel, ich wollte richtig Kohle machen, mit Fleiß und Einsatz, mit ehrlicher Arbeit. Ich war verliebt, ich war schon einige Monate mit dem schönsten Mädchen der Welt zusammen und ich wollte nun alles besser machen, ich wollte ganz nach oben.

Ich erinnerte mich an die Worte von KK, dem Gönner meiner Tante und meines Onkels, der mittlerweile einer der wichtigsten Kunsthändler in unserem Land geworden war, er war mir zugetan und bot mir vor meiner Bundesheerzeit einen sensationellen Job an. Ich sollte, so war es geplant und besprochen, die Kunsttransporte zwischen Wien, München und Berlin fahren.

Wie konnte es auch anders sein, meine Tante hatte schon längst ihr Gift versprüht und alles dafür getan, dass ich nicht mehr in den Nahbereich von KK kommen konnte. Meine gute Tante wollte keinesfalls die Sympathie, die KK für mich empfand, fördern, sie unternahm damals alles, um mir ein Vorrücken in eine Schlüsselposition unmöglich zu machen.

Freilich, damals hatte ich keine Ahnung von all den Vorgängen hinter meinem Rücken, ich wusste nicht, wie schlecht meine Tante von mir gesprochen hatte und ich hatte auch keine Ahnung, wie sehr sie KK davon abriet, mir zu vertrauen. Erst viele Jahre später brachte mir der Zufall Gewissheit über all die bösen Lügen und Worte über mich, mit denen sie KK impfte.

Ich wurde zwar bei KK angestellt, war aber von Beginn an meiner Tante unterstellt, die eigentlich mit dem Unternehmen von KK nichts zu tun hatte, alles lief über sie, selbst mein Gehalt, das nichts mehr mit dem zu tun hatte, was mir KK zuvor zusicherte, natürlich alles zu meinem Wohl und dienlich für meine

Entwicklung zu einem besseren Menschen. Aus 15.000.- Schilling pro Tour wurden dann gerade mal 15.000.- Schilling pro Monat.

Meine Tante dachte offenbar, dass KK nicht so offen mit mir über dieses Geschäft gesprochen hätte, aber das hatte er, er vertraute mir so einiges an.

Natürlich kam es zum Streit und dadurch zum Bruch zwischen mir und meiner Tante, was sie wiederum geschickt benutzte, um KK von meiner Undankbarkeit und meinem Desinteresse an ehrlicher Arbeit zu berichten.

Mein Onkel hielt sich schweigsam zurück und KK war für mich nicht greifbar, dafür sorgte meine Tante schon. KK war wohl auch über meine Entscheidungen verwundert, ein derartiges Angebot auszuschlagen, aber wie ich auch, ging er dem nicht weiter nach. Ein anderer fuhr dann meine Tour, einer, den „Tantchen" fördern wollte, und dieser bekam dann auch 15.000.- Schilling pro Tour, Tantchen streifte dabei jedes Mal 10.000.- Schilling für sich ein und ich war im Aus, ganz nach ihrem Geschmack und ihrem vermutlichen Plan.

Die Eltern meiner Freundin waren im Besitz einer großen Gärtnerei, sie betrieben auch Handel mit Obst und Gemüse, zum Teil aus eigenem Anbau. Ihre Mutter war überaus freundlich und hilfsbereit und so entstand die Idee, im Familienunternehmen mitzuarbeiten. Meine Begeisterung hielt sich aber in Grenzen, weil Christines Vater ein sehr seltsamer Mann war, dessen Laune je nach Alkoholspiegel wechselte und das schreckte mich so richtig ab. Ich wusste bei ihm nie, was im Ernst oder im Spaß gemeint war und so richtig kannte ich ihn damals auch noch nicht. Ich beschloss, mich lieber anderweitig umzusehen.

Eine richtig anständige Arbeit zu finden war schon damals nicht so leicht, als Hafner oder Fliesenleger wollte ich nicht mehr arbeiten und für alles andere fehlte mir entweder die Praxis oder eine entsprechende Ausbildung.

Ein Freund, der als Kellner im Nanu arbeitete, machte mich mit einem Stammgast bekannt, der eine leitende Position in der Magistratsabteilung für Gleisbau der Stadt Wien innehatte. Heinz war ein toller Typ und er versicherte mir, wenn ich Einsatz bringe, würde er mich in seine Abteilung holen und unterstützen, aber zuerst sollte ich mir bei einer externen Firma, welche im Auftrag der Stadt Wien tätig war, die Grundkenntnisse aneignen.

Schon ein paar Tage später war ich als Gleisbauarbeiter beschäftigt und Heinz war der Ingenieur, der diese Arbeiten für die Stadt Wien kontrollierte und die Arbeit dieser Firma abnahm oder eben nicht.

Was soll ich sagen, ich gab von der ersten Minute an vollen Einsatz, um einerseits meinen Respekt gegenüber Martin zu erweisen und andererseits wollte ich den Polier und den Bauleiter mit meiner Leistung beeindrucken, sodass beide Teile mit mir zufrieden sein konnten und kein Schatten auf meinen Förderer fallen konnte.

Es war gar nicht so leicht, eine schwere und eigentlich unliebsame Aufgabe zu übernehmen, wie zum Beispiel mit dem schweren Presslufthammer Beton aufzubrechen oder Kohlen aus dem Gleis zu schaufeln. Die Mannschaft, mit der ich im Einsatz war, bestand zur Gänze aus hartgesottenen Männern, die alle aus den umliegenden Bundesländern kamen. Die meisten von denen hielten nicht viel von anspruchsvollen Tätigkeiten, die mit einem gewissen Maß an Eigenverantwortung verbunden sein konnten, sie schufteten lieber schwer nach Anweisung und so blieb für mich anfangs nur die Aufgabe des Zubringens an Material oder das Heranschaffen von Werkzeug.

Der Polier, der seine eingeschworene Mannschaft gut kannte und im Griff hatte, spannte mich in der Folge mit dem einzigen Zimmermann zusammen, der sich über meinen Einsatz und Lernwillen freute. Wir fertigten vor allem Vorsatzschalungen und ähnliches an, es war keine große Hexerei, wenn man wusste, was zu tun ist. Messen, zuschneiden, anpassen, fertig.

Wenn Heinz kam und einen der Bauabschnitte kontrollierte, wurde er vom Polier, dem Bauleiter und anderen Verantwortlichen begleitet, sie benötigten aber auch immer einen Arbeiter, der die Überhöhung des Gleises mit einem Ingenieur der MA maß und auch alle anderen Messpunkte im Plan abglich. Bisher hatte unser Polier für diese Tätigkeit einen seiner langgedienten Arbeiter eingesetzt, ab nun bestand Martin darauf, dass ich diese Arbeit übernehmen sollte und so war es dann auch.

Ich war nun in eine Position vorgerückt, welche die meisten der Arbeiter gar nicht mochten, aber einen Neuling, der ihr Tageswerk überprüfte, wollten sie auch nicht an dieser Stelle wissen. Mir brachte diese Arbeit enorme Vorteile, ich lernte dabei alle bestimmenden Ingenieure der MA kennen und sympathisierte schnell mit den meisten, nicht zuletzt durch meine Freundschaft mit Heinz wurde für mich so vieles leichter und zugänglicher.

Ab sofort wurde ich auch jede Woche mit der vollen Leistungsprämie bedacht, die eigentlich nur für langgediente und Vorarbeiter bestimmt war.

Heinz puschte mich ordentlich, ich schuftete aber auch zwölf Stunden täglich, denn Donnerstag abends war der letzte Arbeitstag der Woche. Freitag wurde immer eingearbeitet, weil ja nahezu alle Gleisbauarbeiter aus den Bundesländern stammten und sie so länger bei ihren Familien sein konnten. Mir war dieser Umstand nur recht, denn auch Freitag bis Sonntag musste jemand von unserer Firma die offene Konstruktion des jeweiligen Bauabschnittes kontrollieren, das Gleis war ja nur provisorisch befestigt und mit Keilen unterlegt, die sich bei jeder Überfahrt eines Zuges auch lockern konnten. Diese Arbeit war nicht sonderlich schwer, man musste ja nur die Keile nachjustieren und sichern. Es war zeitaufwendig, wenn man genau nach Vorschrift bei jedem Zug, der durchfährt, aus dem Gleiskörper stieg, weil unter der Konstruktion zu bleiben war verboten, obwohl nichts passieren konnte, wenn man sich ruhig und besonnen verhielt.

Für diese Arbeit wurde für Freitag 100%, für Samstag 200% und für sonn- oder feiertags 300% des Normallohnes aufgeschlagen. Na, klar interessierte mich dieses Zubrot, denn egal, wie lange man für diese Arbeit brauchte, zwischen fünf und sieben Stunden wurden einem dafür immer gutgeschrieben. Und auch klar, die Herrn Ingenieure der MA hatten nichts dagegen, schneller als vorgesehen fertig zu werden.

Auch wenn ich jede Vorschrift genau einhielt, war ich in zwei bis drei Stunden mit allem fertig. Das Ein- und Aussteigen aus dem Gleis verbrauchte dabei die meiste Zeit und kostete auch viel Kraft und Ausdauer. Je mehr Zugverkehr, desto länger dauerte die Arbeit, also beschloss ich unter Gleis zu bleiben und überzeugte die Ingenieure von meiner Idee.

Wenn ich ein Signal bekam, legte ich mich auf den Boden, war der Zug vorbei, ging es zügig weiter. Diese Arbeitsweise verkürzte die Zeit um mehr als die Hälfte und da ich nun sah, wie sich der Unterbau unter Last verhielt, konnte ich noch das eine oder andere verbessern. Schon bald kannte mich jeder bei den staatlichen Vertretern und jeder wollte mit mir arbeiten, ganz anders entwickelte sich meine Situation bei meinen Arbeitskollegen, die mir diesen Erfolg nicht wirklich gönnten, obwohl keiner von ihnen an Wochenenden arbeiten wollte. Meine Kollegen hassten mich nun so richtig und ließen es mich bei jeder Gelegenheit spüren, ich versuchte trotzdem mich, von jedem Ärger fernzuhalten.

Nahe dem Lichtenwerderplatz, am Gleis bei den Stadtbahnrundbögen, passierte es dann. Ich war allein am Gleis mit Schalungsarbeiten beschäftigt, es begann zu regnen, worauf die Arbeiten abgebrochen wurden. Die öligen Schweller und der Gleiskörper, vor allem die Schienen, waren bei Nässe und Kälte derart glatt, es war zu gefährlich geworden, bei jedem Schritt rutschte man hin und her.

Die meisten Arbeiter waren schon mit dem Baustellenlift abwärtsgefahren, ich wollte nur noch eine begonnene Schalung fertigstellen und beeilte mich dann auch zum Lift. Der Regen war mittlerweile viel stärker geworden, ich kam als letzter zum Lift, der die einzige Möglichkeit zum Erreichen unserer acht Meter tiefer gelegenen Pausencontainer war. Als ich den Schalter zum Abwärtsfahren betätigte, passierte nichts, ich brauchte einige Zeit, um zu verstehen, was passiert war. Gut acht Meter unter mir standen meine Arbeitskollegen und lachten, sie beschimpften und sie beleidigten mich, sie hatten den Lift vom Strom genommen und freuten sich über meinen Ärger.

Es war wahrscheinlich eine Art Rache für den unliebsamen Wiener, der bei den Ingenieuren der staatlichen Aufsicht beliebt war, weil ich auch jede verantwortungsvolle Arbeit gerne verrichtete und noch dazu sichtlich von meinem Freund Heinz gefördert wurde, der auch das Sagen auf diesem Bauabschnitt hatte. Ich konnte diese Ablehnung nicht verstehen, waren es doch diese stupiden Idioten, die jeder verantwortungsvollen Aufgabe aus dem Weg gingen und um jeden Bohrhammer kämpften.

War doch klar, der Regen wurde noch stärker und mir blieb nichts anderes übrig, als dem Gleis entlang zur nächsten Station zu gehen und das war gar nicht so einfach. Ich war gut vierzig Minuten unterwegs, ehe ich unsere Unterkunft erreichte, ich war nass bis auf die Knochen und meine Laune war ähnlich dem beschissenen Wetter.

Wutentbrannt öffnete ich die Tür zu unseren Pausencontainer, in dem alle versammelt waren. Zunächst lachten noch alle und ich gab meinen Unmut zum Besten.

„Ihr Scheiß-Bauernidioten, ihr verdammten Hurensöhne, wer von euch hat den Strom abgedreht? … Welches Arschloch von euch war das?", brüllte ich alle an.

„Strom ist an", sagte der Rädelsführer dieser geistlosen Bauernbande und biss genüsslich in sein Schmalzbrot.

„Du bist wahrscheinlich zu blöd, um einen Schalter zu bedienen."

„Das wird es sein", antwortete ich, „und du bist zu blöd, um von einem Brot abzubeißen, ohne dass dein Scheißgesicht aussieht wie ein Schweinetrog."

Irgendwie dürfte Scheißgesicht und Schweinetrog ein Reizwort für alle Bauern in diesen Container gewesen sein, ich war noch gar nicht fertig mit dem, was ich noch alles zu sagen gehabt hätte, da kam auch schon die schaufelgroße Hand von diesem Monster auf mich zu und umschloss fast meinen ganzen Kopf.

Der Druck machte mich förmlich stumm, er drückte mich mit zwei anderen gegen die Containerwand und erklärte mir, dass ich unerwünscht wäre und dass ich ab heute keinen Zugang mehr zu unserem Pausencontainer hätte.

Aus seinem Griff konnte ich mich unmöglich befreien, es war, als wäre ich in einem Schraubstock eingespannt und so gab ich vor, freiwillig zu gehen, was ohnehin unumgänglich war. Nachdem ich unter großem Gelächter losgelassen wurde, hatte ich allerdings noch eine Kleinigkeit zu erledigen.

Ich griff nach dem großen Aschenbecher auf dem Tisch vor mir und schlug dem, der mich festgehalten hatte mitten in sein Gesicht, sodass ihm einige Zähne wie Reiskörner aus seiner gottverdammten, schmalzverschmierten Fresse fielen. Nun hatte ich es aber verdammt eilig, hier rauszukommen, bevor noch jemand reagieren konnte, war ich auch schon aus dem Container geflüchtet. Ich lief in Richtung Werkzeugwagen und bewaffnete mich mit einer leichten Kreuzhacke, mit der ich fest entschlossen, den Rest der gemeinen Bande aufmischen wollte. Die zwei oder drei Arbeiter, die mir nachgestellt sind, machten sofort kehrt und ergriffen ihrerseits die Flucht, die anderen verbarrikadierte sich im Pausencontainer. Ein paar Mal schlug ich meine Wut in diesen beschissenen Container, dass es nur so krachte, dann kam auch schon der Polier schreiend und aufgeregt auf mich zugelaufen, ich ließ daraufhin die Hacke fallen und machte mich aus dem Staub, ich bin einfach heimgefahren, hier war ich fertig.

Zu Hause angekommen erzählte ich meiner Freundin, was passiert war, statt dem erhofften Beistand hatte ich nun den nächsten Ärger am Hals, Vorwurf über Vorwurf, nun flüchtete ich das zweite Mal an diesen beschissenen Tag, ich fuhr zu einem Freund und gab mir so richtig die Kante. Zur Arbeit ging ich nicht mehr, ich war richtig verzweifelt und konnte nicht verstehen warum, ganz egal, was ich machte, immer dasselbe beschissene Ende auf mich zukam, es nahm mir langsam den Glauben an eine gerechte oder faire Welt.

So gute Vorsätze hatte ich, alles wird besser, dachte ich, nie wieder Probleme, dachte ich, wie mein Cousin Franz immer sagte: „Denk Gutes und Gutes wird dir widerfahren." Dieser ganze Esoterik-Quatsch, bei mir funktionierte das alles überhaupt nicht, ganz im Gegenteil. Ich suchte mir eine anständige schwere Arbeit und was passierte, eh klar, alles wird noch schlimmer als vorher. Ich gab alles, bemühte mich, war freundlich und hilfsbereit und was passiert, … ich konnte das alles nicht mehr verstehen und war echt verzweifelt.

Ein paar Tage später läutete und klopfte jemand wie verrückt an meine Tür, schlaftrunken schaute ich, wie spät es ist, es war noch nicht einmal 5:30 Uhr, nun war ich richtig wach und mein Herz klopfte wie wild. „Das kann nur die Polizei sein", dachte ich, wer sonst.

Als ich die Türe öffnete, war ich richtig erleichtert, mein Freund und Förderer Heinz stand vor der Tür. Natürlich, große Freude sah anders aus, aber ich freute mich wirklich, ihn zu sehen und nicht die Bullen. Natürlich wusste er über den Vorfall auf der Baustelle Bescheid und zu meiner Verwunderung kannte er auch die Originalversion, also das, was sich tatsächlich abgespielt hatte und nicht eine Phantasieversion, in der nur ich als Böser vorkam.

Mir fielen fast die Tassen aus dem Schrank, als mir Heinz erzählte, dass „Monsterhand", der Rädelsführer, die Firma verlassen musste und seine zwei Handlanger auf eine andere Baustelle versetzt wurden und dass ich wieder zur Arbeit kommen sollte.

Ich war ziemlich erstaunt, ich hatte dem Arbeiter gut zwei oder drei Zähne aus seiner Visage geschlagen.

„Das ist ok für euch?! … Keine Konsequenzen? … Ist nicht dein Ernst?"

„Oh ja, das ist mein Ernst, alle vom Polier aufwärts sind einer Meinung, dein Widersacher hatte schon des Öfteren auf Messers Schneide getanzt, einige haben sich sogar über deinen, sagen wir, Widerstand gefreut, … ohne jetzt Namen zu nennen. Was ist jetzt, Joe, kommst du morgen wieder?"

„Ich weiß nicht, mein Freund, ich danke dir sehr für deine Hilfe und bitte richte meinen Dank an all jene, die da hinter mir stehen, aber ich habe das noch gar nicht so richtig verdaut, ich muss darüber nachdenken, mit dem jetzt habe ich so überhaupt nicht gerechnet."

„Ok Joe, das kann ich verstehen, aber lass dir nicht zu lange Zeit, Ende der Woche muss ich Bescheid wissen."

„Ok, Heinz, das ist mir klar, ich rufe dich verlässlich an. …
Und Heinz, … DANKE für alles, vielen, vielen Dank."

Diese Wendung gab mir wieder enorm viel Kraft und Glauben, vielleicht so, dachte ich, vielleicht gibt es ja doch irgendeine Form von Gerechtigkeit.

Es war schon Mitte Dezember 1986, in ein paar Wochen war ohnehin Schluss am Gleisbau, ich war daher geneigt, erst wieder im neuen Jahr die Arbeit anzugehen, aber ich hatte ja noch einige Tage Zeit, um mir das zu überlegen, nun wollte ich zuallererst die Beziehung zu meiner Freundin kitten und diese Nachricht von Heinz war geradezu wie geschaffen dafür. Ich holte sie noch am selben Tag von ihrer Arbeit ab und erzählte ihr alles. Was soll ich sagen, Versöhnungssex ist wunderbar.

Am folgenden Freitag klopfte es schon wieder an meine Tür, dieses Mal war es der Postbote mit einem eingeschriebenen Brief, ich öffnete ihn gleich und traute meinen Augen nicht. Das gibt es ja nicht, das darf doch wohl nicht wahr sein, da stand was von Haftantritt und Widerruf meiner Bewährungsstrafe. Ich verstand erst einmal überhaupt nicht, wie so etwas möglich sein konnte, ich hatte ja nichts getan, was einen Widerruf rechtfertigen würde und hier stand, ich wäre in einen Raufhandel verwickelt gewesen, hätte eine Strafe dafür bekommen und diese auch bezahlt, was offenbar als Schuldanerkenntnis gewertet wurde.

Ich hatte sicher nichts bezahlt und von einer Strafe wusste ich auch nichts, ich konnte mir das alles nicht erklären, also machte ich mich auf den Weg zum Bezirksgericht Liesing, denn das Datum des angegebenen Vorfalls passte zu dem, was zum Geburtstag meiner Freundin am Maurer Kirtag passiert war.

Im Bezirksgericht verwies man mich auf den Kriminalbeamten, der den Strafakt bearbeitet hatte und den Namen kannte ich, er war öfter Gast bei meinem Onkel im Caféhaus, also bin ich ein Haus weiter in das Koat Liesing gegangen, um ihn aufzusuchen. Klimak hieß der zivile Bulle, er sollte in der nächsten halben Stunde wieder da sein, ich wartete, bis er kam.

Das folgende Gespräch mit ihm haute mich förmlich aus den Socken. Mein Onkel, so sagte er, wollte diese blöde Geschichte, die zum Geburtstag meiner Freundin am Kirtag Mauer passiert war, schnellstmöglich und ohne viel Aufwand erledigen. Blöderweise hatte dabei weder Klimak noch mein Onkel, meine Schuldlosigkeit in Betracht gezogen, die hatten einfach den Behördenweg umgangen und eine Geldstrafe von 1.500.- Schilling für Erregung öffentlichen Ärgernisses und Beamtenbeleidigung ausgehandelt.

„Joe", sagte Klimak, „der eine Kollege von mir, er wollte dich unbedingt drankriegen, es war noch das Beste, was wir machen konnten, dass das Gericht deine Bewährungsstrafe widerruft, das konnte beim besten Willen keiner vorhersehen. … Es tut mir echt leid für dich. …"

„Ja, ja, eh klar, mir tut's auch leid und kein Mensch sagt mir irgendetwas, ich war bei dieser Sache unschuldig, ihr seid doch alle Arschlöcher und ich soll jetzt wegen dem Scheiß ins Gefängnis, … super, … toll gemacht, … Danke, du Freund und Helfer."

Diese Geschichte machte mir echt schwer zu schaffen und brachte meine Pläne gehörig durcheinander, wohl oder übel musste ich auch Heinz Bescheid geben. Ich verschwieg Heinz meinen bevorstehenden Haftantritt, es war mir dann doch noch peinlicher als es die Absage an sich war.

Weihnachten stand vor der Tür und ich gehe ins Gefängnis, ich konnte das alles nicht fassen. Mein Onkel machte sich auch noch lustig darüber und meinte, es sind ja nur drei Monate. Was soll man da noch sagen und mir ging der Arsch auf Grundeis, ich wollte auf keinen Fall ins Gefängnis.

Die Mutter meiner Freundin war entsetzt über die Konsequenzen, die ich nun zu tragen hatte, sie wusste, was damals passiert war und sie wusste auch, dass ich mich und andere verteidigt hatte. Sie sicherte mir ihre volle Unterstützung zu und engagierte einen Rechtsanwalt, der eine Beschwerde bei Gericht einbrachte.

Die Stellungnahme des Gerichtes war vernichtend, darin hieß es, dass es unbedingt notwendig wäre, diese Strafe zu verbüßen, da ich ohnehin mehrere einschlägige Vorverurteilungen hätte und eine Besserung nicht zu erwarten wäre. Die Freiheitstrafe ist innerhalb der nächsten vier Wochen anzutreten.

In einem weiteren Schreiben legten wir eine unbefristete Arbeitsbestätigung des Betriebes von Christines Eltern bei und ersuchten um Haftaufschub bis 27. Februar 1987, zumindest diesem Gesuch wurde dann doch noch entsprochen, mit diesem Antrittsdatum ersparte ich mir zumindest vier Tage.

KAPITEL 12

Hinter schwedischen Gardinen

Heute kann ich darüber lachen, ich hatte damals so viel Glück, denn mein bevorstehender Weg wurde mir nahezu wie für einen König bereitet, und doch hatte ich das Gefühl, mein Leben wäre jetzt zu Ende.

Nun war der Tag gekommen, an dem ich ins Gefängnis musste, ich hatte ein echt beschissenes Gefühl, um nicht zu sagen, dass ich mir vor Angst und Aufregung fast in die Hose gemacht hätte. Mein Onkel Ernst hatte zumindest hier gute Vorarbeit geleistet, ein Stockchef des Gefangenenhauses II am Hernalser Gürtel war ein Gast und Freund meines Onkels und es war vorab schon fixiert, ich werde meine Strafe beim „Bertl" am Stock als Hausarbeiter antreten und absitzen.

Mein Onkel fuhr mich an einem Freitag gegen 8:30 Uhr zum Gefangenhaus, es war das erste Mal, dass ich in der Früh statt Kaffee ein Krügel Bier getrunken hatte, ich erhoffte mir, dadurch ein wenig lockerer zu sein.

Als sich dann nach und nach die Gittertüren hinter mir schlossen, wartete schon der Stockchef beim Zugang auf mich, er brachte mich in die Zelle der Hausarbeiter, die schon neugierig auf das „Frischfleisch" warteten. Ich hatte es mir schlimmer vorgestellt, die drei Burschen, mit denen ich nun die Zelle teilen musste, waren in Ordnung, wahrscheinlich auch deshalb, weil sie instruiert wurden, aber das Warum war mir egal gewesen, Hauptsache, ich handelte mir keine Probleme ein.

Der Boss in dieser Zelle war eindeutig Adi, ein Zuhälter und Boxer, der um die 35 Jahre alt war, der Zweite, Gerald, er war ein Betrüger und Angeber, er war um die 30 Jahre alt, er lag mir nicht wirklich und der Dritte im Bunde namens „Gibel" war ein Gauner, ein Dieb und Friseur, er war schon über 40 Jahre alt, ruhig und zurückhaltend. Er schnitt den Insassen im ganzen Haus die Haare und für eine kleine Zuwendung gab es auch eine Rasur mit dem Rasiermesser, mit allem Drum und Dran.

Mein erster Tag verging wie im Flug, mir wurde alles erklärt und mit Adi hatte ich von Beginn an ein gutes Verhältnis.

Durch das Reden mit ihm merkten wir schnell, dass wir gemeinsame Bekannte im Wiener Milieu hatten, was von Gerald ungläubig belächelt wurde.

„Werden wir ja heute noch alles sehen", sagte er und lachte schelmisch.

„Was für ein Idiot", dachte ich mir, aber ich sagte nichts, auf keinen Fall wollte ich mir schon am ersten Tag einen Feind schaffen.

Das Dienstzimmer der Beamten grenzte direkt an unserer Zelle, wir waren im Erdgeschoss der Haftanstalt untergebracht, es war der Zellentrakt, in dem einige privilegierte Häftlinge untergebracht waren. In diesem Trakt waren alle Insassen auch im Haus beschäftigt. Maler, Schlosser, Mechaniker, alles Handwerker. In einer Zelle waren nur Häftlinge untergebracht, die auch außerhalb des Gerichtsgebäudes mit Reinigungsarbeiten betraut waren und die waren äußerst nützlich, wie sich später noch herausstellen wird.

„Auf geht's Burschen", hallte die Stimme von „Bertl" durch den Gang, es war so gegen 14:00 Uhr gewesen. Meine Zellenkumpels eilten aus der Zelle und ich hinterher. „Was ist jetzt?", fragte ich Adi.

„Die Arbeiter kommen gleich zurück, heute ist Freitag, da gibt's kalte Küche zum Abendessen, die gehen jetzt alle duschen und wir achten darauf, dass nichts passiert und verteilen dann das Essen, und wenn alles fertig ist, machen wir Sauna."

„Wie, … Sauna, was für eine Sauna?"

„Wirst schon sehen, Kleiner, und jetzt pack mit an, komm schon."

Ein paar Minuten später ging's drunter und drüber, die Arbeiter kamen nach und nach, sie wurden zum Teil von Beamten kontrolliert, manche wurden schikaniert und manche von Adi oder Gerald traktiert und alle parierten. Die eine oder andere Sache wurde übergeben, Häftlinge tauschten sich untereinander aus, es ging zu wie am Wochenmarkt.

Einer von ihnen bemerkte mich und meinte: „Da schau her, ein Frischling", doch bevor er weitersprechen konnte, war Adi schon zur Stelle.

„Nur dass es klar ist", sagte er streng, „der gehört zu uns, ‚comprende'!!" „Alles klar, Adi, … sorry! … Nichts für ungut, … wie heißt du?"

„Ich bin der Joe. …"

„Alles klar, Joe, ich bin der Bertl, man sieht sich."

„Na bumm", dachte ich, „das Militär ist ein Scheiß dagegen, da spurt jeder aufs Wort, als wenn der jetzt richtig Angst gehabt hätte, arg."

Nach und nach beantworteten sich Fragen, die ich noch gar nicht gestellt hatte, es brauchte immer nur ein wenig Zeit.

Ich traute meinen Augen nicht, als die Gittertür zu unserem Trakt erneut aufging, da kam doch glatt Toni, Arm in Arm mit zwei Wachebeamten durch die Tür, … bestens gelaunt und hackedicht.

Im ersten Moment kannte ich mich überhaupt nicht aus, was machte Toni denn hier im Gefängnis und wieso war er sichtlich volltrunken und wieso wurde er nahezu von den Wachebeamten getragen und hofiert, als wäre er auch hier der Boss.

Ich dachte schon an eine mysteriöse Sinnestäuschung meinerseits, doch im nächsten Moment offenbarte sich seine Echtheit. Einer der großen Fünf der Wiener Unterwelt war tatsächlich hier im selben Gefängnis wie ich.

„Da schau her, der Joe", sagte Toni leicht lallend und er lachte, „was macht denn der Beschützer der Reichen und Geadelten hier in meinem Haus, was ist passiert, du Schnurspringer, ha?"

„Nichts ist passiert, … drei Monate muss ich absitzen, wegen einem beschissenen Widerruf", antwortete ich lässig.

„Drei Monate Bursche, … das ist ja nicht die Welt, ist gleich wieder vorbei, schau, mein Freund", meinte er, „heute ist Freitag, übermorgen ist Sonntag und vorgestern war Mittwoch, die Zeit ist ein Fluscher …"

Na, so gut möchte ich hier auch mal drauf sein, es war ja unglaublich, er war nicht nur der Boss draußen, es sah ganz so aus, als wäre er auch ein Boss hier drinnen.

Für mich war es natürlich gut, Toni zu kennen und viel mehr noch, dass er mich kannte, nun hatte ich im Handumdrehen den Respekt von allen anderen Häftlingen, denn das brauchte es hier drinnen unbedingt.

Nachdem alle geduscht und wir das Abendessen ausgegeben hatten, wurden alle Zellen versperrt, außer die unsere und die, in der Toni untergebracht war. Bertl, der Stockchef, kam und versicherte sich, dass alles so war, wie es sein sollte, er nahm mich auf die Seite und sagte zu mir:

„Bursche, du hast dich ja schnell eingelebt, das ist gut so, nur eines noch, …

Joe, versaue das hier nicht, enttäusche mich nicht und halte dich an Adi, bau ja keine Scheiße und sei immer vorsichtig, vor allem bei anderen Beamten. Was hier hinter verschlossenen Türen passiert, ist eure Sache, alles wird gut sein, solange ich mich nicht darum kümmern muss und solange meine Hausarbeiter zu 100 Prozent zuverlässig sind und alles passt. Baust du Scheiße, kann ich dich hier nicht brauchen! … Also ich verlass mich auf dich, Joe! Für gewöhnlich schaffte es kein Erstmaliger in eine Zelle der Hausarbeiter, das würde hier keiner zulassen, ich habe mein Wort gegeben, dass du zuverlässig bist und dass du in Ordnung bist."

„Ja, Chef, das weiß ich, … ist ja klar, keine Sorge, ich krieg das schon hin!"

„Ok, … na dann, … Adi, ihr habt eine Stunde, also haltet euch ran und Adi, du bist mir für Joe verantwortlich, ist das klar?"

„Sonnenklar, Chef, … der passt schon, … alles ist gut."

Als Gibel die Tür zu den Duschen öffnete, war alles in Nebel gehüllt, ein sehr warmer und angenehmer Nebel.

„Was ist das jetzt?", fragte ich Adi, aber der lachte nur und meinte, „gell, so was hast du noch nie gesehen?"

„Da hast du recht, so was noch nie und eigentlich sehe ich ohnehin nichts in diesem dampfenden Nebel."

Das war also die Sauna, von der die alle sprachen. Gibel war dafür verantwortlich, jeden Freitag wurde der Duschraum kurzerhand in eine Art Sauna, die mehr einer Dampfkammer glich, umfunktioniert, Gibel drehte alle Duschen auf heiß und dichtete den ganzen Raum mit Leintüchern ab sodass es ordentlich heiß wurde und die Hitze nicht entweichen konnte, der Nachteil war der, dass man kaum die Hand vor seinem Gesicht sehen konnte, aber es war überraschend angenehm.

Klarerweise war diese „Sauna" nur geduldet, vielleicht auch deshalb, weil Toni es mochte, wer weiß das schon.

Wir waren nur zu fünft, Toni und wir vier Hausarbeiter, alle anderen waren schon in ihren Zellen und versperrt. Jeder Tag war eine neue Erfahrung und jeder Tag war aufregend, vor allem, wenn wir Alkohol schmuggelten, Aufträge der besonderen Art erledigten oder „disziplinäre Notwendigkeiten" verrichteten.

Manches Mal musste ich an meiner richterlichen Beurteilung denken, jene Worte, die die unbedingt notwendige Haft zu meiner Läuterung als einziges Mittel sahen, um mich sozusagen zu resozialisieren. Bei diesem Gedanken musste ich immer schmunzeln, in den paar Tagen, die ich hier im Gefängnis war, hatte ich noch keinen Tag erlebt, der nicht mit oder durch kriminelle Energie erfüllt war, ich lernte hier so ziemlich alles was, ich noch nicht wusste oder kannte, Dinge, die ich nicht für möglich gehalten hätte.

Obwohl es mir unter diesen Umständen nicht besser hätte gehen können, hatte ich doch auch so meine Probleme, vor allem der erste Brief meiner Tante Grete machte mir zu schaffen, ich spürte in jeden ihrer Worte ihre Sorge um mich und sie berichtete mir, dass es meinem Vater sehr schlecht gehen würde, „der Alkohol", so schrieb sie, „der bringt ihm noch um."

Adi war ein Energiebündel sondergleichen und er liebte den Boxsport, er beschloss kurzerhand, mich zu trainieren, mich auf andere Gedanken zu bringen, ich war nicht so begeistert wie er, aber davor drücken konnte ich mich auch nicht und so wurde er wohl oder übel zu meinem ersten Trainer.

„Joe", sagte er, „weißt du überhaupt, in welcher Zelle du hier bist?"

„Ist das wichtig?", fragte ich. „Eine Zelle eben, … ist doch egal", meinte ich.

„Ist eben nicht egal", sagte er zornig, „du weißt ja wirklich gar nichts! Hier in dieser Zelle hat der Hansi immer trainiert, wenn er einsitzen musste, er war immer hier beim ‚Bertl‘, der einer seiner größten Fans überhaupt war und immer noch ist. ... Sag niemals ein blödes Wort über Hansi, ... hörst du!"

„Und wer ist Hansi?"

„Alter Schwede? ... Wer ist Hansi, was für eine blöde Frage, der Orsolic natürlich."

„Aha, ... echt jetzt, ... der Boxer?" ... „Ja, echt jetzt! ... Ich habe schon mit Toni gesprochen und mit dem Chef auch, der Toni näht uns in der Schneiderei Schlagpratzen und dann gehen wir es an. Toni meinte, du hast Potenzial..."

„Na, super", dachte ich, dass fing ja wieder gut an, ich hatte überhaupt keine Ahnung vom richtigen Boxen, ich hatte noch nie richtig geboxt.

Schon am Montag nach Arbeitsschluss kam Toni mit den von ihm genähten Pratzen von der Schneiderei, unser Stockchef war begeistert, als er die sah und fragte Toni aufgeregt:

„Trainierst du wieder? ... Da muss ich gleich an unseren Hanseee denken."

„Nein", sagte Toni, „die sind für den Adi und deinen Jüngsten, ha, ha, ... schauen wir mal, was der kann, ha, ha. ...

Komm her Junge", ... Toni winkte mich zu sich, „jetzt halte mal die Pratzen, mal schauen, ob ich es noch kann."

Boah, und wie er es konnte, ich war mehr als nur überrascht, Toni hatte einen Hammer in seinen Fäusten, sodass ich kurz den Kontakt zum Boden verlor. So überrascht ich war, so blöd schaute ich auch drein.

„Da schaust du, Bursche", sagte Toni, „ich habe früher auch geboxt, aber das ist schon eine Zeit lange her. Bemühe dich und höre auf den Adi, der weiß, wie es geht, mach mir ja keine Schande und zeige, was in dir steckt, ... also, viel Spaß damit, ich bin schon sehr gespannt, ob die Geschichten über dich stimmen, ... wir werden ja sehen."

„Ok? ... Ja, mach ich, ... danke, Toni, ... aber welche Geschichten?"

Unglaublich, dachte ich mir und sagte zu Adi: „Hast du das gesehen, das war ein Hammer, oder? … Aber was meinte er mit Geschichten, … über mich?"

„Ja, Joe, der war gut angetragen, vergiss nie, auch wenn jemand schon älter ist oder so wie Toni, ein wenig schwerer ist als früher in seiner Jugend, so heißt das noch lange nicht, dass er nicht gefährlich ist, unterschätze nie jemanden, das ist das Wichtigste im Kampf. … Und Geschichten? … Von Geschichten weiß ich nichts."

Nach dem ersten Training war es dann Gewissheit, jetzt wusste ich, dass ich keine Ahnung vom Boxen hatte, ich war frustriert, aber nach und nach wurde es immer besser und es machte dann auch richtig Spaß. Jetzt erst merkte ich, dass man bandagiert und mit Boxhandschuhen ganz anders schlägt und andere Winkel benutzen muss, die schneller und effizienter waren. Wir hatten zwar keine Boxhandschuhe, aber durch die weiche und gedämpfte Aufschlagfläche der Pratzen wurden ganz andere Wege möglich, auf der Straße andererseits würde man sich höchstwahrscheinlich die Finger brechen. Ich war so was von fasziniert und begeistert.

Mittlerweile war ich richtig aufgeblüht, mir gefiel die Stellung innerhalb dieser Mauern, die man mir verliehen hatte, besser konnte es ja gar nicht für mich laufen, nun war ich der Ansprechpartner für Toni, und was er mir auftrug, erledigte ich oder ich gab es an Adi weiter.

Toni hatte Zugang zu allem, auf welchen Wegen auch immer, er konnte alles bekommen, was er wünschte. Eines Tages kam er wie gewohnt von der Schneiderei, er war bestens gelaunt und hatte einen Ordentlichen sitzen, er zitierte mich zu ihm und fragte mich, ob es heute tatsächlich Gabelbissen als „ZuBus" (= ein Extra als Belohnung für die arbeitenden Häftlinge) geben würde.

„Ja, Toni, die gibt es heute, … warum?"

„Ahhhh, das ist gut, pass auf, Joe, ich will alle haben, alle, die du bekommen kannst, verstehst du, gib denen irgendwas dafür, ist mir egal."

„Echt jetzt, Toni, … von allen?"

„Was ist, Bursche, … habe ich mich nicht klar verständlich gemacht?"

„Oh ja, Toni, ich habe es ja verstanden, … alles, wie du es möchtest."

Ich ging gleich zu Adi, um Tonis Wunsch weiterzuleiten, der lachte nur, … „Ha, ha, kennst du ihn noch immer nicht? …

Wenn er es will, kein Problem, wir machen das schon."

„Hat der einen Knall, der ist stockbesoffen und will Gabelbissen, und zwar alle, das kann doch nicht normal sein, die kann er niemals alle essen!"

„Toni eben, … kann dir doch egal sein, … wenn er es will, unser Schaden wird es sicher nicht sein, denn Toni ist äußerst großzügig! … Vergiss das nicht, Joe! Und außerdem, die meisten mögen die ohnehin nicht."

Adi genoss nicht nur großes Ansehen im Gefängnis, er konnte auch verdammt überzeugend sein und wenn das nicht reichte, gab es schon mal einen, der in der Dusche über seine eigenen Beine fiel und sich mitunter ganz ordentlich verletzte.

Letztlich hatten wir nach der Essensausgabe gut 70 Gabelbissen übrig, ich konnte es nicht fassen, … fast alle verzichteten freiwillig auf ihre Zu-Bus.

Wir brachten die Gabelbissen dann alle zu Toni in die Zelle, den ganz offensichtlich eine Heißhungerattacke übermannte.

Wir schlossen intern Wetten ab, wie viel der wohl bis morgen verdrücken könne, doch wir lagen alle daneben, der hat gut 20 Stück von dem fetten Zeug verdrückt und das sah man ihm am nächsten Morgen auch an.

Gleich beim Aufschließen seiner Zelle beauftragte er uns den unverbrauchten Rest so schnell wie möglich aus seinen Augen zu schaffen.

Einige davon gaben wir an unsere Arbeiter am Stock weiter, den Rest, sagte Adi, den bringen wir in die „Slums".

„Die ,Slums'", fragte ich, „was zum Teufel sind die ,Slums'?"

„Das werde ich dir gleich zeigen, Joe, dass du weißt, … nein, dass du siehst, wie gut es dir hier bei uns geht. … Ich komme

gleich wieder, Joe, warte mit den Gabelbissen beim Gesperre",
trug er mir auf.

Das Gesperre ist der Übergang vom Zellentrakt in den äußeren Teil der Haftanstalt, von dem aus man jeden Trakt im ganzen Haus erreichen konnte, diesen Übergang muss man sich wie
eine doppelt gesicherte Schleuse vorstellen, die überwacht wurde, kein Häftling kam da ohne einen Justizwachebeamten durch.

Ein paar Minuten später kam Adi mit „Bertl", unserem Stockchef.

„Und was jetzt, … wo gehen wir hin? … ‚Slums'?"

Die beiden schmunzelten vor sich hin und meinten einstim-
mig: „Jetzt wirst du sehen, wo du hinkommst, wenn du nicht
spurst…"

„Sehr lustig, Chef, wirklich sehr lustig!"

„Joe", sagte Adi zu mir, „du musst lernen, wann was zu tun ist
und wann und wie du einen Vorteil daraus ziehen kannst, jemanden wie Toni einen Gefallen zu tun, ist immer ein Vorteil und die
eine Sache, du wirst es noch sehen, und jetzt", sagte er lachend,
„jetzt zeige ich dir, wie man Leute für sich gewinnt, die nichts be-
sitzen oder haben. Manches Mal sind die ganz bösen Jungs eben
die einzigen guten Jungs, weil sie es können! … Wir können! …"

Unser Stockchef nickte zustimmend und klopfte Adi anerkennend auf seine Schulter, dann gingen wir einen Stock höher.
Es war der Stock, in dem Häftlinge untergebracht waren, die
keinen Job hatten, die es sich nicht so richten konnten wie wir,
und da waren auch welche, die einen schlechten Ruf hatten, die
verschissen hatten, die hier niemand wollte.

Ich sah das erste Mal, was Elend ist, ich war schockiert, jetzt
wusste ich, was die mit „Slums" meinten.

Baulich gesehen war alles wie bei uns unten und doch war
alles ganz anders. Hier waren die Zellen den ganzen Tag über
versperrt und jede Zelle war mehr als belegt. In manchen Zellen waren doppelt so viele Insassen wie bei uns unten untergebracht und der Geruch, der mir beim Öffnen entgegenstieß, war
auch nicht ohne.

Während „Bertl", unser Stockchef, mit dem Chef vom ersten Stock ein Plauscherl in dessen Dienstzimmer hielt, begleitete uns ein junger „Kas" (ugs. = Kaiserlicher Arrest Schließer) um die jeweiligen Zellen aufzuschließen, die Adi bestimmte. Adi kannte hier jeder und jeder bemühte sich, mit ihm ins Gespräch zu kommen. Adi sprach zwar immer zuerst mit dem jeweiligen Boss der Zelle und übergab diesen die zugedachten Extras, aber einige Male zitierte er den einen oder anderen zu sich und übergab persönlich die eine oder andere Sache.

Erst jetzt merkte ich, dass es hier nicht nur um einen Akt der Güte und Zuwendung ging. Der junge „Kas" war regelrecht bemüht, nichts mitzubekommen und spazierte nach jedem Öffnen einer Zelle am Gang herum, bis wir fertig waren, bis ihm Adi sagte, dass er wieder schließen könnte. Ich kam aus dem Staunen nicht heraus, doch jetzt war nicht die Zeit, um Fragen zu stellen. Vielleicht hatte ich mich auch verhört, aber ich konnte es kaum erwarten, wieder nach unten in unsere Zelle zu kommen, um nachzufragen.

Gut eine halbe Stunde verbrachten wir hier oben, dann ging es wieder abwärts ins traute Heim, … sozusagen.

Irgendetwas war mit unserem Stockchef passiert, der war auf einmal so wortkarg, Adi lachte und sagte süffisant zu unseren „Bertl": „Na, Chef, … alles palleti?"

„Frag ned so deppert, Adi, sonst seids glei alle ohdraaht."

„Aber Chef", sagte Adi amüsiert, „passt eh alles, wir lieben unseren Chef und wir sind immer für unseren Chef da, … ha, ha, ha."

„Lach ned so blöd, Adi, kommts dann vor Zellenschluss, wenn alles fertig ist, ins Dienstzimmer, aber erst, wenn der Karl gegangen ist."

„Ja, Chef, eh kloar, … Dankee!"

Ich hatte jetzt erstmal gar nichts verstanden, was war da jetzt so lustig und was machten wir dann im Dienstzimmer?

Vorsichtshalber hatte ich meine Gedanken für mich behalten, was auch erwünscht war, wie mir die Blicke beider verrieten. Als ich dann mit Adi allein war, wollte ich gleich nachfragen, was da oben gelaufen ist, doch schon im Ansatz stellte mich Adi ein.

„Joe!! ... Nach Zellenschluss!! ...“

Nach der Ausgabe des Abendessens war unsere Arbeit getan und alle Zellen waren verschlossen, der Kollege von Bertl verabschiedete sich aus seinem Dienst und wir vier „Fazis“ (ugs.= Hausarbeiter im Gefängnis) begaben uns in das Dienstzimmer zu unseren Stockchef.

„Ihr ‚Gfrasta‘“, wie er uns oft liebevoll nannte, „da, ... jeder ein Bier und Joe, ... weißt eh, was hier drinnen passiert, bleibt auch hier drinnen!“

„Eh klar, Chef, was denkst du von mir?!“

„Ja, i weiß eh, Bua, passt schon, aber immer schön am Boden bleiben.“

Knapp zweieinhalb Monate hatte ich nun hinter mir und jeder Tag war für mich mehr Abenteuer als harte Strafe. Klar, niemand ist gerne hinter dicken Mauern, aber besser wie mir konnte es einem eigentlich wirklich nicht gehen. Ich bekam jede Woche Besuch von meiner Freundin und war bestens versorgt, ich hatte nie Not.

Am Donnerstag, den 07.05.1987, ich kam gerade mit Adi vom Essen holen zurück, erwartete mich Gibel schon ganz aufgeregt.

„Du Joe, der Stockchef hat dich gesucht, du sollst beim ‚Gesperre‘ auf ihn warten, irgendetwas ist passiert.“

„Wie?... Was ist passiert? ... jetzt rede schon, was hat er gesagt?“

„Nichts, Joe, aber irgendetwas muss es sein, ... er hat sehr ernst gewirkt.“

Instinktiv dachte ich an unseren letzten Alkoholschmuggel, der über die verschlossenen Fenster am niedersten Punkt im Parterre, hinten bei den Duschen ablief. Während Adi, Gibel und Gerald die beiden diensthabenden Beamten aus dem Dienstzimmer lockten und diese beschäftigten, „lieh“ ich mir den Schlüssel aus dem Schlüsselsafe im Dienstzimmer, der das Schloss bei den Fenstern sperren konnte.

Beim Zurückgeben wäre ich fast erwischt worden, aber eben nur fast, oder hatte mich jemand bei der Übergabe am Fenster von außen gesehen?

Als mir Bertl mit sehr ernster Miene entgegenkam, befürchtete ich Schlimmstes, so ruhig und in sich gekehrt hatte ich den vorher noch nie gesehen, mir war richtig bange und ich hatte augenblicklich ein richtig übles Gefühl.

„Servus, Joe", sagte „Bertl" mit auffällig sanfter Stimme, „komm gleich mit, ich bring dich selber zum Besucherraum."

„Besuch? … Chef, ich habe erst morgen, … Freitag Besuchstag!? … Was für ein Besuch?"

„Deine Mutter und der Ernstl, dein Onkel, … sie warten schon auf dich, komm jetzt."

Als ich die beiden dann sah, wusste ich sofort, irgendetwas Schlimmes musste passiert sein, ich konnte nicht einmal fragen, so überrannt war ich von dieser Situation und mein Mund war auf einmal staubtrocken.

„Dein Vater", sagte meine Mutter, „dein Vater ist vorgestern verstorben."

Ich musste sofort an den Brief denken, den er mir vor ein paar Tagen geschrieben hatte, darin berichtete er, dass ihm nicht so gut war und er schon seit einigen Wochen keinen Alkohol trank. Er war trocken und bemühte sich, das auch zu bleiben, er versuchte, mir mit seinem Schreiben Mut zu machen und alles darin klang auch irgendwie wie eine Art Entschuldigung, doch das fiel mir erst jetzt auf, erst jetzt konnte ich mir dieses zittrige Schriftbild erklären und erst jetzt merkte ich, wie sehr er mir fehlte und wie sehr er in meinem Herzen war.

Wir redeten nicht viel, meine Mutter weinte und fragte mich ständig, ob es mir gut gehen würde und mein Onkel war ohnedies wortkarg, was sollte er auch sagen? Er wusste ohnehin, dass ich hier drinnen alleine mit dieser Nachricht zurechtkommen musste.

„Ich muss hier raus", brüllte ich, als ich wieder in meinen Zellentrakt angekommen war, „… ich muss hier raus, ich muss meinen Vater noch einmal sehen." Mir schien, als wäre die Zeit angehalten worden, Stunden zogen sich hin, als wären es Tage, ich war am Boden zerstört und fühlte mich das erste Mal wirklich eingesperrt.

Bertl, unser Stockchef, versprach mir, persönlich dafür zu sorgen, dass ich in jeden Fall dem Begräbnis meines Vaters beiwohnen werde, ich müsste nur warten, bis mir das Datum der Beerdigung mitgeteilt wird.

Ich war verzweifelt und fühlte mich schuldig, ich war wieder nicht da gewesen, vielleicht hätte ich ja meinem Vater irgendwie helfen können, vielleicht hätte er mich gebraucht. In 20 Tagen wäre ich entlassen und frei gewesen, warum musste er gerade jetzt sterben, warum stirbt überhaupt ständig jemand, der mir lieb und wichtig ist? Ich fiel in ein tiefes Loch und musste ständig an meine Schwester Susi und an meine verstorbenen Adoptiveltern denken. Ich bekam diese Bilder nicht mehr aus meinem Kopf und war am Boden zerstört und die Zeit schien mir still zu stehen.

Zwei Tage später überbrachte mir „Bertl" dann die erste gute Nachricht, er war beim Anstaltsleiter gewesen und hatte für mich eine neuntägige Haftunterbrechung durchgesetzt. Das Begräbnis meines Vaters war am 12.05.1987, ich war heilfroh, als freier Mann teilnehmen zu können und nicht als Häftling mit Handschellen und Bewachung.

Vor sechs Jahren stand ich das letzte Mal genau hier, wo ich jetzt auch stand, damals musste ich Abschied von meiner geliebten Schwester Susi nehmen, ich konnte sie damals nicht mehr sehen, ihr Sarg war versiegelt gewesen, wahrscheinlich aufgrund ihrer schweren Kopfverletzungen und der großen Zeitspanne zwischen ihrem Tod und dem Begräbnis.

Mein Vater war ja eines natürlichen Todes verstorben, mich ließ der Gedanke nicht los, dass es sich hier vielleicht um eine Verwechslung handelte, ich konnte mir nicht vorstellen, dass mein Vater hier vor mir in dem Sarg liegt, auch damals bei meiner Schwester hatte ich echte Zweifel, ich konnte es mir einfach nicht vorstellen. Damals dachte ich immer, wenn es zu Hause an unserer Tür klingelte, dass es Susi wäre, die den Weg nach Hause gefunden hätte und immer öffnete ich voller Hoffnung die Tür, um sie zu empfangen.

Mich überkam nun das unbändige Gefühl, dass ich hier nicht vor meinen Vater stehe und so bestand ich darauf, den Sarg zu öffnen. Ich wollte unbedingt selbst, mit eigenen Augen sehen, ob hier auch wirklich mein Vater vor mir liegt.

Es entstand innerhalb meiner Familie eine heftige Diskussion, jeder wollte mich davon abbringen. „Es ist kein schöner Anblick", meinte mein Onkel, „mach das bitte nicht, du wirst es bereuen, Joe." Aber ich ließ mich von meinem Vorhaben nicht mehr abbringen.

Der Bestatter öffnete letztlich den Sarg, blickte hinein und ermahnte mich ebenfalls, nicht auf mein Vorhaben zu bestehen, es wäre besser, meinte er, ich würde meinen Vater so in Erinnerung behalten, wie er zu Lebzeiten war.

Mein Entschluss stand aber fest und so sah ich in den Sarg und was ich sah, ließ mir mein Blut in den Adern gefrieren, ich war zutiefst schockiert. Offenbar hatte es niemand für notwendig empfunden, meinen Vater mit ein wenig Würde zu betten. Sein ganzer Körper war verdreht, die Augen geöffnet und der Mund stand weit offen, als hätte er schreiend und verkrampft diese Welt verlassen, diesen Anblick werde ich nie mehr vergessen.

Meine Tante Grete hatte am schwersten mit dem Tod meines Vaters zu tragen, er lebte ja zuletzt bei ihr und er war ihr Bruder. Zu Lebzeiten stritten die beiden viel, nicht zuletzt wegen meines Vaters Alkoholproblem, aber zuletzt, sagte sie, „mein lieber Joe, war er der liebevolle Mann, Vater und Bruder, wie er früher einmal war. Weißt du", sagte sie weiter, „er hatte es nie leicht und auch er litt sehr unter dem Verlust deiner Schwester und er machte sich große Sorgen um dich, er bereute so vieles im Leben."

Ich versuchte, so viel Zeit wie möglich mit meiner Tante zu verbringen und besuchte sie täglich, dann war diese Woche auch schon wieder um und ich musste zurück in das Gefängnis.

Toni und Gerald waren mittlerweile entlassen worden, ich hatte noch acht Tage abzusitzen und die wollten kein Ende nehmen. Toni hinterließ mir eine Nachricht mit dem Inhalt, ich sollte mich in der „Queens" melden, sollte ich einmal etwas brauchen.

KAPITEL 13

Wiener Rotlicht – Milieu der 80er Jahre

Ich war noch keine Woche aus der Haft entlassen und fand mich genau dort wieder, wo ich keinesfalls sein wollte. Der Vater meiner Freundin war mir zwar überaus suspekt, doch Christines Mutter war andererseits eine Seele von einem Menschen, sie hatte sich ja schon vor meiner Haftstrafe sehr für mich eingesetzt, also nahm ich das Angebot auf Arbeit im elterlichen Betrieb meiner Freundin an. „Was soll's", dachte ich mir, „probieren kann ich es ja", außerdem wollte ich nicht undankbar wirken.

Mit dem Charakter von Christines Vater kam ich eher schlecht als recht zurande, knapp zwei Monate schuftete ich schon für einen Hungerlohn in dieser Gärtnerei. Ein Abendessen mit Christines Eltern stand wieder einmal bevor und darauf hatte ich so gar keine Lust. Der gute Fritz, Christines Vater kippte täglich gut zwei Doppler Wein in seine Figur, und dass nur während der Arbeitszeit, nur Gott selbst wusste, wie der am Abend drauf sein würde.

Ich hatte es schon einmal erlebt, wie er mit seiner Frau umgesprungen war, wie ordinär und schamlos er über diese gute und fleißige Frau hergezogen ist, wie er seine Macht und Stellung gegenüber ihr und seinen Töchtern ausspielte. Es war ihm wohl peinlich gewesen, als er mich damals kommen sah, er wandelte sich augenblicklich und tat so, als wäre das alles nur Spaß gewesen. Ich wusste damals nicht, wie ich damit umgehen sollte und tat eben auch so, als wäre alles nur ein „lustiger Spaß" gewesen.

Ich scheute abendliche Familientreffen so gut ich konnte, Christine versicherte mir, dass er im Herzen ein so guter Vater sei und ich solle das Ganze nicht so ernst nehmen, für mich war das aber nicht so einfach.

Das Abendessen war fulminant, wir hatten jede Menge Spaß, eine gute Unterhaltung und alle waren recht zufrieden, nun lenkte Fritz das Gespräch auf seine Leidenschaft, die Jägerei. Gleich hinter dem Esstisch war eine riesiger Jagdschrank mit jeder Menge Waffen und dazugehöriger Munition, ich hörte mir interessiert seine Geschichten an, die mich eigentlich so gar nicht interessierten, aber was macht man nicht alles, um Frieden und Harmonie zu erhalten. Zu jeder Geschichte wurde eifrig Wein getrunken und irgendwann kippte dann die Stimmung.

Bis auf Fritz hatten wir alle schon mehr als genug vom Wein und von den Geschichten, die er erzählte, ich drängte daher meine Freundin zum Gehen, bedankte mich freundlich für die Einladung und sagte ihrem Vater, dass ich nichts mehr trinken möchte und auch nichts mehr trinken kann.

Christines Vater wurde daraufhin spöttisch und unangenehm, seine heroische Art brach aus ihm heraus, er wurde beleidigend und gemein zu allen im Raum, er stellte mich und meine ehrlichen Absichten bezüglich seiner Tochter in Frage und mehr noch, er gab mir zu verstehen, dass ich in seinem Haus nur geduldet war.

Ich nahm meine Freundin an der Hand und wollte gehen, da griff ihr Vater nach einer Waffe im Waffenschrank und wollte sie laden. Spätestens jetzt war da nichts mehr, was ich entschuldigen konnte oder wollte, dieser Mann war ja nicht ganz bei Sinnen, seine Frau und beide Töchter beschwichtigten den Irren in sklavischer Manier, der dadurch noch stärker, heroischer und entschlossener auftrat.

Vielleicht wäre jetzt davonlaufen die richtige Wahl gewesen, aber was dann, sollte ich ihn dann auch auf sklavische Weise dienen und den ganzen Wahnsinn, den der im Suff so fabrizierte, mitmachen und auf ewig erdulden? Nein, auf keinen Fall, für mich war sonnenklar, dass hier keine Worte mehr helfen würden oder können, also tat ich das Einzige, das zu tun war.

Fast jeder der eine Waffe lädt, richtet auch seinen Blick auf den Ladevorgang, was nicht besonders klug ist, wenn der Bedrohte keine zwei Meter von einem entfernt ist, also wartete ich den richtigen Augenblick ab, um Gegenmaßnahmen zu ergreifen. Ich musste nicht einmal besonders schnell sein, er war zu sehr mit tausend anderen Dingen beschäftigt, wie drohen, schimpfen oder sein Gleichgewicht mit einem geschätzten Blutdruck von

200 zu halten, ich war überrascht, wie geduldig ich den richtigen Moment abwartete, doch dann ging alles sehr schnell.

Er richtete seinen Blick auf die Ladekammer des Gewehrs, er mühte sich das Magazin reinzudrücken, er wollte das Gewehr tatsächlich laden, einen Wimpernschlag später hatte ich schon den Lauf seiner Waffe gepackt und zog diesen kurz und ruckartig zu mir, instinktiv zog Fritz die Waffe an sich und schlug sich damit fast eigenhändig Ko, es brauchte nur mein Loslassen. Es war dann leicht, die Waffe an mich zu nehmen, ich war sehr zornig und hätte ihn am liebsten so richtig fertiggemacht, aber ich gab ihm nur noch einen Schlag mit dem Gewehrkolben gegen seine Brust, worauf er rücklinks in seinen geliebten Gewehrschrank fiel. Das Magazin nahm ich zur Vorsicht an mich und suchte schleunigst das Weite. Ich versuchte erst gar nicht, dass zwei Meter hohe Tor zu öffnen, ich sprang so hoch ich konnte darauf und kletterte darüber. … Nur weg hier, dachte ich, weg von diesen Wahnsinnigen.

Das Verhältnis zu meiner Freundin wurde daraufhin sehr viel schwieriger, einerseits weil ich den letzten „lustigen Spaß" ihres Vaters so gar nicht verstehen konnte und andererseits, weil ich vom Arbeiten in der Gärtnerei ihrer Eltern nichts mehr wissen wollte, obwohl sich Christines Vater bei mir entschuldigte, aber hier war ich fertig.

Ich war wieder auf Jobsuche, auf keinen Fall wollte ich wieder in irgendeiner Firma den fleißigen loyalen Deppen machen, der dann doch wieder verarscht wird, … ja, … langsam wusste ich, wohin das führte und das ging mir mächtig gegen den Strich und verstehen konnte ich es auch nicht.

Ich dachte an die Worte von Toni, die er im Gefängnis zu mir sagte und an diese kurze Zeit in dieser ganz anderen Welt, in der Respekt einen ganz anderen Stellenwert hatte wie hier draußen, wo einen jeder nur bescheißen wollte und Fleiß und Einsatz einen Scheiß wert war.

Was soll's, dachte ich mir und beschloss Freitagabend in die „Queens" zu fahren. Ich wusste, dass Toni so gegen zwei Uhr früh am ehesten dort anzutreffen wäre, eine andere Möglichkeit wäre das Haus Fünf, die Hofburg der „großen Fünf" im Milieu gewesen, ich entschied mich für die „Queens".

Ich hatte Glück, als ich die Tür zur „Queens" öffnete, sah ich gleich einige alte Bekannte, hier ging voll die Post ab und Mädchen waren hier, boah! Wie im Himmel, dachte ich, und dann dachte ich an das bisschen Geld, das ich dabeihatte, es reichte gerade Mal für ein oder zwei bescheidene Drinks und die schöne Himmelstür würde sich wieder verschließen.

Noch bevor ich Toni sehen oder nach ihm fragen konnte, hörte ich seine altbekannte Stimme.

„Da schau her, der Junge aus Lainz, unser ‚Schnurspringer' macht uns seine Aufwartung, ha, ha, ha, … Da komm her, ‚Schnurspringer'."

Toni begrüßte mich wie einen alten Freund, sodass alle ihren Blick auf mich richteten, mir war das unheimlich peinlich. Eine Umarmung später saß ich bei Toni und seinen Freunden am Tisch und fühlte mich gar nicht wohl in meiner Haut, an diesem Tisch konnte ich mir kaum die Erdnüsse leisten, von Champagner und Co. mal ganz zu schweigen.

„Es ist sehr aufmerksam von dir, mir an meinem Geburtstag deine Aufwartung zu machen."

Alle lachten überschwänglich, ich wollte im Erdboden versinken.

„Oh, … das wusste ich nicht Toni, ich komm ein anderes Mal wieder, weißt du, ich wollte dich eigentlich nur wegen einem Job fragen. Verzeih mir bitte, ich wollte auf keinen Fall stören."

„Ah, sagte Toni, läuft's nicht mit deinen edlen Plänen? … Na ja, versucht hast du es ja", er lachte wieder überschwänglich und alle am Tisch mit ihm, mein Selbstvertrauen glich dem Karma des Aschenbechers vor mir, ich wollte mich am liebsten fortbeamen.

„Weißt du", sagte er, die Zeiten sind schwierig und ungerecht, er sah mich streng an, um gleich darauf wieder in eine Parade von Lust und Laune zu gleiten, „… aber sind sie das nicht immer? … für uns nicht, mein Freund, … für uns sind sie das nicht, Joe. Komm, jetzt hab dich nicht so, du bist ja richtig verschreckt, wir finden schon was für dich und jetzt wird gefeiert, ... heute sind gute Zeiten!"

Drei Stunden später saß ich mit Rudi B., einem „Gentleman Luden" und vier der schönsten Mädchen in einem Whirlpool, wir schlürften Champagner und ich zog das erste Mal eine gewaltige Line Koks.

Zuerst brachte ich kein Wort heraus, in mir startete eine Rakete mit einer derartigen Power, dass mir die Spucke wegblieb, Rudi und die Mädchen merkten sofort, dass ich punkto „Koks" gerade meine Jungfräulichkeit verloren hatte und schlimmer noch, ich konnte mein Gesicht nicht mehr spüren, ... Mann, war das abgefahren, das war mit nichts, das, ich je erlebt hatte, zu vergleichen.

Eine halbe Stunde später war ich wie ausgewechselt, es gab weder Hemmungen noch Sperren in mir, ich fühlte mich unsterblich und unbesiegbar. Mit einem Schlag war ich wieder nüchtern, obwohl ich mehr Alkohol trank als je zuvor und ich war so derartig locker und ungehemmt und ich gierte nach Sex mit den Mädchen, mit allen Mädchen, die da waren, ich konnte gar nicht genug davon bekommen. Mit jeder Line Koks wurde alles schmutziger und wilder und abgefahrener, wir waren alle voll drauf und zügellos und wir hatten Spaß, ... alle! ... Es war unglaublich!

Trallala und Achterbahn und nur Gott weiß, was ich sonst noch so alles getan und getrieben hatte, es endete erst gut zehn Stunden später. Ich konnte es nicht fassen, als ich mich Tags darauf um die Mittagszeit von allen verabschiedete. Ich hatte gerade die Nacht meines Lebens gehabt, ging mit einem neuen Job hier raus und hatte nicht einmal einen einzigen Schilling dafür bezahlen müssen, ... unfassbar!

Ein paar Tage später arbeite ich schon in einem Bordell als Kellner. Toni hatte mich empfohlen und Fredi, einer der Unterbosse, ließ mich anfangs zwei, dann drei Tage arbeiten. Der Verdienst war unglaublich und die Arbeit war wie Urlaub für mich.

Je mehr Mädchen zugegen waren, desto mehr Geld verdiente ich. Ungeschriebenes Gesetz war, jedes Mädchen musste zumindest

100 Schilling pro Tag und Dienst an den jeweiligen Kellner abtreten, verdienten die richtig gut, gab es oft mehr, und die verdienten alle richtig gut.

Dieses „Trinkgeld" war einerseits für das Service, das jeder Kellner auch den Gästen bot, andererseits war dieses Geld auch eine Art Vorschuss -Bonus, für den Fall der Fälle.

Damals ging es schon einmal etwas rauer zur Sache, wurde ein Mädchen belästigt oder betätigte sie den Alarmknopf am Zimmer, war der Kellner für die „richtige Lösung" verantwortlich und ich war gut und schnell im Lösen von Problemen, außer ich selbst wurde zu einem „Problem", dann war es weniger gut.

Wenn ein Mädchen oder ein Gast unbewusst den Alarm auslösten, entstanden schon Mal die irrsten Situationen, ich war dann nur schwer vom Gegenteil zu überzeugen, meistens endete so ein blinder Alarm jedoch glimpflich oder in einer eher lustigen Situation, nur einmal ging so eine Aktion ziemlich böse ins Auge.

Es war schon gegen zwei Uhr früh, als drei Mädchen mit drei Gästen die Bar betraten, alle waren in Hochstimmung, es wurde Champagner bestellt, was auch mich in Hochstimmung brachte, für derart teure Getränke bekamen unsere Mädchen einen Extrabonus und Bonus war immer gut. Ich kannte keinen der drei Männer, zwei dieser Burschen waren etwas jünger und gut durchtrainiert, der Dritte war schon etwas älter und den Mädchen bekannt, was eindeutig zu erkennen war. Vom Milieu war er nicht, das hätte ich gewusst, er entwickelte sich zu einem hervorragenden Gast, auch andere Mädchen begrüßten ihn freundlich, er war hier fast allen Mädchen bekannt, nur ich wusste nicht, wer er war. Es war mir auch egal, Hauptsache, die Kasse klingelte und alles passte.

Kaum waren die Gläser geleert, bestellte dieser Mann großzügig weiter und reservierte freundlich das große Whirlpool-Zimmer. Einige Minuten später ging er mit allen drei Mädchen auf dieses Zimmer und bezahlte großzügig, die beiden anderen Männer warteten auf ihren Gönner oder Boss im Bar-Raum.

Keine fünf Minuten später ertönte der Alarm, der just von dem großen Whirlpool-Zimmer aus ging. „Scheiße", dachte ich, wartete aber ab, da ein Versehen nahe lag und schon war der

Alarm auch wieder aus. Einige Sekunden später ging der Alarm erneut los, doch dieses Mal hörte er nicht mehr auf.

„Scheiße", dachte ich, „warum passiert so was immer mir?" …
Ich ließ alles liegen und stehen und eilte in Richtung Whirlpool-Zimmer, als ich die Tür aufriss waren alle nackt und sichtlich überrascht, ein Vergehen konnte ich beim besten Willen nicht ausmachen, zum Nachfragen kam ich aber nicht mehr. In selben Augenblick wurde ich von hinten sehr unsanft an meiner Schulter gepackt und zurückgezogen.

Nun, das war jetzt eindeutig ein Vergehen, mit dem ich überhaupt nicht gerechnet hatte, mit dem, was folgte, hatten dann alle anderen nicht gerechnet und wenn man es ganz genau nimmt, ich am allerwenigsten.

Nachfragen war jetzt nicht mehr, dieser Bereich war für Gäste ohne Damenbegleitung tabu, für Betriebsfremde sowieso und ein Angriff konnte auf keinen Fall geduldet werden, egal, wer auch immer diese beiden Idioten waren.

Es ging sofort ordentlich zur Sache, einem der beiden fiel eine Waffe aus dessen Hosenbund, der andere versuchte, mich von hinten festzuhalten, ich schlug ihm mit meinem Hinterkopf in die Fresse, sodass er kurz losließ, was mir den Raum gab, den Ersteren mit einem Fußtritt auf seinem Kopf von der Waffe am Boden fernzuhalten, die drei nackten Mädchen unterstützten mich nach Leibeskräften. Ihren mir unbekannten Gast war die Fassungslosigkeit dieser Situation ins Gesicht geschrieben, er sagte nichts und bewegte sich auch kein bisschen.

Sekunden später hatte der Spuk auch schon sein Ende, Fredi war gerade mit zwei seiner Leibwächter auf Kontrollbesuch gekommen. Er war außer sich vor Zorn, er war nicht besonders groß und er hatte auch keine athletische Statur, aber er war sehr gefährlich, er zählte zu denen, die keine Probleme hatten, auf jemanden zu schießen und er hatte auch keine Probleme, einen derart zu malträtieren, dass ihm ein Tag wie eine Jahreszeit vorkommen konnte.

Ich erkannte den Ernst der Lage sofort, ich versuchte, beruhigend auf Fredi einzuwirken, der mittlerweile die fremde Waffe an sich genommen und durchgeladen hatte und einen der beiden an den Kopf hielt.

Ich stellte dann die Frage, die brennend im Raum stand und hoffte dadurch deeskalierend einzuwirken.

„Was zum Teufel ist hier eigentlich los?! ... Warum ist der Alarm ausgelöst?! ... Und was ist mit euch zwei Arschlöchern, was soll der Scheiß?"

Die beiden Idioten waren mittlerweile von Fredis Buckeln am Boden fixiert und alle schauten mich fragend an, auch unser Gast, den Fredi offenbar kannte, schaute ungläubig drein und niemand konnte eine erklärende Antwort geben. Fredi war sichtlich genervt.

„Kommt in die Gänge, Leute", brüllte er uns alle an.

Einer der beiden Männer, die nun vor Fredi knieten, wollte etwas sagen, doch Fredi schlug ihn sofort mit der geladenen Waffe in sein Gesicht, dass sein Blut nur so spritze.

„Du, mein Freund, hältst die Fresse, bis du dran bist und überhaupt, ... geh, bringst die beiden Wichser ins Büro, das machen wir später."

Fredi richtete seine Frage nun zielgerichtet an den Gast unserer drei Mädchen.

„Sag Herbert, hat dir wer in dein Gehirn geschissen, kommst zu mir als Gast, ... mit zwei ‚Buckeln' im Gepäck?! ... Einer noch dazu bewaffnet und machst hier Ärger, ... bei mir?"

„Ich schwöre dir, Fredi, ich habe keine Probleme gemacht, warum auch? Frag bitte deine Mädchen, ... frag den Kellner, ... bitte, ... so sagt ihm das doch bitte, ich schwöre, ... ich habe nichts gemacht."

Fredi schaute die Mädchen an, die sich ihrerseits gegenseitig fragend anschauten, und dann richteten sich alle Blicke auf mich.

Ja, ... das war jetzt echt blöd, denn ich konnte diesem Herbert nicht wirklich an irgendetwas die Schuld geben, ich bin ja erst gar nicht zum Nachfragen gekommen und gesehen hatte ich nichts.

„Sag, Joe! ... Um was geht es hier eigentlich?", schrie mich Fredi an. „Seid ihr alle komplett bescheuert? ... Was soll der ganze

Scheiß und zu wem gehören die zwei Vollpfosten, die jetzt bei mir im Büro hocken?"

„He, he, … Fredi, schau mich nicht so an, der Alarm ging los, ich bin aufs Zimmer und bevor ich noch was fragen konnte, hatte ich die beiden Arschlöcher im Rücken, was hätte ich tun sollen? … Ich weiß genau nichts, … keine Ahnung, was da jetzt abging, … frag die Mädchen!"

Es stellte sich heraus, dass Herbert seine Hose so unglücklich abgelegt hatte, dass der Dorn der Gürtelschnalle auf den versteckten Alarmknopf drückte.

Genau nichts wäre passiert, wenn die beiden „Möchtegern Leibwächter" ihre Ärsche dort gelassen hätten, wo sie hätten bleiben sollen.

Herbert bat Fredi um Entschuldigung, er hatte keine Ahnung, dass einer seiner Begleiter bewaffnet war, zumindest versicherte er uns das.

Fredi kümmerte sich anschließend um die beiden, er sprach von entsorgen, wie und was er auch immer damit meinte, ich sah die beiden nicht wieder.

Herbert gab mir dann fürstliches Trinkgeld für die Unannehmlichkeiten, wie er meinte, und mit diesem Ausgang konnte ich gut leben. Fredi handelte sich seinerseits eine ordentliche Entschädigung aus und auch die Mädchen fanden am Ende ihr Lächeln wieder, was sicher auch ordentlich gekostet hat.

Es war schon eine tolle Zeit für mich, ich verdiente richtig viel Geld und ich war in meinem Job gut angesehen, bei den Gästen, bei den Mädchen und bei deren Luden. Fredi wie auch andere Bosse, Kollegen und Freunde respektierten mich, ich dankte es ihnen mit meiner Loyalität und meinem Einsatz. Eigentlich war alles perfekt, bis auf meinen sehnlichsten Wunsch hatte ich alles, allein das Glück der wahren Liebe, von der ich träumte, die wollte sich nicht ergeben.

Ich schaffte es zu dieser Zeit nie, ein Mädchen außerhalb des Milieus für mich als Joe zu begeistern, auf keinen Fall wollte ich ein Mädchen aus dem horizontalen Gewerbe, obwohl sich mehrfach die eine oder andere Gelegenheit dazu geboten hatte.

Es war eben nicht mein Ding, ich wusste, in einer festen Beziehung könne ich Sex und Liebe nicht trennen, es ging einfach nicht in meinen Kopf, dabei verstand ich mich mit genau diesen Mädchen am besten, ich haderte immer mit meinen Gefühlen.

Ich wusste, dass es einige Luden gab, die mehr als ein Mädchen für sich hatten, mein Freund Rudi war auch so ein Künstler und alle Mädchen waren in ihn verliebt und glaubten, was auch immer er ihnen versprochen hatte.

Die meisten Luden achteten sehr darauf, dass sich ihre Mädchen nicht untereinander trafen oder diese im selben Club, Bordell oder auf der Straße gemeinsam arbeiteten. Vor allem Rudi konnte ich nicht verstehen, er hatte fünf Mädchen, die für ihn anschaffen gingen und die wussten alle voneinander. Unfassbar, ich fragte ihn oft, wie das funktionieren konnte, er lachte immer nur und meinte: „Ich liebe sie alle, Joe, aber mich mag ich am meisten und wäre ich nicht so, keine von denen würde mich respektieren oder mich so achten, wie sie es tun. Schau, Joe, die wollen dieses Leben so leben und ich gebe ihnen die Möglichkeit dazu, ... alle sind zufrieden."

Es war schon eine ganz eigene Welt, die ich nie so richtig verstehen konnte.

Gabi, ein Mädchen, das wie ich in Fredis Club arbeitete, sie war schon etwas älter, stand aber den jüngeren um nichts nach, sie war immer nett und gebildet, ich verstand mich gut mit ihr, sie erzählte mir von der großen Liebe zu ihrem Mann, der einer der bekanntesten Luden im Milieu war. Horst, die Geschichten über ihn waren legendär. er wurde bei einer Schießerei sechs Mal am Körper getroffen und überlebte, aber nicht nur das, er tötete auch seinen vermeintlichen Killer und Angreifer.

Es kam schon mal vor, dass die beiden richtig Stress hatten, vor allem dann, wenn er mit Gabis Verdienst nicht so gut klappte. Für mich war es dann richtig unangenehm, wenn der sein Mädchen so richtig vor mir zusammenputzte, bis diese weinte oder Schlimmeres.

Vorprogrammierter Ärger stand bevor, als Horst mit einem neuen Mädchen ankam, sie hieß Angie und ich hatte davor noch nie ein so hübsches Mädchen gesehen, sie war eine Mulattin und hatte einen Körper wie gemalt, ... unfassbar schön. Ich äußerte gegenüber Horst sofort meine Bedenken.

„Sag, was soll ich tun, wenn das Gabi erfährt? Das gibt sicher Probleme!?"

Horst lachte nur. „Joe", sagte er, „... werde mal erwachsen, wir sind hier nicht im Kindergarten, ... sie weiß es. Alles klar?"

Na, mit dem hatte ich nicht gerechnet und trotzdem, ich war mir sicher, dass das nicht gutgehen konnte.

Gegen jede meiner Erwartung arrangierten sich die beiden Mädchen von Horst wirklich gut, sie machten nie zusammen Pause und hatten auch jeweils an anderen Tagen frei, Horst hatte das wirklich gut hinbekommen. Diese Angie war nicht nur in meinen Augen eine der schönsten Frauen, die ich je gesehen hatte, auch die Gäste rissen sich geradezu um sie, während Gabi merkbar weniger Gäste abbekam. Auch andere Mädchen verloren den einen oder anderen Stammkunden an Angie, man muss jetzt kein Hellseher sein, um zu erahnen, dass sich hier nichts Gutes anbahnen konnte.

Nach und nach wurde Neid unter den Mädchen spürbar und eine kleine Gruppe formierte sich gegen Angie, die das nicht wirklich mitbekam, ich denke, es war ihr auch scheißegal gewesen, sie hatte echt viel zu tun und sie hatte sichtlich Spaß daran.

Angie war zu allen nett, ihr schien die Ablehnung ihrer Kolleginnen nichts auszumachen, sie war immer gut drauf und weder arrogant noch eingebildet, ich verstand mich gut mit ihr. Mittlerweile war Angie das am besten verdienende Mädchen am Start und sie war auch sehr großzügig, alle Kellner wurden von ihr fürstlich mit Trinkgeld bedacht.

Gabi hingegen führte einen harten inneren Kampf mit ihrem Schicksal, sie bemühte sich sehr, diesen unbemerkt zu kämpfen, doch es schien ganz so, als ob sie in einer Abwärtsspirale gefangen war, in der es keine Freunde oder Helfer gab. Sie tat mir leid, es war schlimm, diesen Verfall von dem einst so lebenslustigen Mädchen mitanzusehen, doch was sollte ich tun, ich konnte ihr nicht helfen. Vermehrt kam es zwischen ihr und Horst zu kleinen Streitigkeiten, wenn er sie abholte oder auch bei einem seiner Kontrollbesuche.

Ich hatte dann alle Hände voll zu tun, um Schlimmeres zu verhindern, was mir Horst ziemlich übelnahm. Es war aber mein Job, hier in der Bar für Ruhe zu sorgen und es war ungeschriebenes Gesetz, dass sich Luden während den Dienstzeiten von den Mädchen fernhielten. Wohl oder übel berichtete ich Fredi von den Problemen, die sich durch diese blöde Situation ergaben, es war schlecht für das Geschäft, wenn Streit und Frust für Unruhen sorgten. Fredi gab mir recht und kümmerte sich um diese Sache, doch alles wurde dadurch noch schlimmer.

Horst verschärfte seine Gangart, er wurde zum Teil respektlos, befahl Angie wie auch Gabi, mir kein Trinkgeld mehr zukommen zu lassen, was aber beide mehr oder weniger dann doch taten. Mir ging diese ganze Situation schon mächtig auf den Sack, wie dieser tolle Typ zum Arschloch mutierte konnte ich gar nicht verstehen, ich machte ja nur meinen Job und den machte ich gut. Letztlich durfte Gabi mit mir auch in ihrer Pause nicht mehr sprechen und Alkohol durfte sie auch nicht trinken, das Ganze war dann schon schlimmer als im Kindergarten.

Bald darauf kam es dann zu einem recht heftigen finalen Streit zwischen den beiden, Angie hatte frei und Gabi hatte einige gute Zimmer gemacht und sie hatte mit ihren Gästen auch einiges an Alkohol getrunken. Es schien ganz so, als ob sie ihren Kummer für ein paar Stunden vergessen konnte. Wie es ebenso ist mit Schein und Sein, mit dem Gehen des Gastes ging auch ihre gespielte Unbekümmertheit und Gabi fiel wieder in ihr tiefes Loch voll Traurigkeit.

„Eigentlich", sagte Gabi zu mir, „… mein Alter holt mich heute ohnehin nicht ab, der ist ja bei seiner Angie, also lass mich bitte noch was trinken, … bitte, Joe, bitte!"

Was soll's, dachte ich mir, ich konnte sie ja auch gut verstehen, also gab ich ihr, was sie verlangte. Irgendwie passte es zu Gabis Glück, dass Horst dann doch noch kam und das war jetzt gar nicht gut. Ich wusste, was jetzt kommen würde, und ich versuchte Horst zu bremsen, ihn zu beschwichtigen, doch er hatte für mich auch keine schönen Worte im Köcher, ganz im Gegenteil, jetzt war er richtig sauer, und zwar auf uns beide.

Gabi, die viel zu viel getrunken hatte, stellte sich dann auch noch todesmutig gegen Horst, beschimpfte ihn und klar, die ganze Situation eskalierte völlig. Horst schlug auf sie wie auf einen Mann ein, mir blieb nichts anderes übrig, als die beiden zu trennen, was mir Horst überaus übelnahm, aber was hätte ich tun sollen, so eine beschissene Situation hatte ich noch nie gehabt, da kann man ohnehin nichts richtig machen.

Gott sei Dank hatte eines unserer anderen Mädchen Fredi kontaktiert, sodass dieser keine Sekunde zu früh in die Bar stürmte. Letztlich war ich der Dumme, weil ich mich nicht an die Anweisungen von Horst gehalten hatte.

Ich hatte diese ganze Scheiße ordentlich satt, wenn es Streit zwischen Luden und Mädchen gab, war der Kellner immer im Arsch. Entweder war der Lude auf einen böse oder das Mädchen oder beide. Ich hatte es geschafft, dass auch Fredi richtig sauer auf mich war, am liebsten hätte ich gleich alles hingeschmissen.

Ein paar Tage später wurde von Fredi ein großes Treffen aller Kellner von drei Clubs, im Club 28, anberaumt. Es stellte sich heraus, dass einer von uns offenbar einen Griff in Kasse gemacht hatte, der Schuldige war schnell ausgemacht, es musste „Eber" sein, alle anderen waren hier und konnten plausibel ihre Schuldlosigkeit beweisen. Fredi machte sich mit vier Buckeln auf die Suche nach „Eber", ich musste auch mitkommen, na toll, dachte ich, eigentlich mochte ich Eber gerne, ich traute ihn das gar nicht zu.

Ich wusste, „Eber" hatte mit seiner Frau gerade Nachwuchs bekommen, wir mussten daher nicht lange suchen, ein Scheinanruf bei seiner Freundin von einem unserer Mädchen machte dann alles klar, wir wussten jetzt, wo „Eber" war.

Seine Freundin öffnete uns sichtlich überrascht mit dem Baby im Arm die Tür, sie weinte und flehte uns an, ihrem Mann nichts zu tun, als würde sie wissen, was geschehen war.

Eber selber saß im Wohnzimmer mit gesenktem Blick und auch er weinte wie ein kleines Mädchen. Andi, einer der Buckeln, schlug ihm ansatzlos mit der Waffe in der Hand in sein Gesicht,

Eber wehrte sich kein Stück und krümmte sich am Boden, er flehte um Vergebung und versuchte, mit idiotischen Ausreden den Grund seines Diebstahls zu erklären.

Ich konnte nicht fassen, was ich da alles sah und hörte, mir wurde richtig heiß vor so viel Selbstmitleid, dieser Typ … ahhh, … ich erkannte ihn nicht wieder, sonst hatte er immer eine große Klappe und erzählte, was für ein harter Bursche er sei. … Ehre und Stolz und Freunde für immer und Bruder und nur Bla, bla, bla.

„Siehst du", sagte Fredi, … da schau, was aus unserem Helden geworden ist, ein beschissener Dieb, als Dank für einen guten Job. Nun gut, also… komm, du Schwein, Zeit, eine Rechnung zu begleichen."

Noch bevor sich die Buckeln mit „Eber" beschäftigen konnten, stürzte sich dessen Freundin über ihn, mit ihrem Baby im Arm, und flehte Fredi an, ihm nichts zu tun. Sie versprach, Fredi die Schuld samt Zinsen für ihren beschissenen Freund abzuarbeiten, samt Zinsen und alles, was Fredi auch verlangen würde. „Nur bitte", flehte sie, „… bitte lasst ihn in Ruhe."

Fredi lachte nur und sagte: „Deine Frau hat mehr Eier, als du jämmerlicher Scheißkerl jemals hattest, jetzt sieh mich an, bevor ich dir den Schädel einschlage, du Schlappschwanz!"

„Eber" sah mit tränengetränkten Augen auf und faltete seine Hände wie zu einem Gebet. „Bitte, Fredi, … bitte, ich mache es auch nie wieder, ich schwöre es dir!"

„Da hast du wohl recht, … DU machst es sicher nie wieder, dafür sorgen wir schon."

„Unfassbar", dachte ich mir, „der hat überhaupt kein Rückgrat, das ist ja alles schon mehr als peinlich, statt dass er seine Frau und das Baby schützt, geht es ihm nur um seine eigene, beschissene Haut zu retten." Mir war speiübel geworden, am liebsten hätte ich gekotzt.

Fredi setzte noch einen drauf: „Weißt du, ‚Eber', weil du gar so ein beschissener Schlappschwanz bist, wir wetzen jetzt alle nacheinander deine Frau und du hältst inzwischen euer Baby! … Na, wie gefällt dir das?"

Für einen Augenblick war ich geschockt und hoffte stark, dass Fredi das nicht wirklich vorhatte. Ich hätte das auf keinen Fall zulassen können, schon allein wegen dem Baby nicht. Noch von diesen Gedanken schockiert, sah ich, wie sich „Eber" aufrichtete, um das Baby wortlos und irgendwie erleichtert an sich zu nehmen. Ich konnte nicht glauben, was ich sah, bei diesem Anblick trieb es mir Tränen voller Hass in meine Augen, mich überkam eine Wut, wie ich sie noch nie hatte.

Ich drängte mich augenblicklich vor „Ebers" Frau, die weinend ihr Baby diesem feigen Arschloch übergeben wollte, schnappte sie samt dem Baby und brachte sie in ein anderes Zimmer, ich befahl einem Buckel, die beiden nicht mehr aus dem Zimmer zu lassen, ich war außer mir vor Zorn und schrie alle an: „Keiner fasst die Frau und ihr Baby an, … keiner!!"

Fredi zeigte allen mit einem Blick, dass es in Ordnung war, dass ich frei Hand und Entscheidung hatte, also fügten sich auch alle meinen Worten.

Ich ging langsam auf „Eber" zu, ich kann noch heute die Tränen auf meinem Gesicht spüren, mit ruhiger Stimme sagte ich: „Steh auf, ‚Eber', … jetzt musst du Mann sein oder ich töte dich. STEH AUF!", brüllte ich ihn an.

Ich packte selber an, stellte ihn auf seine Beine und schlug auf ihn ein, bis man sein Gesicht kaum mehr erkennen konnte, die anderen versuchten, mich dann schon von ihm zu trennen, doch ich wollte nicht mehr aufhören, „dieses Schwein" schrie ich immer wieder, wie kann der seine Frau für sich so opfern, im Angesicht des eigenen Kindes? „Du miese Kreatur, ich töte dich, du verdammtes Schwein."

Fredi und die anderen hatte alle Mühe, mich dann doch noch von diesem Schwein zu lösen, wer weiß, vielleicht hätte ich ihn wirklich getötet.

Als wir gingen, war der Boden von Blut getränkt und ich brauchte eine ganze Weile, bis ich wieder klar und bei Sinnen war.

Fredi meinte dann nur treffend: „Du siehst erst, wer jemand ist, wenn es darauf ankommt." Zustimmend nickte ich Fredi zu, ich hätte nie gedacht, dass es so etwas gibt, … vor den Augen seines eigenen Kindes, so was sollte es nicht geben. „Nein", sagte Fredi, „so etwas sollte es nicht geben."

Ich dachte immer, dass „Eber" ein toller Bursche war, wie kann man sich doch täuschen, nie hätte ich das eben Erlebte für möglich gehalten.

Einige Tage später suchte ich Fredi für ein Gespräch auf, ich sagte ihm, dass ich eine Auszeit nehmen möchte, weg hier vom Milieu, ich brauchte Abstand von diesem ganzen Wahnsinn der letzten Zeit, in mir nagte das alles sehr.

Fredi konnte mich gut verstehen und wir trennten uns als Freunde.

KAPITEL 14

Vom Regen in die Traufe

Im September 1989 war ich mit einigen Freunden zu Josys 40. Geburtstag eingeladen. Josy war ein bekannter Geschäftsmann, Zuhälter und Stoßspieler, er wusste, wie man Feste feierte, er war überall gerne gesehen und er verbrachte seine Nächte am liebsten in den Innenstadtdiscos von Wien. Von ihm eingeladen zu werden war schon etwas Besonderes, er hatte einen sehr guten Ruf. Josy war ein harter Bursche, sah aber überhaupt nicht so aus, wahrscheinlich, weil er auf Designer-Klamotten und Körperpflege mehr Wert legte als so manche Frau, aber das sagte man besser nicht in seiner Anwesenheit.

Ich war so gut wie nie in der Wiener City unterwegs und in Discos war ich schon lange nicht mehr, ich freute mich auf diese Abwechslung, einmal keine Bar oder Nachtclub, vielleicht ganz normale Mädchen kennenlernen.

Da ich keine Ahnung hatte, wo das Bond genau war, traf ich mich vorab mit Rudi und Charly, die beiden waren nahezu täglich in der Stadt unterwegs, während ihre Mädchen dem horizontalen Gewerbe nachgingen.

Gegen 22:00 Uhr betraten wir zusammen die Disco, ich war überrascht, dass die an einem Donnerstag schon so gut besucht war. Schnell wurde klar, dass nahezu alle von Josy eingeladen waren und einige von denen kannte ich, die hatten wie ich in irgendeiner Form im Milieu zu tun.

Meine Freude hielt sich danach in Grenzen, ich hatte ja gehofft, einmal auf Leute zu treffen, die ich nicht kenne, die anders sind und vor allem, ich wollte ein Mädchen kennenlernen, das nichts mit Leuten aus dem Milieu zu tun hatte. Schon zwei Stunden später lösten sich meine Bedenken dann wieder in Luft auf, hier war alles anders, ich kam aus dem Staunen nicht heraus, hier traf sich offenbar die ganze Welt.

Schwarze hatte ich bisher so gut wie nie in einem Lokal gesehen, in einer Disco schon gar nicht, hier war der DJ ein Schwarzer und der sorgte für Stimmung, für eine wirklich geniale Stimmung, Josy machte mich ihm bekannt und ich verstand mich auf Anhieb mit diesem abgefahrenen Typen, ich konnte gar nicht anders, obwohl ich reserviert sein wollte.

Mannix war eine richtige Stimmungsmaschine, er war freundlich und zuvorkommend, er war das genaue Gegenteil von dem, was man über Schwarze so zu hören bekam. Mannix hatte offenbar ein gutes Gespür für seine Gäste, er machte mich mit jedem Mädchen bekannt, das reinkam. In kürzester Zeit war ich von Mädchen nur so umringt.

Zu meinem Leidwesen merkte ich sehr schnell, die Mädchen hier hatten für weiße Männer wenig übrig, die suchten nach Abenteuer, nach dem, was ungewöhnlich war, im Prinzip suchten sie dasselbe wie ich, etwas Außergewöhnliches. Ich war wohl auch außergewöhnlich, aber hier hatte ich eindeutig die falsche Hautfarbe.

Hier war vieles für mich neu und fremd, hier tummelten sich Leute aus allen Herren Ländern, wie mir schien, und alle hatten offenbar ihr abgestecktes Revier innerhalb dieser Disco. Je später es wurde, desto mehr Gruppierungen fielen mir auf, die mich langsam richtig nervös machten, ich hatte ja bislang mit ausländisch stämmigen Menschen nicht die besten Erfahrungen gemacht.

Josy merkte mir das offenbar an, obwohl wir nicht unmittelbar zusammenstanden oder saßen, er fragte mich, ob denn alles ok sei oder ob es ein Problem geben würde.

„Kein Problem", antwortete ich überrascht, „wie kommst du auf darauf?"

„Na ja, du siehst sehr angespannt aus, Rudi meinte, dass das kein gutes Vorzeichen bei dir ist, also frage ich nach. Wenn irgendwer hier ein Problem für dich darstellt, sag es, wir erledigen das. Ich will es nur wissen, versteh bitte, ich will, dass alles gut ist und dass wir unseren Spaß haben und ‚wir' schließt dich mit ein. … Also sag schon, … was ist los, passt alles?"

Ich musste lachen, … ahhh, jetzt verstehe ich, dieser Rudi, … denkt immer das Schlimmste, he, he mein Freund, mach dir um mich keine Sorgen, ich würde niemals deine Party crashen, ich weiß, wie man sich zu benehmen hat, eher würde ich gehen und es gut sein lassen. Aber wenn du mich schon darauf ansprichst, kommt dir das nicht auch alles sehr seltsam vor?"

„Was denn, Joe? … Was ist seltsam?"

„Ich weiß nicht, … schau dich mal um, Josy, … siehst du das nicht?

Da vorne sitzt ein türkischer Clan, einen davon kenne ich, der macht mit Schutzgeld. Zwei Tische weiter sind einige Burschen, alles Jugos, Kosovo oder Albaner, was weiß ich, ich kenne zwar keinen, aber die sehen nicht aus, als würden die beim Konsum arbeiten und die sehen alle nicht so aus, als würden die Spaß haben. Beim DJ, du weißt schon, bei Mannix sind mittlerweile gut sechs Schwarze versammelt, unmittelbar von denen ist ein ganzer Arsch voll Zigeuner, von denen ich auch einen kenne, … vom Stoß, … verstehst du? Irgendetwas stimmt hier nicht, ich glaube, es bahnt sich irgendwas an, ich bin nur vorsichtig, … wir sind die einzige Partie, die Spaß hat, … ist doch seltsam, … oder?"

„Okay, … ha, ha, ha, … Joe, du bist der Beste!!!"

Josys Lachen machte mich nicht besonders glücklich, ich fühlte mich wie ein Idiot, bevor ich noch meinen Unmut über diese blöde Lacherei äußern konnte, stand wie aus dem Nichts Herbert vor uns, die beiden begrüßten sich ausgelassen, sodass alle ihren Blick auf die beiden richteten, obwohl die Musik alles übertönte.

Derselbe Herbert, der mit diesen beiden Idioten bei mir in der Bar gewesen war, der mit den drei Mädchen aufs Zimmer ging und … na ja.

Und wieder kam ich aus dem Staunen nicht heraus, Herbert wurde hier wie ein Star gefeiert, er griff sich kurzerhand das Mikro des DJs und stimmte ein Geburtstagslied für Josy an. …

„… Happy Birthday, mein Freund", und alle sangen lautstark mit.

Alle, die saßen, standen auf, jeder zollte dem Jubilar Respekt und im Anschluss daran gratulierten all die dunklen Gestalten, meine vermeintlichen Feindbilder, Josy zu seinem Vierziger oder begrüßten Herbert oder sie taten beides.

Jetzt kam ich mir nicht nur vor wie ein Idiot, jetzt wusste ich, dass ich einer war. Je später es wurde, desto besser wurde der Abend, es war eine sensationelle Party bis auf die Auffälligkeit, dass ich bei keinem der Mädchen wirklich landen konnte.

Herbert war hier offenbar der VIP schlechthin, der Geschäftsführer, die Kellner und Kellnerinnen, alle umschwärmten ihn förmlich, respektvoll und herzlich, mir ergab sich nun ein völlig anderes Bild von diesem Mann.

Ich hielt mich ihm gegenüber bedeckt und zurückhaltend, schon allein der Diskretion wegen, unsere erste Begegnung war ja alles andere als gewöhnlich, ich dachte eine Begrüßung meinerseits wäre ihm wahrscheinlich peinlich und für mich völlig ok.

Das Gegenteil war dann der Fall, er begrüßte mich herzlich und beteuerte das Geschehene wiederholt und wir tranken einige Drinks zusammen. Mittlerweile war es sicher nach 2:00 Uhr gewesen, die Disco war zum Bersten voll, der Geschäftsführer gesellte sich zum wiederholten Male zu uns und bestellte großzügig eine Runde auf Haus.

Die beiden erschienen mir sehr vertraut und kannten sich sicher schon länger. Peter (Pezi), so hieß der Geschäftsführer, berichtete Herbert nahezu weinerlich von den unlösbaren Problemen, die er zu lösen hätte. Ich tat, was ich in solchen Situationen immer tat, ich wendete mich von ihrem Gespräch ab, um Diskretion zu wahren, ich unterhielt mich stattdessen mit der Barfrau.

Als mich Herbert wieder ansprach und Pezi sich anderen Aufgaben widmete, fragte er mich:

„Sag, Joe, wie viel verdienst du eigentlich bei Fredi?"

„Keine Ahnung, ist das wichtig? … Im Moment nichts, ich habe ja eine Auszeit genommen."

„Versteh mich nicht falsch, Joe, ich will dich nicht ausfragen oder dir was aufs Auge drücken, aber ich musste eben an dich denken, an deinen Ruf und an deine Seriosität. Pezi ist mir ein wirklich guter Freund und die Situation hier in der Disco ist wirklich sehr angespannt und heikel. Die brauchen hier einen top

Mann bei der Tür, der auch wirklich etwas kann und die Leute in den Griff bekommt, vor dem sie Respekt haben können, einen, der sich diesen Respekt erarbeiten kann. … Jemanden, der so ist wie du, … wäre das nichts für dich?"

„Wie kommst du da auf mich? … Ich kenne hier so gut wie niemanden, alle die da sind von dir und Josy und klar, unsere Leute vom Milieu. … Und sei mir nicht böse, aber was kann man hier schon groß verdienen, bei Fredi verdiene ich pro Dienst gut 2.000.- Schilling und das ist gut bezahlt, mit relativ wenig Aufwand. Was wird hier bezahlt?"

„Ja, weißt du, Joe, die haben hier echte Probleme, der letzte Türsteher war nicht nur ein Freund von mir, sondern auch ein toller Typ, leider hat ihn einer mit einem Messer so böse erwischt, dass er nicht mehr arbeiten kann.

Soweit ich weiß, hatte er hier gutes Geld verdient, ich meine nicht nur die Gage als Türsteher allein, er hatte Nebengeschäfte am Laufen, so in der Art ein Concierge-Service und das lief richtig gut, soweit ich weiß."

„Es mag schon sein, wie du sagst, aber dass er hier niedergestochen wurde, lief dann wohl oder übel nicht so gut."

„Schau, Joe, die Disco hier ist die angesagteste in ganz Wien, hierher kommen viele Gäste mit richtig viel Kohle, manche, die kein Glück bei Frauen haben, wollen dann einen Club oder eine Bar besuchen und hier in der Stadt gibt es einige Bars und Clubs, die dir einen ‚Bonus' zukommen lassen, wenn du einen Gast vermittelst. Es gibt auch ein paar Edelnutten, die hier Gäste abgreifen möchten, mein Freund hatte hier mit allen ein Abkommen, ein Geben und Nehmen, wenn du so möchtest."

„Aha, … hmm… das leuchtet ein, so ähnlich lief es bei uns am Gürtel auch. Erzähle mir mal von den Problemen hier, so ganz blicke ich da noch nicht durch, ich meine, wenn der so gut und clever war, wieso passiert so etwas?"

„Na ja, ein großes Problem ist der Afrika Club, er ist unweit von hier, dort treffen sich so ziemlich alle Schwarzen und manche sind nicht nur gefährlich, sondern auch extrem mühsam, deshalb wird hier streng sortiert. Manche von denen darf man hier nicht reinlassen, die sind nur auf Stress aus, auch bei ihren eigenen Leuten. Ja und dann sind da noch die Clans, wie du vorhin bemerkt hast, da braucht es jemanden, den sie respektieren können, der mit ihnen umgehen kann, jemanden, der sich mit solchen Leuten eben auskennt. Und dann gibt es noch eine ganz andere Seite, die auch dir gefallen wird, du kommst hier sozusagen jeden Tag bei einer anderen Schönheit zum „Schuss", wenn du es darauf anlegst, die Mädels stehen einfach auf Türsteher, das hast du sonst bei keinem Job!"

„Ich weiß nicht, Herbert, … klar, das hört sich alles gut an, aber ich muss erstmal darüber nachdenken, gib mir ein paar Tage Zeit und reden wir dann darüber, aber nicht heute."

„Ok, so machen wir es, Joe."

Ich erzählte Rudi B. und Charly von diesem Angebot, beide waren sofort begeistert, ich konnte es nicht fassen.

„Was bitte, frage ich euch, was ist so toll an diesem Job?"

„Alter, ganz klar, … die Weiber! … Hier passt du nicht auf sie auf, hier nimmst du dir eine oder zwei, … oder alle!"

Ein Blick auf die Uhr zeigte mir, dass es schon nach 3:00 Uhr war, ich konnte es nicht glauben, hier war noch immer die Hölle los. Ich unterhielt mich schon über eine Stunde mit einer Kellnerin, die mir die Sinne raubte und es knisterte ordentlich zwischen uns, ich stand bei ihr an der ersten Bar, unmittelbar dem Eingang gelegen, wir kamen uns gerade sehr nahe, mein Herz klopfte wie verrückt, ich war drauf und dran sie zu küssen. Klar, … in diesen Moment wurde es sehr laut im Eingangsbereich, Karin, meine süße Barfrau zuckte angsterfüllt zurück und mein ersehnter Kuss löste sich in Nichts auf. „… Nicht schon wieder", stöhnte sie.

„Was schon wieder?", fragte ich zornig und hielt Nachschau, welches Arschloch hatte mir diesen Moment versaut, da habe ich einmal Glück und dann so was …

Peter, der Geschäftsführer ging gerade wie ein Mehlsack zu Boden, der Türsteher saß schon auf seinen Hintern und ich blickte in die Augen eines schwarzen Mannes, der völlig ausgerastet war, der Typ war riesig, trug eine grüne Hose, ein rosafarbenes

Hemd und Sonnenbrillen, so was hatte ich im Leben noch nicht gesehen.

Während ich noch das eben Gesehene und vor allem diesen abgefahrenen Typen in meinem Kopf verarbeiten musste, war ich auch schon zu dessen nächstem Ziel geworden, dieser wildgewordene Affe stürmte geradewegs auf mich zu und brüllte mich, mit was weiß ich für eine Sprache es war, an.

Reflexartig tauchte ich seitlich unter einen seiner unkontrollierten Schwinger weg und ließ ihn ins Leere laufen. Umstehende Gäste sprangen aufgeregt zur Seite, da „Black Beauty" gut zwei Meter ins Innere der Disco stolperte. Als er sich erneut auf mich ausrichtete, gab es nichts mehr zu überlegen, gleich mein erster Schlag war ein Volltreffer. Zur Sicherheit setzte ich noch mit ein paar weiteren Schlägen nach, doch dieser Idiot war richtig hart im Nehmen, er rappelte sich wieder hoch und attackierte weiter, wie von Sinnen war dieser Wahnsinnige, so einen hatte ich noch nie vor meinen Fäusten.

Langsam verstand ich dessen Plan nicht mehr, was zum Teufel hat der vor, um was geht es hier eigentlich? … Vom Kämpfen hatte er auch keinen Dunst, er war von meinen Treffern schon schwer angeschlagen, jeder seiner Angriffe war dann mehr oder weniger berechenbar und leicht zu kontern, doch er ließ ums Verrecken nicht von mir ab, obwohl wir uns vorher noch nie gesehen hatten. … Wieso attackiert der mich? … Es war mir ein Rätsel.

Langsam kamen mir auch Zweifel meine Schläge betreffend, es schien ganz so, als hätten die weit weniger Wirkung, als ich dachte. Was mir noch auffiel, kein Schwein sah die Notwendigkeit, mir zu helfen, ich kam ja hier wie die Jungfrau zu ihrem Kind. Alle verfolgten sensationsgierig den ungleichen Kampf und feuerten mich noch dazu an. Nachdem ich diesen Wahnsinnigen sicher schon fünf oder sechs Mal am Boden hatte, richtete er sich schon wieder zum x-ten Mal auf mich aus, am liebsten wäre ich davongelaufen, mir schmerzten schon beide Fäuste von den harten Schlägen. Keine Sekunde zu früh war der Türsteher wieder auf seinen Beinen und dieses Mal erledigte er seinen Job richtig.

Mich hielt hier nichts mehr, ich schnappte mir meine Jacke und flüchtete, den Bullen wollte ich auf keinen Fall Rede und Antwort stehen und den Schulterklopfern mit ihren ganzen bla, bla, konnte ich auch nichts abgewinnen, also nichts wie raus hier.

Ein paar Tage später traf ich mich mit Herbert, er machte mir ein Angebot, das ich nicht ablehnen konnte oder wollte, so genau weiß ich es gar nicht.

Einige Wochen darauf war ich der bestbezahlte Türsteher in Wien, nie im Leben hätte ich mir gedacht, wie viel Möglichkeiten dieser Job damals bieten würde. Allerdings hatte das alles auch seine Schattenseiten, die ich in keiner Weise bedacht hatte, ich entwickelte mich langsam selbst zu einem unkontrollierbaren Wahnsinnigen, mir gefiel diese Macht, die ich spürte.

Die Kämpfe, die ich nahezu täglich austrug, wurden immer extremer, immer brutaler, meine Hemmschwelle sank mit jedem Mal und wenn ich zu viel getrunken hatte, war ich nicht nur brandgefährlich und unberechenbar, auch meine Launenhaftigkeit war nun schon ein kleines Problem geworden.

Überheblich bin ich geworden, der rasche Erfolg stieg mir zu Kopf, ich war mittlerweile die letzte Konsequenz in allen Betrieben auf der Seilerstätte, die zu uns gehörten. Unser aller Boss war auch der Besitzer von drei weiteren Diskotheken am Platz und damals war es auch so, dass mindestens ein Türsteher von jeder Disco bei einem Alarmruf in das betroffene Lokal ausrückte. Dies galt auch für Betriebe, die nicht zu uns gehörten, man half sich gegenseitig, wenn Not am Mann war.

Darüber hinaus begleitete ich in den frühen Morgenstunden unseren Haupt-Geschäftsführer, um die Einnahmen der letzten Nacht sicher in die Zentrale zu bringen, ich wundere mich bis heute, dass es dabei nie Probleme gegeben hatte, wir waren da oft mit mehreren Hunderttausenden Schillingen unterwegs. Ich war schnell überall in der Stadt bekannt, natürlich hatte ich dadurch jede Menge Vorteile, selbst wenn ich privat unterwegs war, ich kam erst gar nicht zum Bestellen eines Getränkes. Bevor ich noch etwas sagen konnte, war ich auch schon von irgendeinem Gast, Kellner oder Geschäftsführer eingeladen und klar, alle schürten dadurch auch ihre eigenen Interessen und Vorteile, denn was mir an Geisteskraft fehlte, machte ich mit uneingeschränkter Treue und Dankbarkeit wett.

Es gab einige, die genau wussten, wie ich ticke und wie ich zu einem Werkzeug für ihre Pläne werden könnte, ohne dass es mir aufgefallen wäre. Menschen, denen an mir lag, wollten mir ab und an meine Augen öffnen, doch ich verwehrte mich stets, meine „rosarote Brille" abzulegen und manövrierte mich immer weiter in mein späteres Dilemma.

Wann immer mich jemand von einer „gerechten Sache" oder einem entstandenen Unrecht überzeugen konnte, war ich kompromisslos in meinem Handeln und sorgte so für Angst und Schrecken, denn berechenbar war ich nie. Ganz im Gegenteil, es kam immer öfter vor, dass ich scheinbar ohne gerechtfertigten Anlass einen Kampf oder eine Auseinandersetzung suchte oder sogar provozierte. Ich war arrogant und jähzornig geworden, der Alkohol verstärkte meine abstrusen Eigenschaften noch um einiges.

Am liebsten waren mir Probleme mit mehreren Burschen, in einer kleinen Gruppe konnte ich mich so richtig austoben, denn Mann gegen Mann reizte mich nicht wirklich, es war mir zu einfach gewesen.

Wie im Rausch war ich bei solchen Kämpfen, ich verspürte nie Schmerz im Geschehen selbst, es war mir egal, getroffen zu werden, ich kämpfte schon alleine des Kampfes wegen, mir machte es Spaß, für mich war es wie Training. Ich probierte die verrücktesten Sachen aus, auch wenn mich das manches Mal an den Rand einer Niederlage brachte. Letztlich gewann ich jeden Kampf, denn ich gab niemals auf und mir war jedes Mittel recht, dass mich zum scheinbaren Sieg führte.

Ich bin mir ziemlich sicher, dass man mir den Wahnsinn und meine Bereitschaft, alles für den Sieg zu tun, ansah oder abkaufte oder dass es derart zu spüren war, dass unvorstellbare Ausgänge möglich wurden.

Ob ich dann jener war, der die schwersten Verletzungen abbekommen hatte, war für mich nebensächlich, allein der Sieg zählte und ich fühlte mich so wahnsinnig gut und wichtig.

An einen frühen Sonntagmorgen, es muss so gegen drei Uhr gewesen sein, näherten sich zwei Schwarze vom Afrika Club kommend dem Bond, Wittek, mein zweiter Mann an der Tür, holte mich ganz aufgeregt aus dem Inneren der Disco.

„Joe, … Joe, … schnell, du musst kommen!"

„Wittek, was ist denn so dringend, … was ist los?"

„Joe, … da kommen zwei riesige Schwarze, die machen sicher Probleme."

„Alter, alles easy, … es ist nach 3:00 Uhr, sag ihnen, wir machen schon dicht, … Problem erledigt!"

Pezi, unser Geschäftsführer eilte zu mir, als er Wittek so aufgebracht sah.

„Was ist, Joe? … Stimmt was nicht? … Ist was passiert?"

„Alles ok, Pezi, entspann dich wieder, nur zwei Schwarze, die Wittek nicht kennt, der macht sich vor Aufregung mal wieder in die Hosen…

Er soll sagen, wir schließen schon, ist ja nicht so schwer!"

„Habe ich ihn ja schon gesagt, … alles gut, Pezi, wir haben das schon im Griff."

Nichts hatten wir im Griff, wie kurz darauf zu hören war. Wie so oft zogen auch die beiden Schwarzen an der Tür die „Rassismus-Karte" und so was ging nie gut aus, ich winkte Pezi zu mir und beeilte mich, um Wittek zu helfen.

Boah, … da standen zwei Riesenkerle in der Tür, Wittek hatte alle Mühe, die beiden am Eindringen zu hindern, gemeinsam schafften wir es gerade mal so. Pezi versperrte in weiser Voraussicht die Türe und versuchte denen zu erklären, dass wir demnächst schließen.

Wir alle wussten, einmal die Rassismus-Karte gezogen, gaben die sie nicht mehr ab, sie fühlten sich ungerecht behandelt und gebären sich dann wie Tiere, alles schon x-Mal da gewesen und immer dasselbe, wenn auch nur eine Berührung stattfand, krachte es und alles eskalierte unweigerlich.

Ich hatte ja schon so einiges gesehen, aber die beiden da draußen schlugen alles Bisherige um Längen, die beiden waren derart abgefahren gekleidet, ich konnte meinen Blick erst gar nicht abwenden. Einer der beiden trug einen hohen Steam-Punk-Hut und einen gelben Anzug, der andere war traditionell gekleidet und trug Sonnenbrille, aus seinen Mundwinkel ragte ein sehr langer Zigarettenspitz, der ihn trotz seiner Schimpftriaden nicht aus seinem Mund gefallen war.

Jetzt ging der Zirkus erst richtig los, sie werteten meinen verwunderten Blick offenbar abwertend oder beleidigend, was auch immer, sie spielten total verrückt. Erst jetzt fiel mir auf, dass beide extrem groß und sehr sportlich gebaut waren, dagegen wirkte ich mit meinen 187 Centimeter wie ein Zwerg. Pezi hielt es für besser, nun den Türbereich zu verlassen, er meinte, dass sich die beiden dann beruhigen und abziehen würden, die Tür sei ja ohnehin versperrt, meinte er.

Klang gut und richtig, war dann aber doch nicht so, deren Wut und Zorn über das Geschehene, vor allem über unser rassistisches Verhalten, war dann lautstark im Inneren zu hören und wurde immer extremer. Von Schimpftriaden begleitet waren die drauf und dran, die Tür einzutreten.

Einige Gäste wollten die Disco verlassen, Pezi bat sie zu warten und lud sie auf ein Getränk ein, was angesichts der beiden Irren da draußen eine mehr als gute Idee war. Meine Hoffnung auf eine vorbeifahrende Polizeistreife, die uns dieses Problem abnehmen würde, erfüllte sich ebenso wenig, wie unsere Hoffnung, dass die wieder von ganz allein abziehen.

Mir dauerte dieser ganze Stress nun schon viel zu lange, ich war richtig angepisst und sauer, da war kein Ende abzusehen.

Die beiden Arschlöcher wurden immer stärker und machten ein gefahrloses Verlassen für unsere Gäste unmöglich, ich beschloss, das nun zu beenden.

Kurzerhand schnappte ich mir meinen „Bayern München", einen sehr kurzen Baseballschläger, ich hatte hinter jeder Bar ein „Helferlein" für Notfälle und machte mich auf den Weg. Pezi und Wittek hielten das aber für keine gute Idee.

„Bist du irre, Joe? ... Lass dich bloß nicht provozieren, du wirst schon sehen, die hauen gleich ab und wenn nicht, in fünf Minuten rufen wir die Bullen, ok? ... Hörst du? ... Geh auf keinen Fall raus, ich will heute in den letzten paar Minuten kein Massaker vor der eigenen Tür, ... hörst du, Joe? ... Ich weiß ja, wie das endet!"

Wieder wollten Gäste nach Hause gehen, doch die randalierenden Irren da draußen ließen ein gefahrloses Verlassen nicht zu. „Jetzt ist aber Schluss mit lustig, das kann ja nicht sein", brüllte ich, ich stürmte zur Tür, Pezi, Wittek, ein Kellner und „Gabe" der DJ, auch ein Schwarzer, setzten mir nach.

Ein irrwitziges Bild entstand, ich wollte mit aller Gewalt raus und die beiden draußen wollten mit aller Gewalt rein, sie spuckten, traten und schlugen gegen die Tür, sie provozierten mich und vor allem auch „Gabe", wahrscheinlich, weil auch er schwarz und gegen sie war. Ich war nun richtig in Rage, während mich meine Freunde mit allen Mitteln zurückhielten und mich zu beruhigen versuchten, drehte ich immer mehr auf.

Nun geschah, was alle fürchteten, ich klickte komplett aus und ließ mich nicht mehr zurückhalten, Pezi stellte sich schützend vor die Tür. Er wollte mich in keinen Fall rauslassen, den Schlüssel steckte er demonstrativ tief in seine Tasche und er flehte mich an, nicht zu tun, was ich vorhatte.

Pezi kannte mich nur zu gut, deshalb sprang auch er im letzten Augenblick von der Tür zur Seite, ich setzte einen gesprungenen „Mae-Geri", präzise gegen den schwächsten Punkt der Doppeltür, die nur nach außen zu öffnen war, was die beiden Idioten da draußen bis zuletzt nicht erkannt hatten. Ich war außer mir vor Wut, in mir brodelte es wie in einem Vulkan vor dessen Ausbruch. Mit einem Riesenknall gelangte ich ins Freie, nun war ich mittendrin statt nur dabei und mein Geist war frei von Denken, keine inneren Sperren, keine Angst, ich wollte nur mehr Blut und die beiden am Boden sehen.

In einer solchen Phase war ich irgendwie mehr Passagier als Pilot, alles war intuitiv, nur das Ziel war in Stein gemeißelt. ich konnte danach nie erklären, was und wie so ein Kampf ablief, es passierte einfach, ... fertig.

Meine kompromisslose Entschlossenheit halbierte meine Gegner in den ersten Sekunden des Kampfes, ich trat einen der beiden die Kniescheibe durch, bei dem anderen konnte ich den Überraschungsmoment nicht so gut und schnell für mich nutzen, ich musste alles in diesen Kampf legen, der Schwarze steckte Schläge weg, als wären sie nichts gewesen und schnell war er auch noch, ich wurde einige Male sehr hart getroffen, doch in meinem Zustand merkte ich weder das eine noch das andere, oder war es mir egal, ich weiß es nicht.

Dann endlich, ein Treffer, der richtig Wirkung zeigte, ich landete einen Volltreffer auf seinem Kehlkopf, jetzt hatte ich ihn, wie ein Verrückter setzte ich nach. Pezi, Gabriel und Wittek versuchten, mich von ihm zu trennen, mein Gegner war schwer angeschlagen, sein Gesicht gezeichnet und blutverschmiert, doch ich ließ von ihm nicht ab, … ich konnte mich nicht lösen.

Meine Kollegen und Freunde trennten mich gewaltsam von meinem Gegner, sie fixierten mich und drängten mich zur Tür. Ich verwehrte mich nach Leibeskräften, weil ich wusste, wenn sich der Schwarze erholen würde, würde der ganze Wahnsinn von vorne anfangen, und so war es dann auch.

Gabriel stellte sich schützend vor mich, während mich die anderen Deppen noch immer festhielten, weil sie dachten, alles wäre schon vorbei, doch das war es eben nicht.

Gabriel war ein guter Kerl und ein passabler Boxer, aber nur im Ring, mit Regeln und dem ganzen Scheiß, hier auf der Straße war das nicht viel wert, vor allem nicht, wenn dein Gegner ein doppelt so großer Schwarzer auf Koks war, der nun völlig durchdrehte. Diese Tatsache brachten mir jetzt einige wuchtige Schläge in meine Fresse ein, denn Wittek und Pezi schwafelten mich noch immer mit irgendeinen Scheiß voll und hingen dabei links und rechts an meinen Armen, sodass ich mich nicht schützen konnte.

Nachdem auch Pezi einen Schlag gegen seinen Kopf abbekam, ließ er mich endlich los, doch Wittek ließ ums Verrecken meinen linken Arm nicht los. Unvorteilhafter konnte man einen Gegner nicht gegenüberstehen, es war zum Verrücktwerden.

Da kein anderer Schlagwinkel möglich war, schlug ich meinem Gegner mit meiner rechten Faust, entgegen jeder Logik, mit dem Handrücken in der Art eines linken Aufwärtshacken in die Fresse und entgegen jeder Erwartung zeigte dieser Schlag enorme Wirkung. Ich sah sofort, er knickte leicht ein, ich setzte einen zweiten Schlag auf die gleiche Stelle, mit dem ich voll in dessen offenen Mund schlug.

Es spürte sich an, als hätte ich in ein Messer geschlagen und es wirkte auch so, aus dem Mund meines Gegners spritze nicht nur Blut, ein ganzer Blutschwall drang nach außen. In diesen Moment trafen gut sieben oder acht Türsteher von den umliegenden Discos ein, um zu helfen, auch das Anrücken mehrerer Polizeistreifen war lautstark zu hören.

Pezi drängte mich ins Innere unserer Disco und flehte mich an abzuhauen. Ich sollte über die Küche den Verbindungsgang zu der benachbarten und uns zugehörigen Disco Celentano nehmen um dann, wenn der Weg frei war, in das Wake Up zu laufen, um dort in Sicherheit zu warten.

Ich tat, was er sagte, schon alleine, um den Bullen aus dem Weg zu gehen. Gut eine Stunde verbrachte ich im Wake Up, in einem dunklen Lager, in dem ich so gut wie nichts sehen konnte, dann, … endlich ging die Tür auf und das Licht an. Pezi und zwei weitere Geschäftsführer betraten den Raum, zuerst grinsten alle drei spitzbübisch, Pezi mit einem blauen Veilchen am rechten Auge, was wiederum mich zum Lachen brachte, doch schon im nächsten Augenblick wandelten sich deren Grinsen in sehr ernsthaftes Anstarren.

Irgendwie erwartete ich mir Dank und Lob, zumindest Anerkennung oder Verständnis für meinem Einsatz, doch das sah jetzt nicht wirklich danach aus. „Was ist", sagte ich zornig und enttäuscht, „… was zum Teufel hätte ich denn tun sollen, … leckt mich doch alle am Arsch, … ihr undankbares Pack, jetzt habe ich aber die Schnauze voll." Mit einem Schlag war ich extrem enttäuscht, mit einer solchen Reaktion hatte ich nicht gerechnet.

„He, he, Joe, … alles ist gut, … beruhige dich doch wieder, … schau mal, … schau dir deine Hand an … alter Schwede, … was ist das denn?"

Meine rechte Hand pulsierte schon die ganze Zeit ordentlich. „Ist doch klar", dachte ich mir, „ist ja normal, nach so einer Prügelei", doch was ich jetzt auch sah, war nicht wirklich normal.

Boah, … mir wurde bei diesem Anblick gleich schlecht, mein rechter Handrücken war gut acht Zentimeter dick und spannte so, dass ich meine Finger nicht bewegen konnte. … „Woahhh, … was ist das denn", stöhnte ich schockiert, am liebsten hätte ich mich gleich hingelegt.

Ich hatte einen ganzen Zahn samt Wurzel von meinem Kontrahenten in meinem Handrücken und die Befürchtung einer Blutvergiftung lag nahe, die machten mich auch ziemlich nervös mit ihren Prognosen.

Eines war klar, es musste was getan werden, aber in ein Spital konnte ich nicht, meine beiden „Freunde" wurden gerade in ein Spital gebracht, es wäre nur eine Frage der Zeit gewesen, bis man mich als Täter entlarvt hätte. Letztlich hatten wir meine Hand gut hinbekommen, eine der Wake Up Kellnerinnen war früher Krankenschwester gewesen, sie entfernte mir den Zahn samt Wurzel mit einer Pinzette und reinigte mir die Wunde.

Diese Geschichte verbreitete sich wie ein Lauffeuer in der Stadt, ob dies nun meinem Ansehen guttat, sei dahingestellt. Die Anerkennung und den Respekt, den ich mir dadurch bei Kollegen und … sagen wir, … bei so manchen „schwierigen Gästen" erschaffen hatte, verblüffte mich selbst, gefiel aber meinen Spatzenhirn so richtig gut.

Die Trinkgelder wurden üppiger, das Interesse an meiner Person stieg und es ergaben sich gut bezahlte Nebenjobs, die ich erledigen konnte. Der eine oder andere VIP buchte mich als Personenschützer, andere setzten mich bei privaten und elitären Partys ein, es lief alles perfekt.

An Samstagen war im Bond so gut wie immer die Hölle los, während die meisten Lokale gegen vier Uhr dichtmachten, war bei uns kein Ende in Sicht, nicht selten war erst gegen acht oder neun Uhr Schluss.

Eine ziemlich witzige Geschichte bahnte sich an so einem Samstag in den frühen Sonntagmorgenstunden an.

Ich wollte Wittek bei der Tür ablösen, da sah ich, wie Wittek einen mir unbekannten Mann in Begleitung zweier Burschen begrüßte, alle drei trugen schwere Mäntel und verweigerten die Abgabe bei der Garderobe, aber nicht nur das, sie machten sich auch über die wiederholte Aufforderung von Wittek lustig und schoben ihn kurzerhand auf die Seite, zu meiner Verwunderung ließ Wittek diese Respektlosigkeit auf sich beruhen.

Noch bevor die drei den Garderobenbereich verlassen konnten, stoppte ich sie und bat ebenfalls, die Mäntel abzugeben. Selbstsicher und verwegen wollte einer von denen auch mich zur Seite schieben.

„Komm, Burschi, lass gut sein, … das passt schon, … wir sind Stammgäste!"

„Nix passt, Freunde!" … Ich drängte alle drei zurück in Richtung Garderobe.

„He, he, Burschi, … nicht anfassen, sonst gibt's was auf die Glocke, und jetzt schieb deine Figur zur Seite, wir haben nicht die ganze Nacht Zeit für so eine Scheiße."

„Nur dass es auch wirklich klar ist: Das Einzige, was ‚Burschi' schiebt, bist du mitsamt deinen Freunden und zwar raus hier! … Also noch einmal, nur für dich Großer! … Mäntel abgeben, dann könnt ihr rein, tut ihr das nicht, müsst ihr gehen, so einfach ist das."

„Ich glaube, du weißt nicht, wer vor dir steht, du Flasche, und jetzt hole den Geschäftsführer, bevor es zu spät ist … Verstehst du?"

„Mir scheißegal, wer du bist, ich habe hier das Sagen, ich sage, was Sache ist und ihr kommt hier mit den Mänteln nicht rein, fertig! … Klar soweit?"

Nun war angerichtet, irgendwie konnte ich es gar nicht erwarten, attackiert zu werden, ich hatte große Lust, den dreien in die Fresse zu schlagen. Wittek kannte mich schon ausgesprochen gut, er wusste, wie ich reagierte und er war groteskerweise stets bemüht, nicht mich zu unterstützen, sondern meine Gegner. Er schlich unbemerkt an mir vorbei und holte Betina, die Barfrau von der Einser Bar.

Betina begrüßte den mir unbekannten aufs Herzlichste und bat mich zugleich, alles Geschehene zu vergessen und ihn Einlass zu gewähren.

„Na gut", sagte ich, „kein Problem, alles gut, wenn ihr befreundet seid, ... alles vergessen, ... nur eines noch! ... Gebt eure beschissenen Mäntel ab! ... Jetzt! .... Ist nichts Persönliches. Würde ich es tun, wollen das andere auch und das geht nicht! Versteht es oder lasst es, eure Entscheidung."

Betina löste dieses Problem dann sehr elegant, sie nahm ihren Gästen die Mäntel ab und hängte sie zur Seite. „Joe, das sind meine Freunde! ... Bitte hänge ihre Mäntel zur Seite, ich bezahle das dann, ... ok?"

„Ja, wenn du das sagst, für mich ist das ok." Mit dieser Lösung konnten wir dann alle leben, Problem beseitigt. Dass diese Geschichte damit noch nicht zu Ende war, wusste freilich noch keiner von uns.

Dieser Samstag entwickelte sich zu einer jener Nächte, an denen wir bis in den späten Sonntagmorgen offen hatten. Vor allem Kollegen aus den umliegenden Lokalen und Discos machten die Samstage oft sehr lange, wenn die Dienstende hatten, kamen sie meistens noch zu uns auf ein paar Absacker.

Ich genoss diese Besuche, wir verstanden uns alle gut und hatten jede Menge Spaß mit den Erzählungen und Geschichten, die sich so im Laufe einer Woche ergeben hatten und außerdem sank die Wahrscheinlichkeit, ein Problem bei der Tür zu bekommen, auf gleich null. Bei mir im Vorraum der Garderobe standen oft bis zu acht Türsteher und alle paar Minuten brachte ein Kellner oder ein Gast Getränke, alle wollten mit uns gut auskommen und wir hatten unsere Freude daran.

An diesem Abend, eigentlich war ja schon Morgen, es war nun schon kurz vor neun Uhr, schlossen auch wir im Bond unsere Pforten, doch die meisten wollten noch weiterziehen.

„Alter, ... Sonntag neun Uhr, ...wo willst du noch hingehen? ... Kein Lokal hat um diese Zeit offen."

„Eines schon", sagten alle, wie aus einem Mund gesprochen: „Das Gutmann!"

„Gutmann? ... Kenn ich nicht. ... Wo ist das?"

„Wirst schon sehen, Joe!! ... Ist eine super Location am Naschmarkt, der Ali und der Murat arbeiten da, zwei tolle Burschen, ... wirst schon sehen."

Pezi, unser Geschäftsführer, und einige Kellnerinnen schlossen sich uns an, zwanzig Minuten später waren wir im Gutmann.

Die Begrüßung dort war fantastisch, als wäre ich bei einem großen Familientreffen, die beiden Türsteher Ali und Murat, die, wie man munkelte, die Besten in unseren Job waren, nahmen mich wie einen heimgekehrten Bruder auf. Ali führte mich daraufhin durch beide Ebenen, um mich mit deren Personal bekannt zu machen.

Als wir die Treppe runtergingen, staunte ich nicht schlecht, die Disco war brechend voll, die Musik war anders und auch viel lauter als bei uns, deshalb ging ich gleich wieder mit rauf und setzte mich oben an die Bar, da war es angenehmer und zu essen gab es oben auch etwas. Der Kellner war sofort bemüht, mir einen Tisch freizumachen, ich nippte inzwischen an dem Getränk, das mir kredenzt wurde. In diesem Moment kam ein Mann aus dem Raum hinter der Bar und blickte mich an wie einen Geist. Er kam mir auch bekannt vor, aber woher wusste ich nicht. Er starrte mich wortlos an und dann brüllte er durch das ganze Lokal in Richtung Tür:

„Ali!! ... Murat!! ... Zum Teufel mit euch!!" ... Er stampfte bitterböse an mir vorbei. ...

Murat und Ali stürmten diesem Mann entgegen, ich war richtig erschrocken und kannte mich erst gar nicht aus. Der Mann zeigte bitterböse auf mich und brüllte beide Türsteher lautstark und vorwurfsvoll an! ... „Wie zum Teufel kommt der hier mit Bomberjacke und Turnschuhen rein? Pennt ihr da draußen oder was ist los mit euch?"

Jetzt wusste ich, wer das war, und in dieser Sekunde konnte ich nicht anders, ich musste derart lachen, dass auch Murat und Ali verlegen lachten, woraufhin auch andere Gäste mitlachten. Ich konnte mich gar nicht mäßigen, da ich ja der Einzige war, der wusste, was so lustig an dieser Situation war, ja. und der

Geschäftsführer musste auch wissen, was für mich so witzig war, aber dem war ja so überhaupt nicht zum Lachen.

Ihm sah man seinen Zorn und sein Unverständnis so richtig gut an und es dauerte noch eine ganze Weile, bis auch er mitlachte.

Das Witzige daran war, dass hier niemand wusste, um was es eigentlich ging, die Ratlosigkeit beider Türsteher samt deren Blicken brachten mich an den Rand eines Herzstillstandes durch mein schon zwanghaft verkrampftes Lachen, ich wollte, aber konnte nicht mehr aufhören.

Jetzt hatte es auch den Geschäftsführer mit Namen Karl gepackt, der in der Folge keinen ganzen Satz mehr herausbrachte, auch er war nun von einem Lachkrampf gebeutelt und kein Mensch konnte verstehen, was da abging.

„Weißt du", sagte Karl dann später zu mir, „am selben Tag, an dem ich von dir nicht ins Bond gelassen wurde, kommst du zu mir, an der bestgesicherten Tür vorbei, mit Jacke, siehst aus wie ein Penner, wirst behandelt wie ein VIP, bekommst Getränke auf Haus und sitzt an meiner Bar. … Du bist doch wirklich das größte Arschloch, das jemals hier hereingekommen ist, und das Ganze bei deinem ersten Besuch. … Das kann doch alles nicht wirklich wahr sein!"

Wir wurden ganz gute Freunde und jedes Mal, wenn wir uns begegneten, zauberte uns diese Geschichte ein süffisantes Lächeln ins Gesicht.

So schnell und sensationell mein Aufstieg und meine bisherige Zeit in der Wiener City auch gewesen war, noch schneller endete sie wieder. Fehlentscheidungen, Arroganz und Hochmut, zu viel Alkohol und vor allem mein sensibles und unverstandenes Herz in Liebesangelegenheiten brachten mich in Teufels Küche. Diese verdammte unerwiderte Liebe brachte mich förmlich um meinen Verstand, für solche Kämpfe war ich weder gerüstet noch konnte ich damit umgehen. Unfähig mich davon zu befreien, ertränkte ich meinen Schmerz in Alkohol, was alles nur noch schlimmer machte.

Mein Recht- und Gerechtigkeitsempfinden wandelte sich in erschreckende Bahnen, ich behandelte allzu oft gute und brave

Leute, die nichts mit meinem Leiden zu tun hatten, als wären sie für mein persönliches Unglück verantwortlich. Von Frust, Liebe und Hass gebeutelt mutierte ich zum größten Problem im eigenen Haus, bei der eigenen Tür und wer sich meinem Willen oder meinen Launen nicht beugte, dem drohte Schlimmstes.

Meinen unrühmlichen Abgang hatte ich dann durch eine völlig abstruse Aktion an einem Samstagabend besiegelt.

Das Bond war an diesem Abend mehr als gut besucht, viele standen zum Eintritt an. Wittek, mein zweiter Mann, hatte alle Hände voll zu tun, während ich mich an meiner improvisierten Bar, im Vorraum der Garderobe, um meinen Verstand trank. Mir war alles zu viel geworden, diese Schlampe dachte ich immerzu, warum tut sie mir das an, ich konnte nicht begreifen, warum ich ihr so derart verfallen war. Sie spielte mit mir nach Lust und Laune, wir liebten uns Tage und Nächte lange und alles war gut und tags darauf war alles zu Ende. Dieses verrückte Spiel raubte mir den letzten Nerv und so ging es schon einige Wochen hin und her. Sie wollte keine feste Bindung, das sagte sie wohl und ich sah darin auch überhaupt kein Problem, meine Geilheit oder Verliebtheit steuerte mein Spatzengehirn und ich war sicher, alles im Griff zu haben.

Toll, … wirklich toll hatte ich das hinbekommen, einen Scheiß hatte ich im Griff, ich war drauf und dran, meinen Verstand zu verlieren, ich hasste sie für ihre beschissene Ehrlichkeit und dass sie meinte, was sie sagte und überhaupt. … Wie kann so was überhaupt sein und wieso bin ich so eine Gottverdammte Schwuchtel, die mit seiner eigenen Zustimmung nicht klarkommt und um Liebe winselt, die nicht da ist, die weder deklariert noch ausgemacht war und dennoch spürte ich sie. Naiv war ich, … den großen Johnny habe ich gespielt, der mit allem klarkommt. Verdammt, verdammt, … wieso bin ich nur so ein Idiot. …

In diesem Gedanken versunken nahm ich einen kräftigen Schluck Whiskey Cola, als mich jemand zärtlich von hinten auf meine Wange küsste. Ich kannte diesen Duft, die weichen Lippen und dieses unvorstellbare Gefühl, das in mir ein wohlwollendes

Kribbeln am ganzen Körper auslöste. Meine innere Zerrissenheit, mein Hass und meine Verzweiflung wichen im selben Augenblick wahren Glücksgefühlen. ... Sie war es, ... mein Sonnenschein.

„Geht's dir gut, Joe? ... Oh nein! ... du hast schon wieder getrunken, ... was bist du nur für ein blöder Idiot!"

Wie von tausend Schwertern erstochen fühlen sich diese Worte an, doch Einsicht hatte ich nicht, gekränkt war ich, entmannt fühlte ich mich, sie ließ es mich nicht einmal erklären, ... ich musste sie zur Rede stellen.

Ich stellte ihr nach und packte sie unsanft an den Händen, ... sie weinte, verfluchte mich und wünschte mich zum Teufel, beide hatten wir Tränen in den Augen und bevor ich noch meine Gedanken in Worte fassen konnte, bekam ich von hinten einen Schlag mit einer Flasche auf meinen Kopf.

Ich knickte kurz ein, war benommen, mein Blut floss mir warm über mein Gesicht und über meinen Nacken und irgendwie war da ein Moment der Stille und des absoluten Friedens in mir, es kam mir wie eine Ewigkeit vor, ich sah all die Gesichter vor mir und rings um mich, ich hörte keinen Ton, keinen Schrei, alles war so still und doch erkannte ich in den Gesichtern das blanke Entsetzen. Es war sehr seltsam, ich verspürte auch keinen Schmerz und dann war alles dunkel, ... es war, als hätte ich meine Augen verschlossen. ...

Wie aus einem bösen Traum gerissen, wurde es schlagartig unglaublich laut, meine Hände waren nass, Panik machte sich breit, es brauchte einen Moment, um mich zu orientieren und ich glaubte nicht, was ich da sah.

Elisabeth stand weinen und zitternd vor mir, sie sah mich an, wie mich noch nie jemand angesehen hatte, ich sah ihre Furcht in ihren Augen, als würde sie mich nicht kennen. Erst jetzt bemerkte ich das meine Hände nicht nass, sondern in Blut getränkt waren, mein Kopf fühlte sich wie Bienenstock an und in meinem rechten Bein steckte ein abgebrochenes Stück Glas, keine Ahnung wovon oder woher. Die Leute um mich flüchteten und einige Männer krümmten sich am Boden vor mir. Ich bekam

Panik, ich hatte keinen Schimmer, was passiert war und flüchtete instinktiv.

„Was war das jetzt?", hämmerte es in meinem Kopf, und was war mit Elisabeth, ihr Blick ging mir nicht mehr aus dem Sinn, so einen Blick hatte ich noch nie gesehen und das machte mir richtig Angst. Ich fuhr auf dem schnellsten Wege heim und quälte mich mit all den Gedanken herum, alles fühlte sich wie ein Alptraum an, aber ich war ja wach. Irgendwann schlief ich dann ein und wurde erst wieder wach, als es an meiner Tür klopfte.

Ich hatte sehr lange geschlafen, es war nun schon Sonntag um die Mittagszeit, Pezi, mein Geschäftsführer vom Bond, stand vor der Tür.

„Gott sei Dank, … du bist daheim … und wie geht's dir? … Was zum Teufel war da los? … Warum … Oh, scheiße …"

„Was soll passiert sein? … Ich weiß es ja selbst nicht, … und was ist scheiße?"

„Dein ganzes Bettzeug ist voll mit Blut und deine Wunde blutet durch den Verband, komm, ich helfe dir, … geh dich duschen und dann verbinden wir die Wunde neu."

„Da blutet nichts mehr durch, das ist sicher noch von gestern, aber duschen schadet nicht, ich komm gleich wieder."

Pezi versorgte meine Wunden und erzählte mir, was er von gestern wusste, was er gehört hatte, denn unmittelbar dabei war er ja nicht.

„Nachdem dir einer die Flasche über den Kopf gezogen hatte, kein Mensch weiß, wer er war, warst du schon fast am Boden, du warst schwer benommen und hast stark geblutet. Elisabeth stieß daraufhin den Burschen mit der Flasche von dir weg und dann ging alles rasend schnell, was sich genau abspielte, erzählte mir jeder anders. Klar ist nur eines, die waren zu dritt, der mit der Flasche war ausländischer Herkunft, keiner kannte die drei und sie hauten ab, bevor die Bullen anrückten und alle drei waren ziemlich malträtiert, du hast da nichts anbrennen lassen und hast gewütet wie ein Berserker."

„Und was ist mit Elisabeth?"

„Weiß ich nicht, die ist dann gegangen und ich hatte echt andere Probleme, zuerst mit den Bullen und dann mit unserem Chef, mit Fritz, und der war richtig angepisst. … Er möchte, dass du erstmal ‚Urlaub‘ nimmst."

„Verstehe, … ‚Urlaub‘ … dieser Idiot kann mich am Arsch lecken, ok, Pezi du warst immer fair zu mir, ich danke dir für alles und ich bin raus."

Einige Wochen später heuerte mich Jörg, den ich vom Bond her kannte, für einen Job an der Tür in Siegendorf an, zu meiner Freude war dort auch ein mir bekannter DJ beschäftigt.

Jörg war schon damals ein ausgeschlafener und cleverer Bursche, der im Versicherungsbusiness tätig war. Welche Rolle dieser Mann viele Jahre später einnehmen wird, … nie im Leben hätte ich mir das damals vorstellen können, aber dazu kommen wir später, viel später.

Damals war er für mich freilich ein Freund mit guten Absichten, deshalb folgte ich auch seinem Ruf und dem, was er mir sagte. Alles easy, leicht verdientes Geld, meinte er, im Burgenland sei alles anders und so gesehen hatte er auch recht. Alles war anders, keine Schickimicki, alles bodenständig, alles gut, ich war nun sozusagen sein zweiter Mann an der Tür im burgenländischen „Queen Anne".

Kein Mensch kannte mich da, bis auf Jörg und eben der DJ und das war mir mehr als nur recht.

Der erste Tag war ok, der Besitzer der Disco war anständig und umgänglich, Jörg machte mich mit dem Personal und einigen Stammgästen bekannt, dieses erste Wochenende im Dienst war leicht verdientes Geld, so wie es Jörg auch vorhergesagt hatte. Das zweite Wochenende war da schon etwas schwieriger, der eine oder andere lotete seine Grenzen bei mir aus, was auch zu erwarten war, so ist der Job eben, alles ok, aber mühsam.

Am dritten Wochenende war ein Liveact angesagt und da war richtig was los. Gleich der erste Kontakt mit einigen Burschen verhieß nichts Gutes, ich wusste sofort, dass deren beschissene Arroganz ein ganz schlechtes Vorzeichen war, verstärkt wurde mein Eindruck noch von Jörg, der sich diesen Arschlöchern beugte wie ein Diener seinem Meister. Mein Augenkontakt mit Jörg signalisierte mir, denen das durchgehen zu lassen, was mich wirklich sehr störte. Auf Nachfrage sagte mir Jörg, dass einer dieser Jungen der Sohn des benachbarten Bürgermeisters wäre … Ich konnte mir diese Scheiße gar nicht anhören…

„Jörg", sagte ich, „wie willst du denen Herr werden, wenn du den Diener machst, ich sage dir gleich, sollte es Probleme geben, kümmerst du dich um diese Leute, mir liegt das nicht."

„Sicher, Joe, ist auch besser so, … verstehe ich auch, weißt du, unser Chef ist mit dem Bürgermeister dick Freunde, die haben halt den VIP-Status."

Eigentlich verlief der Abend viel besser, als ich dachte, es gab so gut wie keine Vorkommnisse, die ein Einschreiten notwendig machten. Der Liveact war der Höhepunkt des Abends, danach wurde es nach und nach ruhiger, gegen drei Uhr waren nur mehr Hartgesottene übrig, vielleicht 50 Leute. Natürlich waren unsere VIP-Gäste darunter und die legten es unübersehbar auf eine Konfrontation mit mir an. Sie steigerten ihre beschissenüberhebliche Art in eine Situation, in der ich eingreifen musste. Sicher hatten sie es darauf angelegt und auch klar, das Spiel war damit noch nicht zu Ende.

Eine Stunde trennte mich noch von meinem Dienstende, jede Minute davon schien mir wie eine Ewigkeit, ich konnte deren blöde Anmache, die sich immer wieder hinter meinen Rücken abspielte, nicht mehr ertragen, deshalb hielt ich es für klug, mit Jörg die Position zu tauschen, um mich so aus dieser blöden Affäre und deren Fokus zu ziehen. Meine Anstrengungen, diesen Idioten aus dem Wege zu gehen, schlugen fehl, mein Rückzug wurde, wie konnte es auch anders sein, als Schwäche gesehen und heizte diese Idioten noch mehr an.

Jetzt fühlten die sich auch noch sicher und überlegen. Jörg goss dann auch noch Öl ins Feuer, weil er diese Burschen eindringlich vor mir warnte, dieser Idiot sagte denen, dass ich ein ausgezeichneter Kämpfer wäre, „er hat noch keinen Kampf verloren", fügte er prahlend hinzu. Noch blöder geht's ja gar nicht.

Ein Kellner erzähle mir von dem, was sich da drinnen so abspielte, und meinte sorgenvoll, ich solle mich in die Küche zurückziehen, um einem möglichen Problem aus dem Wege zu gehen.

Alles, was recht ist, aber verstecken tu ich mich auf keinen Fall, wo soll das hinführen, diese verdammten Arschlöcher sähen seit Stunden Wind, eigentlich eher ein schwules, lauwarmes Lüfterl, ich kann mich nicht verstecken.

Ich ärgerte mich sehr über Jörg und wollte das gleich mit ihm besprechen, am Weg zu ihm traf ich auf des Bürgermeisters Spross, der mir direkt entgegenkam. Ich weiß nicht, was sich dieser Idiot dachte oder vorstellte, lässig krempelte er seine Ärmel hoch, mit bösem Blick und starken Worten wollte er wohl eine Show mit ihm als Helden einleiten, zumindest ließ das seine Körpersprache vermuten, er war total auf Konfrontation, doch nach Show und Worten war mir nicht mehr.

Ich beendete seine plumpe Anmache wortlos mit einem Schlag in seine Leber, um auch ein gewisses Schweigen von Arschloch Nummer 1 sicherzustellen. Ohne mich umzudrehen, ging ich auf seine Freunde zu, ich wusste, dass sich die Nr. 1 im Burgenland nicht so schnell von meinem Schlag erholen wird. Und siehe da, niemand von denen war jetzt noch motiviert genug, um mich zu fordern, was mich noch wütender machte. Eilig schleuste Jörg die nun lammfrommen Helden bei mir vorbei, während mich zwei Kellnerinnen beruhigten, andere Gäste jubelten mir zu, andere wiederum starrten mich wie einen Geist an, ich brauchte dann schon einige Drinks, um den ganzen aufgestauten Dampf abzulassen.

Jörg lachte nur und meinte: „Na, wenigstens gab es keine Leichen, ha, ha." Ich wiederum war heilfroh, dass ich da doch noch ohne eine Katastrophe durch meinen Dienst gekommen war.

Dreißig Minuten später machte ich mich mit Jörg auf den Weg nach Hause, ich fuhr mit Jörg, um Benzin zu sparen. Als wir uns seinem Auto auf dem Parkplatz näherten, blendete uns ein starkes grelles Licht, da hatte jemand das Fernlicht seines Autos auf uns gerichtet. Bevor ich wieder einigermaßen sehen konnte, hörte ich mehrere Autotüren, die zugeschlagen wurden, mir war nun klar, was da los war.

Jörg wollte zurück in die Disco, doch flüchten war für mich keine Option, rasend vor Wut rannte ich auf das Licht zu, erst im letzten Moment sah ich, dass zwei von denen mit Baseball-schlägern auf mich zukamen, das Oberarschloch hatte sogar eine Pistole auf mich gerichtet.

Seltsam, erst nach dieser Geschichte fiel es mir auf, nahezu jede Auseinandersetzung, die ich mit mehreren Gegnern hatte, lief gleich ab. Zu Beginn war ich überlegt, wollte stets einen Kampf vermeiden, ich versuchte zu deeskalieren, gab nach, ging zurück, aber ganz egal, was ich auch tat, es funktionierte nur äußerst selten. Zumeist ergab sich dasselbe Ende, ob die mich nun als schwach oder feig gesehen hatten, ich weiß es nicht, ich dachte nie weiter darüber nach, ich glaube, ich wollte mir eigentlich nur immer Schmerzen ersparen, meine Schmerzen, denn die waren wie ich wusste, stets eine Folge, auf die ich nicht wirklich scharf war.

Ich konnte oft tagelange die eine oder meine andere Hand nicht benutzen, ich hatte schon etliche Knochenbrüche an Fingern oder Gelenken davongetragen, ganze Zähne hatte ich schon im Handrücken stecken, weil eines konnte ich nie, … aufgeben oder gemäßigt zuschlagen.

Wenn es so weit war, gab es nur 100%, egal was passierte, ob mein Schlag nun traf oder nicht, ich schlug immer voll zu, al-les, was ich drinnen hatte, eine natürliche Bremse oder Sperre, die Angst, jemanden schwer zu verletzen oder gar zu töten, das alles war mir fremd.

Ich weiß nicht, ob es an der Pistole lag, die auf mich gerichtet war oder ob es eine Folgewirkung von meinem Black Out, das ich zuletzt im Bond hatte, war, heute war alles ganz anders und trotzdem irgendwie gleich, nur heute bekam ich jede Einzelheit in Echtzeit mit und nicht nur das.

Es schien mir, als hätte ich alle Zeit der Welt, mein Stress, mein Zorn, ja sogar mein Puls, alles fügte sich der Gewissheit, dass alles gut ist, ich spürte förmlich, wie mir eine Last von meinen Schultern genommen wurde, mein Puls reduzierte sich spürbar und ich konnte mich selbst beobachten, wie ich in Leichtigkeit diesen Kampf begegnete, als würde mein Körper gelenkt werden und ich kann in aller Ruhe zusehen, was passiert, ohne Emotion oder Angst.

In den meisten Fällen gehen vermeintlichen Angreifern, die siegessicher in einer kleinen Gruppe auftreten, der Mut verloren, sobald sie selbst von einem Einzelnen furchtlos angegriffen werden, aber das selbst im eigenen Kampf zu sehen und zu spüren war für mich außergewöhnlich. Der Kampf ist dann eigentlich keiner mehr, die Schläge der Gegner sind in so einem Fall mit so vielen Gedanken beladen, dass sie kaum Wirkung haben, das noch dazu zu wissen und zu erkennen, ist der Wahnsinn. Für mich war es, als wüsste ich schon vor jeder Bewegung meiner Gegner, was nun folgen würde, wie in einem Spiel, das man nicht verlieren kann, in dem Bewusstsein der absoluten Sicherheit.

Das alles hört sich natürlich total abgefahren an, so unwirklich und arrogant, vielleicht hat mir mein Geist auch einen Streich gespielt, aber empfunden habe ich es so. Ich habe Jahre damit verbracht, dieses unglaubliche Erlebnis zu ergründen und zu verstehen, jedoch ohne Erfolg.

Die Demütigung des Bürgermeisters Spross war dann so richtig perfekt, als sich seine Waffe als harmlose Attrappe entpuppte und sich die feige Bande vor Angst fast in die Hosen machte. Klar, die Burschen hatten einiges abbekommen, aber das hatten sie sich auch verdient, mein Rausschmiss als Türsteher war am Tage darauf nicht unerwartet, denn Daddy hatte interveniert und darauf bestanden.

Mir war es egal, eigentlich war ich froh darüber, denn eines war klar, so eine Aktion bleibt nie unter jenen, die dabei waren, das Gerede und die vielen Versionen, die dadurch entstehen, erzeugen immer wieder ähnliche Situationen und alles beginnt immer wieder aufs Neue.

KAPITEL 15

Anklage Mord

Es dauerte gar nicht lange und mein kurzes Gastspiel aus dem Burgenländischen machte auch in Wien die Runde, natürlich in tausend verschiedenen Versionen, manche davon waren derart übertrieben, dass ich nur den Kopf schütteln konnte, aber so war es schon damals, ganz ohne Handy und Internet. Um diesen ständigen Erzählungen und Fragen aus dem Wege zu gehen, besuchte ich vermehrt Lokale auf, in denen ich meine Ruhe hatte, in denen mich nicht gleich alle kannten.

Das „Four Roses" war eine Disco nahe der Donauinsel, ich war noch nie da gewesen, doch schon beim Reingehen kannte ich zwei der vier Türsteher und mein Freund Charly war auch da, er lachte nur, als er mich sah und meinte: „Wenn man vom Teufel spricht, … kommt er auch schon!"

„Na toll", dachte ich mir, „hätte ich im Lotto nur annähernd so viel Glück wie im Leute treffen, das wäre was …" Ich freute mich trotzdem sehr, denn Charly hatte ich schon länger nicht gesehen und ich mochte ihn gerne.

Irgendwann fragte er mich, ob ich nicht wieder als Kellner in einer Bar arbeiten möchte, „die Bezahlung ist gut", sagte er, „und bei uns ist alles besser, nicht so wie am Wiener Gürtel und „Bürgermeister-Söhne" kommen auch nicht, fügte er schelmisch hinzu!"

Er wusste, dass ich mit den Nachkömmlingen am Gürtel nicht wirklich klarkam und dass ich deshalb auch schon ein Angebot von Fredi ausgeschlagen hatte. Die Geschichte aus dem Burgenland musste er natürlich auch brühwarm unterbringen: „Wir wissen ja, die Discos und du darin, das soll offenbar nicht sein."

Er hatte ja recht, vom Arbeiten in einer Disco wollte ich wirklich nichts mehr wissen, für einen Luden fehlte mir so ziemlich alles, was dafür nötig gewesen wäre, ich hatte einfach nicht das

Zeug dazu, obwohl sich schon das eine oder andere Mädchen bei mir angetragen hatte.

Diese kleine Gruppe von Zuhältern, in der nun auch Charly eine Stimme hatte, war nicht nur bekannt, sie war auch ein gefürchteter Gegenpart von Barry und seiner Handlanger, der nun die Führung im Auftrag der großen Fünf am Gürtel innehatte, und mit ihm und seinem Partner hatte ich noch eine Rechnung offen.

Nach einigem Hin und Her lernte ich Mike kennen, den Boss dieser Partie. Er war mir sofort sympathisch, er war dem Kampfsport zugetan und er liebte den Boxsport, wie ich auch. „Wir sind uns schon einmal begegnet", meine er.

„Ja", antwortete ich, „aber nur kurz und als Gegner Widerwillen..."

Fredi schickte mich und Bobby damals zur Absicherung zu einer Aussprache zwischen Peter G., Fredi und dem kleinen Christian, du warst mit Peter da. ... Boahhh ... was für eine Katastrophe, ... ein Wunder, dass da nichts passiert ist!" Heute konnten wir darüber lachen, aber an jenem Tag war mir gar nicht zum Lachen gewesen und Mike auch nicht.

Peter G. war damals bei diesem Treffen voll auf Droge und mit einer 357er Magnum bewaffnet, die er nach wenigen Minuten völlig entnervt Fredi und Christian an den Kopf hielt und das vor gut 60 Unbeteiligten, in einem Caféhaus am späten Nachmittag. Nachdem die Bullen anrückten und Panik ausbrach, verschwanden in wenigen Minuten gut fünf Pistolen in Mistkübeln, der Kaffeelade und anderswo. Peter versenkte seine 357er, wie Bobby auch, in einem Spülbecken der WCs. Die Bullen fanden nichts, ich glaube, die wollten auch nichts finden, die hatten alle die Hosen gestrichen voll. Kurz darauf hat Peter G. den Walter, seinen besten Freund, vor der Schickeria mit fünf Schüssen niedergestreckt.

„Die waren ja beide bei euch dabei, und mehr als nur tickende Zeitbomben. Bei euch dabei zu sein, dürfte ziemlich gefährlich sein?"

„Gefährlich? ... Was für ein Quatsch, wer korrekt ist, ist bei uns gut aufgehoben, wir halten zusammen, wir machen alles selber und wir scheißen nicht auf unsere eigenen Leute, wie Barry es tut, dass solltest du ja am besten wissen? ... Und was Peter G. und den Walter betrifft, das hatte schon alles Grund und Berechtigung, und mehr brauchst du nicht zu wissen."

Gegen Ende 1989 übernahm ich als Kellner eine kleine Bar am südlichen Stadtrand mit fünf Mädchen. Bei uns arbeiteten nur Mädchen von unseren eigenen Leuten und nur unsere Leute hatten was zu sagen, die großen Fünf und ihr Gefolge hatten keinerlei Einfluss auf unsere Geschäfte und das war für die damalige Zeit einzigartig und auch gut so. Alles lief wie am Schnürchen, alles war gut, fast schon zu gut.

Am 2. Februar 1991 kam ein ziemlich abgefuckter Türke in die Bar, er war ruhig und die Geilheit stand dem förmlich in sein Gesicht geschrieben, mich amüsierte das, deshalb überließ ich den Mädchen die Entscheidung, ob er bleiben darf oder eben nicht. Sein Interesse galt Christine, einer jungen blonden Schönheit, und er hatte Glück bei ihr. Er bezahlte den kleinsten Tarif und beide begaben sich in das Séparée, doch keine drei Minuten später läutete auch schon der Alarm.

„Alter Schwede", dachte ich, ... „das gibt's ja jetzt nicht", ich riss die Tür auf und sah Christine aufs Ärgste bedrängt, so etwas hatte ich überhaupt noch nie gesehen. Der hatte die Hose bis zu den Knöcheln runter, war über Christine gebeugt und drückte ihr den Hals zu. Er war nicht besonders kräftig und von eher zierlicher Statur, deshalb war es sehr leicht, diesen Idioten von Christine zu lösen. Ich packte ihn, schleuderte ihn auf den Boden und stutzte ihn verbal zurecht: „Was tust du da, du mieses Schwein! ... Was soll die Scheiße? ... Komm, zieh dich an und geh, du Arschloch, und komm nie wieder!"

Dieser Typ hatte null Einsicht und wollte doch glatt sein Geld zurück, ihm stand der Schaum vor seinem Mund, wie ein wildgewordener Stier starrte er mich an. Erst jetzt bemerkte ich, dass er offenbar schon „fertig" war, bevor es losging, noch bevor er sich entkleidet hatte und das Kondom an seinen Platz war, er wurde plötzlich richtig aggressiv und beschimpfte und verfluchte uns.

Mir war diese Scheiß-Anmache zu blöd, ich beschloss, ihn daraufhin so wie er war auf die Straße zu stellen, hätte ich ihn geschlagen, der wäre mir glatt zerbrochen. Gesagt, getan, ich stellte ihn mit heruntergelassener Hose vor die Tür, schmiss ihm seine Jacke hinterher und sperrte die Tür zu, fertig.

Die Mädels mussten lachen, weil sie mich so hilflos sahen, ich für meinen Teil war schockiert und wusste mir nicht anders zu helfen, ich wollte um jeden Preis ein Problem hier drinnen vermeiden.

Auf Grund seiner Würgerei hätte ich ihm in seine gottverdammte Fresse schlagen müssen und dann hätte ich die Bullen am Hals gehabt. …

„Nein danke", dachte ich mir, ich wusste ja nur zu gut, wie das ausgeht.

Ein paar Mal trommelte dieser Wahnsinnige noch gegen die Tür, doch dann verschwand er. „Gut so", dachte ich, … Problem erledigt.

Keine zehn Minuten später war ordentlich Lärm vor unserer kleinen Bar, die direkt an der Triester Straße gelegen war, ich hielt durch die getönte Glastür am Eingang Nachschau und schon wollten ein paar wildgewordene Türken die Tür auftreten.

Ich Depp, anstatt die Bullen zu rufen, sagte ich den Mädchen, sie sollen in unserer Zentrale auf der Thalia anrufen, die sollen Verstärkung schicken, ganz im Sinne von Ehre und Stolz, … keine Bullen im Milieu. Ich wusste nicht, dass einige unsere Männer gerade Nasers Geburtstag feierten, sie brachen die Feier kurzerhand ab und machten sich auf dem Weg, um mich zu unterstützen. Als sie eintrafen war der Spuk allerdings auch schon wieder vorbei.

Auch gut, meinten alle, wenn wir schon mal hier sind, feiern wir doch gleich zusammen weiter. Wir köpften eine Flasche Tequila und prosteten uns zu, als ein mächtiger Knall unsere Feierlaune abrupt beendete. Instinktiv ducken wir uns ab, der Knall hörte sich wie ein Schuss aus einer Pistole an, vorsichtig schlich ich zur Tür, um nachzusehen, was da los war, in diesem Moment schleuderte ein Türke einen großen Stein gegen die Scheibe, die fast zerborsten wäre, aber Gott Lob, mit einem diagonalen Riss doch noch standhielt.

Jetzt war Feuer am Dach, das konnten wir nicht so einfach hinnehmen, wir stürmten auf die Straße, um unsere Bar zu verteidigen. … Die feigen Angreifer rannten schimpfend davon, wir setzten ihnen nach.

Zwei meiner Freunde wie auch ich hatten sich mit Baseballschlägern bewaffnet, Kurt war dem feigen Pack am nächsten, ich sah, wie er eine Pistole aus seinem Gürtel zog und dann verschwand er aus meinem Sichtbereich um die Ecke. Wir waren zu sechst, als wir Kurt wieder sahen, stand er unweit von einem türkischen Lokal entfernt und sagte uns, dass unsere Angreifer hier hinein geflüchtet sind.

Es war ein Lokal mit türkischen Namen, wir kannten es alle nicht, es war in einer Parallelgasse zu unserem Club in der Triester Straße. Wir sprachen uns ab und beschlossen, die Angreifer und den Rädelsführer, jenen Mann, der ein Mädchen von uns fast vergewaltigt hatte, in diesem Lokal zu stellen und zur Rechenschaft zu ziehen.

Das Lokal war voll, gut dreißig Männer und einige Frauen, mit so vielen hatten wir nicht gerechnet, das Lokal sah von draußen viel kleiner aus. Die Situation eskalierte schnell, wir waren nun eher Verteidiger als Angreifer, aber davonlaufen war für uns ausgeschlossen. In diesen Tumult hoffte ich nur, dass Kurt seine Pistole nicht einsetzt oder noch schlimmer, dass sie ihn abgenommen wird und gegen uns eingesetzt wird. Ich suchte während des ganzen Kampfes nach ihm und der Waffe, doch ich konnte ihn nicht ausmachen.

Am Ende war die gesamte Einrichtung völlig hinüber, hier stand kein Sessel mehr gerade, als wir die Sirenen der nahenden Bullen hörten, flüchteten nicht nur wir, nahezu alle hatten es nun verdammt eilig. von hier wegzukommen. Ich war einer der letzten, der aus dem Lokal stürmte, ich konnte nicht eher flüchten, ich musste mich vergewissern, ob es jeder von meinen Freunden aus eigener Kraft geschafft hatte, ich hätte keinen von ihnen alleine zurückgelassen.

Ich war wirklich spät dran und rannte wie der Teufel zurück in unsere Bar, dort angekommen war keiner unserer Leute anzutreffen, die Mädchen drängten mich auch sofort abzuhauen, ehe die Bullen hier aufkreuzen. Ich sprang in mein Auto und fuhr die Triester Straße stadteinwärts, meinen abgebrochenen Baseballschläger legte ich auf den Beifahrersitz. Weit bin ich nicht gekommen, keine zweihundert Meter war ich gefahren und mir folgten schon drei Streifenwagen mit Blaulicht, auch vor mir tauchten zwei Funkstreifen auf, die gegen die Fahrtrichtung auf mich zukamen. Eine Flucht war nun unmöglich geworden und immer mehr Streifenwagen keilten mich von allen Seiten ein. … Aus die Maus, … „Scheiße", dachte ich mir, „wie komme ich aus dieser Nummer wieder raus?"

Rund um mein Auto war es taghell, von allen Seiten waren Scheinwerfer auf mich gerichtet, die Blaulichter der vielen Streifenwagen waren sicher vom Mond aus zu sehen. Langsam näherte sich eine ganze Armee von Bullen, ich wollte daraufhin aussteigen, na, das war keine gute Idee gewesen, die hatten noch mehr Schiss von mir als ich von denen. Alle schrien aufgeregt und wild umher, ich verstand kein Wort, dann klopfte einer der Bullen an meine Seitenscheibe und befahl mir, diese runter zu kurbeln, was ich auch tat.

Es war wie bei einem Hundertmeterlauf der Orientierungslosen, … aussteigen, … nein, sitzenbleiben, … Hände zum Lenkrad, … nein, aus dem Fenster, dann aussteigen … und doch wieder nicht, … ein Alptraum.

„Wisst ihr was", schrie ich dann einen an, „… erschießt mich, ich habe keine Ahnung, wie das alles gehen soll! … Und um was geht es eigentlich?"

Daraufhin öffnete ein mutiger Bulle die Tür und ich durfte aussteigen.

Ich fragte freundlich nach, ob es sich um eine Verkehrskontrolle handeln würde und bekam als Antwort einen netten Begrüßungsschlag in die Fresse.

Wie konnten die nur so sicher sein, dass ich Täter war?

Einer der jüngeren Polizisten war derart aufgeregt, dass er am ganzen Leib zitterte und dabei seine entsicherte Waffe auf mich gerichtet hatte, ... eigentlich wollte ich lachen. ... „Was für Idioten", dachte ich mir, „da stehen 30 Mann und keiner weiß, was zu tun ist und wie man es tut." Ich beschloss aber zur Vorsicht meine Fresse zu halten und ruhig stehenzubleiben, vielleicht hätte mich sonst doch noch einer dieser Idioten erschossen.

Nachdem ich gefesselt war, fuhren die Gesetzeshüter mit mir zum Tatort und stellten mich einigen Verletzten gegenüber, ... denen, die noch da waren.

Ganz wohl fühlte ich mich bei dieser Sache nicht, ich stand gefesselt da, ... als einziger Täter, eine Unschuldsvermutung gab es damals nicht. Die Frage, auf wen wohl alle zeigen würden, wenn sie gefragt werden, musste man sich nicht wirklich stellen.

Als ich mich so umsah, war mir niemand in Erinnerung, alle die dastanden und auf mich zeigten, die sahen alle bürgerlich und ganz anders aus, nicht so wie die Horde, auf die wir gestoßen waren, und gut zwanzig Leute von denen waren schlicht verschwunden, die hatten sicher alle so viel Dreck am Stecken, dass sie wohl auch abhauen mussten.

Ein Mann wurde gerade auf einer Bahre in eine Rettung gehoben und der sah gar nicht gut aus, er hatte offenbar ordentlich Blut verloren, sein Gesicht konnte ich jedoch nicht sehen.

Meine anfängliche Lässigkeit und Unbekümmertheit wandelten sich schnell, in meinem Hirn rasten die Gedanken wie ein Tornado, ich konnte mich beim besten Willen nicht daran erinnern, dass einer von denen so schwer verletzt wurde, Schuss hatte ich auch keinen gehört, ... seltsam.

Man brachte mich auf das Kommissariat in die Van-der-Nüll-Gasse, wo ich Kurt sah, bevor ich in eine Zelle gebracht wurde, und wieder tobte es in meinem Gehirn. „Wie gibt's denn das jetzt, wieso ist der schon vor mir geschnappt worden?" Fragen über Fragen und ich hatte keine Antwort.

Es war nun sicher schon Mittag, da öffnete sich die Zellentür, sehr unsanft wurde ich zum Verhör nach oben gebracht. Mit den Worten: „Jetzt hast du es geschafft, ... gratuliere, dein erster Toter, dein erster Mord, ... na, wie fühlt man sich da so?", wurde ich begrüßt.

Ich lachte laut, denn dass ich niemanden so schwer verletzt hatte, wusste ich genau, ich hatte nur meinen Baseballschläger und meine Fäuste benutzt, ich hatte weder auf den Schläger noch an meinen Fäusten oder an meiner Kleidung Blut, zumindest nicht so viel, woraus man eine derartige Tat schließen könnte. Mein demonstratives Lachen brachte mir ein paar ordentliche Schläge in mein schönes Gesicht ein.

„Wenn das für dich lustig ist, dann nur weiter so", sagte das fette Arschloch vor mir.

„Du Scheiß-Schwuchtel", schrie ich ihn an, „gib die Scheiß-Fessel runter und ich zeig dir, wo der Hammer hängt, du feiges Arschloch, ich war das nicht!

Wir wurden von denen zuerst überfallen, ein Mädchen von uns wurde fast vergewaltigt, was soll an dieser ganzen beschissenen Sache lustig sein?"

Für „Schwuchtel" und „Arschloch" wurde ich dann noch von allen kräftig „durchmassiert", ich brauchte dann schon ein Viertelstündchen, um wieder ordentlich Luft zu bekommen.

„Und … besser jetzt, … du Scheiß-Strizzi?"

„Viel besser", antwortete ich krampfhaft lächelnd, was mir dann noch eine weitere Runde mit diesen Arschlöchern einbrachte.

Im nachfolgenden Verhör erzählte ich wahrheitsgetreu aus meiner Sicht, mit einer kleinen Abänderung, um meine Freunde nicht zu verraten, doch die gefiel den Bullen überhaupt nicht.

„Ja", sagte ich, „ich kann die Wahrheit nicht anders erzählen als sie war, was soll der ganze Scheiß überhaupt?

Ich bin von denen überfallen worden, zuerst wollte einer von denen ein Mädchen bei mir in der Bar vergewaltigen, als ich ihn raus schmiss, kam der mit einer Horde Verrückter zurück, die das Lokal demolieren wollten und was weiß ich, was die noch vorhatten. Einige Gäste von mir sind denen dann hinterher und ich bin auch nachgelaufen, um die zu stoppen, dass eben nichts passiert. Die sind dann natürlich abgehauen, was weiß ich, wer die waren, ich kannte sie nicht, es waren Gäste und ich habe niemanden verletzt, … wie denn auch? Als ich in diesen Türkenlokal ankam, war schon alles vorbei."

„Seltsam", meinte der Oberbulle, „dein Kollege da drüben erzählte uns was ganz anderes, er sagte, er sei der Kellner und du hast mit deinen Strizzi-Freunden das türkische Lokal gestürmt und dabei habt ihr einen getötet."

„Seid ihr völlig irre? … Ich habe niemanden getötet und was für Freunde, das Arschloch redet Scheiße, wer ist der überhaupt?"

„Wir werden ja sehen, auf jeden Fall haben wir dein Messer und da ist Blut drauf, … was sagst du dazu?"

„Ich habe gar kein Messer, ihr Idioten, was soll der ganze Scheiß?"

Da lief aber eine ganz schräge Nummer, „was zum Teufel geht da ab", dachte ich mir verzweifelt, „was haben die vor?" Ich war mit meinen Nerven ziemlich am Ende und wieso ist da jemand draufgegangen? Ich konnte das alles nicht glauben, ich war schon fix und fertig, doch die setzten noch einen drauf.

„Da schau her, Joe, … ist das dein Messer?"

„Ja, schaut aus wie meines, aber das war im Auto, das hatte ich nicht dabei und da ist auch kein Blut dran, ist ja eindeutig zu sehen, oder bist du blind, du Arschloch?"

Für Arschloch gab's wieder eine in die Fresse, sodass ich vom Stuhl gefallen bin, als ich wieder auf die Beine kam, hatte der Bulle mein Messer aufgeklappt und zog die Klinge durch ein T-Shirt, das mit Blut völlig durchtränkt war.

„Siehst du das", sagte er, … „wie ich schon vorhin sagte, du bist jetzt ein Mörder, du verdammter Idiot, … du Abschaum!!"

Mit diesen Worten wurde ich wieder in die Zelle im Keller verfrachtet

Am nächsten Morgen wurde ich in das LG 1 eingeliefert, ich freute mich direkt, von diesen verrückten Arschlöchern im 10. Bezirk wegzukommen, doch gleich im Zugangsbad im LG 1 ging der Psychowahnsinn weiter. Man befahl mir, sämtliche Kleidung abzulegen und zu duschen, was klarerweise eine Wohltat nach zwei Tagen ohne Körperpflege war.

Danach legte man mir Anstaltskleidung vor, die ich auch gleich anziehen wollte.

„So weit sind wir noch nicht", sagte der Beamte in strengem Ton, „zuerst vortreten, Hände ausstrecken, ... zur Seite und drehen."

Nun gut, trat ich eben vor, ich hob die Hände und drehte wie befohlen, dann sah ich, wie sich der Justizbeamte Gummihandschuhe anzog, er forderte mich auf, mich nach vorn zu beugen und zu bücken.

„Das kannst du vergessen, Kollege! ... Auf keinen Fall!"

„Werden wir ja sehen", schrie er mich an, er befehligte seine Handlanger, die selber Insassen waren, mich zu fixieren.

„Lasst es!", ... sagte ich zornig, „sonst bereut ihr das, ... lasst es!"

Die Burschen wollten mich wirklich nett dazu überreden, es über mich ergehen zu lassen, sie selber hätten das ja auch machen müssen, sagten sie.

„Ist mir egal, ich nicht! ... Wer näherkommt, wer mich anfasst, dem schlage ich seine Zähne durch sein eigenes Arschloch! ..."

Fünf Minuten später hatten die Burschen nach mehreren Versuchen, mich zu packen, einiges abbekommen, aber an mich ran kam niemand.

Der strenge Beamte forderte nun Verstärkung in der Zentrale an, mir war es egal, auf keinen Fall lasse ich das zu, eher sterbe ich, versicherte ich ihm.

Unmittelbar später stand ein Uniformierter mit einem süffisanten Lächeln in der Tür und fragte mich nach meinem Namen.

„Joe", sagte ich, „Joe Seiler und das geht bei mir nicht, Punkt, ... Ende!"

Der Uniformierte lachte und sagte zu seinen Kollegen: „War doch klar, meine Buam san olle ned ganz einfach, ... er lachte." ...

Ich verstand nur Bahnhof und so schaute ich auch drein. „Was ist mit dem los?", dachte ich mir, „ich kenn den gar nicht."

„Na komm, Bursche", sagte er freundlich, ... „ich habe nicht den ganzen Tag Zeit, zieh dich an und gehen wir."

„So geht das aber nicht", meinte der Chef vom Zugang, „dieses Arschloch muss noch kontrolliert werden!!"

Diese Doppeldeutigkeit fand nicht nur ich sehr lustig, im selben Moment traf auch die Verstärkung ein. Ich war nun angezogen und zu allem bereit, mit Hose auf meinem Arsch fühlte ich mich schon deutlich wohler.

Der Uniformierte, der mich abholte, schickte die Einsatztruppe kurzerhand wieder weg und sagte zum Chef des Zugangs: „Habe die Ehre, Kollege, … Komm, gehen wir, Seiler."

Jetzt war ich aber gespannt, wo die Reise hinführte, wer zum Teufel war das und wieso war der so nett zu mir? Bei jeder Sperre und Schleuse wurde mein Begleiter freundlich und respektvoll begrüßt, von jedem Beamten und von jedem Häftling, der was her machte.

Mir imponierte das. … „Danke", sagte ich, „aber wer bist du?"

„Dein Stockchef, zumindest bis zu deiner Verhandlung, … Grüße von Peter."

„Welcher Peter?", fragte ich nach.

„Der Pezzl", sagte er, „siehst ihn eh bald."

Na, das war eine Überraschung, ich kannte Pezzl persönlich nicht wirklich, nur vom Sehen und eigentlich als Gegner, doch das behielt ich fürs Erste lieber für mich.

Dieses Gefängnis war riesig, damals in den 90er-Jahren war es brandneu und im direkten Vergleich mit dem Gefängnis LG II (am Hernalser Gürtel) fühlte es sich hier an wie auf Raumschiff Enterprise. Als wir im Zellentrakt A/B 2 ankamen, wurde ich freundlich von einem schon älteren Mann begrüßt.

„Servus, Joe, liebe Grüße von Pezzl, du musst dir keine Sorgen machen, Pezzl hat dir fürs Erste ein Paket zurecht gemacht, es steht schon vor deiner Zelle, … solltest du sonst noch etwas brauchen, … ich bin für dich da."

„Ok, danke und wer bist du?"

„Ich bin der Rudi, … ‚Fazi' hier am ‚Frackstock' … und ein Freund!"

Einer der Wachebeamten geleitete mich dann zu meiner Zelle, vor der auch der Karton stand, von dem Rudi eben gesprochen hatte, ich nahm ihn an mich und war gespannt, welche Typen hinter dieser Zellentür auf mich, … auf den Neuzugang, warten. Eines war jetzt glasklar, mein erster Auftritt hinter dieser Tür wird entscheidend sein, es wird den Unterschied machen, ob die mich als Opfer, als schwach und gebrochen einschätzen, oder ob sie mir mit Vorsicht, mit Respekt und Achtung entgegentreten.

Wie auch immer sie sich entscheiden werden, ich muss und werde meinen Mann stehen, wenn es darauf ankommt, wird ein Kampf unvermeidbar sein und der muss sofort stattfinden, ohne viele Worte, denn hier drinnen zählt allein das Gesetz der Stärke, Schwache haben hier keine Chance. Dieser Trakt hatte nicht umsonst den Beinamen „Frackstock", hier waren nur Häftlinge untergebracht, die als besonders gefährlich eingestuft waren, die laut Anklage eine Haftstrafe von mindestens zehn Jahren zu erwarten hatten.

Ich atmete noch einmal kräftig durch, bevor der Beamte die Zellentür entriegelte, und dann sah ich drei Männer, die unterschiedlicher nicht sein konnten, diesen Anblick werde ich nie vergessen, wäre ich nicht derart angespannt und konzentriert gewesen, ich hätte glatt lachen müssen.

Die drei sahen mich an, als würde Gott selbst den Raum betreten, der Erste, der mich ansprach, war ganz offensichtlich der Boss hier in der Zelle, er begrüßte mich mit den Worten: „Du König?"

Die drei merkten nicht, welche Last mir mit diesen Worten von meinen Schulten genommen wurde, überaus locker und entspannt antwortete ich:

„Sicher doch, … sieht man ja … und wer seid ihr?"

„Ich bin Vukas, das ist unser arabischer Freund und Polizistenmörder El K. und der da ist Hannes."

„Du bist der Joe, … wir wissen seit gestern, dass du zu uns kommst, du bist ein Freund vom Pezzl, wie wir hörten, … du sollst auch jemanden getötet haben".

„Einen Scheiß habe ich, … ich habe niemanden getötet, … Schwachsinn!"

„Wir sind ja alle unschuldig, … da haben sich wohl die Spatzen auf den Dächern geirrt."

„Jeder hier im Haus weiß seit gestern, dass du kommst, der Pezzl hat in jedem Fall Himmel und Hölle in Bewegung gesetzt, dass du auch fürs Erste mit allem versorgt bist."

„Die Spatzen auf den Dächern können mich mal, aber was meinst du mit Himmel und Hölle in Bewegung gesetzt? … Und was ist in der Schachtel?"

„Das werden wir ja gleichsehen, … mach's auf, Joe."

Mit dem Öffnen des Pakets war ich dann tatsächlich der König, zumindest in dieser Zelle. Es war mit zwei Stangen Marlboro und allerlei Köstlichkeiten befüllt, den drei Burschen quellten die Augen über und ich musste mich zusammenreißen, am liebsten hätte ich vor Freude und Dankbarkeit geheult wie ein Mädchen.

Nun hatte ich für gut zwei Wochen alles, was man in einem Gefängnis so braucht, oder besser gesagt, was man hat, wenn man als unabhängig und stark gelten möchte. Es machte einen Riesenunterschied, ob du Zigaretten hast oder ob du welche brauchst, ob du von allem so viel hast, um etwas abgeben zu können, oder ob du Bittsteller bist.

Mit diesem Paket und der deklarierten Freundschaft von „Pezzl" war ich von der ersten Sekunde an etabliert und die Rolle des Zellenchefs wurde mir auch gleich wort- und kampflos übertragen.

„Jetzt erzähl mal Joe, was genau ist passiert, es sollen ja auch noch mehrere von euren Leuten hier im Haus sein?"

„Fürs Erste ist sind andere Dinge wichtig, zum Quatschen haben wir ja noch genug Zeit, sagt mir lieber, … wo genau ist ‚Pezzl' untergebracht."

„Ja, ja, hast ja recht, Joe, … war ja nur eine Frage, … dein Freund ist hier bei uns am Stock in Einzelhaft, … Zelle drei, vorne bei der Brücke. In knapp einer Stunde ist spazieren, da siehst du ihn dann."

„Na also, … geht ja … und jetzt erzählt mal, was hier so Sache ist."

Ich war richtig nervös, als die Zellentür zum Spazierengehen geöffnet wurde, ich hatte keinen Schimmer, ob ich „Pezzl" wiedererkennen würde, ich hatte nur noch ein vages Bild von ihm im Kopf.

Meine Sorge war unbegründet, „Pezzl" wurde hier wie der liebe Gott behandelt, unübersehbar ging er lächelnd auf mich zu, als wären wir schon ewig die besten Freunde und so umarmte er mich auch.

Ich war nicht nur heilfroh und dankbar, diese Umarmung von ihm glich unter den anderen Häftlingen einen Ritterschlag. Respekt und Anerkennung strömte mir von allen Seiten entgegen. Hier drinnen gab es nichts, was wichtiger gewesen wäre und das wusste „Pezzl" natürlich genau, er hatte mir ganz bewusst einen pompösen Empfang bereitet.

Natürlich fragte ich nach, warum und wieso, denn ich wusste ja, dass wir uns wohl kennen und dass wir sozusagen in derselben Partie waren, aber Freunde waren wir nicht wirklich, ganz im Gegenteil, als Pezzl noch in Freiheit war, war ich ja noch mit Fredi sozusagen mit einer konkurrierenden Partie unterwegs und zusammen.

„Pezzl" meinte nur, dass das Jetzt zählt und jetzt seien wir Brüder und wir helfen einander, ... war doch ganz normal.

Wir redeten die ganze Stunde, Pezzl wollte alles ganz genau wissen und noch viel mehr, er war ja nun schon zwei Jahre hier in Einzelhaft und konnte mit niemanden so richtig frei reden und so gesehen freute sich „Pezzl" genauso wie ich über unser Zusammenkommen.

Ich brauchte schon einige Tage, um zu realisieren, wo ich hier gelandet war und das machte mir langsam wirklich Sorgen, denn hier auf dem Stock war auch der schlimmste Abschaum in Haft und der ganze Stock war besonders gesichert und alle hier waren 23 Stunden täglich unter Verschluss, selbst an den vergitterten Fenstern war noch ein zweites Gitter angebracht. Jede Aktivität war verboten oder nur unter Aufsicht gestattet. Mindestens die Hälfte der Männer hier hatten mit einer lebenslangen Haftstrafe zu rechnen, die Hemmschwelle zur Gewaltbereitschaft war daher sehr gering, man musste beim Duschen und beim Hofgang stets auf Achtung sein.

Klarerweise fühlte ich mich hier völlig fehl am Platz, ich hatte ja niemanden getötet, nicht einmal annähernd schwer verletzt und doch war ich hier, nur das glaubte mir hier niemand, bis auf „Pezzl".

Grund genug beim Stockchef nachzufragen, auf was ich angeklagt war, das konnte doch nur ein Versehen sein, dachte ich. Dann der Schock meines Lebens, ich war doch tatsächlich auf versuchten Mord (§ 15/75) und auf weitere üble Delikte angeklagt worden.

Meine Beteuerung, dass es sich bei mir um einen Irrtum handelt, zauberte auch unserem Stockchef Peter ein süffisantes Lächeln ins Gesicht.

Mike war draußen nicht untätig, er sorgte für Geld am Konto für die „Ausspeise" (Einkauf im Gefängnis), ein Anwalt wurde engagiert und abwechselnd wurde ich von einem der Mädchen unserer Bar besucht, was im Besucherraum hinter Glas für helle Aufregung bei den Insassen und den Beamten sorgte. Klar, unsere Mädchen sahen auch wie Topmodels aus.

Beim Spaziergang war immer die Hölle los, ich wurde von so vielen Männern von ihren Zellenfenstern aus begrüßt, bei vielen wusste ich gar nicht, wer es war, aber es tat gut, es milderte den ganzen eintönigen Wahnsinn hier ein wenig ab.

Dann endlich eine gute Nachricht, in ein paar Tagen war eine Haftprüfung für mich angesetzt, bei der ich eventuell bis zu meiner Verhandlung freikommen könnte, ich fieberte diesem Tag entgegen. Naser, der jüngste von uns sechs, war nach seiner Haftprüfung sofort auf freien Fuß gesetzt worden, er hatte allerdings noch keinerlei Vorverurteilungen, wie der Rest von uns.

Endlich, morgen sollte es so weit sein, knapp sechs Wochen war ich nun schon hier auf dem doppelt gesperrten Stock im Hochsicherheitstrakt. Ich konnte kaum schlafen und war richtig nervös, sehr zeitig in der Früh stand ich auf und bereitete mich auf meine Haftprüfung vor, ich war wirklich guter Dinge.

Dann endlich war es so weit, unser Stockchef Peter sperrte die Zellentür auf, doch sein Blick gefiel mir gar nicht.

„Joe, … alter Schwede, … du hast aber auch gar kein Glück."

„Was? … Wieso? … Was für Glück, was ist denn los? … Jetzt rede schon, was ist passiert?"

Er reichte mir wortlos die Tageszeitung, Rudi, unser Einser-„Fazi", stand neben Peter in der Zellentür und sagte: „Tut mir leid für dich, Joe, das wird heute nichts, siehst ja, was passiert ist."

Ich glaubte nicht was da sah. „Verdammt", schrie ich laut, „das darf doch wohl nicht wahr sein, das gibt's ja nicht. Zum Teufel noch mal, ... aber Chef, was hat das mit mir zu tun, ich kann ja nichts für diesen Idioten, ich muss unbedingt zu meiner Haftprüfung, kannst du nicht was machen?"

Der Stockchef winkte ab: „Das kannst du vergessen, Joe, ich habe schon Befehl bekommen, keine Haftprüfung für dich, für deine Freunde auch nicht, zumindest für die nächsten drei Monate, sorry... komm mit, bekommst bei mir vorne einen Kaffee und ich lass dich eine Stunde zu ‚Pezzl' in die Zelle, mehr kann ich für dich nicht tun."

„Verdammte Scheiße, verdammte", ärgerte ich mich, dieses Arschloch kann keine Woche die Füße stillhalten, das ist doch der pure Alptraum. So beschissen und hilflos hatte ich mich noch nie gefühlt, die Bullen sprachen bei meiner Verhaftung von Mord, hier war ich wegen Mordversuch im Hochsicherheitstrakt, ich wusste nicht, was da wirklich passiert war und ich hatte keine Möglichkeit, mich hier drinnen zu wehren.

Egal, wem ich meine Unschuld in diesem Zusammenhang auch vortrug, ich sah bei jedem, dass mir niemand glauben wollte. Ich war richtig verzweifelt, mich zermürbte vor allem auch der Gedanke, dass ich der Einzige von uns sechs war, der auf § 15/75 angeklagt und in Sicherheitsverwahrung war.

„Pezzl" und Rudi, die beiden glaubten mir und meiner Version der Geschichte, doch Hilfe war mir das nicht. Schlimmer noch, „Pezzl" hegte den Gedanken, dass man mir was anhängen will, schon allein deshalb, weil ich Mitglied unserer Partie war und nicht nur die Bullen waren bemüht, uns den Garaus zu machen, vor allem auch deswegen, weil sie an Mike nicht ran oder vorbeikamen und die Geschichte mit „Pezzl", der seinen Freund Warecka, der ebenfalls Teil dieser Partie gewesen war, wegen eines Tabubruches erschossen hatte, gab es ja auch noch.

Ein paar Tage später hatte ich meinen 25. Geburtstag, damals gab es im Gefängnis weder eine Kochplatte noch TV-Geräte, von Kühlschränken ganz zu schweigen, Handys gab es klarerweise auch noch nicht und jede Kommunikation war äußerst kompliziert und gefährlich. Vor einigen Jahren, als ich das erste Mal für drei Monate im LG 2 als Fazi im Gefängnis war, konnte ich alles bekommen, natürlich auch deshalb, weil Toni dort einen Sonderstaus hatte und weil Bertl, der Stockchef, große Stücke auf mich hielt und ich daher äußerst beweglich sein konnte. Hier war ich jetzt als gefährlich eingestuft, zwei meiner Zellenkumpels waren Mörder und der Dritte von uns ein seltsamer Typ, er hatte auch was mit Gewalt am Hut, aber Genaueres wusste ich zu diesem Zeitpunkt noch nicht.

In jedem Fall war es der zweite Tag hier drinnen, an dem ich mich wirklich über etwas freuen konnte. Die Zellentür wurde auf unserem Stock nur zweimal täglich geöffnet, streng nach Vorschrift. Zu Mittag, zum Essen fassen und für den einstündigen Hofgang, ein drittes Mal, wenn duschen am Plan stand. Arbeiten durfte keiner hier in Sicherheitsverwahrung, außer unsere Hausarbeiter und die waren handverlesen, allesamt hatten schon mehrjährige Haftstrafen hinter sich und deren neuerliche Anklage durfte nicht über ein Strafmaß von fünf Jahren gehen.

Mein Freund Rudi, den eine dicke Freundschaft mit Pezzl verband und der das Liebkind von unserem Stockchef war, er war da die Ausnahme schlechthin. Rudi war damals 56 Jahre alt, ein smarter, netter, alter Mann, der sich nahezu dienerhaft um mich bemühte, er versuchte, mich immer aufzurichten, war für jede Frage offen und er unterstützte mich in jeder nur erdenklichen Weise, ich hörte von ihm nie auch nur ein unfreundliches Wort, er war geduldig und zuvorkommend, aber er konnte auch anders und diese Seite fürchtete jeder hier drinnen, es wurde gemunkelt, dass Rudi schon mehr als eine Person getötet hatte und dass er nicht lange fackelte.

Unser Stockchef hatte einiges riskiert, um Rudi als Hausarbeiter arbeiten zu lassen, er bürgte sozusagen für ihn, die beiden waren sich sehr verbunden, obwohl sie so verschieden waren. Beide kannten sich schon über 30 Jahre und offenbar legte der eine für den anderen seine Hand ins Feuer, wenn es darauf ankam. Peter wusste, dass ihm Rudi niemals in den Rücken fallen würde, ganz im Gegenteil, jeder, der unserem Stockchef Probleme machte, hatte Schlimmstes zu befürchten.

Aber zurück zu meinem Geburtstag.

Wie sonst nie, ging gegen jede Vorschrift und Sicherheitsbestimmung unsere Zellentür auf, ich lag noch im Bett und dachte sofort an eine Zellendurchsuchung, die ab und an unangekündigt von einer Spezialeinheit mit voller Bewaffnung durgeführt wurde, um versteckte Waffen oder ein Indiz für einen Ausbruch sicherzustellen. Diese Burschen verstanden keinen Spaß und konnten einem richtig auf dem Sack gehen, also schaute ich, dass ich schleunigst aus dem Bett kam.

Rudi lachte laut: „He, he Joe, … keine Panik, heute ist doch dein 25er. Geburtstag. …mein Freund, ich wünsche dir alles Gute zu deinem 25er!!! … Hier, ich habe dir auch was mitgebracht, mit den besten Grüßen von ‚Pezzl' und natürlich mit Genehmigung von unser aller geliebtem Chef."

„Ja, ja", stammelte Peter in seiner unverwechselbaren Art, „… ja, alles Gute, Joe, auch von mir."

Meine Zellenkumpels staunten nicht schlecht und ich erst, so was hatten die hier noch nie erlebt. Rudi übergab mir ein ganzes Backblech gerade erst fertig gewordenen Apfelstrudel, allein der Duft war schon der Hammer.

Ich freute mich wie selten in meinem Leben und musste wahrlich mit den Tränen kämpfen, ich brachte erst gar kein Wort heraus, so baff war ich. Rudi erkannte mein Innerstes sofort und deckte mich mit seinem Körper so ab, dass ich unbemerkt eine kleine Träne der Freude und Dankbarkeit wegwischen konnte. Bislang war ich stets bemüht, keine Fragen über Rudi zu stellen, ich wusste wohl, dass er gefährlich war und dass er einen Stein im Brett unseres Stockchefs hatte, aber ich hatte keine Ahnung, warum das alles so war, vor allem auch deswegen nicht, weil „Pezzl" der absolut verrückteste Typ, den je getroffen hatte, zu diesem Rudi so aufsah.

Von Pezzl kannte ich Geschichten, die man nicht für möglich hält, der war schon ohne Drogen und Alkohol brandgefährlich, ich wusste schon, bevor ich „Pezzl" kennenlernte, dass er unberechenbar war, erst jetzt hier im Gefängnis lernte ich ihn persönlich kennen. Er war ein Extrem der Sonderklasse, er hatte so viel Herzblut, er war ein Verfechter von Ehre und Stolz, von wahrer Freundschaft und bedingungsloser Treue und das lebte er auch hier drinnen bedingungslos.

Erst nach und nach konnte ich „Pezzls" Gedankenwelt ein wenig nachvollziehen oder verstehen, bei ihm gab es keine Farben, es gab nur Schwarz oder Weiß, nur eine Wahrheit, jene, die er für richtig und gerecht befunden hatte, er weichte da keinen Millimeter ab.

Solange man mit ihm auf selber Linie war, war alles gut, war man es nicht, wurde es schnell gefährlich, er war nicht einschätzbar, selbst für mich nicht und ich hatte einen guten Zugang zu ihm. Er sah mich als Freund, er sah es als seine Verpflichtung, mich vor allem und jedem zu beschützen und ich war der Einzige, der mit ihm streiten oder ihn aber beruhigen konnte, zumindest ohne Gefahr zu laufen, sofort attackiert zu werden.

Rudi war da ganz anders, er war der nette Onkel von nebenan, er sah aus, als könnte er kein Wässerchen trüben und er war immer ruhig und unauffällig, das genaue Gegenteil von „Pezzl". Er vermittelte nie und niemanden in eine Situation der Gefahr zu kommen und genau das machte Rudi so gefährlich. Er kam von hinten und er war leise, erbarmungslos und schnell in seiner Ausführung, viele hatten ihn schon unterschätzt und dafür mit ihrem Leben bezahlt. Rudi war ein Killer, nicht nur so gesprochen, er war wirklich ein Killer, der sehr viele Leben beendet hatte. Ich konnte den vielen Geschichten anfangs gar keinen Glauben schenken, ich konnte mir vieles nicht vorstellen.

Rudi war schon als sehr junger Mann in Schwierigkeiten geraten, er hatte jemanden getötet, worauf er sich in die Fremdenlegion flüchtete. Sechs Jahre später trat er auch hier die Flucht an, nur Gott weiß, was er in seinen vielen Kriegseinsätzen durchmachte. Als Staatenloser wieder in Wien war er willkommenes Werkzeug für die Wiener Unterwelt, bis er zu einer lebenslangen Haftstrafe für einen nachgewiesenen Mord verurteilt wurde. Nachdem er diese Strafe abgesessen hatte, trieb es ihn wieder in das Wiener Nachtleben. Er schaffte es sogar, ein kleines Lokal zu eröffnen und dann tickte er im Vollrausch derart aus, dass er wieder hier im Gefängnis landete, wieder mit einer Mordanklage, er hatte bei einem Würstelstand einem Mann wortlos in den Kopf geschossen.

Wenn man ihn hier im Gefängnis erlebte, man konnte das alles nicht glauben, er war hier drinnen ein ganz anderer Mensch, zu mir ein extrem guter Mensch. Er besorgte mir alles, was ich wünschte, versorgte mich mit Nachrichten und er sorgte sogar dafür, dass ich geplant mit meinen Komplizen persönlich zusammenkam, um uns zu besprechen.

Eine weitere besondere Begegnung hatte ich mit Udo, dem einstigen Hofzuckerbäcker am Kohlmarkt, für den ich einst einige Arbeiten mit meinem Onkel erledigt hatte, dass dieser Mann nun des mehrfachen Mordes beschuldigt war, hätte ich mir auch im Leben niemals gedacht. Von dem Mann, den ich damals kennengelernt hatte, war nicht mehr viel übrig, er war gebrochen, alt und schwach geworden.

Zu dieser Zeit jagte eine Schlagzeile die nächste und immer waren Bekannte oder Freunde betroffen.

Christian erschoss in Notwehr den „Hansl", beide kannte ich gut. Mein guter und lieber Freund Rudi B. geriet im Streit um ein Mädchen mit einem Nebenbuhler in einen Kampf, der für beide tödlich endete.

Eines Morgens verbreitete sich die Nachricht, dass Geri, der Partner von Barry, in Haft genommen wurde und hier im Haus angekommen war.

Die beiden kontrollierten zu dieser Zeit den Straßenstrich am Wiener Gürtel, früher einmal waren wir Freunde gewesen, doch eines Tages wurde ich im Auftrag von Barry in einen Hinterhalt gelockt. Ein Mädchen, das mir böse war, hatte Barry allerlei Blödsinn erzählt, um mir eines auszuwischen, und Barry nahm es für bare Münze, vielleicht war es für ihn und Geri auch eine willkommene Gelegenheit, um Stärke im Milieu zu zeigen und um mir zu zeigen, wo mein Platz in der Hierarchie war.

Barry und Geri wären für mich kein Problem gewesen, aber so wurde im Milieu nicht gespielt, der Sieger stand bei einer derartigen Angelegenheit fest. Die Buckeln und Barry leisteten ganze

Arbeit, ich bekam recht ordentlich auf die Fresse. Das Schlimmste für mich war nicht kämpfen zu können, denn jeder von diesen Arschlöchern hätte mir mit dem Messer den Rest gegeben. Barry musste hier Sieger sein, wenn nicht heute, dann morgen, wenn nicht mit sieben Leuten, dann eben mit zehn. Mir blieb also nichts anderes übrig, als abzuwarten, bis Barry genug Blut gesehen hatte. Als ich dann gehen durfte, kam gerade Geri dazu, dieses feige Arschloch genoss es förmlich, sich über mich lustig zu machen, er schlug noch ein paar Mal mit einem Baseballschläger auf mich ein und traf dabei meine Nase.

Seltsam, wie sich so mancher Kreis schließt, ich hatte Pezzl und Rudi vor kurzem diese Geschichte erzählt, die beiden waren auch keine Fans von Barry und Geri.

In diesen Tagen bat ich Rudi, ein persönliches Treffen mit vier meiner mitangeklagten Freunde zu organisieren, um uns persönlich absprechen zu können. Wenn das jemand schaffen würde, dann unser Rudi, nach vierzehntägiger Vorbereitung sollte es dann endlich klappen.

Unsere Anwälte waren angewiesen, zu einem vereinbarten Zeitpunkt
jeden von uns für einen Anwaltsbesuch anzufordern, das Timing war dabei maßgebend, ebenso wie eine entsprechende Wartezeit. Jeder unserer Anwälte musste uns nach deren Anforderung richtig lange warten lassen, nur so hatten wir die Möglichkeit, in der „Besucherzelle" aufeinandertreffen, um so genügend Zeit für uns zu haben.

Die wichtigste Hürde dabei war, dass wir auch tatsächlich in derselben „Besucherzelle" untergebracht wurden. Eigentlich nicht planbar, zum einen, weil es drei von diesen Zellen gab und zum anderen, weil darauf geachtet wurde, dass Komplizen in so einer Zelle nicht zusammenkamen.

Rudi schaffte dieses Kunststück und nicht nur das, er schaffte es auch, dass „Pezzl" seine alten Freunde wiedersehen konnte. An diesem Tag hatten wir wirklich das Glück auf unserer Seite.

Ich und „Pezzl" wurden gemeinsam von unserem Stock aus für Besuch und Anwalt abgeholt und in einer dieser „Besucherzelle" untergebracht. Wir staunten nicht schlecht, auch Christian war zufällig in dieser „Besucherzelle", er saß geraden wegen einer Notwehrüberschreitung mit Todesfolge.

Christian war eine bekannte Größe im Wiener Milieu und Betreiber einiger Lokale und Bars, außerdem war er dick im Glückspielgeschäft, ich mochte ihn gerne. Er hatte mir vor ein paar Wochen unaufgefordert Geld auf mein Konto einbezahlt, ohne jede Bedingung. Mike hatte mir schon die zweite Woche kein Geld angewiesen, ich hätte nicht mehr ausspeisen können. Christian wusste das, er war ja Schreiber bei uns auf AB/2.

Wir plauderten gerade, als die Zelle wieder aufging. Wolfgang, einer meiner Komplizen, wurde gebracht, alles lief nach Plan, unser Vorhaben blieb unentdeckt. In so einer Handzelle war ein ständiges Kommen und Gehen normal, deshalb hatten wir den Schutz der Masse auf unserer Seite. Der Nächste, der gebracht wurde, hatte aber sofort meine volle Aufmerksamkeit, ich glaubte zu träumen, der Mann, der mir so feige im Schutz von Barry und seinen Handlangern die Nase gebrochen hatte, betrat die Zelle. Als er mich und meine Freunde sah, wollte er sofort wieder raus, doch der Beamte wies ihn zurück und die Tür schloss sich hinter ihm.

„Da schau her, was für eine Freude, du Held? … Wolltest du wieder raus, du feiges, hinterhältiges Schwein?!! …" Er hatte die Hosen gestrichen voll und schwafelte etwas von, … „ich wollte das nicht und bla, bla", … das übliche eben, wenn solche Leute einen dann Mann gegen Mann gegenüberstehen.

Der einstige Held von früher pisste sich vor Angst fasst in seine Hose, mir gefiel, was ich sah, jetzt klopfte er keine großen Sprüche mehr, jetzt war er weinerlich und klein geworden, ganz leise mit gesenktem Haupt, so stand er vor mir, als würde er jetzt seine Hinrichtung vor Augen haben.

„Was ist mit dir? Keine Buckeln dabei, … kein Barry? … Das ist aber blöd jetzt."

„Pezzl" war sofort auf Tausend, er kannte ja die Geschichte, die mich mit Geri verband. „Jetzt mach schon", forderte er mich aufgeregt auf, „schlag ihm in seine verdammte Fresse, bevor der noch vor Angst stirbt."

Alle in der Zelle lachten, Pezzl war nie sonderlich geduldig, er wollte es sogleich selbst erledigen, er konnte solche Pisser ohnehin nicht ertragen. Ich hatte alle Mühe, ihn von Geri wegzuhalten.

„Bist du irre, ‚Pezzl'! … Denk doch nach, das versaut uns den ganzen Plan! Ich mach mir das schon selbst, aber nicht heute und nicht hier, … sieh ihn dir an, der stirbt ja schon fast vor Angst, wo bleibt da der Spaß?

Heute, … hier und jetzt steht Wichtigeres auf dem Programm, vergiss nicht, warum wir hier sind, wenn der einen Laut von sich gibt, werden wir alle getrennt und auf andere Handzellen aufgeteilt, das kann ich nicht riskieren, verstehst du?"

Sekunden später erledigte sich mein Problem dann von selbst, Geri wurde rausgenommen und drei meiner Komplizen im Minutentakt gebracht. Wir konnten uns in aller Ruhe besprechen, ich erfuhr, dass einer der Türken bei dieser Geschichte einige Stichwunden abbekommen hatte, aber außer Lebensgefahr war. Welcher Idiot von uns diese Tat begangen hatte, wurde nicht laut ausgesprochen, weil es an unserer Situation ohnehin nichts geändert hätte. Laut unserer Anwälte mussten wir ohnehin solidarisch dafür geradestehen, sonst hätte einer von uns die volle Ladung abbekommen und alle anderen etwas weniger. Wir beschlossen, den Empfehlungen der Anwälte Folge zu leisten.

Mittlerweile war ich schon drei Monate hier und noch immer gab es keine fertige Anklage gegen uns, das Ungewisse konnte schon ordentlich an einem nagen.

„Pezzl" und Rudi hatten es geschafft, unseren Stockchef Peter dazu zu überreden, dass ich am Nachmittag eine Stunde zu Pezzl in die Zelle durfte, um mit ihm zu trainieren, was auch für mich eine mehr als willkommene Abwechslung war. Pezzl bestätigte im Training, was er war, … ein Irrer.

Gut, wir waren natürlich sehr eingeschränkt in unseren Möglichkeiten, Hand-Pratzen oder eine Schnur oder gar Hanteln gab es in einem Hochsicherheitstrakt nicht und in den Sportsaal zu kommen war auch schier unmöglich. Als Pratzen verwendeten wir Holzschlapfen, Pezzl zog jeden Schlag voll durch, was nicht nur ihm blutige Knöchel einbrachte, die Prellwirkung beim Halten dieser Dinger war nichts für Weicheier. Für Fußtritte nahmen wir zusammengerollte Decken, in die wir alte Zeitungen packten, Rudi besorgte uns Klebeband, das eigentlich auch verboten war, deshalb wurde dieser selbstgebastelte Schlagsack nach unserem Training auch immer in der Hausarbeiterzelle aufbewahrt.

Unser tägliches Training war so irre und brutal wie Pezzl selbst, an so manchen Tagen verfluchte ich ihn dafür, bei ihm gab es nur alles oder nichts, egal, ob man schon lädiert war oder nicht.

„Pezzl", der ja ein Drogenersatzpräparat verabreicht bekam und einige andere Substanzen, von denen man nicht so genau wusste, was da drinnen war, sollte eigentlich langsam und behäbig sein, sozusagen ruhiggestellt, aber ich merkte nichts davon, außer, dass er ab und an ordentlich daneben schlug. Mir kam sein Gift-Cocktail manches Mal eher wie ein Aufputschmittel vor, ich musste daher verdammt achtsam sein, denn einige Male traf er mich unabsichtlich, was ihn aber weiter nicht störte. Er meinte, dass es genauso wichtig sei, Schläge wegzustecken und er meinte das auch wirklich ernst. Natürlich ohne Handschuhe und voll durchgezogen, wir hatten beide abwechselnd das eine oder andere blaue Auge oder einen geschwollenen Schädel, an unsere Hände und Knöchel will ich gar nicht mehr denken. Er trieb es manches Mal so weit, dass unser Stockchef unser gemeinsames Training einstellen wollte.

Nicht selten lugten Beamte durch das Guckloch der Zellentür, um zu sehen, ob wir noch Freunde waren oder ob wir uns gegenseitig umbrachten, es war der Wahnsinn, mit diesem Irren zu trainieren.

Nebenbei übte ich jeden Tag zwei Stunden in meiner Zelle, machte Hunderte Liegestütz, Kniebeugen und stärkte meine Arme und meine Brust mit Bankdrücken. Dazu legte ich mich unter eines der Stockbetten und ließ je nach Satz und Fortschritt einen, später zwei und dann alle drei meiner Zellenkumpels auf dem Bett Platz nehmen, um das Gewicht zu erhöhen. Ich dehnte meine Beine und Gelenke, ich war schnell beweglich wie eine Katze und topfit.

Unter den gegebenen Umständen war ich mehr als nur zufrieden und gut bedient noch dazu, besser konnte man sich einen derartigen Aufenthalt hier drinnen auf dem Sicherheitsstock nicht richten. Wie immer, wenn mal alles so richtig gut lief, ließ eine Wende nicht mehr lange auf sich warten.

Der ersehnte Duschtag war gekommen, meine Zellenkumpels beeilten sich in den Sanitärraum am Ende unseres Zellentraktes, jeder hatte nun fünf Minuten Zeit, um sich zu duschen. Auf dem Hochsicherheitsstock wurden nie mehr als drei Zellen auf einmal geöffnet, um Streitigkeiten und Auseinandersetzungen im Duschraum so gering wie möglich zu halten.

Ich blieb in der Zelle, ich durfte ja täglich duschen, unser Stockchef hatte mir dieses Privileg zuerkannt. Ein Beamter kam in meine Zelle und fragte nach Hannes. Da er nicht hier war konnte er ja nur beim Duschen sein, was ich dem Beamten auch sagte. Der Beamte wies mich an, Hannes für einen Anwaltsbesuch nach vorn in das Dienstzimmer zu schicken, er würde dort in zehn Minuten abgeholt werden.

Ich sagte es ihm gleich, als er vom Duschen zurückkam, hektisch zog er sich an und legte seine Unterlagen für die bevorstehende Besprechung mit seinem Anwalt raus. Ich schenkte dem weiter keine Beachtung, warum auch. Als er schon weg war, bemerkte ich, dass er in der Hektik einen Ordner liegen gelassen hatte, ich wollte ihm den sofort nachreichen, doch er war schon abgeholt worden. Als ich zurück in unserer Zelle war, legte ich ihn so blöd ab, dass der Ordner vom Tisch fiel und seine gesamten Dokumente in unserer Zelle herumsegelten.

Vukas machte noch Witze und meinte: „Schau mal, Joe, … schau, was da drinnen steht, seitdem der da ist, behütet der seine Anklage und seine Unterlagen, als wäre es Gold, irgendwas stimmt bei dem sowieso nicht."

„So was macht man nicht", belehrte ich Vukas streng, doch beim Zusammensuchen sah ich ein Blatt, auf dem ein Bild von zwei Kindern, von kleinen Mädchen, war und das passte so gar nicht zu der Geschichte, die er uns erzählt hatte. Ich wurde daraufhin stutzig, mir wurde so richtig ungut im Magen, ich wusste nicht warum. Bei meinem zweiten Blick, ich werde das niemals vergessen, offenbarte sich das Geheimnis von Hannes. Im selben Augenblick wusste ich, warum mir der die gesamte Zeit über so komisch vorkam und den anderen auch.

Er war immer so gefällig, ich dachte immer, es liegt an „Pezzl", der ihn auch mochte, zumindest dachte ich so, weil die beiden öfter miteinander quatschten. Aber jetzt war ich derart angeschlagen, ich konnte gar nichts sagen, so geschockt war ich. Im Leben hätte ich mir so eine Tat niemals vorstellen können, im Leben könnte ich so etwas niemals akzeptieren.

In diesem Moment wusste ich, dass meine heile Welt jetzt und hier zusammengebrochen war. Mittlerweile hatten wir drei diesen Gott verdammten Akt durchgesehen, alle drei waren wir sprach- und wortlos.

Hannes war noch bei seinem Anwaltsbesuch, als unser Zellentrakt wieder abgeriegelt wurde und ich fürchtete das, was schon bald passieren würde. Noch nichts ahnend, mit einem breiten Grinsen im Gesicht betrat Hannes vom Anwaltsbesuch kommend unsere Zelle, er spürte sofort, was jetzt auf ihn zukam, was geschehen war.

Eigentlich hätten ihn zwei Beamten zu unserer Zelle begleiten und einschließen müssen, Vorschrift im Hochsicherheitstrakt, doch das hätte auch nichts geändert. Ich stürzte mich sofort auf ihn und schlug meine ganze Wut, meinen Hass und alles Schlechte in mir in dieses gottverdammte Monster, der kein Mensch sein konnte.

Der Wachebeamte war geschockt und lief total überrascht und überfordert davon, er löste eilig Alarm aus, worauf das ganze Haus dicht gemacht wurde. Innerhalb weniger Minuten war eine ganze Armee von Sicherheitskräften, teils mit voller Bewaffnung, vor Ort.

Meine Zellenkumpels Vukas und El K. versuchten, mich von meinem Opfer zu trennen, obwohl sie eigentlich selbiges im Sinne hatten und gleich wie ich dachten, sie wollten mich eigentlich nur schützen, doch dieser Zug war ohnehin schon abgefahren. Die Eliteeinsatzkräfte des Hauses stürmten unsere Zelle kompromisslos, wir drei wurden fixiert und ich wurde im Anschluss abgesondert.

Ich hatte dabei kurzzeitig das Bewusstsein verloren und ordentlich was abbekommen, als ich zu mir kam, war ich in einer Einzelzelle und es dauerte, bis ich mich wieder halbwegs erholte. Ich versuchte dann, Kontakt mit der Nachbarzelle aufzunehmen, um zu fragten, wo ich hier gelandet war, wo ich war. „Pezzl" antwortete aufgeregt und war völig außer sich, er dürfte eine oder zwei Zellen weiter gelegen sein. Ich erzählte ihm über das Zellenfenster, was passiert war, was ich rausgefunden hatte und das hörte nicht nur er.

Meine Erzählung ließ hier keinen kalt, niemanden in diesem Haus, niemand hatte etwas für Kinderschänder übrig. Eine Stunde später wusste das ganze Haus von dieser Geschichte, aber ich wusste nicht, ob ich dieses Arschloch totgeschlagen hatte oder nicht, es war mir auch irgendwie egal gewesen.

Am nächsten Morgen hörte ich unseren Stockchef Peter schon von weitem toben, na, der hatte richtig schlechte Laune und sein Gebrüll kam immer näher. Als er meine Zelle öffnete, war er noch lautstark mit der Beschimpfung seiner eigenen Mannschaft beschäftigt, doch wer ihn kannte, wusste, dass ich jetzt mein Fett wegbekommen würde, Peter war außer sich vor Wut, er warf mir vor, sein Vertrauen auf schändliche Weise missbraucht zu haben.

Streng genommen missachtete er dabei so ziemlich jede Vorschrift, die es in einem Gefängnis in einem Hochsicherheitstrakt gab. Nicht nur, dass er alle Beamten zum Teufel jagte, ging er auch allein, ohne jede Sicherheit in meine Zelle und machte mich derart runter, dass ich dachte, der tötet mich jetzt eigenhändig. Dieser Wahnsinnige tickte im Prinzip wie einer von uns, er war von Ehre und Stolz getragen, einer, der ein Versprechen wie auch das Wort eines Mannes über alles stellte, da passte kein Blatt Papier dazwischen. Es gab nur einen Unterschied, dieser Wahnsinnige war ein hochdekorierter Justizwachebeamter mit richtig Eiern in der Hose.

Seit Vortrag war der Wahnsinn, natürlich warf er mir meinen von ihm gegeben Sonderstatus vor, dem absolute Verlässlichkeit meinerseits zu Grunde lag, natürlich gab er mir zu verstehen, was ich angerichtet hatte, wie viele Fragen er nun beantworten müsste und welche Probleme er nun wegen mir am Arsch hatte. Ja und vor allem, was ich nicht für ein gottverdammtes Arschloch wäre, das so eine Scheiße veranstaltete.

Meine Antwort gefiel ihm ebenso wenig wie mir auch, … auch ich war nun auf Tausend und mir gefiel auch nicht, was ich tun musste.

„Was?!", sagte ich, „… was zum Teufel hätte ich denn tun sollen?

Der hat ein dreijähriges und ein fünfjähriges Kind vergewaltigt und DU Arschloch legst mich zu dem in dieselbe Zelle! Was hättest denn du getan, an meiner statt, was hätte jeder andere getan, der mit so einem Scheiß konfrontiert wird? … ‚Pezzl' hätte ihn wahrscheinlich getötet und die meisten anderen auch, hör dich um im Haus! … Frag irgendwen, ob er die Füße stillgehalten hätte! Jetzt wissen es ohnehin schon alle, frage, egal wen!! Hätte ich es gewusst, hätte weder ich noch sonst jemand diesen Schänder in der Zelle geduldet, ich wäre erst gar nicht reingegangen, aber das weißt du ja ohnehin. … Da bin ich mir ganz sicher, oder?! Also habe nicht ICH dein Vertrauen missbraucht! Du hast mich mit jemandem zusammengesperrt, der das Schlimmste aller Verbrechen begangen hatte und obendrein hatte der uns allen, … nonaned, eine ganz andere Geschichte erzählt und von Ehre, Respekt und Stolz gesprochen. Im Leben hätte ich dem so etwas nicht zugetraut."

Peter knallte wortlos meine Zellentür zu und ging.

Mir ging es grottenschlecht, ich wusste nicht, was nun auf mich zukommen würde, wenn die mir jetzt noch einen Mordversuch anhängen, dann wird es das wohl für mich gewesen sein.

Beim nächsten Hofgang wurde ich derart von Anerkennung, Respekt und Ehrerbietung überrascht, dass sich mein Innerstes voller Dankbarkeit und Stolz nach außen kehrte, es war ein unbeschreibliches Gefühl von Bestätigung, das Richtige getan zu haben, ich dankte es allen mit gebührenden Blicken und Gesten. Sogar einige Beamte klopften mir anerkennend auf meine Schulter.

Zwei Tage später öffnete Peter meine Einzelzelle: „Komm, Joe, du verdammter Idiot", sagte er, „pack dein Zeug zusammen, du gehst wieder zurück in deine Zelle."

Hannes war aus Sicherheitsgründen noch am Tag des Geschehens in ein anderes Gefängnis verlegt worden, meine Freude darüber war groß, meine Frage, welche Folgen ich nun zu erwarten hätte, blieb ebenso unbeantwortet wie meine Versuche, Taten eines Kinderschänders zu verstehen.

Ein paar Wochen später hatte Rudi seinen Gerichtstermin, er ging sehr zuversichtlich in diese Verhandlung, denn ihm wurde laut Gutachten zur Tatzeit volle Berauschung attestiert. Mit diesem Umstand bestand die Möglichkeit, dass er vom Gericht für schuldunfähig befunden werden könnte und damit könnte er heute noch ein freier Mann sein.

Ich wünschte ihm natürlich das Beste, dennoch bezweifelte ich ein derartiges Urteil, Rudi hatte immerhin schon über 30 Jahre wegen Gewaltdelikten in Haft verbracht, darunter ein Mord, für den er mit einer lebenslangen Strafe bestraft wurde, allerdings wurde er nach 19 Jahren entlassen. Bei seiner heutigen Verhandlung war es lange Zeit ungewiss, ob es um Mord oder Mordversuch gehen würde. Ob es nun Glück oder Segen war, dass er sein Opfer, das er aus nächster Nähe mit einer 357 Magnum direkt in den Kopf geschossen hatte, nur knapp überlebte, sei dahingestellt.

Am späten Nachmittag war es dann so weit, anstatt einer Nachricht wurde unsere Zelle geöffnet und Rudi stand mit Sack und Pack mit Peter vor meiner Zelle und er sah nicht wie ein freier Mann aus.

„Alter, … was ist jetzt los? … Was ist passiert?"

„He, Joe, … was soll ich sagen, kann ich zu euch in die Zelle?"

„Klar, Rudi, … aber wieso?"

Rudi hatte lebenslang ausgefasst, er wusste offenbar zu genau, was wie passierte und das passte mit einer vollen Berauschung nun wirklich nicht zusammen.

Keine Woche später hatte „Pezzl" so richtig durchgedreht, weil ihn ein Neuzugang die halbe Nacht über wüst bedrohte und beschimpfte, er war sein direkter Zellennachbar, keine 20 Centimeter entfernt und doch für „Pezzl" unerreichbar. Gleich beim Öffnen der Zellen zum Spaziergang schlug ihn Pezzl halb tot, in der Folge war das Training für uns beide Geschichte und Pezzl war abgesondert, somit konnten wir uns auch nicht mehr sehen.

Nun stand meine Verhandlung vor der Tür, klar war ich nervös, mein Strafrahmen war mit 5 bis 15 Jahren angegeben. Bei der Verhandlung konnte keinem von uns sechs Angeklagten ein Mordversuch durch oder mit einer Stichwaffe angelastet werden, da wir geschlossen dazu keine Angaben machen konnten. Zeugen der Tat gab es nicht, alle anderen konnten keinen von uns eindeutig identifizieren, auch das Opfer selbst konnte es nicht. So blieb dem Richter nichts anderes übrig, als eine Solidarstrafe auszusprechen.

Unsere Urteile reichten dabei von sechs Monaten für Kurt, bis zu zwölf Monate für Walter. Ich fasste neun Monate Haft aus, von denen ich schon sechs abgesessen hatte. Man darf von einer Glanzleistung unserer damaligen Anwälte sprechen.

Naser hatte doppeltes Glück, unser jüngster hatte ja zur Tatzeit noch keine Vorverurteilung, daher war er gleich bei seiner ersten Haftprüfung freigekommen. Ein paar Tage später hatte er dann in unserer Bar in Notwehr mit einer Pumpgun auf zwei Chilenen geschossen, zwar nur mit Gummischrot, aber die Verletzungen der beiden Angeschossenen waren nicht so ohne. Unsere Anwälte konnten seine beiden Verfahren zusammenziehen und so wurde Naser, der als unbescholtener Bürger in diese Verhandlung ging, eine teilbedingte Strafe ausgesprochen.

Meine Freude über unsere Bestrafung war natürlich groß, ich hatte mich auf eine wesentlich höhere Strafe eingestellt und fürchtete bis zuletzt auch ein Verfahren wegen des Kinderschänders, den ich so übel zugerichtet hatte.

Ich war nun der Mann mit der geringsten Strafe am ganzen Stock und viele freuten sich mit mir, natürlich auch mein Freund Rudi, der nicht so viel Glück mit seiner lebenslangen Freiheitsstrafe hatte wie ich.

Mein Zellenkumpel El K. war dieser Tage extrem angespannt, er bekam eine schlechte Nachricht nach der anderen.

Er war mit diesem wahnsinnigen Amyn auf Einbruchstour und Raub zusammen gewesen und war dabei, als dieser zuerst einen Polizisten und später auch noch einen Verwandten von El K. tötete. El K. beteuerte stets seine Mittäterschaft bei den Morden und wir glaubten ihm das auch.

Seitdem Rudi mit seiner lebenslangen Haftstrafe zu uns in die Zelle gekommen war, war El K. irgendwie anders, ich glaube, er sah seine Chancen, bei seiner eigenen Verhandlung gut auszusteigen, nun schwindend gering.

Mit meiner so geringen Strafe kam er offenbar nicht wirklich zurecht, er konnte sich auch nicht für mich freuen, das merkte ich schnell, mir war es aber egal. Ich war heilfroh, nicht mit zwei kaltblütigen Morden konfrontiert zu sein wie er. Was dann genau ablief, fiel mir anfangs nicht auf, ich war ja seit meinem milden Urteil ja richtig tiefenentspannt und ließ nichts Negatives an mich ran.

El K. und Vukas kamen irgendwie in Streit, … wegen nichts. Ich wollte die Spannung zwischen den beiden auf meine betont lockere und positive Art lösen, doch das funktionierte so gar nicht. Von jetzt auf jetzt war ich das erklärte Ziel von diesem verrückten Araber. Zuerst nahm ich ihm seine verbalen Angriffe nicht wirklich übel, ich konnte ja seine Frustration verstehen, er war seit Tagen mit seinen Nerven am Ende, doch dann sah ich den Hass in seinen Augen und das konnte ich ihm nicht durchgehen lassen. Aus einer harmlosen Rangelei entstand ein erbarmungsloser Kampf, El K. drehte völlig durch, mir blieb nichts anderes übrig, ich kämpfte mit voller Härte und schlug so lange auf ihn ein, bis er mir nichts mehr entgegensetzen konnte. Rudi und Vukas trennten uns, um Schlimmeres zu verhindern, ich legte mich auf meine Matratze, für mich war dieser unnötige Kampf zu Ende.

El K. blutete stark aus der Nase, er lehnte sich zur Zellentür und dann tat er das, was im Gefängnis tabu war, er drückte die Not-Taste, die Alarm im Dienstzimmer auslöste.

Schnell waren mehrere Beamte bei unserer Zelle, dieser Mistkerl bat um Hilfe, worauf die Beamten öffnen mussten. Zum Glück war Peter dabei, der nicht nur überrascht, sondern auch richtig sauer war, er konnte es wahrlich nicht ausstehen, wenn jemand Alarm auslöste.

Der verrückte Araber sprach von einem Angriff gegen ihn.

Rudi und Vukas erzählten Peter, was wirklich passiert war und ich hielt es für besser, meine Fresse zu halten.

Peter stauchte uns alle so richtig zusammen und erklärte vor allem El K. eindringlich, dass wir alle bei einem neuerlichen Alarm auf andere Zellen aufgeteilt werden, dass er dann laut Protokoll einen Bericht schreiben müsste, bei dem keiner von uns gut wegkäme. „Vor allem du, El K., so eine Geschichte ist vor einer Verhandlung wie du sie bald hast nicht wirklich förderlich. Du verdammter arabischer Idiot! … Oder willst du gleich jetzt deine Sachen zusammenpacken und in eine Korrektionshaftzelle wandern?"

El K. entschied, doch besser zu bleiben und wir anderen entschieden, dem nichts mehr hinzuzufügen, wir dachten auch alle, dass sich diese Angelegenheit damit erledigt hätte, doch da dachten wir falsch.

In der folgenden Nacht schwor mir El K. Rache und Vergeltung. Er meinte, lebenslang hätte er ohnehin schon, um einen mehr oder weniger käme es jetzt auch nicht mehr an.

Nicht nur ich hörte seine Drohung, Rudi und Vukas hörten sie auch. Rudi war am Durchdrehen. „Du arabischer Scheißkerl", schrie er laut auf, „mal sehen, wie das jetzt für dich ausgeht." Ich hatte alle Mühe, Rudi zu beruhigen, denn er wollte sogleich Nägel mit Köpfen machen. „Weißt du", sagte Rudi zu El K. in beängstigendem Ton, „auch bei mir kommt es auf einen mehr oder weniger nicht wirklich an."

In dieser Nacht machte wohl keiner von uns ein Auge zu. Mit dieser Geschichte war nun Eiszeit in Zelle B/13, El K. stand nun unter gehörigem Druck, wir achteten nun auf jede Bewegung des jeweils anderen, und diese Spannung blieb nicht unbemerkt.

Schon ein paar Tage später ging alles sehr schnell, Rudi und ich wurden wegen Gefahr in Verzug umgehend verlegt. Rudi trat seine letzte Reise in Richtung Stein an und ich wurde in die Außenstelle Floridsdorf verlegt.

Dort angekommen wurde ich zu meiner Überraschung schon von „Bertl" am Zugang erwartet, er war nun in diesem Gefangenenhaus Stockchef und er holte mich gleich zu ihm am Stock.

Natürlich als Fazi (=Hausarbeiter), besser konnte ich es gar nicht erwischen, nur noch knapp drei Monate und das bei Bertl, … super.

Ich lernte ein paar gute Jungs kennen, denen ich auch den einen oder anderen Gefallen aufgrund meiner Bewegungsfreiheit machen konnte, einer von ihnen hieß Viktor, ein smarter, cooler Typ, der mir auf Anhieb sympathisch war. Ich erledigte einige Dinge für ihn und dann folgte etwas, was so ziemlich immer folgte, wenn alles nahezu perfekt lief.

Beim Hofgang geriet ich blöderweise in eine ordentliche Schlägerei, was mir auf Befehl des Anstaltsleiters meinen Job bei Bertl kostete.

Bertl versuchte zwar alles, dies zu verhindern, aber der Chef des Hauses war kein Fan von mir. Als wäre das nicht genug, wurde ich aus Sicherheitsgründen verlegt, schon wieder…

Dieses Mal brachte man mich nach St. Pölten. Dort angekommen, verbrachte ich erst einmal einige Tage in Einzelhaft, ich kannte hier so gut wie niemanden, doch ein paar Tage später kam ich in den halb offenen Vollzug, der die letzten 40 Tage erträglich machte, und dann war ich endlich wieder ein freier Mann.

KAPITEL 16

Big Business

Während meiner Zeit im Gefängnis hatte ich kein Einkommen, meine Miete wurde von Freunden abgedeckt, zu meinem Glück, denn zumindest meine Wohnung war mir dadurch erhalten geblieben, alles andere war dahin.

Die erste Zeit fuhr ich mit dem Fahrrad in die Bar auf der Triester Straße, ich arbeitete wieder als Kellner. Mein Führerschein war mir auf Grund meiner Verurteilung entzogen worden und die Krankenkasse belegte mich und alle Beteiligten unserer Partie mit einer Zahlung von 180.000.- Schilling. Im Schuldspruch hieß es, dass die Krankenkasse dem verletzten Türken diese Summe als Schmerzensgeld zuerkannt und ausbezahlt hatte.

Ab nun stand der Exekutor regelmäßig vor meiner Türe, was meinen Neustart nicht einfacher machte, doch ich arrangierte mich mit meinem Schicksal, was anderes blieb mir ohnehin nicht übrig.

Eines Abends war nur Michaela zum Arbeiten in der Bar erschienen, die vier anderen Mädchen waren allesamt verhindert, mein Ärger war groß, weniger Mädchen bedeutete gleichzeitig auch weniger Geld.

Ob dies nun Teil eines Plans der Mädchen war, ich wage es zu bezweifeln, aber seltsam war es in jedem Fall, im Leben hätte ich nicht gedacht, was heute Nacht passieren würde. Der Geschäftsgang war lau, was natürlich auch am Datum lag, es ging gegen Ende des Monats.

Michaela unterhielt sich sehr angeregt mit mir, Gäste waren keine da und irgendwie kam mir heute alles viel zu freundlich vor. … Und wie die mich angesehen hatte, also irgendwas war anders als sonst, … komisch.

Michaela ging sich frisch machen, als sie wieder kam, … selbst das Klacken der Absätze ihrer High-Heels hörte sich heute anders an, dachte ich zu träumen, sie überrumpelte mich von hinten, presste ihren Körper ganz fest an meinen, als ich mich überrascht umdrehte, küsste sie mich und gestand mir ihre Liebe ein.

Meine Sicherungen waren schon mit der ersten Berührung in Flammen aufgegangen, ich war stumm wie ein Fisch, was bei mir sehr selten der Fall war, doch es wurde langsam Zeit aufzuwachen, bevor es zu spät ist.

„Bist du wahnsinnig", fauchte ich sie an und drückte sie von mir weg, „was denkst du dir denn??! ... Du hast mich, ... uns beide jetzt in eine echt beschissene Lage gebracht, was glaubst du, was jetzt los sein wird? Unsere Leute steinigen mich, das glaubt mir doch kein Schwein, was ist denn los mit dir? ... Verdammt!"

„Ich liebe dich, Joe, ... was soll ich denn tun? ... Schon bevor das mit den Türken war, ich fühlte mich zu dir hingezogen, ... hast du das denn nie gespürt oder bemerkt?"

„Spüren? ... Bist du irre? ... Wem interessiert, was ich spüre, es ist tabu und unrecht, ein Kellner, der sich in die Nutte verliebt, die noch dazu einen Luden hat? ... Ich soll auf dich aufpassen, dich beschützen und mich nicht verlieben, was glaubst du denn, was los ist, wenn das Luka erfährt, ich will gar nicht daran denken, ich muss das deklarieren, ... verdammt, ... du weißt doch, dass ich das deklarieren muss? ... Wir sind jetzt beide voll im Arsch! ... Das ist dir doch klar!"

„Was soll ich denn tun, Joe, ich dachte, du liebst mich auch, ... liebst du mich denn gar nicht?"

„So eine Scheiße", dachte ich, „was verstehe ich von der Liebe?" Mir platze fast die Hose, sodass ich bis zum kleinen Zeh keine Falte auf der Haut haben konnte, was soll man da noch sagen und verdammt, diese Frau hatte eine Figur wie eine Göttin und nicht nur das sie wunderschön war, sie hatte auch ein gutes Herz. ... Und klar mochte ich sie gerne, warum auch nicht?

„Na klar liebe ich dich, wer könnte dich denn nicht lieben?" Gott, ... wie ich mich für diese Worte hasste.

Meine Gedanken rasten und versuchten das Richtige, das zu finden, was nun zu tun wäre. ... Was zum Teufel war jetzt richtig, mich hatte diese Situation total überfordert, die Zeit wurde langsam auch knapp, ihr Lude wird in knapp einer Stunde da sein, um sie abzuholen. ... Was zum Teufel soll ich bloß tun?

Michaela flehte mich an, nichts zu sagen, sie meinte, ich sollte mir alles gut überlegen und wenn ich sie will, wenn ich sie liebe oder auch wenn nicht, dann solle ich eben tun, was ich für richtig halte.

Nun war ich in Teufels Küche, hätte ich was gesagt, wäre der Teufel los und ich wusste, ich würde sie in jedem Fall verteidigen.

Sage ich nichts, ist in ein paar Tagen der Teufel los, aber ich hätte zumindest die Chance, hinter den Vorhang zu blicken und ich hätte die Zeit, über alles nachzudenken. Ich entschied zu warten, mich mit ihr unter Tage zu treffen, um dann alles vernünftig zu besprechen.

Meine „Vernunft-Fähigkeiten" hatten sich schon beim Betreten der Wohnung, mit dem ersten Blickkontakt, explosionsartig verabschiedet.

Michaela öffnete mir die Tür, mit einem Hauch von nichts stand sie vor mir, welch Wunder, ihre Schwester, der diese Wohnung gehörte, sie war gar nicht da. Eine Exit-Strategie, einen Plan B oder irgedetwas Vernünftiges hatte ich natürlich nicht.

Drei Stunden später fühlte ich mich wie ein Sexgott, ohne viele Worte hatte ich nun das Gespräch meines Lebens gehabt. Zu beschreiben, was sich in den letzten Stunden so zugetragen hatte, macht wenig Sinn, zum einen müsste es ohnehin zensuriert werden und zum anderen hätte ich kein Papier mehr, um den Rest meiner Geschichte niederzuschreiben.

Nun kam der schwere Teil, ich hatte keine Ahnung, wie man einem Zuhälter erklärt, dass man nun sein Mädchen für sich beansprucht und mehr noch, jetzt war ich wahrhaftig verliebt, was diese Geschichte nicht gerade einfacher machte, ganz im Gegenteil, nun konnte alles passieren und das konnte überaus gefährlich werden, wenn man so gar keine Ahnung hat.

Ich beschloss, mich umgehend mit Mike, dem Boss unserer Partie, zu treffen, um ihm von meinem Vorhaben zu unterrichten. Begeisterung sah natürlich anders aus, doch er kannte mich zumindest so gut, dass er wusste, dass ich mehr oder weniger überrumpelt wurde und nun handeln musste.

Er warnte mich jedoch, unsere Gesetze zu respektieren. „Liebe hin oder her", sagte er ermahnend, „in unserem Geschäft geht es um Geld und innerhalb unserer Gruppe muss der Ablauf stimmen, wenn es nun mal schon so ist wie bei dir. Du musst Helmut ein Angebot machen, eine angemessene Ablöse vereinbaren und diese dann bezahlen, dann wird sich von uns niemand einmischen. Macht euch das untereinander aus und macht es ohne viel Aufsehen."

Ich vereinbarte für 19:00 Uhr ein Treffen mit Luka in unserer Bar, fast zwei Stunden sollten locker für eine derartige Besprechung reichen, die Mädels kamen ohnehin nie vor 20:30 Uhr und somit könnte um 21:00 Uhr schon alles im Stillen geregelt sein, zumindest stellte ich mir das so vor.

Klar war ich nervös und angespannt, pünktlich auf die Minute betrat Luka die Bar, er war nicht allein gekommen, drei unserer Leute begleiteten ihn und mit dem hatte ich überhaupt nicht gerechnet. Ich kannte zwar alle, aber von Freundschaft konnte man nicht sprechen, die Begrüßung war daher entsprechend lau.

Luka gab sich derart locker und überheblich, sodass mein schlechtes Gewissen wie weggeblasen war. Arrogant forderte er mich vor allen auf, ein Angebot zu machen. Es war sicher sein Plan, meine Unsicherheit auszunutzen, mich wie einen Deppen dastehen zu lassen, er wusste ja, dass ich mich mit derlei Geschäften nicht wirklich auskannte, was ihm vorerst auch richtig gut gelungen war.

Mir war die nun entstandene Situation sehr unangenehm, ich war auf so was nicht vorbereitet, für mich waren ja die Worte von Mike bindend und überhaupt, im Stillen und untereinander sah für mich anders aus.

Anstatt mir vor Angst in Hose zu scheißen, entschied ich mich dann doch, ein wenig Fahrt aufzunehmen.

„Was ist mit dir? … Unter einem Vier-Augen-Gespräch stelle ich mir vier Augen vor und nicht zehn, oder was wird das jetzt?"

Wortlos signalisierte mir Helmut, ihn nach hinten in eines der Zimmer zu folgen, ich folgte ihm, nun waren wir unter uns.

Unser Gespräch verlief dann gegen meine Erwartung noch schlechter, er ließ keinen Zweifel offen, mich richtig bluten zu lassen. Er meinte, dass ich ein schweres Vergehen begangen hatte und irgendwie hatte er damit ja auch recht, ich hatte wirklich beschissene Karten in diesem blöden Spiel und Spieler war ich auch kein guter.

Seine Forderungen an mich waren weder angemessen noch erfüllbar, er legte es ganz offensichtlich auf meine Kapitulation an und erhöhte den Druck auf mich und auf eine schnelle Entscheidung, mit der ich alles akzeptiere, doch da hatte er zu hoch gepokert.

„Nur, dass ich es richtig verstehe, du willst von mir 300.000.- Schilling in bar auf die Hand und das sofort. … hmmm … Also was ich bis jetzt weiß und erfahren habe, hast du Michaela schon für die nächsten zwanzig Jahre mit Kreditrückzahlungen eingedeckt, wofür sogar ihre Eltern mithaften mussten. In Summe reden wir da von 400.000.- Schilling, da ist aber die Leasingrate deiner Corvette noch nicht eingerechnet. Jetzt komm mal wieder auf den Boden, was soll der Scheiß? … Ich bin ja nicht der Rockefeller und ganz blöd bin ich auch nicht. Behalte die Corvette und Michaela bezahlt die ganze Scheiße ab, bleibt ihr ja ohnehin nicht erspart, von dem ganzen Geld hatte sie genau nichts, sie hat nicht einmal eine eigene Wohnung. … Das muss doch mehr als genug sein, Michaela hat keinen Cent in der Tasche und geht mit nichts und ich habe auch nichts, wie du sicher weißt."

Luka lachte mich förmlich aus und langsam kam in mir richtig schlechte Laune hoch, je mehr ich um eine faire Lösung bat, desto vermessener wurden seine Forderungen, die er nun auch noch mit Drohungen bekräftigte.

„Jetzt reicht's aber langsam, was wird das hier", fragte ich, „… alter, was willst du von mir! Dein Scheiß-Drohen geht mir am Arsch vorbei, du hast ihr doch schon alles genommen, die hat Kredite von dir, für die sie die nächsten zwanzig Jahre bluten muss und du Arsch willst jetzt noch ÖS 300.000.- von mir? … Bist du komplett irre? Auch wenn ich könnte, dass bezahle ich nicht, ich kann mir nicht einmal die 50.000.- Schilling leisten, die ich dir angeboten habe. Michaela ist ohnehin finanziell ruiniert, du weißt, ich bin nicht wie du wegen des Geldes hier, ich liebe sie."

„... ja, du liebst sie, ist doch gut, aber das kostet, oder was glaubst du, wir sind hier in „Wünsch-dir-was"? ... Entweder du bezahlst oder du holst dir eine Kanone und wir regeln das anders!"

Mit dem Wort „Kanone" hatte er mich, ich packte ihn an seinem schicken Hemd und stieß ihn auf das Bett hinter sich. ...

„Auch gut, du verdammtes Arschloch, wenn es denn sein muss! ... Du beschissener Scheiß-Strizzi, kriegst deinen Hals nicht voll! Ich bin gleich wieder da!"

Ich rastete völlig aus, stürmte aus der Bar und raste nach Hause.

Tausend Gedanken fluteten mein Hirn, ich war voller Wut und Missachtung, alles drehte sich nur mehr um eine Sache, ich wollte, nein, ich musste diesem Mistkerl die Stirn bieten, egal, was auch immer nötig sein wird und ich darf nicht zurückstecken, ... ich darf nicht!

Zu Hause angekommen, zögerte ich eine ganze Weile, bis ich den Mut fassen konnte, meine Waffe an mich zu nehmen, ich musste mich wahrlich überwinden und es fiel mir verdammt schwer, meine Ängste zu unterdrücken. Am Weg zurück in die Bar kippte ich in eine Art tranceartigen Zustand, vor meinem geistigen Auge spielten sich die wildesten Szenen ab, wie ein Film fühlte sich das an, ich war direkt überrascht, als ich wieder nahe unserer Bar angekommen war.

Mein Puls war bestimmt über 200, als ich mich in Sichtweite zu unserer Bar einparkte, es war nun knapp nach 20:00 Uhr und theoretisch könnten jetzt auch schon die ersten Mädchen da sein, an das hatte ich gar nicht gedacht. Mikes Worte fielen mir auch wieder ein, ohne viel Aufsehen hatte er gesagt, na, der Zug war abgefahren, ... Scheiße, was machte ich jetzt, ich musste da jetzt rein. Gehe ich nicht, bin für alle der, der abgehauen ist, diesen Gedanken wollte und konnte ich gar nicht weiterspinnen, gehe ich, muss ich mich in jeden Fall auch vor Mike verantworten, ob der das alles verstehen wird, ich hatte keine Ahnung.

Es half alles nichts, ich musste jetzt reingehen und meinen Mann stehen, sonst könnte ich mich ohnehin nirgends mehr blicken lassen. Ich hatte keine Ahnung, ob Helmut oder einer der anderen bewaffnet war, die hatten genug Zeit, um alles Mögliche zu organisieren oder ranzuschaffen, ich konnte nicht riskieren, in eine nachteilige Situation zu kommen, sonst wäre ich wieder am Arsch, also ging ich aufs Ganze.

Ich kontrollierte noch einmal meine Waffe, entsicherte sie und klebte sie mir an meine rechte Hand, den Finger am Abzug, so konnte ich sicherstellen, dass mir die Waffe nicht aus der Hand fallen würde, sollte es zum Äußersten kommen.

Nur noch ein paar Meter trennten mich von der Bar, meine Hand mit der Waffe hatte ich im Inneren meiner Jacke versteckt, sodass sie von keinem Vorbeifahrenden oder Entgegenkommenden gesehen werden konnte.

In diesem Moment blendeten mich die Scheinwerfer eines Autos, dessen Fahrer hupte auch durchgehend wie ein Verrückter, eine Sekunde später quietschten auch schon die Reifen durch dessen Vollbremsung genau vor unserer Bar.

Mike schrie mich durch das offene Fenster an und befahl mir, sofort einzusteigen.

„Sag, Joe! … Bist du total bescheuert?… Was, … sag mir, was hast du nicht verstanden? … Ich sagte OHNE AUFSEHEN!

Du bist ja gar nicht so, wie dich Charly beschrieben hat, du bist ja noch mehr irre als man sich vorstellen kann, was zum Teufel sollte denn das jetzt werden?"

Wir fuhren gut zwei Stunden herum, ich vertraute mich Mike an, erzählte ihm alles und er gab mir das Gefühl, mich besser zu kennen als ich mich selbst. Dieses Gespräch nahm mir den ganzen Druck und ich war heilfroh, dass es so gekommen ist. Mike löste mein Problem im Handumdrehen, … noch am selben Abend.

Die Ablöse an Luka war vom Tisch und Michaela war nun offiziell mein Mädchen.

„Pass gut auf, Joe, man kann in unserer Welt viel Geld machen, Mädchen, Huren, das ist die eine Sache, dazu brauchst du aber auch das richtige Zeug und das hast du nicht, mit Liebe und Großmut kommst du da nicht weiter. Es gibt aber noch andere Möglichkeiten, Mord und Totschlag gehören nicht dazu, das bringt dich nur ins Gefängnis oder ins Grab. Du hast Eier, mein Freund, das muss man dir lassen, du bist loyal und zuverlässig und du hast einen guten Ruf in unseren Kreisen, das sind gute Voraussetzungen, um gutes Geld zu machen."

„Was meinst du, Mike … Ein Job? … Um was geht es dabei?"

„Kein Job, Joe, einen Job hast du ja und ein Mädchen hast du auch, du bist ein wenig irre, aber du bist ja kein Idiot. … Oder?"

„Nein, … ich denke nicht."

„Na also, mein Freund, ich rede von Big Business, vom richtigen Geld, verstehst du, nicht einfach ein Job. „Kokain", mein Freund, alle Welt ist verrückt danach und wer richtig gute Ware hat, der macht auch jede Menge Kohle damit. Ich denke, du hast dir eine Chance verdient, … bist du interessiert?"

„Nun ja, ich weiß nicht, … ich kenne da kaum jemanden, klar, ich habe es selber schon Mal genommen, aber damit handeln, Kohle machen, … ich weiß nicht, … Big Business?"

„Wie auch immer, Joe, denke darüber gründlich nach, es ist auch wichtig und gut so, über halbe Sachen brauchen wir erst gar nicht reden. Wenn du weißt, was du willst, besprechen wir die Details und bis dahin, … dass es von vornherein klar ist, mein Freund, das war jetzt ein Vieraugen-Gespräch, Diskretion ist oberstes Gebot und Ehrensache, … vergiss es nie."

Ich kannte so einige, die damals mit Drogen machten, die meisten von denen dealten mit Shit und die verdienten richtig gut damit, von allen, die mit Heroin zu tun hatten, hielt ich mich immer fern, mit dieser Droge und den Leuten, die das nahmen, wollte ich nie etwas zu tun haben, man konnte förmlich sehen, wie die daran zu Grunde gingen, nein danke, das war nicht meine Welt.

Leute, die mit Koks machten, waren da eine ganz andere Liga, es war damals gar nicht so leicht, an gutes Koks ranzukommen, da ich mich nie wirklich dafür interessierte und auch nicht darauf achtete, wer es nimmt oder auch nicht, wusste ich auch so gut wie nichts über Preise und potenzielle Kunden.

Eines war jedoch klar, das Zeug war nicht gerade billig und so gesehen nur für eine kleinere Gruppe leistbar. Mir viel spontan

Rudi B. ein, mit dem hatte ich ja das erste Mal Koks genommen, damals beim Geburtstag von Toni in der Queens, ... Mann, war ich damals drauf. Rudi B. hätte ich jetzt brauchen können, der kannte sich mit Koks aus, aber er und sein Widersacher hatten sich ja im Streit um ein Mädchen gegenseitig zu Tode gestochen. Bei diesem Gedanken lief es mir eiskalt über den Rücken, was, wenn Mike heute nicht gekommen wäre?

Ein paar Monate später konnte ich nicht fassen, wie sich mein Leben verändert hatte, wie schnell man sich an Geld gewöhnt, wie selbstverständlich gewisse Dinge werden. Dieses weiße Zeug öffnete Türen und Möglichkeiten, wie ich es niemals für möglich gehalten hätte.

Ich war in besten Kreisen bekannt, traf mich mit Stars und Sternchen der heimischen Szene, ich fuhr jetzt einen BMW M5, zwar gebraucht, aber in bar bezahlt. Ich war jetzt der VIP, auf den alle warten mussten, ich hatte die Taschen voller Geld, ich meine richtig viel Asche. Ich war ja gerade erst in dieses Geschäft eingestiegen und machte schon über 200.000.- Schilling, ... nicht Umsatz, ... Gewinn, und das pro Monat.

Mit Michaela lief es nicht mehr so gut, wie ich es mir erhofft hätte, aber es lag nicht an ihr, sie wollte selbstständig und unabhängig sein, sie wurde förmlich von den Schulden, die ihr ihr ehemaliger „Lude" aufgebürdet hatte, erdrückt, ihr blieb kaum Geld übrig und sie wollte von mir nichts nehmen. Sie freute sich wohl für mich, über meinem Erfolg, doch mit den Schattenseiten, die damit einhergingen, kam sie nicht wirklich zurecht und ich auch nicht. Ihre Tätigkeit als Prostituierte war viel zu oft ein Streitthema, denn ich wusste, sie wollte immer eine Ausbildung zur Krankenschwester machen, doch sie schaffte den Absprung nicht und sie wollte es unbedingt allein schaffen, ohne fremde Hilfe.

Weihnachten 1992 stand vor der Tür, ich traf meine Cousin Franz eher zufällig, wir feierten diese Begegnung ausgelassen und zechten die ganze Nacht durch. Wir hatten uns viel zu erzählen und wir hatten einen richtig guten Draht zueinander. Franz war mittlerweile als Werbesprecher für Schlafsysteme, wie er es nobel nannte, unterwegs. Ich belächelte ungläubig seine Erzählungen, er sprach von mehreren Hunderttausend Schillingen, die er damit im Monat verdiente. Mir war es eigentlich egal, aber ich hielt es für unmöglich, so viel Geld mit Vorträgen und anschließenden Verkauf zu verdienen und das ganz offiziell, mit Steuern und Abgaben und alles, was ein Unternehmer eben zu zahlen hatte.

Ich fand es viel spannender, seine Geschichten über die vielen Hypnoseshows und seine Weibergeschichten zu hören, darüber hinaus war es sehr intensiv mit Schamanismus beschäftigt. Für mich war es spannend, einmal eine Unterhaltung zu führen, die sich um andere Dinge drehte, nicht nur um Koks und Kohle. Wir hatten die ganze Nacht richtig Spaß, ich war von seinen Erzählungen sehr angetan und fasziniert.

Als wir das Gutmann gegen 9:00 Uhr verließen, kam uns ganz spontan eine Idee in den Sinn, wir beschlossen, gemeinsam über die Weihnachtsfeiertage zu vereisen, es müsste eine richtig große Reise werden, ich war ja noch nie weiter als bis Italien gekommen, von einem Flug ganz zu schweigen.

Keine Stunde später hatten wir eine solche Reise gebucht und auch gleich zur Gänze bezahlt, ich konnte es gar nicht glauben, schon in zwei Wochen ging unser erster gemeinsame Urlaub los. Nicht nur irgendein Urlaub, ich wollte möglichst viel von der Welt sehen und erleben, Geld spielte dabei keine Rolle. Ich fieberte den Tag unseres Abflugs entgegen und dann war es endlich so weit.

Der nächtliche Landeanflug auf Abu Dhabi war der Wahnsinn, Ich konnte die Dünen der Wüste mit den vielen Nachtlagern gut vom Flugzeug aus sehen und das riesige Flughafengebäude schimmerte im Licht, als wäre es aus purem Gold. Wir waren hier nur ein paar Stunden, eine Zwischenlandung eben, um das Flugzeug zu betanken. Für mich war das schon ein Erlebnis für sich, ich konnte mich gar nicht sattsehen und das Starten und Landen des Flugzeuges war sowieso meine Welt, am liebsten wären mir pausenlose Starts mit großen Flugzeugen gewesen, dieses Gefühl war sagenhaft und aufregend.

Unser nächstes Ziel war Hongkong, auch hier hatten wir das Glück, bei Nacht zu landen. Es war damals noch die alte, äußerst gefährliche und kurze Landebahn in Betrieb. Bei der Landung flogen wir so nahe an den Häusern vorbei, dass wir die Menschen in den Wohnungen sehen konnten. Diese Stadt begeisterte mich schon aus der Luft extrem, noch nie hatte ich so viele Schiffe auf dem Meer gesehen und der Glitzer und Glamour zwischen den Hochhäusern. Ich war fasziniert, schon aus der Luft konnte man den Puls dieser Stadt spüren.

Wir wurden am Flughafen von einem Reiseleiter in Empfang genommen und über die wichtigsten Dinge informiert, dabei wurden wir eindringlich gewarnt, uns keinesfalls dem nächtlichen Treiben am Hafen anzuschließen. Abseits der Hauptstraßen, der Promenade entlang und in den kleinen, sehr engen Gassen hatte die chinesische Mafia das Sagen, es gäbe hier keinen Schutz und es wäre äußerst gefährlich.

Meine Augen glänzten bei diesen Worten, jetzt hatte ich eine genaue Wegbeschreibung, genau das wollte ich unbedingt sehen. Mein Cousin war da schon weniger begeistert, aber wir gingen zusammen und es war ein einzigartiges Erlebnis, das ich nicht missen möchte. Es war so, wie ich es empfand: Benimm dich anständig und respektvoll, präsentiere dich nicht als Opfer und achte auf die Zeichen, dann wird auch nichts großartig passieren und so war es auch.

Der „Poor man Night Club" war für mich das Aufregendste, das ich bislang erlebt hatte. Direkt am Hafen war es der Markt der armen Leute, hier wurde mit allem gehandelt, ein Stand nach dem anderen, manche von denen ragten gut drei Meter in die Höhe, auf deren Bambusgestellen eine unglaubliche Auswahl an Kleidung angeboten wurde.

Alle paar Meter waren kleine Straßenküchen, deren Gerüche sich vermischten und das einfache Essen war ausgezeichnet.

Bei Tage sahen wir uns die Sehenswürdigkeiten an, doch am meisten beeindruckte mich der extreme Unterschied zwischen Arm und Reich in der Nacht. In den noblen Straßenzügen reihte sich ein Rolls-Royce an den nächsten, und wahre Prunkbauten ragten in den Himmel, nur ein paar Meter davon entfernt waren Häuser einsturzgefährdet, die offenbar nur durch ein Bambusgerüst ohne eine einzige Schraube gehalten wurden. Wir waren in den drei Tagen nahezu Tag und Nacht unterwegs, der Unterschied war sensationell und jede Nacht war ein Abenteuer. In der letzten Nacht kaufte ich mir zwei „DuPont Feuerzeuge", die es in Europa noch gar nicht gab. Mit Goldstaub auf Chinalack und einer Walze, die mit Brillanten bestückt waren, ich musste sie haben. Umgerechnet hatte ich 6.000.- Schillinge für beide bezahlt. In Wien wollten es mir meine Freunde für das Dreifache abkaufen, diese Dinger sahen extrem geil aus.

Unser nächstes Ziel war Sumatra, die drittgrößte Insel der Welt in Indonesien. Wir hatten einen eigenen Guide samt Wagen gebucht, Franz wollte unbedingt die Orang-Utans in freier, unberührter Wildnis erleben, mich faszinierte der Gedanke, alte Stämme im Dschungel der Insel zu besuchen. Es war fantastisch, einfach überwältigend und unfassbar günstig hier auf der Insel.

Ich werde nie vergessen, als ich unseren Guide beauftragte, ein Boot zu mieten, eines zu organisieren, um über den Wasserweg einen alten Indianerstamm zu besuchen, von dem uns erzählt wurde.

Der Guide beteuerte uns nahezu beschämt, dass er nicht im Stande war, ein Boot zu bekommen. Er meinte, es gäbe nur die eine Möglichkeit, ein größeres Boot für einen ganzen Tag zu mieten, das würde allerdings $ 100.- kosten.

Wir amüsierten uns köstlich, unser Guide tat gerade so, als würden $ 100.- eine unerschwingliche Summe darstellen. Wir dachten, dass unser Guide uns bescheißen möchte und uns ein Boot zu einem überhöhten Preis andrehen möchte. Wir willigten trotzdem ein, $ 100.- waren uns egal.

Tags darauf fuhren wir zum See und konnten kein Boot sehen, das war mir dann doch zu viel des Guten, ich wollte schon richtig Rambazamba machen, da lotste uns dieser verrückte Guide zu einem Raddampfer, der Platz für gut 200 Passagiere hatte. Jetzt war ich aber baff, das konnte doch in keinen Fall stimmen. Es stimmte aber, samt Besatzung bezahlten wir als einzige Fahrgäste für dieses Schiff $ 100.-. ... Wahnsinn. Wir waren einige Stunden mit diesem Raddampfer unterwegs gewesen, ehe wir ein kleines

Dorf im tiefsten Dschungel erreichten. Nach den Aussagen unseres Guides waren hier früher Kannibalen ansässig, was man an den Überresten der Opferstätten erkennen konnte, doch heute waren diese kleinen Indianer Gott sei Dank dem Tourismus zugetan. In Summe gesehen war es eine schöne Schiffsfahrt gewesen, das Dorf selbst war mir zu sehr auf Tourismus ausgelegt, was mich aber sehr wunderte, denn viel war dort nicht los gewesen.

Ein weiters Manko auf dieser Insel war das Essen, bis auf Eier und Früchte konnte wir hier nicht wirklich was essen, alles, was uns angeboten wurde, war derart scharf, dass es für uns nicht essbar war. Selbst die Speisen, die Kinder bekamen, waren für uns beide zu scharf und wir liebten scharfes Essen, aber das hier lag weit über unserer Schmerzgrenze.

Nach einigen Tagen quer durch dieses unberührte Land waren wir endlich im Camp angekommen, von wo aus die Touren zu den Orang-Utan starteten. Ich war überrascht, wie viele Touristen hier versammelt waren, wir entschieden uns daher für ein wenig Abenteuer und buchten einen Guide für uns allein und klar, wir mussten uns ja unbedingt für den Weg fernab des Touristenpfades, quer durch den dichten Dschungel, entscheiden. Und auch klar, wir unterschätzen unsere Kräfte und vor allem den mühsamen Aufstieg bei dieser Hitze und Luftfeuchtigkeit, wir wussten nicht, dass es teilweise sehr steil bergauf gehen würde und die Hindernisse, die zu überwinden waren, die waren alles andere als lustig. Gott sei Dank waren wir so viel „Tourist", dass wir die vielen anderen Gefahren erst gar nicht bedachten, es konnte ja auch gut sein, dass ein Tiger unseren Weg kreuzte, was uns dann tatsächlich einen Tag später passierte. Gott sei Dank waren wir bei dieser Begegnung im Auto, doch auch heute sollte es noch äußerst spannend werden.

Gut eine Stunde waren wir schon unterwegs, unsere Kleidung war völlig durchnässt, es war extrem heiß und die Luftfeuchtigkeit lag bei über 90 %. Unserem Guide merkte man nichts von all dem an, er schwitzte nicht mal.

Plötzlich gab er uns ein Zeichen für eine Pause, die wir gerne annahmen. Wir standen gerade auf einem sehr steilen Stück des

Weges und hatten Mühe, nicht abzurutschen, wir konnten nicht sehen, was unser Guide schon sah, neugierig näherten wir uns an und was ich sah, tat meiner Abenteuerlust einen jähen Abbruch.

„Auf keinen Fall gehe ich da weiter", stöhnte ich meinem Cousin entgegen, der fassungslos in die Tiefe blickte. Vor uns ging es einige hundert Meter ins Nichts, gut zwei Meter trennten uns von der anderen Seite und da war keine Brücke oder auch nur annähernd ein sicherer Übergang zu sehen. Unser deutschsprachiger Guide und Chauffeur übersetzte uns die Worte unseres Führers und die waren auch nicht sehr berauschend.

Entweder wir bauen uns einen Übergang und sind dann schon fast am Ziel, oder wir gehen den ganzen Weg zurück, was wesentlich mühsamer als der Aufstieg sein würde und sehr viel länger würden wir auch brauchen.

Franz und ich waren so gut wie am Ende unserer Kräfte und so entschieden wir uns für den Übergang, nur wie, war die Frage. Die beiden Guides suchten nach Baumstämmen, die lange genug waren, um eine Brücke zu basteln, die Stämme waren nass und glitschig und vor allem gab es keine Möglichkeit, sich irgendwo festzuhalten, und sehr stabil sah anders aus, ich hatte richtig Angst abzustürzen, denn schwindelfrei war ich auch nicht. Ja, es waren nur vier oder fünf Schritte bis zur anderen Seite, aber die schwersten meins Lebens, Franz ging es ähnlich, für die beiden Guides waren solche Übergänge völlig normal. Sie meinten, so was passiert immer wieder, ab und an ist ein Übergang der tags davor noch da gewesen war, eben nicht mehr da und man bastelt einen neuen.

Für meine Begriffe hatte ich heute schon genug Abenteuer, doch es wartete noch eine ganz andere Situation auf mich.

Als wir dann endlich oben angekommen waren, trafen wir wieder die Touristengruppe, die schon einige Zeit vor uns oben angekommen war und wir wurden alle mit einzigartigen Bildern belohnt. Einige Wildhüter waren inmitten der Orang-Utans zu sehen, es war faszinierend, so nahe dran zu sein. Ich machte mit meiner Videokamera sensationelle Aufnahmen und war richtig glücklich, diesen beschwerlichen und abenteuerlichen Weg genommen zu haben.

Den Weg zurück gingen wir dann auch den Touristenpfad, der problemlos und einfach zu gehen war. Ich war einige Meter von der Gruppe entfernt und prüfte meine Aufnahmen, während ich der Herde hinterher trabte. Plötzlich stand ein Riesen Orang-Utan vor mir und griff nach meiner Kamera. Starr vor Schreck, … ich machte mir fast in meine Hosen, versuchte ich die Kamera zu verbergen und schrie laut nach Franz. Die ganze Gruppe wohnte dieses Schauspiel bei, doch statt mir zu helfen oder irgendwas zu tun, was den Affen ablenken könnte, griffen die zu ihren Kameras, filmten oder fotografierten diese Szene. Der Orang-Utan hatte unglaublich lange Arme und spürbar Kraft ohne Ende, ganz ruhig griff sich der Affe den Riemen der Kamera und zog daran, ich wollte die Kamera nicht loslassen, doch der Affe zog mich mit samt der Kamera an sich. Ich war dem Affen so nahe wie noch kein Tourist vor mir, ich hatte Todesangst und ließ letztlich meine Kamera los. In diesem Moment waren auch schon einige Wildhüter zur Stelle, … Gott sei Dank, … sie lenkten den Orang-Utan ab und sorgten auch dafür, dass sich keine anderen näherten, einer von den Guides klimperte auf einer Colaflasche herum, worauf der Orang-Utan meine Kamera fallen ließ, sich die Flasche schnappte und damit in den Bäumen verschwand.

Bis heute ärgere ich mich, dass ich mich nicht um die eine oder andere Aufnahme von den schaulustigen Touristen gekümmert hatte, ich war damals nur heilfroh, ohne Schaden aus dieser Situation gekommen zu sein.

Ein paar Tage später ging unsere Reise wieder weiter nach Denpasar auf Bali. Nun war Badeurlaub angesagt, wir hatten einen Bungalow, nur einige Meter vom Meer entfernt, die Hotelanlage hatte ein unglaubliches Flair, hier fühlte ich mich wohl. Wir hatten innerhalb weniger Stunden das gesamte Personal auf unserer Seite, wir feierten Weihnachten in vollen Zügen, gaben großzügig Trinkgelder und pflegten einen sehr respektvollen Umgang mit den Einheimischen, die es uns in ihrer Art dankten. Ich tadelte ein deutsches arrogantes Arschloch, der offenbar der Ansicht war, dass man in einem fernen Land, die ansässigen

Menschen wie Sklaven behandeln muss, er dachte, hier der König auf Mallorca zu sein oder irgendetwas in dieser Richtung.

Ich korrigierte seine Stellung innerhalb dieser Anlage auf meine ganz spezielle Art und Weise zum Wohle aller. Franz seinerseits zauberte und alberte mit einigen Gästen herum, die so wie wir auch ihren Spaß haben wollten. Daraus ergab sich eine kleine Hypnose-Show mit lustigen und sensationellen Einlagen. Es wurde noch ein toller Abend und mein bislang schönstes Weihnachtsfest, das wir ausgiebig bis in die Morgenstunden feierten. Tags darauf wurde Franz nur mehr mit Mr. Magic Man angesprochen und ich war ab nun Mr. Santa Claus.

Die Tage vergingen viel zu schnell und nun war es wieder an der Zeit, die Koffer zu packen und Abschied von dieser Insel und all diesen tollen Menschen zu nehmen.

KAPITEL 17

Willkommen im Zug des Wahnsinns

Am Flughafen in Wien angekommen, begegnete mir ein alter Bekannter, den ich noch vom Gefängnis her kannte, auch er war gerade von einer Reise heimgekehrt. Was für ein Zufall, ich freute mich ihn zu sehen, doch zum Quatschen hatte ich jetzt keine Lust, ich war viel zu müde von meiner langen Heimreise, wir beschlossen, uns ein paar Tage später zu treffen.

Viktor war pünktlich auf die Minute gekommen, was ich überaus schätzte, ich hasste Unpünktlichkeit, unsere Chemie passte auf Anhieb, als würden wir uns schon ewig kennen und schätzen. Wir beschlossen, um die Häuser zu ziehen, Viktor fuhr ein brandneues Mercedes Coupe der S-Klasse, dagegen sah ich mit meinem BMW M5 direkt alt aus.

Wir fuhren in die Wiener City und setzten unser nächtliches Treiben zu Fuß fort. Im Laufe unserer Unterhaltung merkten wir schnell, dass wir so einiges gemeinsam hatten, wir wollten beide am großen Tisch des Lebens Platz nehmen und beide jonglierten wir abseits der rechtlichen Ordnung unseren Platz entgegen. Wir waren beide verurteilte Straftäter, von der Gesellschaft ausgeschlossen und gebrandmarkt, wir hatten nur die Chance, im Verborgenen erfolgreich zu sein und das waren wir, zumindest für unsere Verhältnisse.

Viktor hatte gute internationale Kontakte und mischte im Drogengeschäft schon ordentlich mit, wie ich war er erst seit kurzer Zeit aus seiner Haft entlassen worden und in dieses Business eingestiegen. Seine Kaltschnäuzigkeit sah man ihm gar nicht an, er wirkte wie ein Student aus reichem Haus, sein Auftritt und sein Benehmen war unauffällig auffällig, mich faszinierte das. Die Nerven für seinen Job hätte ich wohl nie gehabt, er organisierte und führte geschmuggelte Ware ins Land, unter anderem auch Haschisch und für diese Ware suchte er Abnehmer.

Natürlich war ich interessiert, allein der Preis pro Kilogramm Haschisch war sensationell günstig, blieb nur die Frage, wie gut die Ware war und wie man ganze Kilos an den Mann bringen sollte.

Wir vereinbarten ein Treffen, bei dem ich Ware auf Kommission bekommen würde, um die Qualität zu testen und um meine Möglichkeiten besser einschätzen zu können.

Ich rechnete mit ein paar Deka von diesem Zeug, ich selbst konnte die Qualität ja gar nicht bestimmen, ich rauchte nie und ich mochte dieses Zeug auch nicht wirklich, ich dachte frei nach dem Motto, probieren kann ich es ja und das deklarierte ich auch. Viktor brachte mir einen ganzen Kilo Haschisch zum Testen und verrechnete mir dafür gerade mal 30.000.- Schilling und selbst die musste ich nicht gleich bezahlen. Der Marktwert von einem Gramm war damals zwischen 70.- Schilling und 100.- Schilling pro Gramm, je nach Qualität. Mir bereitete die große Menge Sorgen, ich bräuchte vielleicht Monate, um so viel davon an den Mann zu bringen. Viktor lachte nur über meine Bedenken und meinte: „Joe, ich kenne mich ganz gut mit Menschen aus, ich kann sie gut lesen. Weißt du, bei jeder Kontrolle an den Grenzen muss ich mein Gegenüber lesen und einschätzen können, um richtig zu reagieren und entsprechend zu handeln, sonst könnte ich diesen Job erst gar nicht machen. Du bist der richtige Mann dafür! Ich weiß das!"

„Na, dann weißt du ja mehr als ich, ich hoffe, du behältst recht, aber schaffe ich es nicht, … wir bleiben Freunde, ich versuche es und klappt es nicht, treffen wir uns in vierzehn Tagen, ich bezahl dir, was du bekommst, und das war es dann auch. … ok?"

„Ok, Joe, kein Problem damit, ich garantiere für die Qualität, du wirst sehen."

„Was soll schon großartig sein?", dachte ich mir, bei diesem Preis verdiene ich in jeden Fall und wenn es ein Jahr dauert, bis ich alles weghabe. In den nächsten Tagen besuchte ich einige Freunde und gab ihnen kostenlos etwas zur Probe, ich war bei jedem von ihnen großzügig, nannte auch keinen Preis, ich wollte nur wissen, wie gut das Zeug war und was es wert sein könnte, das war alles.

Ich hatte mit meinem Hauptgeschäft dem Koks alle Hände voll zu tun, dieses Zeug verkaufte sich nahezu von selbst, deshalb hatte ich erst nach ein paar Tagen Zeit, um mich um das Feedback meiner Haschischfreunde zu kümmern. Was soll ich sagen, dieses Haschisch schlug wie eine Bombe ein, jeder wollte es haben, nach wenigen Tagen hatte ich den ganzen Kilogramm verkauft und ich hatte Vorbestellungen von vier Kilogramm.

Ich war fassungslos und musste die Burschen noch einige Tage vertrösten, denn mit Viktor hatte ich einen festen Termin, wir vereinbarten, nicht zu telefonieren, und das war für mich bindend.

Viktor kam mir lachend entgegen und sagte: „Na, was habe ich dir gesagt, das hatten die doch alle noch nicht gehabt, … oder?"

„Zum Teufel mit dir, … ja, mit dem hätte ich nie im Leben gerechnet, das muss ja total irre sein, dieses Zeug von dir."

Wir vereinbarten einen Kommissionpreis von 36.000.- Schilling, zahlbar innerhalb von zehn Tagen, bis maximal zehn Kilogramm. Darüber hinaus legten wir uns auf eine neue Verhandlungsbasis fest. Na sicher stimmte ich dem sofort auf Handschlag zu und so war es auch.

Zehn Kilogramm am Stück schaffte ich nie, aber viel fehlte nicht, es lag auch daran, dass ich nicht mit so viel auf einmal unterwegs sein wollte. Ich stimmte meine Tour penibel genau ab und achtete darauf, meine Ware so schnell wie möglich an den Mann zu bringen. Meine Bedingung für meine Anlieferung war immer ein Vier-Augen-Kontakt, ohne Ausnahme, an einem Ort meiner Wahl, den ich immer neu bekannt gab und es musste immer unter Tage sein, am besten im Frühverkehr, wenn alle Welt zur Arbeit fuhr. Ich hatte meine Übergabeorte stets sorgfältig ausgewählt, sodass ich immer eine Fluchtmöglichkeit hatte, ich traf mich nie in einer Wohnung oder in einem Lokal.

Mit diesem unglaublich finanziellen Erfolg und meinem daraus resultierenden Selbstvertrauen stand ich plötzlich auch den Schattenseiten gegenüber, die mich richtig belasteten und quälten. Ich merkte allzu oft den Neid der Menschen um mich, auch von Freunden und Bekannten, obwohl ich mich nicht auffällig zur Schau stellte. Es lag wohl daran, dass ich mich unter den einfachen

Leuten am wohlsten fühlte, obwohl ich bei fast jedem Top-Konzert backstage sein konnte und die angesagtesten Künstler und Sänger und all die Typen rundherum kannte. Klar, alle wollten meine Ware und alle oder zumindest fast alle wollten mir nahe sein und schätzten meine Großzügigkeit, meine Loyalität und meine verschlossenen Lippen anderen gegenüber. Denn damit prahlen oder einen meiner Kunden zu deklarieren oder ausrichten war tabu, ich bewahrte immer mein Vier-Augen-Prinzip.

Die einfachen Leute, die ich mochte, die ich kannte, Freunde von früher, die weniger Glück hatten als ich, die machten mir Sorgen. Damals konnte ich noch Klar sehen und denken, doch was ich sah, gefiel mir gar nicht. Wenige von denen waren ehrlich, es war nicht mehr der Respekt, den sie vor mir hatten, nun waren es Angst und Neid. Zumindest empfand ich es so, aber sicher war ich mir auch nicht, die Dinge entwickelten sich viel zu schnell.

Mit meinem steigenden Erfolg entstanden langsam Probleme, die ich so noch nie hatte, ich neigte zu Übervorsicht und hatte manches Mal die Angst aufzufliegen oder erwischt zu werden, ich hatte ja niemanden, der mir Rückendeckung gab, dem ich mich anvertrauen konnte, dem ich absolut vertrauen konnte. Meinen Geschäftspartnern konnte ich mich nicht anvertrauen, das hätte meine Schwäche offenbart, Familie hatte ich nicht, oder so gut wie keine, die waren mir allesamt fremd, Neid und Missgunst war ihnen anzusehen. Eine Frau, so wie ich mir eine vorstellte, gab es nicht, obwohl Michaela noch bei mir wohnte und ich sie in meinem Herzen trug, anvertrauen konnte ich mich ihr nicht, zu sehr waren wir schon voneinander entfernt.

Ich hatte Schwierigkeiten, das viele Bargeld sicher zu verstecken, ich machte gut eine halbe Million Schillinge im Monat, soviel konnte ich gar nicht ausgeben, eine Eigentumswohnung kaufen, ein neues Auto, das traute ich mich nicht, denn eines wusste ich, werde ich erwischt, ist alles beschlagnahmt und für immer dahin, wie sollte oder könnte ich das viele Geld erklären, es würde alles nur noch schlimmer machen.

Nie im Leben hätte ich mir gedacht, dass so viel Geld so viele Gefahren in sich birgt und dass ich meinen Erfolg nicht teilen kann, nicht mit jemandem, der mir so nahe ist, wie ich mir das immer gewünscht hätte, dass alles war nun zunehmend zu einem, zu meinem echten Problem geworden.

Ich machte meinen ersten großen Fehler in diesem Business, ich begann zu koksen, um damit meine Gedanken und meine Ängste zu töten und ich gab mein Geld in vollen Zügen aus. Mir reichte es, ich war meiner Gedanken, meiner Sorgen und meinen Ängsten überdrüssig, ich begab mich fortan in die Gesellschaft, in der keine Fragen über die Herkunft, warum und wieso gestellt wurden. Ich war es leid, den aufgetakelten Weibern bei Backstage Partys den Unterhaltsamen zu geben oder in Discos den sensationsgeilen Schlampen den Beschützer und Spender zu machen, die waren allesamt auf Geld und Glitzer aus oder sie wollten auf der Welle der Aufmerksamkeit in meiner Nähe reiten oder aber Teil eines Mysteriums sein, dass sie ergründen wollten.

Die Spekulationen, wer ich war und was ich mache, gingen dabei ins Unendliche. Was ich suchte oder mir wünschte, traute sich erst gar nicht in meine Nähe, weil sie alle nur sahen, was das Gerede von Wichtigtuern und Leuten, die mich nicht kannten, verursachte. So hatte ich eigentlich nie die Chance, als der erkannt zu werden, der ich war oder der ich sein wollte. Mein Kokain gab mir immer recht und so fühlte ich mich sicher, obwohl es gar nicht so war. … Willkommen im Zug des Wahnsinns, und schon ging die Fahrt los.

Ich war nun Stammgast in guten Bordellen und Bars, ich kaufte mir die Liebe oder besser gesagt die Zuneigung der Frauen auf einfachste und bequemste Weise. Mit genug Geld in den Taschen war das alles problemlos möglich. Die schönsten Frauen des Gewerbes freuten sich, wenn ich kam und niemand war böse, wenn ich ging. Meine Sorge, zu viel Geld zu haben, erledigte sich von ganz allein, denn mein Treiben kostete richtig viel Asche. Ganz nebenbei entdeckte ich meine Leidenschaft für Geldspielautomaten, was auch nicht ganz billig war.

Die Schattenseiten meines Kokainkonsums sah ich naturgemäß ganz anders als der Rest der Welt, ich fühlte mich mit diesem Zeug in meinem Schädel unbesiegbar und außergewöhnlich,

ich trug nun eine richtig fette „rosarote Brille", durch die ich alles so sah, wie ich sehen wollte.

Nach einer durchzechten Nacht, ich war bis in den frühen Morgenstunden in der Diskothek Castello gewesen, fuhr ich in das ehemalige Caféhaus meines Onkels, er hatte es vor kurzem verkauft und betrieb nun ein neues Caféhaus in der Wiener Innenstadt, dieses hatte wieder einmal Tantes Gönner, KK der Kunsthändler, finanziert.

Es war so gegen 9:00 Uhr gewesen, das Café war gut besucht, ich war in bester Kokainlaune und bestellte einige Runden für meine alten Kumpels und setzte mich an den Spielautomaten. Schnell waren einige tausend Schillinge verspielt und ich leerte ein Glas Bacardi Cola nach dem anderen. Der Vorteil von diesem Teufelszeug Kokain war der, dass man jede Menge Alkohol trinken konnte, man wurde nicht müde und sah in der Regel eher frisch als betrunken aus. Mich machte dieses Teufelszeug auch noch eher ruhig und unterhaltsam, als dass ich hektisch oder aufgekratzt gewesen wäre, allerdings nur so lange ich keinem Stress oder unangenehmen Situationen ausgesetzt war.

Ich schob gerade wieder tausend Schillinge in den Slot des Spielautomaten, als die Tür aufging und „Rick", mein ungeliebter Freund, das Lokal betrat. Auch er war scheinbar die ganze Nacht unterwegs gewesen und er benahm sich seiner Art entsprechend, wie ein Arschloch eben. Er sah mich am Spielautomaten sitzen und musste natürlich gleich eine seiner bescheuerten Bemerkungen loswerden, natürlich nur indirekt, aber jeder hier wusste, wer gemeint war. Unbedingt musste er an dem Tisch neben dem Spielautomaten Platz nehmen, es war derselbe Platz, an dem er vor über zehn Jahren mit meinem Onkel saß, derselbe Platz, an dem ich ihm in meiner Hilflosigkeit attackierte und ihn packte, ich hatte damals Angst um meinen Onkel, ich war noch mehr Kind als erwachsen.

Die Burschen an diesem Tisch überließen „Rick" ihren Platz, niemand wollte ihn provozieren, man wusste ja, wie er sein konnte. „Na toll", dachte ich mir, seit all den Jahren bin ich diesem Arsch erfolgreich aus dem Weg gegangen, vor allem, wenn er getrunken hatte, nüchtern war er ja still und unauffällig und oft trafen wir ja ohnehin nicht aufeinander. Aber heute, jetzt und hier brannte die Luft, ich spürte förmlich seinen Hass wegen der Geschichte von damals, schon einige Male hatte er mir böse mitgespielt.

Als ich mich von meiner damaligen Freundin trennte, tat er alles, um sie ins Bett zu bekommen, was ihm auch gelungen war und damit machte er sich überall wichtig und über mich lustig, er sprach stets schlecht von mir, wohl während meiner Anwesenheit, aber immer so, dass ich es von dem einen oder anderen erfahren hatte.

Ich muss es zugeben, ich ging ihm bewusst aus dem Weg, ich wollte keine Auseinandersetzung mit ihm riskieren, doch heute konnte ich ihm nicht aus dem Wege gehen und das wollte ich auch nicht, denn eines war ich nie, ... feige oder unehrenhaft oder so unfair wie dieser Scheißkerl.

Würde ich jetzt mitten unter meinem Spiel gehen, so wüssten alle, dass ich feige war und meinen Schwanz einzog, wenn der große „Rick" blöde Sprüche klopft und das, während ich anwesend war, das ging für mich gar nicht.

Ich spürte seine Blicke und sein blödes hämisches Grinsen, ich spürte die Anspannung aller, die zugegen waren, und dann ging es auch schon los.

„Na Joe, ... spar dir lieber dein Geld und geh schnell nach Hause, heute ist dein Onkel ja nicht da und rettet dir deinen Arsch."

„Vielleicht hat ja mein Onkel bis jetzt deinen Arsch gerettet, du arrogantes Arschloch", erwiderte ich zornig.

„Lass mich in Ruhe und klopfe deine beschissenen Sprüche, wenn ich nicht dabei bin, ...wie sonst auch immer! ... Na, wie wäre das?"

„Du verdammter kleiner Pisser, wer glaubst du, wer du bist? ... Noch ein Wort von dir und ich vergesse meine Freundschaft zu deinem Onkel, ... verstehst du, ich lehre dir Respekt, du Rotznase."

„Respekt? ... Du lehrst jemandem Respekt, du abgefuckter Wichtigmacher, lebst von dem, dass du einmal jemanden getötet hast und bist noch stolz darauf, du bist doch der letzte Arsch auf dieser Welt, machst dich im Caféhaus wichtig und spielst den Unterweltler? … Im Café Lainz, wenn einer abgezockt wird und du dabei sein darfst, wenn der Heinz, der Toni oder der Dolle, dir einen kleinen Anteil aus Mitleid zukommen lassen, machst du den Diener und hältst schon brav deine Fresse, … auch wenn ich dabei bin und heute dieses Scheiß-Programm vor dem einfachen Volk? … Du bist doch das Letzte!"

„Joe, … ich sage es nur einmal, du hast fünf Minuten zu gehen und komme nicht wieder, es sei denn, du willst es dir ausschießen, dann solltest du aber auch eine Waffe und dicke Eier dabeihaben, … verstehst du? Jetzt ist Schluss mit lustig!"

Mit diesen Worten hatte er mich, mir fielen all seine beschissenen Sprüche der letzten Jahre ein, ich hasste diesen Menschen mit all seinen Gemeinheiten, mein Puls stieg ins Unermessliche.

„Du drohst mir mit der Waffe, du willst schießen?! … Du verdammter Idiot forderst mich heraus, … mich? … Im Ernst jetzt?"

„Rick" starrte mich bitterböse an, er zog seine Hand nach hinten, als würde er nach einer Waffe greifen. Es war Totenstille im Lokal, alle hielten den Atem an und warteten gespannt, was nun passieren würde.

„Gut", sagte ich, „… du alter Idiot, wenn du es darauf anlegst, an mir soll's nicht scheitern, zieh deine Waffe, du feiges Schwein, … los, jetzt, so lange du noch kannst!" Nichts passierte, er schaute mich nur blöd an und sagte kein Wort mehr.

Hasserfüllt verließ ich das Lokal, ich war fest entschlossen, diesem verdammten Arschloch die Stirn zu bieten, es war mir egal, ob ich dabei draufgehen würde, ich wischte mir ein paar Tränen des Zorns und meiner unendlichen Wut aus den Augen.

Am Weg zu meinem Auto fiel mir ein, dass ich meine Waffe nicht zu Hause hatte, ich hatte sie in einem Bunker, wo ich jetzt nicht ran konnte, ich drehte fast durch, wollte wieder zurück und ihn mit meinen Fäusten erschlagen, da fiel mir „Dolle" ein.

„Dolle" war ein Hüne vom alten Schlag, der ordentlich im Milieu mitmischte, er war in der zweiten Reihe der großen Fünf, im selben Alter wie „Rick", aber überall geachtet, gefürchtet und berüchtigt. Dolle war über zwei Meter groß, wog gut über 130

Kg und war der Mann fürs Grobe. Ich erledigte einige Jobs für ihn, ich kannte ihn recht gut und er wohnte nicht weit von hier und eines war sicher, er hatte zumindest eine Waffe zu Hause und ich wusste auch, wo er sie hatte.

„Dolle" schlief noch, ich läutete ihn aus dem Bett, noch schlaftrunken öffnete er mir, er sah sofort, dass ich jetzt nicht auf große Worte aus war. Ich sagte nur: „Sei mir bitte nicht böse, ich mache es wieder gut, … versprochen!"

Ich griff mir die Waffe, die in einem Hocker versteckt war und ging so schnell, wie ich gekommen war. „Dolle" konnte nur zusehen, zu überrascht war er, um irgendwie einzugreifen.

Von seinem Fenster aus schrie er mir noch nach: „Du Idiot, … du Wahnsinniger! … Baue bloß keine Scheiße!!… Hörst du?" …

Ich fühlte mich noch nie so gekränkt und getrieben, ich war nun für alles bereit, über zehn Jahre ging ich diesem Arschloch aus dem Wege und der traktierte und diffamierte mich bei jeder sich bietenden Gelegenheit, ich konnte das überhaupt nie begreifen und jetzt wollte ich nichts mehr begreifen, ich wollte das alles nur mehr beenden, ein für alle Mal.

Wieder in meinem Auto, zog ich mir gut ein halbes Gramm Koks mit einem Sniff in die Nase, mein Herz klopfte wie verrückt, ich prüfte die Waffe, es war eine 357er-Magnum mit fünf Schuss, sie war geladen und so bereit wie ich auch.

Gegen 12:00 Uhr betrat ich das Caféhaus mit gezogener Waffe und gespannten Hahn, ich richtete sie sofort auf den Kopf von „Rick" und ich wusste, eine blöde Bewegung oder auch nur ein blöder Spruch von ihm und ich drücke ab.

Irgendwie wusste er das auch, seinen Gesichtsausdruck werde ich wohl nie vergessen und der machte mich noch wütender, er senkte sofort seine Augen, dann seinen ganzen Kopf, nicht fähig mich anzusehen, er hob seine Arme und war still wie noch nie davor. Ich schrie ihn an, ich hatte Tränen in meinen Augen, ich war am absoluten Limit, ich war enttäuscht und so voller Wut, weil dieser Arsch nun kein Wort herausbrachte, mich nicht einmal angesehen hatte. Alle, die da waren, hatten sich auf den Boden gelegt oder irgendwie Deckung gesucht, niemand traute sich zu bewegen oder etwas zu sagen, nur Robert, der Chef, der auch Kellner war und hinter der Theke stand, versuchte deeskalierend auf mich einzuwirken. Mit der geladenen Waffe und gespanntem Hahn, meinen Finger am Abzug, stellte ich mich direkt vor „Rick" hin und drückte ihm den Lauf meiner Waffe an den Kopf. Ich brüllte ihn an, schimpfte ihn und nannte ihn alles nur Erdenkliche, er reagierte nicht und versuchte, unter den Tisch zu rutschen.

„Was ist, du Held? ... DUUU! ... Der du selber ein Mörder bist, dich damit rühmst und mir selbst noch vor einer Stunde deine Waffe in meinem Mund stecken wolltest, mir Respekt lehren wolltest und vor aller Publikum stets den Mann gibst, der über alles erhaben und unbesiegbar ist, ... DUUU willst jetzt nicht deinen Mann stehen?"

Rasend vor Wut schlug ich ihm mit der Waffe auf seinem Kopf, ich wollte ihm unbedingt den Lauf der Waffe in seinem Mund drücken, ihn spüren lassen, so wie er es bei mir machen wollte, doch seinen Blick, sein Gesicht hielt er beharrlich nach unten und geschützt.

„Ricks" Blut floss in Strömen von den vielen Schlägen auf seinem Kopf, ich zog ihn unter dem Tisch hervor, an dem er sich festklammern wollte. Dann kroch er am Boden und noch immer kamen keine großen Sprüche oder Worte der Einsicht, keine Sekunde sah er mir in meine Augen.

Einige Gäste im Extraraum sahen nun ihre Chance, schnell aus dem Lokal zu fliehen, da ich ausschließlich auf meinen „Freund" fokussiert war. Die panisch Flüchtenden rissen mich dann irgendwie aus meinem Tun heraus, ... Gott sei Dank, es war wie ein Weckruf in letzter Sekunde, Robert der Chef flehte mich an, endlich aufzuhören und auch zu gehen, ehe die Polizei da sein wird.

Daraufhin ließ ich von meinem Opfer ab und floh auch auf schnellsten Weg. Ich fuhr wieder zu „Dolle", ich wollte die Waffe ablegen, doch er war nicht mehr zu Hause, daraufhin fuhr ich heim, um zur Ruhe zu kommen, ich war fix und fertig und versuchte zu schlafen, mit den Bullen rechnete ich nicht. Dass mich

„Rick" bei den Bullen verpfiffen hatte, traute ich ihm nicht zu, das hätte seinem Ruf geschadet und im Milieu wäre er unten durch gewesen.

Ich war gerade eingeschlafen, da hämmerte jemand an meiner Tür, ich war so müde und fertig, mir war egal, ob es nun die Bullen wären oder wer auch immer. Ich öffnete, bevor die Tür im Eimer war, da stand „Dolle" vor mir und sein Vortrag war wie Dornenschläge ins Gesicht, doch dann kam der Teil, der diese Dornenschläge in reines Licht und Sonne verwandelte.

Wohlwollend und überaus zufrieden lauschte ich seinen Worten. Nach „verdammter Idiot" und all den Vorwürfen und Belehrungen, die damit einhergegangen waren, kam ich aus dem Staunen nicht mehr heraus.

„Joe, ich sage dir, … was für eine abgefahrene Nummer, … natürlich war es ein Himmelfahrtskommando und du bist immer noch der blödeste Hund in diesem Land, aber was sich ‚Rick' leistete, geht ja gar nicht. Hätte ich es nicht selbst erlebt, ich würde es niemanden glauben.

Ich war auf der Suche nach dir und sicher, ich war stinksauer wegen dem Teil mit der Waffe, … du hinterlistiges Arschloch, ich dachte mir schon, dass du irgendwo in der Nähe Blödsinn machen würdest. Mein erster Gedanke war das Café Lainz, mein zweiter Gedanke war dann ein Volltreffer, … das Café deines Onkels.

Die Blaulichtorgel war schon von Weitem zu sehen, ich befürchtete zu spät zu kommen, aber ich kam genau im richtigen Moment, um dir deinen Arsch zu retten, allerdings dachte ich an eine andere Art von retten."

„Aha, … wieso, … wie meinst du das?"

„Unser Freund wurde gerade von einem Rettungsarzt versorgt und die Bullen begannen Fragen zu stellen, ich denke, unser Freund war gerade dabei zu plaudern. Ich sag dir ja, genau im richtigen Moment war ich gekommen. Schnell waren seine Lippen versiegelt, brav senkte er sein Haupt und behielt seine gottverdammte Geschichte für sich, … wie es sein muss! …

Mann, sah der scheiße aus, … sein ganzer Schädel war voller Blut, aber angeschossen war er nicht, mit dieser verdammten

Waffe getroffen, hätte er sicher keine Fragen mehr beantworten können, Gott sei Dank hast du nicht geschossen, du Wahnsinniger.

Der eine oder andere Bulle wusste, wer ich bin, doch direkt ansprechen wollte mich dann doch keiner. ‚Rick' wollte etwas zu mir sagen, sich rechtfertigen oder so, was weiß ich. Er verstand auch ohne Worte, warum ich hier war, eine kleine Geste reichte da völlig aus.

Ich wartete noch, bis sich die Bullen zurückzogen und fuhr dann ins Café Lainz, weil ich dachte, dass du nun dort anzutreffen wärst. … Warst du aber nicht, keine zehn Minuten später kam ‚Rick' durch die Tür, mit einem dicken Turban am Schädel, ich gab ihm sofort zu verstehen, dass er hier nicht willkommen ist, doch Einsicht war heute wohl kaum seine Stärke gewesen. Ich gab dem Ganzen ein wenig mehr ‚Pepp' und warnte ihn nun öffentlich, was er ebenfalls ignorierte, und das konnte ich auf keinen Fall durchgehen lassen.

Kennst ihn ja, er versuchte, sich aus der von mir beobachteten Situation zu retten, was davor abgelaufen war, wusste ich ja noch gar nicht, doch was ich mitbekommen hatte, reichte mir völlig. … Das geht nicht, für niemanden!

Scheiße, … mir riss dann der Faden und seine blöde Hundefresse konnte ich auch nicht mehr ertragen. Ich zog ihm mit einem großen Aschenbecher einen schönen Scheitel in seinen verdammten Turban, und das war es dann auch schon, wie ein alter Sack ging er zu Boden. Die Kellnerin stürzte sich schützend über ihn, … über diesen Arsch mit Turban.

Sie brachte ihn gleich raus zu einem Taxi und jetzt stehe ich hier bei dir und will meine verdammte Waffe zurück, … du Idiot! … Was denkst du denn, wie das hätte ausgehen sollen, … hast du noch immer nichts gelernt, du hattest heute ein gottverdammtes Glück! … Strapaziere es nicht und jetzt geh schlafen! … Und hör mit dem Scheiß-Koksen auf, da kommt nichts Gutes bei raus! … Wir sehen uns, wenn du wieder klar im Kopf bist."

Die nächsten Wochen war ich ständig auf der Hut, ich war immer bewaffnet, ich war mir sicher, dass mir „Rick" irgendwo auflauern würde, um Rache zu üben, doch es passierte nichts. Zu unserem beiden Glück sah es ganz so aus, als ließe es „Rick" auf sich beruhen. Es dauerte eine ganze Weile, bis ich mich wieder halbwegs sicher fühlte, ich denke, die kommende Weihnachtszeit tat mir gut und wenn man so will, ich glaube, ich habe in dieser Zeit wieder Frieden und Ruhe für mich selbst gefunden.

KAPITEL 18

Femme fatale

So turbulent und actionreich das Jahr 1992 auch gewesen war, es hatte auch etwas Gutes in mir bewirkt. Meine Vorsicht und meine Ängste machten mich ruhiger und überlegter, ich gab mich nicht mehr derartigen Extremen hin, daraus resultierte natürlich auch ein überschaubarer Konsum von Alkohol und Kokain, obgleich es für ein normal geführtes Leben noch lange nicht reichte. Aber immerhin, mir tat es verdammt gut, mir war bewusst, welches Glück ich schon bei so vielen oder in so vielen unkontrollierten Situationen hatte.

Ich bemühte mich nun, meine Geschäfte unauffällig und im Verborgenen weiterzuführen, doch die Geschichte mit „Rick" klebte an mir wie eine Markierung, die nicht abzumachen war und wieder änderte sich alles grundlegend. Rick selbst machte mir mein Leben nach wie vor nicht mehr schwer, wir gingen uns konsequent aus dem Wege und das war auch gut so, doch die Aufmerksamkeit, die durch diese blöde Geschichte entstanden war, brachte mir das genaue Gegenteil von dem ein, was ich mir eigentlich erhofft hatte. Meinem Interesse galt es, meinen Geschäften mit dem Koks und mit dem Haschisch so gut und unauffällig wie möglich nachzugehen, was mir bis dahin auch ganz gut gelungen war, doch irgendwie war ich in den Fokus einiger Mächtiger im Wiener Milieu geraten. Einige Leute von früher, die Macht und Einfluss hatten, wurden wieder auf mich aufmerksam und mein Freund „Dolle" war da nicht ganz unbeteiligt, nur wusste ich nicht, dass er die Triebfeder im Verborgenen war.

Natürlich war der Ruf, der mir vorauseilte, für den einen oder anderen Boss der Halbwelt ein nützliches Werkzeug, denn so ziemlich alle, die im Milieu verkehrten, wussten um meine Entschlossenheit Bescheid, wenn es darauf ankam. Wenn man den Geschichten Glauben schenkte, die in diesem Zusammenhang erzählt wurden, wurde einem so richtig übel.

Kein Mensch erkannte, dass ich überhaupt nicht so war, wie die mich sahen, ich handelte eigentlich nur, wenn ich keinen Ausweg hatte, wenn ich so sehr in die Enge getrieben wurde, dass ich widerwillentlich etwas tun musste, was blieb mir denn auch anderes übrig?

„Dolle" war auf mich bezogen der perfekte Rattenfänger, er hatte die Gabe, mir so ganz nebenbei von einem Ärgernis oder von einem Problem zu berichten, welches er selbst nicht lösen konnte. Natürlich sagte er es nicht mit diesen Worten, er verpackte es immer in eine Geschichte, die abenteuerlicher nicht sein könnte. Völlig mitgenommen suchte mein Spatzenhirn dann nach Lösungen, die ihm helfen könnten. Blöderweise kam immer dasselbe Ergebnis dabei heraus, ich sprang für ihn in die Bresche, ich fühlte mich ja irgendwie verpflichtet, ihm zu helfen.

Meist ergaben sich solche Situationen „zufällig", einige Tage, nachdem er mir eine kleine Beteiligung von einem Stoß-Spiel, oder aus anderen fragwürdigen Einkommen zukommen ließ, wenn jemand abgezogen wurde, ohne dass ich dabei gewesen wäre und ähnliches. Irgendwie entstand bei mir immer das Gefühl, etwas zu schulden. Er war schon ein ausgekochtes Schlitzohr, dieser „Dolle", er wusste genau, wie er mich nehmen konnte und ich bot mich noch dazu bereitwillig und aus freien Stücken an zu helfen.

Mit dem, dass ich mir ohne Erlaubnis seine Waffe gekrallt hatte, stand ich natürlich bis zum Hals in einer Schuld, die ich mir selbst aufgeladen hatte und so kam es natürlich, dass ein unlösbares Problem im Raum stand. Hinzu kam noch, dass er mir Glauben machte, dass einer der Bosse ziemlich ungehalten wegen der Geschichte mit „Rick" gewesen wäre, er versicherte mir, sich darum zu kümmern, aber zuerst müsste er selbst einen Auftrag zur Stärkung seiner eigenen Position ausführen, … erledigen.

Der Auftrag war nicht so ohne, es musste jemand für einige Wochen sehr viel Zeit zum Nachdenken erhalten und er sollte in einem Spital nachdenken, er sollte um sein Leben fürchten, aber er darf dabei nicht draufgehen. Also ein richtig beschissener Auftrag mit jeder Menge Risiko und Gefahrenpotenzial, genau das, was ich am meisten hasste.

Wenn ich so einen „Kunden" nicht für absolut schuldig hielt, „Dolle" wusste es genau, dann hätte ich so einen Auftrag niemals ausgeführt oder übernommen, aber dafür sorgte „Dolle" schon, und wie er dafür sorgte.

Bei „Dolles" Erzählungen rund um den Auftrag, krümmten sich meine Zehennägel, „so ein verdammtes Schwein", stimmte ich „Dolle" zu. Und natürlich bot ich mich an, um statt ihm in die Bresche zu springen.

Mein erklärtes Ziel war nun beschlossen, es war aber nicht in Wien und auch nicht innerhalb österreichischer Grenzen, mein Ziel war Italien, der Gardasee.

„Dolle" übergab mir ein kleines Dossier mit dem Foto der Zielperson und der Adresse meines Kontaktmannes vor Ort, die Gräueltaten meiner Zielperson gab es mündlich, es handelte sich um einen Italiener, um einen Luden, der ein paar ansässige Mädchen am See als Prostituierte beschäftigte, kein großer Macker, kein größerer Anhang, keine Organisation um ihn herum, … kein großes Ding.

Er hatte, so erklärte mir „Dolle", einigen Mädchen aus unseren Reihen in unserem Gebiet am See geschadet, sie verdrängt oder eingeschüchtert. Eine offene Konfrontation konnte oder wollte man sich nicht leisten. Die Prostitution am See war ja illegal, sie wurde von den Carabinieri nur geduldet. Deshalb musste auch alles sorgfältig geplant sein, es musste jemand von außerhalb kommen, sodass zumindest der Schein gewahrt werden konnte. Logisch, … so weit, so gut, … rein, raus und schwupp bin ich wieder zurück, kein Schwein kennt mich, unsere Leute feiern irgendwas in einer Kneipe und hätten zur Tatzeit ein felsenfestes Alibi. … Alles gut, alles einfach, … kann ja nichts schiefgehen. Ich hatte mir dafür ein Auto mit einen NÖ-Kennzeichen geliehen, sodass keine Spur zu mir oder nach Wien führen könnte, man weiß ja nie, irgendwer sieht dein Kennzeichen und schon bist du am Arsch. Nein danke, das hatte ich ja alles schon.

Am Gardasee angekommen, traf ich auch gleich meinen Kontaktmann, der zu meiner Verwunderung eine Frau war, eine extrem scharfe Frau, Aurora war ihr Name. Ich hätte fast vergessen, weshalb ich gekommen bin, sie nahm mir aber schon im Ansatz die eine oder andere Fantasie. Aurora war um die 40 Jahre alt, knallhart und klug und ja, ich weiß, dass hatten wir ja schon, … sie sah richtig geil aus.

Verzückt von Auroras Schönheit dauerte es eine ganze Weile, bis ich mir die Frage stellte, warum mir, so eine schöne Frau, für einen derartigen Auftrag zur Seite gestellt wurde. Ich brauchte ja absolut zuverlässige Informationen und auch Hilfe, wenn nötig.

Was, wenn sie ein Opfer war oder schlimmer noch, eine verschmähte Liebe von diesem Typen, so was könnte natürlich gehörig nach hinten losgehen.

Ich war natürlich Profi genug, um nicht auf Teufel komm raus zu handeln, und doch war ich noch nicht so weit, um mir das nicht anmerken zu lassen.

„Warum bist denn auf einmal so ernst und nachdenklich Joe? … Vor ein paar Minuten dachtest du noch intensiv nach, wie du mich rumbekommen könntest, und jetzt so ernst? … Was ist los? … Was macht dir Sorgen?"

„Nichts! … Was soll mir Sorgen machen? … Ich …"

„Ist schon gut, Joe, ich weiß, was du denkst und das ist auch in Ordnung, … wir kennen uns ja nicht wirklich. Deine Fragen beantworte ich heute Abend, … du wirst schon sehen, jetzt muss ich aber los, also bis später, ich hole dich gegen 22:00 Uhr hier ab."

Irgendwie hatte mich das jetzt auch nicht weitergebracht, ich hatte zwar kein ungutes Gefühl, aber verdammt, wer war diese Frau?

Meine Unterkunft war weit ab vom See oder vom Schuss, wie man zu sagen pflegte, ein kleines Apartment im Nirgendwo, außer mir wohnte hier niemand. Ich hatte ja noch den ganzen Tag Zeit und beschloss, mir den See bei Tage anzusehen, ich war ja noch niemals da gewesen.

Wahnsinn, hier war es wunderschön und Traumwetter gab es obendrauf, ich kaufte mir eine Badehose und ging schwimmen, dann schlenderte ich die Promenade entlang und aß die beste Pizza, die ich je gegessen hatte, und schon war es Abend geworden.

Aurora war pünktlich gekommen, wir fuhren gemeinsam die Route ab, die meine Zielperson täglich abspulte und Aurora setzte mich von seinen Gewohnheiten in Kenntnis.

Als würde dieser Typ etwas ahnen, ärgerte sich Aurora und war richtig mit den Nerven runter, seit ein paar Tagen war dieses Arschloch nie alleine unterwegs, immer war dieser andere Typ bei ihm oder eben eines seiner Mädchen, die er zu ihrem Standplatz brachte oder abholte und in die Kneipe bei dem abgelegenen Parkplatz ging er auch nicht wie sonst immer.

„Mein ganzer Plan funktioniert nicht mehr, ... so eine Scheiße."

„He, he, was ist denn los mit dir? ... Du bist ja nicht wiederzuerkennen, jetzt mach mal langsam. Komm, fahr zurück, wir nehmen mein Auto, ich möchte den Typen ohnehin selbst sehen und den anderen auch. Jetzt komm mal wieder runter und erzähle mir, warum bist du mein ‚Partner' bei dieser Sache und wie soll ich dir vertrauen, wenn du jetzt schon die Nerven verlierst? ... Und erzähl mir keinen Scheiß, sonst bin ich morgen schon wieder am Weg nach Hause, ... ok? ... Ich habe keine Lust auf ein beschissenes Himmelfahrtskommando, denn das sieht jetzt gerade mal so aus!! Wie kommt ‚Dolle' überhaupt auf dich, du bist befangen, wie mir scheint und das ist gefährlich, du bringst mich in Gefahr und das brauch ich gar nicht. Vor ein paar Stunden machte ich mir noch Sorgen, weil du so cool, so überlegen und entschlossen auf mich gewirkt hast und jetzt bist du ein nervliches Wrack. Was denn jetzt? ... Jetzt erzähl mal, was Sache ist!!"

„Ist ja schon gut, Joe, ... ich habe dir doch gesagt, ich erzähle dir alles und ich beantworte alle deine Fragen, ... hatte ich doch, oder nicht?"

„Ja sicher, hattest du! ... Und? ... Weiter!"

„Also gut, ... mein Bruder unterhält recht gute Kontakte in Wien. Dieser Typ hier ist wie ein Patensohn für ihn gewesen, mein Bruder hatte ihm viel ermöglicht und zum Dank hat dieser Scheißkerl meinen Bruder verraten und verkauft. Mein Bruder sitzt noch immer wegen dieser Ratte ein. Der Heinz hat meinem Bruder ein Exempel zugesichert und jetzt bist du da."

„Wie jetzt? … Das ist alles? … Was ist mit der Geschichte, die mir Dolle erzählte? … Ist das jetzt alles Quatsch oder was soll ich jetzt glauben? … Das ist ja wieder einmal so eine richtig tolle Geschichte. … Fuck!"

„Nein, nein, das stimmt schon auch, zumindest zum Teil, dieser Scheißkerl hier ist skrupellos, er nutzt jede Gelegenheit, um andere über den Tisch zu ziehen, dieser Typ ist eine Ratte, … glaube mir."

Bitterböse und entschlossen sofort nach Wien zu fahren, packte ich meine paar Sachen in die Tasche, Aurora weinte und flehte mich an zu bleiben, aber ich war hart wie ein Felsen und zornig war ich auch, ich fühlte mich überrumpelt. „Dolle, dieses Arschloch", dachte ich mir, „was denkt sich der überhaupt, warum lügt mich der so an?" Ich saß schon im Auto, als ich Aurora durch meine Seitenscheibe weinend am Fenster sah, aber sehr weit bin ich nicht gefahren.

Verdammt! … So eine verdammte Scheiße, was weiß ich, was mich nun wieder für ein Teufel geritten hatte, ich kehrte wieder um, die beschissenen Tränen, dieses letzte Bild von Aurora, ihr trauriges Gesicht ging mir nicht mehr aus meinem Kopf.

Als ich wieder vor dem Haus stehen blieb, kam mir Aurora auch schon entgegen, sie umarmte mich, sie küsste mich und ich harter Kerl tröstete sie, bis auch mir, dem superharten Felsen, ein kleines „Tränchen" über die Wangen lief. Was soll man da noch mehr dazu sagen und wieder einmal war ich voll am Arsch.

Was dann in den nächsten Stunden geschah, überraschte mich, wie so vieles in meinem Leben, und ich bin sicher, Aurora hatte mit einem derartigen Verlauf der Dinge auch nicht gerechnet. Bis heute denke ich irgendwie gerne daran, alles war so ehrlich und echt, alles war ohne viele Worte, alles fügte sich wie Blätter dem Wind und alles geschah, ohne auch nur einen Gedanken an irgendwelche Konsequenzen zu verschwenden und es war wunderbar.

Als ich morgens wach wurde war alles anders als noch tags zuvor. Aurora drängte mich liebevoll, nach Hause zu fahren, ich wiederum wollte ihr helfen, nicht, weil ich mich verpflichtet fühlte, es war mir ein Bedürfnis geworden, ich verspürte weder Druck noch Reue, es erschien mir ohnehin richtig, diesen Bastard zu bestrafen.

Wir beschlossen um unser beider Willen, die letzte Nacht in ihrer Reinheit zu bewahren, denn das war sie auch und ich werde diese Nacht auch niemals vergessen, bis heute hatte ich keiner Menschenseele davon erzählt.

Wie von Zauberhand geführt waren wir beide nun konzentriert und professionell bei der Sache, wir planten gut und flexibel, wir waren auf einmal wie ein eingespieltes Team und das machte richtig Laune. Allerdings verzögerte sich alles um zwei Tage, Aurora musste mir eine Waffe besorgen, eine Derringer, Kal. 38 oder einen Revolver 38 Spezial, klein musste sie sein und passende, mit Schrot gefüllte Patronen brauchte ich auch.

Jetzt zeigte sich die Klasse und die Herkunft von Aurora, sie wusste genau, warum und wofür man so eine Waffe mit solcher Munition brauchte, eine andere Frau hätte wahrscheinlich sofort über Mord und Tod und was weiß ich was alles herum geeiert, aber sie wusste sofort, was ich vorhatte.

„Joe, soll ich Gummischrott besorgen oder richtige?"

„Nix Gummi, aber auch nicht zu kleinkörnig! … Und Aurora, … kurzer Lauf! Ist ja nur zur Sicherheit, wenn alles schiefgeht."

„Ja, ja, … besorge ich, also morgen bin ich wieder da, Joe, … bis dahin."

Am nächsten Abend war Aurora wieder zurück, mit der perfekten Waffe im Gepäck, eine Taurus mit einem 1,5 Zoll Lauf und der passenden Munition.

Wir hatten einen guten Platz für mein Vorhaben gefunden, meine Zielperson ging gegen Mitternacht in ein kleines Bistro, Parkmöglichkeiten gab es direkt vor der Tür, das Lokal war zwar immer nur von wenigen Leuten besucht, aber viel zu unsicher für einen direkten Zugriff, also veränderten wir die Bedingungen.

Aurora sorgte dafür, dass es vor diesem Lokal keine Möglichkeit zum Halten oder zum Parken gab, sodass mein „Freund" in eine dunkle Seitengasse abbiegen und parken musste und da wartete ich auf ihn und seinen Freund. Alles war perfekt vorbereitet, gegen 23:00 Uhr fuhren wir von meiner Unterkunft los, ich hatte alles dabei, um im Anschluss sofort nach Wien abzuhauen. Wir verabschiedeten uns, wie Freunde es tun. Die eine Nacht, die wir miteinander hatten, war die einzige geblieben und wir schworen uns, dieses Abenteuer für uns als Geheimnis zu bewahren.

Als das Auto meiner Zielperson in die kleine Gasse abbog, war ich bereit, er war ziemlich pünktlich gekommen und tat genau das, womit wir gerechnet hatten und zu meinem Glück war er alleine gekommen. Trotzdem schnellte mein Puls hoch, als ich mich von hinten annäherte, mit meiner Stahlrute schlug ich diesem Arschloch seitlich das rechte Knie kaputt, schmerzverzerrt ging er sofort zu Boden, noch eher er um Hilfe schreien konnte, war ich auch schon über ihm, ich schlug ihm etliche Male mit meiner Faust in seine Fresse, in seinen Augen sah ich die Angst, die er für gewöhnlich anderen zukommen ließ, dann schlug ich ihm mit der Stahlrute das andere Knie kaputt, nur auf Nummer sicher zu gehen, kugelte ich ihm auch noch die rechte Schulter aus. Zum Schreien hatte der große Macker nun keine Kraft mehr, er winselte leise vor sich hin, kaum in der Lage, sich zu bewegen, ich suchte ihn noch auf mögliche Waffen ab, aber da war nichts. Ich sah mich noch einmal um, dann stieg ich in mein Auto und machte mich auf den Weg nach Hause.

In Wien angekommen, traf ich mich mit „Dolle" und stellte ein für allemal klar, dass ich für solche Aufträge nie wieder zu Verfügung stehe. „Dolle" fragte mich nicht einmal nach dem Warum oder Wieso, für ihn war ganz offensichtlich nur eines wichtig, dass dieser Auftrag erledigt war.

Meine Geschichte rund um meinen Grund interessierte ihn nicht die Bohne.

„Dolle" drückte mir ein Kuvert mit 30.000.- Schilling in die Hand und meinte nur, es war ja nicht seine Idee. … Heinz wollte es so. Damit war die Sache für ihn und Heinz erledigt, für mich war es das auch. Das Gute an dieser ganzen Geschichte war, dass ich ab diesem Tag meine Ruhe von „Dolle" und auch von den anderen dieser Gesellschafft hatte.

Meine eigenen Geschäfte liefen hervorragend, ein Bekannter fädelte mir einen großen Deal ein, bei dem ich zwei Kilo Marihuana pro Woche absetzen konnte. Über einen Mittelsmann belieferte ich nun wöchentlich einen der Hotspots in Wien mit meiner Ware, es war ein Lokal, in dem sich jeder traf, der dieses Zeug rauchte. Ich selbst setzte nie auch nur einen Fuß in dieses Lokal, ich konnte mit den Leuten, die „Shit" rauchten, nicht wirklich was anfangen, aber der Deal war sensationell und nun fixer Bestandteil meiner Geschäfte.

Alles in allem verkaufte ich jetzt bis zu vier Kilogramm Marihuana die Woche und das warf ordentlich Gewinne ab. Mit dem Kokain ging es ähnlich voran, der Assistent einer der angesagtesten „Künstler" in diesem Land war bei mir Stammkunde und der öffnete mir die Tür in das Showbusiness, … es war unglaublich.

Das Donauinselfest 1993 mutierte zum Wahnsinnswochenende, ich verkaufte nahezu einen Kilo Koks in knapp einer Woche und auch ich selbst kokste mir förmlich das Hirn aus meinem Schädel, im wahrsten Sinne des Wortes tat ich das.

Egal, wie viel Geld ich auch verdiente, ich hatte die blöde Angewohnheit, alles Geld mit beiden Händen zu verschwenden. Mal spielte ich am Stoß und setzte verwegen 100.000.- Schilling auf irgendeine Karte oder ich besuchte einen Freund, einen Bordellbetreiber am Rande der Stadt und veranstaltete eine ganz private „Session", die dann in einer Obsession mündete, dazu lud ich Freunde und Bekannte ein, … man gönnt sich ja sonst nichts. So eine Aktion konnte schon mal an zwei, dreihundert Tausend Schillinge kosten, was mir völlig egal war, Hauptsache, ich hatte es und konnte tun und lassen, was und wie ich es wollte.

Dieses Jahr hatte es wahrlich in sich, ich leistete mir alles, was Geld kaufen konnte, und ging weit über meine Kräfte hinaus, aber nichts machte mich wirklich glücklich oder erfüllte mich im Innersten. Ich war sehr einsam zu dieser Zeit, ich sehnte mich nach Familie, nach Zusammengehörigkeit, nach all dem, was man mit Geld nicht kaufen konnte, und dieser Wunsch in mir wurde immer stärker.

Mein zweifelhafter Ruf und meine Eskapaden spiegelten wohl kaum meine innersten Sehnsüchte und Interessen, was wohl ausschlagend für meine fruchtlosen Versuche war, die Eine zu finden, die mein Leben in andere Bahnen lenken könnte. Klar, nach außen hin wirkte ich stark und gefestigt, wäre ich das tatsächlich gewesen, hätte ich dieses Problem erst gar nie gehabt.

Ganz kurz sah es dann so aus, als würden sich meine Wünsche doch noch wie von Zauberhand erfüllen, zufällig begegnete ich einem Mädchen, das ich noch von meiner Schulzeit her kannte. Elisabeth hieß sie, sie war eine wunderschöne Frau geworden und sie mochte mich, aber unsere Verbindung stand unter keinen guten Stern, ihr gesamtes Umfeld war gegen mich, allen voran ihre Mutter, die mich auch kannte, sie ließ kein gutes Haar an mir, sie sah in mir nur das absolut Böse. Gegen eine Löwin, die ihr Junges in Gefahr sieht, braucht man erst gar nicht zu kämpfen, damals hatte ich das alles natürlich nicht verstanden und so kämpfte ich um die Gunst meiner Liebe. Natürlich vergeblich, und klar fühlte ich mich unverstanden und zu Unrecht als schlechter Menschen gesehen, aber das war das Bild, das jeder sehen wollte, nur Elisabeth warf einen kurzen Blick in mein Innerstes und dann war es auch schon wieder vorbei.

Es ergab sich noch die eine oder andere Liaison, aber nichts fühlte sich so echt oder richtig an, vielleicht lag es auch daran, dass ich immer wieder an Elisabeth denken musste. Ich hatte keine Ahnung, was es war, aber eines wusste ich, ich möchte mich einmal wieder so geborgen und behütet fühlen wie bei ihr.

Ich verfiel schnell wieder in alte Muster und pflegte mehr denn je einen exzessiven Lebensstil. Ich besuchte Bernhard im Café Lainz, ein paar alte Bekannte waren auch da und so feierten wir, was das Zeug hielt. Irgendwann bat mich Bernhard um einen kleinen Gefallen.

„Du Joe, … du bist doch öfter im Castello, in dieser Disco? … Du kennst doch dort alle und jeden, … oder?"

„Ja, bin ich, zwar nicht mehr so oft wie früher, aber ab und an schon. ... Wieso?"

„Ja, weißt du, der Hansi, du weißt schon, der ‚Aschi', der ist hier noch einen ordentlichen Patzen Geld schuldig, kennst ihn ja, und jetzt ist er schon länger überfällig, könntest du ihn dazu bewegen, sich zu erinnern, ... bitte!"

„... ja, sicher könnte ich, aber suchen gehe ich ihn nicht, diesen abgedrehten Hund, ... wenn ich ihn sehe, kümmere ich mich darum. Wie viel bekommst du denn von ihm? ... Und noch wichtiger, ... zehn Prozent?"

„60.000.- Schilling, ... hmm, ... ja, ok, 10% für dich."

„Na dann, ... das passt, ist notiert."

Ein paar Tage später war ich dann tatsächlich im Castello, ich feierte die ganze Nacht mit ein paar Freunden, ich blieb bis in die Morgenstunden, der „Aschi" war aber an diesem Abend nicht da gewesen.

Ein Kellner, der in der Nähe von mir wohnte, bot mir an, mich nach Hause zu fahren, ich hatte ziemlich viel über den Durst getrunken und aus meiner Nase staubte es wie in einer Bäckerei, ich stimmte dem gerne zu. Wir vereinbarten, mein Auto am Abend zu holen, auch das war mir recht.

Pünktlich wie vereinbart holte mich dieser Kellner am Abend ab, ich hatte einen Bärenhunger und brandig war ich auch. Ich fragte meinen neuen Freund, ob er am Weg in das Castello ein gutes Gasthaus kennen würde, ich musste unbedingt und schnell etwas essen. Unser vorrangiges Ziel war nun ein Heurigenrestaurant in Atzgersdorf.

„Wirst sehen, Joe, das beste Essen in Wien."

Ich war zwar recht häufig im 23. Bezirk unterwegs gewesen, aber diesen Heurigen kannte ich nicht, nicht einmal vom Hörensagen. Als ich eintrat, traf mein erster Blick das Mädchen hinter dem Buffet. Als hätte mich der Schlag getroffen, ich war kurz richtig benommen, so eine schöne Frau hatte ich lange nicht mehr gesehen, ich konnte meinen Blick erst gar nicht von ihr lösen, doch ich merkte, dass ich vom Stammtisch her von allen beobachtet wurde, und so musste ich natürlich meine Aufmerksamkeit auch auf diese Spanner lenken und dann musste ich herzhaft lachen.

Offenbar fühlte sich die illustre Runde an dem Stammtisch auf frischer Tat ertappt, an die zehn Männer, einige von denen kannte ich oder sie mich, sie frönten ganz offen dem verbotenen Stoß-Spiel. Abgesehen davon, dass dieses Spiel bürgerlich rechtlich verboten war, war es auch von Seiten der Bosse, die das verbotene Glückspiel innehatten, nicht gerne gesehen, wenn ohne deren Genehmigung ein Spiel arrangiert wurde. Das Beste daran war aber, dass am „Thron" der Spieler, der die Bank hält und spielbestimmend war, mein lieber Freund „Aschi" saß, dem ich ja im Auftrag von Bernhard 60.000.- Schilling abnehmen sollte.

„Aschi" war ein stadtbekannter Spieler und Gauner, aber ich mochte diesen alten Haudegen trotz allem sehr. „Ich bin sicher", sagte ich lachend, fast überschwänglich, „… das sieht alles ganz anders aus, als es tatsächlich ist, … oder?"

„Aschi" sah mich flehend mit seinem Bernhardiner-Hundeblick an und bat mich um eine kurze Unterredung. „Sicher doch", sagte ich, „das wollte ich auch gerade vorschlagen."

Dieser „Aschi" war ein Schauspieler par excellence, so perfekt er mit Karten umgehen konnte, so perfekt konnte er sich auch jeder Situation anpassen, in ihm war ein Politiker verloren gegangen. Nichts war dem peinlich und vor nichts machte er Halt, wenn er nur seine eigene Interpretation der „Wahrheit" glaubhaft an den Mann bringen wollte oder musste.

Seine Geschichten waren oft so abgedreht und abenteuerlich, kein Betrüger konnte dem das Wasser reichen. Ich war mir ziemlich sicher, dass „Aschi" nicht wusste, dass ich von Bernhard den Auftrag hatte, ihm Geld abzunehmen, dagegen war ich mir überaus sicher, dass „Aschi" um jeden Preis eine Konfrontation mit den Bossen des verbotenen Glückspiels vermeiden wollte, und so versuchte er mir diesen kleinen Fauxpas sozusagen als von den Bossen genehmigt, zu verkaufen.

Für mich waren seine Geschichten immer überaus amüsant, ich hatte ihm ja schon mehrfach im Auftrag abkassiert und ich wusste, was jetzt kommen würde. Ich wusste auch, wenn ich ihn zu sehr unter Druck setze, er würde alles tun, um eine schmerzhafte Erfahrung zu vermeiden. Und da konnte wirklich alles passieren, es wäre nicht das erste Mal gewesen, dass er sich vor aller Öffentlichkeit weinend auf den Boden wirft und um Gnade winselt, sodass alle Welt in ihm das arme Opfer sieht. ... Ja, dieser „Aschi" war unberechenbar und abgedreht wie kein anderer.

„Aschi" war nun inmitten seiner „unglaublichen" Erklärung dem Spiel betreffend, er bot mir bereitwillig und großzügig eine Beteiligung an, ich solle nur das eben Gesehene vergessen, „es ist ja alles mehr Schein als Sein", meinte er.

Ich musste lachen, sein Schauspiel war wieder einmal grandios. Zu seiner Überraschung und Freude teilte ich ihm mit, dass mich sein Spiel überhaupt nicht interessieren würde und die Bosse noch viel weniger.

„Hansi, mein Freund, ich bin doch bloß zum Essen hier, verstehst du? ... Ich habe Hunger, das ist alles."

„Du hast Hunger, ... warum sagst du das nicht gleich, mein Freund, du bist natürlich mein Gast, Joe, komm, setzt dich, alles, was du willst. ... Conny! ... Mein Freund hat Hunger, alles, was er bestellt, ich übernehme das."

Hansi wollte sich wieder seinen Freunden am Spieltisch widmen, er atmete glücklich und erleichtert auf, doch ehe er sich wieder von mir abwenden konnte ...

„Du, Hansi! ... Eines wäre da noch, setz dich doch kurz zu mir."

„Was ist denn, Joe, was kann ich für dich tun?"

„Ja, weißt du, der Bernhard sucht dich, blöderweise habe ich diesbezüglich einen Auftrag und dem muss ich schon nachgehen, verstehst du, was ich meine, mein Freund?"

„Oh Scheiße, der Bernhard, das hatte ich ganz vergessen! ... Ok Joe, ich bitte dich, iss und trink und gib mir ein wenig Zeit, ich krieg das schon hin, in einer halben Stunde hast du das Geld."

„Ok, Hansi, wenn du das sagst, du hast Zeit, bis ich mit dem Essen fertig bin, dann ist aber Zahltag! ... Und Hansi, ich meine das auch so! ... Im Stillen, sodass niemand etwas mitbekommt, oder, ... na ja, du weißt ja, wie das läuft, ... im Stillen ist sicher besser!"

Dieser Wahnsinnige schaffte es doch immer wieder, seinen Hals in letzter Sekunde aus der Schlinge zu ziehen, er bezahlte dann auch tatsächlich, zwar auf dem letzten Drücker, aber das war mir ja egal.

Die wunderschöne Kellnerin, die ich gleich als Erstes sah, als ich eintrat, beobachte mich schon die ganze Zeit, ich spürte förmlich ihre Blicke, sie war überaus freundlich und zuvorkommend. Als ich mich dann zufrieden und satt verabschiedete, flüsterte sie mir: „Ich hoffe, wir sehen uns bald wieder", in mein Ohr, „... ich bin die Conny."

„Ich weiß", sagte ich, ... „und ja, wir sehen uns bald wieder."

Ich wusste noch nicht, dass ich soeben mein Herz verloren hatte und noch viel weniger wusste ich, dass sich das Tor zu meiner ganz persönlichen Hölle geöffnet hatte.

Ich avancierte schnell zu einem hervorragenden Stammgast, ich ließ sozusagen die Puppen tanzen, ich verlegte kurzerhand meine Treffen und Besprechungen in dieses kleine unscheinbare Heurigenrestaurant und sorgte für ordentliche Umsätze, ich organisierte sogar eine Aftershowparty mit und für einen sehr prominenten Kunstler unseres Landes und ich erlag völlig dem Charme von diesem Teufelsweib.

Mittlerweile wusste ich, dass Conny nicht nur die Kellnerin war, sie war auch die Frau des Betreibers und sie hatte mit ihm einen gemeinsamen Sohn, deshalb ließ ich auch meine Finger von ihr, ... wohl oder übel. Ich war nie der Typ Mann, der sich in eine bestehende Beziehung drängte, aber ihre Gesellschaft wollte ich auch nicht missen. Klar, ich war wirklich in sie verknallt und das stellte ich auch klar, aber ich wollte und konnte niemand sein, der im Geheimen durchs Fenster schleicht oder den Nebenbuhler macht, ich hasste solche Leute und mit Kindern in einer Beziehung konnte ich auch nichts anfangen. Unter den nun gegebenen Umständen empfand ich eine tiefe und ehrliche Freundschaft, an der ich auch wirklich Gefallen fand.

Natürlich spielte sich in meinem Kopf die eine oder andere wilde Fantasie ab und ich müsste lügen, wenn ich sagen würde, dass mir das nicht zu schaffen machte, doch irgendwie empfand ich diesen Reitz auch überaus spannend, alles war so aufregend und neu für mich, als würde ich in eine andere Welt eintauchen.

Conny dürfte ähnlich empfunden haben, sie machte es mir wahrlich nicht einfach, sie spielte gerne mit diesem Feuer, das nun entfacht war. Ich war mir natürlich sicher, alles im Griff zu haben und merkte gar nicht, wie mich dieses Feuer langsam in die Arme nahm und dann ging alles rasend schnell, … viel zu schnell.

Völlig unerwartet und panisch rief mich Conny an, sie klang verstört und verzweifelt, sie bat mich um ein Treffen. Conny erzählte mir ihr ganzes Leid, dabei ging es um schlimmste Verhältnisse, sie wurde geschlagen, ihr verdientes Geld wurde ihr abgenommen, ihr Sohn wurde als Druckmittel benutzt und so was alles. Sie wollte nur mehr die Scheidung und weg von ihrem Ehemann und dann sagte sie, sie hätte sich in mich verliebt.

Betäubt von diesen Worten und zutiefst betroffen von ihrer Geschichte bot ich natürlich meine uneingeschränkte Unterstützung an. Eigentlich wollte ich mich gleich auf den Weg machen, um ihrem Ehemann „die Schleife" zu geben, doch das lehnte sie natürlich ab.

„Bist du verrückt, Joe, du darfst ihm auf keinen Fall etwas antun, du kannst ihn doch nicht umlegen, du verrückter Joe?"

Sie machte sich große Sorgen um das Wohl ihres Sohnes, ich glaubte dieser Frau jedes Wort, obwohl nicht alles Sinn ergab, Zweifel an ihrer Aufrichtigkeit hatte ich keine, … warum auch.

Noch ehe ich noch irgendetwas verstehen und meine Gedanken sortieren konnte, geschah es dann. Conny küsste mich und eine gefühlte Sekunde später waren wir auch schon in meinem trauten Heim. Wir verzehrten uns gegenseitig in einem Feuer, das unglaublich brannte.

„Mike" war damals einer der ersten, der mich tunlichst vor dieser Frau warnte, er zweifelte an meinem Verstand.

„Bist du komplett irre geworden, eine Frau mit Kind und Scheidung, das kann und wird nicht gut gehen, … lass es!!"

KAPITEL 19

Conny- Wahre Lügen

Mein Entschluss stand fest, meine Augen und Ohren, mein von Gott gegebener Verstand, alles fügte sich meinem Herzenswunsch und meiner Liebe zu ihr, ich musste ihr helfen, ich konnte sie doch in ihrer Not nicht im Stich lassen und eigentlich wollte ich doch immer schon eine Familie.

Die Geschichten von und um Conny wurden immer abenteuerlicher, sie sprach von einem großen Vermögen und von Landbesitz, das ihr ihr Vater hinterlassen hätte und dass die Familie ihres Noch-Ehemannes hinter ihrem Vermögen her sei. Aber das sei alles nicht so wichtig, „einzig unser beides Glück zählt", sagte sie immer wieder und sie schwor mich auf ein gemeinsames Leben ein, das man sich nicht hätte schöner vorstellen können, sie malte wahrlich mit allen Farben.

Einzig ihre Geheimnistuerei vor anderen machte mich langsam stutzig, nach außen hin wusste noch niemand von unserem Verhältnis zueinander, doch Conny hatte immer für alles eine Erklärung parat, auch wenn es nicht immer Sinn ergab, sie war so was von überzeugend, letztlich erlag ich immer ihrer Wahrheit.

Nun hatte ich genau diese Rolle in einer Beziehung eingenommen, die ich auf den Tod nicht ausstehen konnte und dieser ganze Geheimscheiß ging mir mächtig auf den Sack, was auch für ordentlich Spannung sorgte. Ich war fest entschlossen, mit ihren Noch-Ehemann ein Gespräch zu führen, da stimmte doch irgendwas nicht, war ich mir sicher.

Was soll ich sagen, die Tränen einer Frau, die man liebt, bringen Dinge zu Wege, die man nicht für möglich halten möchte, und so ließ ich von meinem Vorhaben wieder ab und übte mich in Geduld und Vertrauen. Nur Tage später erzählte mir Conny, dass die Scheidung nun offiziell eingebracht war, dadurch waren aber auch ihre Konten und ihr Zugang zu Geld erheblich eingeschränkt. Ihre Verzweiflung war groß, sie hatte doch schon alles für ihre Übersiedlung in ihr Haus vorbereitet, sie wollte mich damit überraschen.

Ich hatte alle Hände voll zu tun, um sie einigermaßen zu trösten und dabei kam mir eine Idee. „Weißt du was, wir mieten ganz einfach ein kleines Haus oder eine Wohnung, bis der ganze Spuk vorbei ist. … Ist doch egal, Geld habe ich genug dafür, wie lange kann das schon dauern, … Problem gelöst."

„Meinst du wirklich?", himmelte sie mich wie ein kleiner Engel an.

Ich meinte das so, wie ich es sagte, und kümmerte mich intensiv darum. Ein Freund bot mir sein Haus zur Miete an, doch es war viel zu weit weg, ich gab daher einem Makler den Auftrag, etwas Passendes zu finden und suchte auch in allen Immobilien-Zeitungen nach dem Richtigen für uns.

Conny fand Gefallen an einer Wohnung in Traiskirchen, die voll möbliert angeboten wurde, sie hatte über 100 Quadratmeter, einen großen Balkon und sie war top ausgestattet, auch ein eigener Parkplatz war dabei. Ich fackelte nicht lange herum und machte gleich Nägel mit Köpfen. Da ich diese Wohnung nur für ein halbes Jahr mieten wollte, war der Preis nicht gerade ein Schnäppchen. Zur Vorsicht nahm ich aber noch die Option auf ein weiteres halbes Jahr mit in den Vertrag, man weiß ja nie.

Die Miete betrug 18.000.- Schilling pro Monat, alles in allem legte ich mal eben 130.000.- Schilling auf den Tisch, weitere 70.000.- Schilling für alles, was man sonst noch so brauchen würde. Mit 01.10.1993 bezog ich mit Conny und ihrem damals zehnjährigen Jungen diese Wohnung.

Der Junge tat mir leid, ich konnte nachfühlen, wie es wohl für ihn sein musste, hin und her geschoben zu werden, ich konnte nicht wirklich viel mit dem Burschen anfangen und sein Vater wollte sich ab nun auch nicht mehr um ihn kümmern und so lernte ich die Mutter von Conny kennen.

Sie war eine einfache alte Frau, die in einem kleinen Siedlungshaus in der Hinterbrühl lebte. Eigentlich war es mir ja egal, aber jetzt, wo ich in diesem kleinen Häuschen stand und mich höflich mit einem riesigen Blumenstrauß bei der Mutter meiner Liebsten vorstellte, war ich doch etwas verwundert.

Conny sprach so viel über Vermögen und Grundbesitz und Häuser und was weiß ich was noch alles und jetzt stand ich in einer eher ärmlichen Behausung, in einer Siedlung, die einst für Flüchtlinge aus Ungarn geschaffen wurde. Dieser erste Kontakt mit Connys Mutter hielt aber noch einiges mehr für mich bereit, diese alte Frau hatte gütige Augen und man sah ihr an, dass sie ihr Leben lange gearbeitet hatte, sie war überaus nett und gastfreundlich, sodass es mir schon fast peinlich wurde.

Und dann war da dieser Moment, in dem ich mit ihr ganz kurz allein war. Sie sprach sehr schlecht Deutsch, deshalb verstand ich sie nicht wirklich, aber es klang ganz so, als hätte sie „Conny lügt" gesagt. Ich lächelte verlegen, da ich mir sicher war, mich verhört zu haben und dann war meine Conny auch schon wieder zur Stelle. Der Junge blieb über das Wochenende bei seiner Oma und ich verabschiedete mich von dieser netten alten Dame.

Kaum im Auto, hatte ich nun einige Fragen an Conny, ich war nicht böse oder dachte, dass mich Conny belogen und getäuscht hätte, ich dachte aber, dass eben alles eine Nummer kleiner wäre, als sie mir erzählte. Ob sie nun reich wäre oder eben nicht, es spielte für mich keine Rolle, ich liebte sie ja.

Kaum hatte ich meine Gedanken offenbart, gab es auch schon einen heftigen Streit, wie könnte ich nur auch eine Sekunde an ihren Worten zweifeln, warf sie mir vor, … und klar, sie weinte.

„Was denkst du denn von mir? … Natürlich habe ich keinen Blödsinn erzählt, meine Mutter ist eben altmodisch und eigen, sie mag keinen Protz, sie hat das nie gewollt. Mein Vater hatte eine große Firma, nach dessen Tod wollte meine Mutter nur mehr weg aus unserem großen Haus und ist wieder hierhergezogen, ihr war dort alles zu groß, sie wollte wieder dahin, wo alles anfing, … verstehst du das nicht, vertraust du mir denn nicht?"

„He, he, … klar vertraue ich dir, warum auch nicht, was hättest du denn davon? … Mir ist das alles ohnehin egal, ob du nun reich bist oder nicht, für mich ändert das nichts. … He Mäuschen, … nun komm schon, ich habe es ja nicht böse gemeint."

„Wenn wir schon mal da sind", meinte sie, „ich beweise dir, dass ich die Wahrheit sage. Komm, fahr jetzt, ich sage dir, wo es lang geht."

Ich konnte nicht anders, ich musste lachen, als ich aus dem Auto ausstieg. „Das ist ja jetzt wohl nicht dein Ernst", sagte ich, „jetzt verarscht du mich aber? ... Dieses Haus?? ... Hier in der Hinterbrühl, beste Lage und der Grund so groß, dass ich gar nicht sehe, wo er aufhört? Dieses Anwesen hat doch sicher eine eigene Postleitzahl, ... du verarscht mich doch?"

Conny weinte wieder. „Was hätte ich den davon? ... Warum sollte ich denn lügen? ... Du bist so gemein zu mir, es ist wahr. Meine Eltern haben sich vor meines Vaters Tod darauf geeinigt, dass dieses Anwesen der Krebshilfe zukommt, ... als Spende."

In mir bäumte sich alles auf, aber andererseits, so was kann man doch nicht erfinden.

„Weißt du, mein Vater ist an Krebs verstorben und er hat sehr gelitten, er hat nur einen Teil des Verkaufes darauf verwendet, um mich und meinen Sohn abzusichern, deshalb habe ich ja das Haus, das noch in Fertigstellung ist, ich zeige es dir dann noch, es ist ja nicht weit von hier. Mein Ex-Mann hat jetzt wegen der Scheidung auf alles Ansprüche erhoben, der will sich schon die ganze Zeit alles, was mir gehört unter den Nagel reißen, aber mein Vater hat alles gut abgesichert, er wusste, was für ein Arschloch mein Ex-Mann ist. Einzig unser Heurigen-Lokal gehört meinem Ex- Mann und mir zu gleichen Teilen, aber auch da ist das letzte Wort noch nicht gesprochen, weil ich ja die ganze Arbeit gemacht habe und nicht er. Er geht lieber jagen und gibt unser Geld aus, dieses Schwein." ... Sie weinte wieder.

„... Was glaubst du denn?! ... Glaubst du, es ist mir wohl in meiner Haut, wenn du jetzt alles bezahlst, was denkst du denn, für mich ist das alles ein Alptraum. Du bekommst von mir alles wieder und noch viel mehr, aber glaube mir bitte, sonst schaffe ich das alles nicht."

Mein Verstand riet mir, dringend einen Arzt aufzusuchen, das konnte doch alles nicht wirklich wahr sein, wie verrückt war das denn? Andererseits, wer denkt sich so eine blöde unglaubliche

Geschichte aus und vor allem, warum? ... Warum sollte sie so was tun, sie hat ja nichts davon, ich hätte ihr sowieso geholfen, ich liebte sie ja, diese verrückte Frau.

Conny bestand noch darauf, mir ihr Haus zu zeigen, jenes, das noch nicht fertiggestellt war, also fuhr ich mit ihr auch noch zu diesem Haus.

Es war eine große Doppelhaus-Hälfte, man konnte nur den vorderen Teil sehen, der Garten verlief in einen steilen Hang und war uneinsichtig.

„Und? ... Alles gut und schön, aber was sehe ich da? ... Ja, ein Haus, aber kein Schlüssel, das kann ja wohl jedem gehören, ... komm, fahren wir jetzt, wenn es dir gehört, ist es gut, wenn nicht, ... verdammt noch mal, dann sag es mir, in sechs Monaten haben wir nichts mehr zu wohnen, das ist dir doch hoffentlich klar?"

Zum x-ten Mal schwor mich Conny auf ihre Wahrheit ein. ... Ja, dann musste es ja wohl stimmen, ging ja gar nicht anders.

Bis auf die Geschichten rund um Connys Vermögen und ihrer Scheidung lief alles perfekt, ich fand Gefallen an meiner kleinen Familie, meine Geschäfte liefen auch hervorragend und zu Hause wurde ich wie ein König umsorgt, auch mit Connys Sohn kam ich ganz gut zurecht.

In einigen Wochen war wieder einmal Weihnachten und so fragte ich den Jungen, was er sich denn wünschen würde, und im Wünschen war der Kleine einsame Spitze. Sein sehnlichster Wunsch war ein Autogramm von den Ninja Turtles und den Film wollte er auch unbedingt sehen, nur gab es den Film in Österreich noch gar nicht.

Ich kannte mich mit Turtle und dem ganzen Kinderkram nicht wirklich aus, deshalb machte ich mich bei Freunden schlau. Irgendwie kamen wir dann auf Disney-Land, wie toll und aufregend das für Kinder sei und auch für Erwachsene sei es ein Paradies, aber nicht bezahlbar, zu weit weg und überhaupt.

Mein Interesse war geweckt, ich hackte nach und wollte alles über Disney-Land und Orlando (USA) wissen. Ein paar Tage später telefonierte ich mit einem Freund in Florida (USA), Erich war vor ein paar Jahren nach seiner Scheidung ausgewandert und lebte nahe Miami. Er hatte schon Bernhard und Blacky eine Rundreise in den Staaten organisiert, er kannte sich bestens aus und er hatte auch gute Kontakte innerhalb der USA. Die Idee, ihn zu besuchen, war schnell geboren, er bot mir seine volle Unterstützung an und so bat ich ihn um seine Kostenschätzung und ob sich ein Besuch bei ihm und ein Aufenthalt in Orlando vereinbaren ließe, ob es in einen Zeitrahmen von zwei Wochen möglich wäre, alles Wichtige zu sehen, aber auch Sonne und Strand relaxt genießen zu können.

Erich meinte, dass alles möglich sei, er riet mir aber, drei Wochen zu planen. Ich erzählte ihm von dem, was ich mir so vorstellte, was ich wünschte und was ich brauchte und vor allem, ich konnte kaum Englisch, es müsste alles, wirklich alles perfekt gebucht und organisiert sein.

Zwei Tage später hatte Erich alles nach meinen Wünschen geplant, die Gesamtkosten lagen bei knapp $ 10.000.-. Das war schon ein ordentlicher Patzen Geld, dafür hatte ich aber für eine Woche eine Junior Suite in einem top Hotel, direkt im Disney Resort, ein kleines Haus nahe dem von Erich in Pompano Beach, das über einen Land- und Wasserzugang verfügte, mit Pool und eigenem Anlegeplatz für eine Yacht, ein Mietauto für die gesamte Zeit in den Staaten und Erich selber buchte ich auch gleich samt seiner kleinen Yacht. ... Es wäre ja blöd, einen Anlegeplatz zu haben, ohne Boot.

Ich verkündete daheim mein Vorhaben, der Junge war natürlich hellauf begeistert, was klar war, Conny war da schon eher zurückhaltend und sprach von Verschwendung und viel zu teuer und so was alles.

Ich machte keinen Hehl aus meinem Gedanken. „Mir sind diese Kosten egal", deklarierte ich, „ich kann mir das leisten, es ist nur Geld, es sei denn..."

„Es sei denn was?", ... fauchte mich Conny an.

„Es sei denn, die Sache mit deinem Haus klappt nicht, dann wäre es klüger, sich um eine große Wohnung umzusehen, sechs Monate sind schnell um."

Conny war bitterböse, wie könnte ich nur immer wieder an ihr zweifeln sagte sie frustriert. „Das Haus gehört mir! ... Du wirst es später noch bereuen, dass du immer wieder damit anfängst."

„Ist ja schon gut, ich wollte es ja nur gesagt haben, wenn alles stimmt, bereue ich es gerne und zwar deinetwillen, ... sehr gerne sogar."

Nun gut, wir hatten ein Haus mit Garten und Pool in bester Lage nahe Wien, dann konnte man ja auch einen ordentlichen Urlaub machen und auf dem Putz hauen. Der Junge war klarerweise auf meiner Seite, ... er sah seine Ninja Turtles ja schon vor sich. Die Flüge waren schnell gebucht, ich wechselte mir noch 200.000.- Schilling in Dollar um und dann ging es auch schon los.

Wir hatten gleich zu Beginn jede Menge Spaß, vor allem, weil Conny im Vorfeld von perfekten Englischkenntnissen sprach, die sich dann doch als unbrauchbar erwiesen. Zum Glück war der Junge auf Zack, sonst hätte wir gleich den Anschluss Flug von New York nach Fort Lauderdale verpasst, dazu mussten wir den Flughafen wechseln, auf diese Idee wäre ich nie gekommen. Die ersten Tage vergingen rasend schnell, wir waren täglich mit Erichs Yacht unterwegs, denn vom Wasser aus hatte man den besten Überblick auf die Riesigen Grundstücke und diesen unvorstellbaren Reichtum, der hier offenbar Standard war, man konnte weit in die Grundstücke blicken, die man vom Land aus nicht zu sehen bekam und man konnte Strände und Lokale erreichen, die man auf dem Landweg nicht erreichen konnte, das alles war wie in einem Traum. Mit der Yacht vom hauseigenen Anlegeplatz nach Miami, das toppte so ziemlich alles, was ich jemals gemacht hatte, mir ging es wie Connys Sohn, ich war in einem Märchen gefangen.

Die Grundstücke wurden immer größer, aus Yachten wurden protzige Schiffe, die nahezu alle einen eigenen kleinen Helikopter an Deck hatten und samt ihrer Größe lagen die nicht irgendwo vor Anker, sondern parkten sozusagen direkt vor des Eigners Haustür, stets zum Ablegen bereit. Das Kennedy Anwesen lag auch direkt am Weg nach Miami und klar, ich steuerte geradewegs darauf zu, ich wollte ja alles aus der Nähe sehen, konnte ja gut sein, dass unser „Terminator" gerade da wäre, doch Erich warnte und ermahnte mich sofort.

„Joe, ... Joeee!! ... Bist du irre, die verstehen hier in den Staaten keinen Spaß, dreh ab! ... Komm, dreh sofort ab! ... Die schießen sonst auf uns."

Ich hielt das natürlich für einen Witz, ich dachte, Erich will mir nur Angst machen, doch es war kein Witz.

Ich war noch gut 50 Meter von dem Anwesen entfernt, da kamen mir auch schon die ersten Guards mit eindeutigen Gesten und wilden Wortmeldungen entgegen, Erich übernahm sofort das Steuer, der war richtig sauer auf mich, er entschuldigte sich bei den Guards und drehte unser Boot vom Steg weg. Ich konnte den Dialog nicht wirklich verstehen, aber die Bewaffnung dieser Männer und deren Gesichtsausdruck reichten eigentlich völlig aus, um den Ernst der Lage zu erkennen. Ich musste trotzdem lachen und warf Erich vor, ein Hosenscheißer zu sein.

„Die können doch nicht auf uns schießen, das ist ja wohl nicht dein Ernst, wir sind ja keine Gefahr für die."

„Das ist mein voller Ernst, du Idiot, wir sind hier nicht in Österreich, das eben war wirklich gefährlich und es ist noch nicht vorbei, gut möglich, dass gleich die Coast Guard aufkreuzt, die könnten uns glatt verhaften oder mein Boot beschlagnahmen oder beides. ... Alter! ... Hör auf mich, das ist kein Spaß hier! ... Und halte ja deine Fresse, wenn die jetzt kommen, ... hörst du, in Gottes Namen, ... sag DU bitte nichts!"

Ein paar Minuten später schipperte eine Patrouille der Coast Guard relativ knapp bei uns vorbei, aber wir hatten Glück, nichts weiter passierte. „Glück gehabt", atmete Erich auf.

Nun war der richtige Zeitpunkt gekommen, um mich bei Erich zu entschuldigen, mir tat's auch wirklich leid, ich versprach, ab jetzt auf ihn zu hören.

Connys Junge hatte den Tag seines Lebens, der kriegte sich vor Aufregung kaum mehr ein, als wir dann in Miami ankamen und ein riesiges Kreuzschiff vor Anker lag, flippte der Kleine völlig aus. Weit war es jetzt nicht mehr, wir legten in einem kleinen

Hafen in der Nähe vom Hard Rock Café an und starteten eine kleine Einkaufstour.

Erich erzählte mir vom kubanischen Viertel, da wäre alles überaus günstig, er machte hier des Öfteren das eine oder andere Mädchen klar, prahlte er süffisant.

„Klar doch", sagte ich, „das sehen wir uns an, vielleicht triffst du ja auf einen der Ehemänner von einer deiner Bekanntschaften und kriegst eine kleine Abreibung. ..."

Conny war sofort im Einkaufsmodus, der Junge interessierte sich für die neuesten Videospiele und ich trank mit Erich ein paar Bier, alle waren glücklich und zufrieden, bis es ein wenig laut wurde. Ich war sofort auf Achtung, Erich drängte uns zu gehen, aber der Junge war nicht zu sehen, Conny wurde panisch und hysterisch und das rieb mich natürlich auch auf.

Verdammt, wo war dieser Bengel bloß, der war doch gerade noch da gewesen. Er war auch da, denn er war der Grund des Tumultes, unser kleiner Hosenscheißer hatte sich mit ein paar kubanischen Kids in die Haare bekommen, wie das genau ablief, war unklar, es war aber auch scheißegal, dem Jungen durfte nichts passieren.

Erich versuchte sogleich, den Streit zu schlichten, dem sich dann auch kubanische Erwachsene anschlossen, es wurde langsam ungemütlich und der Junge hatte natürlich Angst, trotzdem wehrte er sich wie ein Mann und das taugte mir so richtig. Wir taten dann, was in so einer Situation zu tun ist, wir schnappten uns den Jungen und hauten so schnell wie möglich ab. Nichts wie raus aus diesem Viertel, denn so etwas konnte ganz schnell sehr böse enden.

Nach diesem kleinen Abenteuer hielten wir uns strikt an die Anweisungen von Erich, „sonst", so meinte er, „müssen wir alle drei nach Hause schwimmen."

Conny kaufte dann noch den Laden im Hard Rock Café leer und dann schipperten wir wieder langsam durch die Wasserstraße in Richtung Fort Lauderdale.

Es war überwältigend, jetzt nach Sonnenuntergang erstrahlte alles an Land in einem Lichtermeer der Sonderklasse, ich hatte noch nie vorher so viele Lichter und Effekte gesehen, all die Häuser waren im weihnachtlichen Flair mit immensem Aufwand geschmückt, einige hatten sogar eine richtig weihnachtliche Inszenierung erschaffen. Was wir nun von unserer kleinen Yacht aus zu sehen bekamen, hätte ich mir niemals träumen lassen, es ist mir bis heute unvergessen.

Schon zwei Tage später war der so lange ersehnte Tag des Jungen endlich gekommen, wir machten uns früh morgens auf den Weg nach Orlando, dreieinhalb Stunden Fahrt lagen vor uns, mit der Navigation von Conny schafften wir es in knapp fünf Stunden zu unserem Hotel und das war gigantisch, auch so etwas hatte ich davor noch nie gesehen.

Die Rezeption im Haupthaus war riesig, sie glich einem Bahnhof im Inneren eines Wolkenkratzers. Conny versuchte erneut, mit ihren Englisch- Kenntnissen zu punkten, was ihr abermals null Punkte einbrachte. Ihr Sohn checkte für uns ein, der kleine Mann machte das nicht einmal so schlecht.

Ich war schon ziemlich müde und genervt, als wir endlich unsere Suite erreichten, die weit ab vom Haupthaus gelegen war und zu meinem Entsetzen war es auch keine Suite, sondern ein größeres Hotelzimmer mit einem Notbett für den Kleinen und das ging gar nicht. Ich tickte richtig aus und telefonierte sofort mit Erich, er hatte ja für mich hier gebucht.

Erich versicherte mir, genau nach meinen Anweisungen bebucht und auch bezahlt zu haben, ich legte immerhin $ 300.- pro Nacht hier ab, für ein Extrazimmer mit einem richtigen Bett für den Kleinen und ein ordentliches Schlafzimmer für mich und Conny, eine Junior Suite eben.

Wutentbrannt ging es wieder zurück zur Rezeption, ich versuchte, mich nun mit Händen und Füßen zu verständigen, Erich sollte eigentlich auch schon angerufen haben, um die Dinge zu klären. Nach langem Hin und Her wurden wir erneut auf eine kleine Expedition geschickt, ich öffnete die Tür und konnte es nicht fassen. Dasselbe Zimmer wie davor, nur seitenverkehrt und ohne Notbett.

Jetzt war ich auf tausend, alles wieder zurück und nun rastete ich richtig aus, ich ließ die verzweifelte Dame an der Rezeption

Erich anrufen, um mein Anliegen über ihn erklären zu lassen, zwischendurch hatte ich die eine oder andere verbale Entgleisung, sodass man mich schon beobachtete. Mir war das aber scheißegal, dieses Hin und Her zog mir den letzten Nerv, ein Sicherheitsmann ermahnte mich streng und dann gingen die Pferde so richtig mit mir durch.

„Fass mich noch einmal an und hier ist Achterbahn!!", tobte ich.

Es sah ganz so aus, als würde dieser Alptraum gleich in einer Katastrophe münden, ich war derart aufgebracht, mir war es nun egal. Die Beschwichtigungen von Conny machten mich noch wütender, ich verstand kein Wort von dem, was hier alles durcheinandergeredet wurde und dann, ... ein deutscher Satz, den ich auch verstehen konnte.

Ein feiner Pinkel kam auf mich zu: „Entschuldigen Sie! ... Bitte beruhigen Sie sich doch! ... Entschuldigen Sie, ... es ist unser Fehler!

Herr Seiler? ... Bitte beruhigen Sie sich, wir werden das jetzt alles klären, das versichere ich Ihnen."

„Na endlich!!! ... bin ich froh, jemand der mich versteht, seien Sie mir nicht böse, aber ich werde hier seit einer Stunde hin und her geschickt und nichts passt. ... Wer sind Sie denn überhaupt?"

„Ich bin hier der Hotelmanager, es tut mir leid, kommen Sie bitte mit, wir klären das sofort, ich muss mir nur die Buchung ansehen."

Es stellte sich tatsächlich ein Fehler bei der Buchung heraus, die Junior Suiten waren komplett überbucht, auch von den großen Suiten war keine verfügbar, es war Weihnachten und ich befürchtete Schlimmstes.

„Einen kurzen Moment noch, Herr Seiler", vertröstete mich dieser überaus nette Mann, „ich bin sofort wieder hier. ... Machen Sie sich keine Sorgen, Sie werden zufrieden sein, ... einen Moment noch."

Dieser Moment dauerte nun auch schon wieder eine Viertelstunde und ich war drauf und dran, meine Nerven zu verlieren, der Junge war auch schon unruhig und Conny machte mich mit ihrem seltsamen Englisch fix und fertig.

Endlich, da kam der Manager wieder mit zwei Männern zurück, er lächelte sanftmütig, aber die zwei Männer störten mich irgendwie.

„So", sagte der Manager freundlich, „bitte folgen Sie mir."

Die Männer nahmen unser Gepäck und wir folgten. Dieses Mal war es nicht weit, wir stiegen in einem Aufzug inmitten dieser riesigen Halle, der ganz offensichtlich nicht für die Allgemeinheit genutzt werden konnte, er wurde von einem Pagen bedient. Nun ging es gefühlt bis in den Himmel, im vorletzten Stockwerk stiegen wir aus, hier sah es ganz anders aus, alles war irgendwie größer und noch schöner, hier hatten alle Zimmer Flügeltüren, alles doppelt so breit wie üblich. „Was machen wir hier", dachte ich mir, „was wird das jetzt wieder?"

Er öffnete eine dieser Doppeltüren und bat uns einzutreten, im ersten Moment dachte ich an einen anderen Trakt im Hotel, doch dem war nicht so.

Es war eine unglaublich große Suite mit einem Empfangsraum und einer kleinen Bar in einer Art Arbeitszimmer, anschließend war ein weiters Zimmer mit einem großen Sofa, wie ein Wohnzimmer sah es aus und dann ging es durch eine weitere Doppeltüre, in ein riesiges Schlafzimmer mit zwei King-Size-Betten, dieses Zimmer allein hatte gut 50 Quadratmeter.

Von jedem Raum aus konnte man auf die Terrasse hinausgehen, die gut und gerne weit über 100 Quadratmeter hatte, der Ausblick war fulminant, man überblickte hier alles und ein kleiner See lag uns zu Füßen.

Klar war ich beeindruckt und Conny erst, aber was sollte das hier, fragte ich lachend, das hatte ich mit Sicherheit auch nicht gebucht und auch bezahlen möchte ich das hier nicht müssen, das war eindeutig außerhalb meiner Liga.

„Was machen wir hier?"

„Ja, wissen Sie, das hier ist die einzige Suite, die noch frei und mit einem getrennten Zimmer ausgestattet ist, für den Jungen könnten wir das große Sofa im zweiten Raum zu einem Bett umfunktionieren, vorausgesetzt, Sie sind mit diesem Zimmer einverstanden. ... Mögen Sie es?"

„Ob ich es mag? ... Klar mögen wir es, das hier ist der Wahnsinn, aber bezahlen kann ich es nicht, ich bin ja nicht der Krösus."

„Wenn Sie damit einverstanden sind, können Sie es für die Dauer Ihres Aufenthaltes beziehen, selbstverständlich ohne Aufpreis."

Klar waren wir einverstanden und so konnten wir drei für eine Woche nachempfinden, wie wirklich reiche Leute leben. Diese Suite hatte drei Badezimmer, eines mit einer Dampfkammer, ein weiteres mit einer Sauna und das dritte mit einer großen Dusche mit Massagedüsen. Ein King-Size-Bett war so groß wie ein normales Doppelbett und die Ausstattung, das Mobiliar, es war unglaublich.

Am nächsten Morgen erkundeten wir als Erstes nach dem Frühstück die nähere Umgebung und besorgten uns die Zutrittspässe für die einzelnen Disney Resorts, dafür berappte ich mal eben $ 600.-. Danach fuhren wir mit der Magnetschwebebahn, die direkt in unserem Hotel Station machte, bei dieser Fahrt wurde uns allmählich klar, wie groß Disneyland sein musste, nur eine der Destinationen konnte man mit dieser Bahn erreichen.

Connys Sohn hatte die Zeit seines Lebens und ich merkte schnell, dass ich einer Vaterrolle nicht wirklich gewachsen war, der Junge machte mich wahnsinnig, alles war zu wenig, überall musste er hin und die Resorts waren so riesig, dass ohne einen Plan gar nichts ging, es war unglaublich, wie viele Menschen hier waren. Schon die Anfahrt mit dem Auto zu den jeweiligen Resorts war unvorstellbar, die Zufahrt des größten Themenparks hatte fünf Fahrspuren, schon der Parkplatz war so groß, dass man in keiner Richtung das Ende sehen konnte. Nach dem Einparken auf einem der Stellplätze wurde man von einem Shuttleservice zum Haupteingang gefahren und hier standen Tausende Leute für Tickets an, die wir Gott sei Dank schon hatten.

Der Junge verbrachte Stunden mit Anstehen für diverse Autogramme, auf die Turtles allein wartete er über zwei Stunden. Als er dann sein Autogrammheft einigermaßen gefüllt hatte, verlor er es auch gleich wieder, seine Heulerei klingt heute noch in meinen Ohren. Ich sah damals das erste Mal in meinem Leben einen 3D-Film und ich war überwältigt, auch die einzelnen Shows wie „Indiana Jones" waren spektakulär, der Junge fuhr mit der Nautilus über den See, die Zeitreise im „Earth" faszinierte mich ebenso wie die Reise durch den Weltraum, die man in Gondeln sitzend und angeschnallt mit dem Gefühl der Schwerelosigkeit durchleben konnte. Es war wohl für uns drei die spektakulärste Fahrt unseres bisherigen Lebens.

In den letzten sieben Tagen konnten wir trotz aller Anstrengung nur einen Bruchteil dessen sehen, was hier geboten wurde. Nicht im Ansatz hatte ich mit einer derartigen Größe und dieser Vielfalt gerechnet, es war der Wahnsinn schlechthin und war Stress pur gewesen, aber das war es wert. Der Abschied fiel uns sehr schwer, es gab noch so viel zu sehen, aber wir mussten wieder los.

Den letzten Tag verbrachten wir bei Erich, ehe es zurück nach New York ging, wo wir noch einen ganzen Tag zum Shopping nutzen konnten, danach hoben wir in Richtung Wien ab.

So schön und glücklich das alte Jahr auch seinen Ausklang fand, umso beschissener fing das neue Jahr in Wien an. Es gab viel Streit zwischen mir und Conny, einmal hatte ich sogar schon meine Koffer gepackt und wollte den ganzen Wahnsinn hinter mir lassen, ich kam mit Connys Geschichten überhaupt nicht mehr zurande, ich war ständig hin und her gerissen und konnte mir das alles nicht vorstellen, doch Conny blieb beinhart bei ihrer Version der Wahrheit.

Zu meinem Glück liefen meine Geschäfte recht gut, sodass mich der finanzielle Part nicht sonderlich belastete, aber ich hatte von diesem ganzen Scheidungsdesaster die Nase gestrichen voll.

Ich kam mit Connys Versprechungen und Zusagen auf keinen grünen Zweig, denn nichts, aber auch gar nichts funktionierte so, wie es geplant war.

Ich dachte dann schon das eine oder andere Mal laut über einen Riesenschwindel nach, doch Connys Wahrheit war unerschütterlich, … wie in Stein gemeißelt.

Sie wirkte nach solchen Auseinandersetzungen so verletzt, so einsam und verlassen, ich konnte mir dann ums Verrecken nicht vorstellen, dass sie auf Luftschlösser baut, dass sie mir derartiges antun würde und vor allem, was hätte sie denn davon? Diese Frage zermürbte mich zunehmend und belastete mich sehr, denn das Letzte, was ich im Sinne hatte war, ihr Unrecht zu tun.

Die Zeit verging trotz allem wie im Flug, im April 1994 musste ich die Option auf weitere sechs Monate für unsere Mietwohnung in Traiskirchen wahrnehmen, Conny hatte zu diesem Zeitpunkt noch keinen einzigen Beleg für die Freigabe ihres Hauses in Händen und ich zweifelte wieder mehr und mehr an ihrer Geschichte.

Im Juni reichte es mir dann endgültig, ich packte meine Koffer zum zweiten Mal und war nun fest entschlossen, alles zu beenden. Ich glaubte dieser Wahnsinnigen kein Wort mehr und doch konnte ich mir nicht vorstellen, dass sie mich belügen würde. Mein größtes Unglück dabei war, dass ich dieses Miststück liebte und so kämpfte ich ständig mit meinen Gefühlen. Ich war sehr schwach bei diesen Kämpfen, deren Ausgang schon im Vorhinein feststand und belächelt wurde, zumindest für mein Umfeld, für meine Freunde, die mich langsam für blind und verrückt hielten, war es so. Für die war ich offenbar wie ein Raubtier, dass in den eigenen vier Wänden zu einer Maus mutierte, unfähig, diese Verwandlung zu erkennen.

Ich sah das alles natürlich ganz anders, ich trotzte solchen imaginären Vorwürfen, indem ich meine absolute Loyalität in den Vordergrund rückte. Außerdem war mir egal, wie mich wer auch immer sehen würde, mein Leben lehrte mich, dass es keinen Unterschied macht, ob dich jemand als Maus oder als Tiger sieht, wichtig ist allein, wie du dich siehst, du kannst ohnehin nur mit dem kämpfen, was du in dir hast.

Natürlich konfrontierte mich niemand mit einem derartigen Vergleich, dazu war ich zu sehr der Tiger und der war ich nach wie vor, aber abwegig war dieser Gedanke dennoch nicht.

Mitte Juni 1994 war dann mein Schicksal besiegelt, Conny war schwanger und ich sollte Vater werden, im ersten Moment wusste ich nicht, ob ich mich freuen oder ob ich heulen sollte, in einer derartigen Lebensphase wollte ich nicht Vater werden, ich wollte für mein Kind sichere Grundlagen und Beständigkeit, ich wollte für mein Kind alles, was ich nie hatte, eine glückliche Familie eben, die füreinander da ist, ganz ohne hausgemachte Probleme der Sonderklasse.

Für mich änderte diese neue Situation alles, ich wollte ein guter Vater sein, ich musste nun eine Grundlage für mein Baby schaffen, … um jeden Preis. Ich drängte Conny, sich mit ihrem Ex Mann zu einigen, wenn nötig auf vieles zu verzichten, nur um endlich klare Strukturen zu schaffen, das Haus freizubekommen, um endlich ein Zuhause, ein richtiges Zuhause für unsere Kinder und für uns zu haben.

Ich kokettierte mit der Idee, die Anteile des Heurigenrestaurants von Connys Ex-Mann zu übernehmen und Gastwirt zu werden, ich wollte meine Geschäfte aufgeben und jedem Risiko aus dem Wege gehen, ich wollte für mein Kind da sein, für meine neue Familie, ich wollte alles richtig machen. Ich änderte meine Gewohnheiten, fuhr meine Geschäfte zurück und bemühte mich redlich, meinem Ziel näherzukommen.

Conny versprach mir, alles für die Umsetzung meiner Pläne zu tun und zu helfen. Alles fühlte sich gut und richtig an, ich blühte sogar irgendwie auf, ich freute mich auf unsere Zukunft als Familie, doch mein Schicksal hatte andere Pläne.

Es war Mitte August 1994 und ich war früh zu Hause, wir wollten Samstag ins Strandbad gehen und so machte ich es mir mit Conny vor der Glotze gemütlich, ich war drauf und dran, mich in einem kleinen Liebesspiel zu verlieren, in diesem Moment erkannte ich ein vertrautes Gesicht im Fernsehen.

Mit einem Schlag hatte ich 200 Puls, ich konnte nicht glauben, was ich da eben gesehen hatte und noch viel weniger, was ich hörte. Mich überkam Panik, Conny wusste nicht, wie ihr geschah, ich war fix und fertig und ich musste sofort los.

Dieser verdammte Idiot, so eine Scheiße, ich musste unbedingt herausfinden, wie viel die Bullen wussten und vor allem, ob Viktor schon Kenntnis von dem eben Gesehenen hatte, ob der auch schon verhaftet war? Ob die Bullen überhaupt von ihm wussten und meine größte Angst, … wussten die irgendwas von mir?

Verdammt!! … Ich wusste es, das konnte ja nicht gutgehen, die waren sich alle viel zu sicher und militärische Waffen waren ja noch einmal was ganz anders, als mit Marihuana zu dealen und militärische Waffen im öffentlichen Raum zu testen, war keine gute Idee, … so ein verdammter Idiot!! Irgendwie war ja klar, dass irgendein Idiot unbedingt was testen oder ausprobieren musste und die Sprengwirkung einer Handgranate auf der Donauinsel zu testen, war ja wirklich das Blödeste, das man tun konnte.

Genau zu dem Zeitpunkt, als ich meine „Geschäfte" reduzierte, erzählte mir Viktor von einem neuen Geschäftszweig: Waffen, auch militärische, ich winkte sofort ab, da wollte ich nicht dabei sein. „Was kann da schon Gutes dabei herauskommen?", dachte ich noch und so war es ja jetzt auch.

Simon war der Partner von Viktor, er war um einiges jünger als ich und stammte aus gutem Haus. Er wie auch Simon hatten in der letzten Zeit ein Vermögen verdient, die beiden belieferten und versorgten ja nicht nur mich mit Marihuana, ich war da noch einer der kleinsten Fische im Teich und beide waren in letzter Zeit sehr auffällig unterwegs gewesen. Ich achtete aber stets darauf, meinen Kontakt auf das Wesentliche zu beschränken, was mich jetzt retten könnte, doch sicher konnte ich mir da auch nicht sein.

Ich war nun schon die ganze Nacht damit beschäftigt, meine Kunden ohne telefonischen Kontakt zu instruieren, keiner von ihnen durfte mich bis auf Widerruf kontaktieren, ich legte alles umgehend auf Eis, lehrte meinen Bunker und versteckte mein Geld bei Freunden.

Was für eine glorreiche Idee, aber dazu kommen wir noch. Natürlich warnte ich auch umgehend meine anderen Freunde, ich stellte klarerweise auch meine Geschäfte mit dem Koks ein.

Nun war ich fürs Erste sicher, zumindest konnte bei mir nichts gefunden werden, wenn es zu einer Verhaftung kommen würde. Die nächsten Tage eierte ich ganz schön herum und ich müsste lügen, wenn ich meine Hosen nicht gestrichen voll gehabt hätte, doch ich hatte Glück. ... Nichts passierte.

Ganz anders verlief es bei Nahestehenden von Viktor und Simon, wobei ich mir nun sicher war, dass Simon eisern geschwiegen hatte, sonst wäre ich schon längst im Fokus der Fahnder gewesen.

Viktor konnte ich nicht aufspüren und anrufen war keine Option, also musste ich abwarten. Dann läutete mein Handy, Viktor war dran, er gab mir einen versteckten Hinweis, weil auch er nicht wusste, ob ich im Raster der Bullen war, und so trafen wir uns im Anschluss an einem Ort, der für Notfälle vereinbart war.

Dieser Viktor hatte Eier aus Stahl und ein Vertrauen zu mir, dass mir so gar nicht recht war. Der hatte doch glatt zehn Kilogramm Haschisch im Gepäck und bat mich, es für ihn zu verwahren. Er wusste, dass intensiv nach ihm gefahndet wurde, er wollte das Land verlassen und fürs Erste untertauchen. Was blieb mir also anderes übrig, ich übernahm die Ware, obwohl mir diese Geschichte schon viel zu heiß war. Viktor gab mir die glasklare Anweisung, ich dürfte keinen Kontakt zu ihm suchen und niemandem vertrauen, absolut niemandem.

Ich hatte nur mehr einen Gedanken, ich wollte die zehn Kilogramm Marihuana so schnell wie möglich loswerden und ich dachte verzweifelt über ein sicheres Versteck nach. Am sichersten schien es mir, es auf dem Grundstück eines Freundes zu vergraben. Hugo hatte erst vor kurzem ein kleines Häuschen nahe Wien geerbt, er war zuverlässig und erledigte für mich die wöchentliche Zustellung von ein bis zwei Kilogramm Haschisch für einen Stammkunden. Er hatte mir diesen Kunden sozusagen offeriert, mit der Zustellung der Ware ließ ich ihm einen Teil des Gewinnes zukommen und stellte so seine Loyalität mir gegenüber sicher, zumindest dachte ich es mir so. Ich setzte Hugo auch für einige andere Dinge ein, er war ja kein Dealer, er ging einer ganz normalen Arbeit nach, war unauffällig und trank auch keinen Alkohol, absolut genial für meine Zwecke.

Ich erklärte ihm die prekäre Situation und die Wichtigkeit, bis auf Weiteres die Füße stillzuhalten. Hugo war nicht dumm, er stimmte mir sofort zu und gab mir das Gefühl einer gewissen

Sicherheit. Wir vergruben die Ware in einem kleinen Holzschuppen auf seinem Grundstück und legten einen Bretterboden darüber, sodass auch bei Nachschau nichts auf einen Punker schließen würde. Ich honorierte Hugos Einsatz großzügig und traf im Anschluss noch einige Vorkehrungen für den Fall, dass mir etwas zustoßen sollte.

Alles in allem hatte ich nun 500.000.- Schilling in bar bei Freunden gebunkert, die Ware war untergebracht, ich fühlte mich nun sicher und gut aufgestellt.

Ich wartete nun schon einige Wochen im völligen Stillstand ab, ganz offensichtlich war ich bei dieser Geschichte in keiner Weise belastet worden, einzig ich selbst hatte mich bei einigen meiner Freunde mit dieser Geschichte in Verbindung gebracht, die nun mehr wussten, als mir lieb war und das machte mir allmählich Sorgen. Außerdem verringerte sich mein Bargeld schneller, als ich dachte.

Beschissener konnte es jetzt gar nicht kommen, mal abgesehen davon, dass ich nicht in diese Riesen Drogen- und Waffengeschichte hineingezogen wurde, wurde mir der Mietvertrag für ein drittes halbes Jahr für die Wohnung in Traiskirchen nicht mehr verlängert. Conny war im fünften Monat schwanger und wir mussten die Wohnung in den nächsten 14 Tagen verlassen und klar, Connys Haus gab es nach wie vor nur in ihren Erzählungen. Abgesehen davon war sie in ihrer Scheidungsgeschichte auch noch keinen Meter weitergekommen und wie könnte es anders sein, ich hatte seit Wochen nur Ausgaben und keine Einnahmen. Meine Kunden wurden langsam unruhig und orientierten sich schon zum Teil in eine andere Richtung, ich musste handeln und das schnell.

Mit dem Auszug aus Traiskirchen trennten wir auch unsere Schlafzimmer, Conny zog mit ihrem Jungen zu ihrer Mutter in die Hinterbrühl und ich bezog wieder meine kleine Wohnung im 13. Bezirk, was gut war, denn so konnte ich diesen schon permanenten Streit wegen diesem beschissenen Haus und wegen Connys Scheidung aus dem Wege gehen und mich in Ruhe um meine Geschäfte kümmern.

Ich hatte keine Ahnung, was mit Viktor war, er war schon längst überfällig, er hatte mir versprochen, sich zu melden, sobald er in Sicherheit wäre. Hier in Österreich wurde er mit Sicherheit nicht geschnappt, aber wo steckte er, meine Bemühungen, ihn aufzuspüren, verliefen ins Leere.

Meine Kokain-Geschäfte hatte ich schon wieder langsam hochgefahren, schon allein, um meine enormen Ausgaben abzudecken, musste ich das tun. Mit dem Marihuana hatte ich so meine Probleme, ich wollte in diesem Bereich keine Angriffsfläche bieten und ich wollte die zehn Kilogramm, die ich vergraben hatte, auf keinen Fall anrühren.

Andererseits waren meine Kunden langsam unruhig, liefere ich nicht, so würden die ganz schnell zu einer anderen Quelle wechseln. Was tun, war nun die Frage, also beschloss ich, die vergrabenen zehn Kilogramm an den Mann zu bringen und so fädelte ich ein Geschäft mit zwei Kilogramm ein, … fürs Erste.

Es war wichtig, zumindest ein paar wichtige Kunden zu beliefern, bevor ich sie verlieren würde, außerdem würde Viktor mit Sicherheit lieber Geld anstatt der Ware sehen und Geld war leichter zu verstecken als zehn Kilogramm Marihuana.

Ich versuchte schon den ganzen Tag, Hugo zu erreichen, doch sein Handy war immer ausgeschalten, ich beschloss, ihn tags darauf aufzusuchen. Sein Haus lag ein wenig abgelegen in einer Sackgasse, er bewohnte das vorletzte Haus am Rande eines Waldstücks. Als ich in die Gasse einbog, ergab sich mir ein seltsames Bild, das mir auch sofort ein gewisses Unwohlbefinden bescherte, doch ich wusste nicht, wieso das so war, … noch nicht.

Einige Männer, die ich nicht kannte, befanden sich auf Hugos Grundstück und ehe ich mich versah, hatte ich auch schon direkten Blickkontakt mit einem von ihnen.

„Verdammt", dachte ich mir, „das sieht gar nicht gut aus", und weg kam ich jetzt auch nicht mehr, ich musste in jedem Fall wenden und dabei kam mir dieser Mann direkt entgegen.

Ich ließ mein Fenster runter und erkundigte mich freundlich, ob Hugo hier sei. Der Mann antworte freundlich mit: „Ja, wir haben eine kleine Feier, komm doch rein." Nun hatte ich ein richtig übles Gefühl, ich bemühte mich, ruhig zu bleiben, Flucht oder Angst wären jetzt die größten Fehler, die ich machen könnte. Als ich ausstieg, fragte mich der unbekannte Mann, woher ich Hugo kennen würde.

„Ein Freund", sagte ich, „... er ist ein Freund, ich brauche ihn für eine Arbeit in meiner Wohnung. ... Und wer bist du?"

„Ich bin auch ein Freund der Familie", sagte er locker, „ich helfe ihm jetzt gerade, komm doch rein."

Als ich das Haus betrat, schaute ich direkt in den Lauf einer geladenen Waffe, es war sofort klar, was hier los war.

Ich spielte sofort den Ängstlich-Ahnungslosen, obwohl, so sehr musste ich gar nicht spielen, denn wie wenig Ahnung ich tatsächlich hatte, stellte sich dann nach und nach heraus.

Drei Bullen waren da und die waren genauso überrascht über meinem Besuch wie ich und mein lieber treuer Freund Hugo. Da saß er nun, keine zwei Meter vor mir entfernt, die Hände am Rücken gefesselt, nicht fähig mich anzusehen, seine Frau heulte mit ihrem Baby im Arm und ein weiterer Bursche, den ich nicht kannte, saß auch mit den Händen gefesselt bei Tisch.

„Was ist denn hier los?", fragte ich verwundert.

„Nach was sieht es denn aus?", fragte mich der Oberbulle?

„Keine Ahnung, sieht für mich wie ein Überfall aus, was ist hier los, ... verdammt?"

„Überfall? ... na, der war gut, jetzt lassen wir mal die Scherze beiseite. Wer bist du und was willst du hier? Gib erst mal deinen Ausweis her!"

„Sagte ich doch schon, ich bin ein Freund und wollte Hugo besuchen, ... wegen einer Arbeit, ... was sonst? ... Ausweis ist im Auto."

Hugo schrie verwegen auf: „Er hat mit dieser Sache nichts zu tun, er ist wirklich nur ein Freund!"

Nach langem Hin und Her, ich wurde eingehend von den Beamten überprüft und mein Auto wurde gefilzt, berieten sich die Bullen, ob sie mich nun auch mitnehmen sollten oder eben nicht.

Ich hatte das Glück, die letzten beiden Monate so gut wie keinen Kontakt mit Hugo gehabt zu haben und nichts deutete auf eine Zusammenarbeit mit den beiden Jungs hin, den Freund oder Bekannten von Hugo kannte ich gar nicht, auch die Frau von Hugo bestätigte, dass ich hiermit nichts zu tun hätte.

Ich konnte es zuerst gar nicht glauben, aber die Bullen entschieden, mich gehen zu lassen und das ließ ich mir nicht zweimal sagen. Es dauerte eine ganze Weile, bis ich mir das eben passierte in groben Zügen zusammenreimen konnte, da stimmte ja so gar nichts, da war aber eine ganz schräge Nummer abgelaufen, ich konnte mir das von Hugo gar nicht vorstellen, aber dieser falsche Hund hatte mich offenbar ordentlich über den Tisch gezogen. … Unfassbar, dieses verdammte Arschloch, nach allem, was ich für den alles getan hatte.

Ich wartete die obligatorischen 48 Stunden ab und besuchte Hugos Frau Lisa dann erneut in eben diesem Haus. Ich war mir ziemlich sicher, dass die Bullen Lisa freilassen würden oder müssten, und so war es auch.

Am liebsten hätte ich diese falsche Schlampe erschlagen, ihre Ausreden und Bekundungen und diese ganze Heulerei waren ja nicht zum Aushalten, das Ganze erinnerte mich stark an mein anderes Dilemma daheim. Doch was konnte ich schon tun? … sie hielt ihr Baby im Arm und klar, sie versuchte die Tat ihres „feinen Ehemannes" irgendwie zu rechtfertigen.

Am meisten ärgerte ich mich aber über mich selbst, dass ich so ein blauäugiger Idiot gewesen war und diesem Arschloch vertraut hatte.

Die ganze Geschichte war dann an Arglist kaum zu überbieten, ich traute meinen Ohren nicht, als Lisa zu erzählen begann.

„Joe, glaube mir bitte, ich habe alles getan, dass er es nicht tut, aber er war sicher, dass alles gutgehen würde und er wollte dich ja auch beteiligen."

„Bitte, Lisa! … BITTE lass diese Scheiße weg und erzähl einfach, was war und wie es abgelaufen ist … Und Lisa! … BITTE lüge mich nicht an, ich erfahre es ja am Ende doch, aber dann bist auch du fällig! … Überlege gut und jetzt rede ohne den ganzen ‚Es-tut-uns-alles-so-leid'-Scheiß, … sonst tut es mir gleich leid!"

„Ja, ich mach ja schon, … zuerst wusste ich gar nicht, was er gemacht hatte, ich habe es erst gemerkt als ich ihn in der Holzhütte suchte und da war alles schon am Laufen. Du kannst mir glauben, wir hatten einen mächtigen Streit, aber was sollte ich denn tun, … was konnte ich tun?"

„Ich tippe mal ganz mutig auf NICHTS! … Komm, erzähl weiter, was war in der Holzhütte? …Und vor allem, wann war das?"

„Na ja, zwei oder drei Tage, nachdem du das letzte Mal hier gewesen bist."

„Was? … So bald schon? … Dieses verdammte Arschloch!"

„Ja … Hugo hatte sich mit seinem Freund getroffen, du weißt schon, … der mit dem Lokal."

„Moment mal, du wusstest von den Geschäften, die ich mit Hugo machte?"

„Ja, … klar wusste ich es, … was denkst du denn, sehe ich so blöd aus?"

„Na ja, … was soll's, ist ja jetzt auch schon egal, erzähl weiter."

„Die hatten sich einen Deal ausgedacht, Hugos Freund brauchte dringend Ware und Hugo lockte das Geld. Ich hielt es gleich für eine blöde Idee, aber was sollte ich denn tun, da war ja alles schon am Laufen. In jedem Fall war es deren Plan, die vergrabene Ware zu verkaufen und mit dem Erlös, neue Ware direkt aus Holland zu holen und dich am Ende zu beteiligen, … Hugo wollte dich nicht in Gefahr bringen, … wirklich!"

„BITTE! … Lisa!! … Komm zum Wesentlichen!"

„Ok, ok …, also vor circa vier Wochen war fast alles weg, die hatten alles richtig schnell verkauft und dann planten sie den Kauf neuer Ware und den Transport, den Gottfried erledigen sollte – das war der andere, der hier gesessen hat – vorgestern."

„Was, der? … Der konnte doch kein Wässerchen trüben, der sah ja aus wie ein Kind, dem man den Schlecker weggenommen hatte."

„Ja, das stimmt wohl, Gottfried ist die Ruhe selbst, deshalb hat ihn Hugo auch mit dem Transport betraut, die beiden kennen sich ewig und Gottfried ist dem Hugo ergeben, … immer schon."

„Das hatte ich auch einmal geglaubt, ... dass es so was wie Ergebenheit gibt, Treue oder Anstand, oder einfach nur, dass jemand die Finger von meinen Sachen lässt und vor allem dann, wenn sie nicht einmal mir selber gehören! ... Diese verdammten Arschlöcher! ... Alle zusammen!"

„Ja, Joe! ... Jetzt beruhige dich bitte, was soll ich denn jetzt tun? Willst du es hören oder nicht?"

„Ist ja schon gut, erzähl weiter, ... bitte!"

„Ok, ... also, ... Hugo hat das Flugzeug genommen und Gottfried ist mit dem Auto nach Amsterdam gefahren, ... ja ... und den Rest kennst du ja."

„Gar nichts kenne ich, erzähle mir alles, was ist dann passiert, was ist genau passiert, bis ich hier aufgetaucht bin? Komm schon, das ist jetzt wichtig!"

„Ich weiß es ja auch nicht genau, ... es ging ja dann alles sehr schnell. Hugo kam mit dem Taxi vom Flughafen, er war total happy und meinte, es hat alles wie am Schnürchen geklappt, drei Stunden später kam Gottfried, auch er war sichtlich erleichtert und froh, dass alles so geklappt hatte, wie Hugo es wollte. Die beiden holten die Ware aus dem Auto und dann, ... Joe, ... es war der Wahnsinn, ... es ging alles so schnell."

„Ok, ... ich habe überhaupt keine Ware gesehen, wo war die?"

„Du bist ja auch erst gut zwei Stunden später hier angekommen, da waren die meisten Polizisten schon wieder weg, da waren jede Menge Maskierte dabei."

„Maskierte?"

„Ja, Sondereinheit oder so, die waren schon ab der Grenze hinter Gottfried her und was ich so mitbekommen hatte, wurde auch Hugo bereits am Flughafen überwacht oder beschattet oder so was."

„Und? ... Konzentriere dich bitte, wie viel hatten die dabei, wie viel Päckchen waren es?"

„Ich weiß es nicht, aber viel mehr als da gewesen war, ... glaube ich."

„Na bumm, ... na dann gute Nacht, ... weißt du sonst noch was?"

„Nein, nichts Joe, ... es tut mir wirklich leid."

„Ja, ... ja, ... immer tut es jedem leid, ... so eine verdammte Scheiße."

Und wieder musste ich nach diesem Desaster meine Geschäfte auf Eis legen, es war ein wahres Fest für meine Konkurrenten, ich verlor einen Kunden nach dem anderen und konnte gar nichts dagegen tun, ich musste mich bedeckt und zurückhaltend geben, und da waren ja auch noch meine Probleme mit Conny und Weihnachten stand auch schon wieder vor der Tür, ein wahrer Alptraum und kein Licht in Sicht.

Aber das war noch nicht einmal alles, auch zwei meiner anderen Freunde hatten die gute Idee, einen Eingriff in meine Kasse zu machen und „liehen" sich ohne Fragen ein nettes Sümmchen von meinem gebunkerten Geld. Das zog mir dann den letzten Nerv und ich musste wohl oder übel ein Exempel statuieren, ich war ja kein Selbstbedienungsladen, ... wo käme ich da hin, wenn jeder nehmen würde, was er braucht? ... Diese Hurensöhne!

Es kann wohl sein, dass ich ein klein wenig die Nerven verloren hatte, aber wer krallt sich 100.000.- Schilling und sagt dann, er hätte eh noch gefragt, er wollte nur meinen Anweisungen folgen und eben keinen Kontakt zu mir aufnehmen, ... so eine abgefahrene Scheiße muss einem erst einmal einfallen.

Diese beschissenen Suizidversager, was haben die sich dabei gedacht! Mein Anwalt und einige Freunde hatten ganz schön was zu tun, um mich, sagen wir, außen vor zu halten, und auch das kostete mich wieder eine ordentliche Stange Geld.

Noch bevor dieses Jahr um war, hatte ich den Großteil meiner Ersparnisse aufgebraucht, als würde mir das Geld wie Wasser durch meine Hände fließen, und ich konnte es nicht wirklich bremsen oder aufhalten.

Im Jänner 1995 beschloss ich mit dem ganzen Drogenscheiß aufzuhören, ich war müde und verhärmt, ich fühlte mich nur von falschen Freunden und Parasiten umgeben und Conny machte mir mein Leben extra schwer. Ich konnte diese Frau ums Verrecken nicht verstehen und überhaupt nicht begreifen, was sich da abspielte, es kam mir vor, als wäre ich bei allem nur noch Passagier, ohne jegliche Chance, irgendwas zu steuern.

Und dann war da noch mein kleines Töchterchen, die schon bald in diese Welt eintauchen würde und ich, ihr Vater, hatte noch nichts wirklich auf die Reihe gebracht und so gut wie nichts vorbereitet.

Mein Herz blutete wie noch niemals zuvor, ich musste um jeden Preis meiner Tochter zumindest Geborgenheit und Sicherheit bieten können, ich musste sie beschützen, wenn sie kommen würde, und ich musste mir nun jeden Schritt gut überlegen, sodass man mich nicht von meiner Tochter trennen kann.

Ich wusste, dass all meine Waffen nun stumpf und kraftlos sind und ich wusste, dass sich alles grundlegend ändern muss.

… Fortsetzung folgt.